韶关市
优良级旅游资源图鉴

田广增　李航飞　许树辉 ◎ 主编

图书在版编目(CIP)数据

韶关市优良级旅游资源图鉴 / 田广增, 李航飞, 许树辉主编. -- 北京 : 中国农业科学技术出版社, 2024. 12. -- ISBN 978-7-5116-7230-8

Ⅰ. F592.765.3-64

中国国家版本馆 CIP 数据核字第 2024CC2102 号

责任编辑	朱 绯
责任校对	马广洋
责任印制	姜义伟　王思文

出 版 者	中国农业科学技术出版社 北京市中关村南大街 12 号　邮编：100081
电　　话	（010）82109707（编辑室）　（010）82106624（发行部） （010）82109709（读者服务部）
网　　址	https://castp.caas.cn
经 销 者	各地新华书店
印 刷 者	北京建宏印刷有限公司
开　　本	210mm×297mm　　1/16
印　　张	31
字　　数	810 千字
版　　次	2024 年 12 月第 1 版　　2024 年 12 月第 1 次印刷
定　　价	128.00 元

———— 版权所有·翻印必究 ————

《韶关市优良级旅游资源图鉴》

编委会

主　　　任：蒋文泓

副 主 任：黄宣剑　陈　忠　田广增

委　　　员：王远建　许　冰　李航飞　许树辉

主　　　编：田广增　李航飞　许树辉

编写人员：隋春花　王玉珊　樊舒迪　刘　文
　　　　　　张敏敏　江杰英　李　文　马　瑛
　　　　　　李　云　温　平　邓志嘉　王　琪
　　　　　　丘丽敏　彭卉婷　马慈丹　田皓宇

前 言

韶关市古称韶州，位于广东省北部，北接湖南，东邻江西，东南面、南面和西面分别与本省河源、惠州、广州及清远等市接壤，是广东的"北大门"。位于 23°53′N~25°31′N，112°53′E~114°45′E，东起南雄市界址镇界址村，西至乐昌市三溪镇丫告岭村，北自乐昌市白石镇三界圩村，南至新丰县马头镇路下村。韶关市总面积 1.84 万千米^2，居广东省第二位，市区面积 2870.66 千米^2。

韶关市是中国优秀旅游城市、全国双拥模范城、国家卫生城市、国家园林城市、全国首批生态文明建设试点地区、国家生态文明先行示范区、全国绿化模范城市、国家节能减排财政政策综合示范城市、全国山水林田湖草生态保护修复工程试点地区、全国第二批产业转型升级示范区、第二批国家产融合作试点城市、国家绿色矿业发展示范区、全国市域社会治理现代化试点地区，广东省历史文化名城、文明城市、教育强市、林业生态市、碳中和试点示范市、林业综合改革试点市和重要的革命老区。

韶关市生态优越，自然旅游资源别具一格。拥有世界自然遗产与众多国家级资源组合，潜力巨大。韶关市地文景观旅游资源量大级别高，生物景观类旅游资源丰富。拥有广东省唯一一处世界自然遗产、世界丹霞地貌的命名地——丹霞山；华南唯一地堑峡谷、被誉为广东最美峡谷——乳源大峡谷；广东省第二大森林公园、享有"广东物种宝库"美誉的南岭国家森林公园等一批享誉省内外甚至国内外的顶级自然旅游资源。此外，车八岭、云髻山、金鸡岭、古佛洞天、天井山国家森林公园、小坑国家森林公园、帽子峰森林公园等一大批彰显粤北特色的优质地文景观类、生物景观类旅游资源也久负盛名。

韶关市文化多样，人文旅游资源独树一帜。韶关内连珠三角，外接湘赣，历史悠久，文化底蕴深厚，建制至今已有2100多年历史，素有"岭南名郡""粤北门户"之称，是古代中原文化和南方百越文化交汇之地，自古就是连接海陆"丝绸之路"的交通要道。韶关禅宗文化居全国高地，岭南、中原地域文化交错，客家、瑶族民族文化斗艳，古村古寺宗教色彩斑斓，多样人文风情彰显韶关厚重底蕴，构成韶关重要地方特色。全市共有全国重点文物保护单位10处（全省第三）、广东省文物保护单位74处（全省第二）。不仅曾涌现出唐代名相张九龄、宋代名臣余靖、明代抗倭名将陈璘等一批历史文化名人；还是远古"马坝人"繁衍生息之地、"禅宗祖庭"所在地、世界过山瑶之乡；更是客家人、广府人的"桑梓地"、孙中山两次督师北伐的大本营和抗战时期的战时省会、红军长征入粤唯一经过之地。韶关市还拥有中国佛教名寺、被誉为岭南禅林之冠的"南华禅寺"；中国三大寻根地之一、广府人的祖居之地、"七百年前桑梓乡"、有"广东第一巷"之美誉的"珠玑古巷"；是全国保存得最完整的连接着长江、珠江两大水系的古驿道"梅关古道"。另有，中央红军长征文化遗存、华南教育历史研学基地、新田古村、瑶族盘王节、瑶族刺绣、翁源兰花、张溪香芋、北乡马蹄、徒步穿越丹霞山活动、南华诞庙会、重走长征路徒步活动等一大批凸显韶关特色的历史遗迹类、旅游购品类及人文活动类旅游资源也声名远播。

2022年，韶关市按照《旅游资源分类、调查与评价》（GB/T 18972—2017）、《广东省旅游资源分类、调查与评价（试行）》和《广东省旅游资源普查技术规程（试行）》等标准，对全市旅游资源进行了普查。截至2022年12月底，全市有旅游资源6291个，涉及地文景观、水域景观、生物景观、天象与气候景观、建筑与设施、历史遗迹、旅游购品、人文活动等8个主类、21个亚类、110个基本类型。其中，一级及以上旅游资源4538个。为了让更多游客深入了解韶关市旅游资源，本书选取了1406个优良级旅游资源以图鉴的形式汇编成书。在编写过程中，优良级旅游资源中的五、四、三级旅游资源先按主类，再按分数的高低进行排序；同时，对每一个优良级旅游资源的名称、等级、基本类型、开发情况、行政位置及资源特点等进行了介绍，并为每个旅游资源匹配了图片以增强读者的感性认识。

编者

2024年6月

目　录

五级旅游资源 ... 1

丹霞山 ... 2
广东大峡谷 ... 2
金鸡岭 ... 2
长老峰 ... 3
古佛洞天 ... 3
阳元石 ... 3
云髻山 ... 4
青嶂山 ... 4
茶壶峰 ... 4
观音山（仁化县）... 5
僧帽峰 ... 5
赤壁丹霞（丹霞地貌命名石）... 5
阴元石 ... 6
车八岭 ... 6
石坑崆峰 ... 6
通天箩 ... 7
水上丹霞河段 ... 7
翁源滃江源国家湿地公园 ... 7
广东乳源南水湖国家湿地公园 ... 8
南岭国家森林公园 ... 8
广东天井山国家森林公园 ... 8
小坑国家森林公园 ... 9
帽子峰森林公园 ... 9
帽子峰银杏 ... 9
丹霞山日出 ... 10
南华禅寺 ... 10
珠玑古巷 ... 10
云门山大觉禅寺 ... 11
湖心坝客家群楼 ... 11
东华禅寺 ... 11
瑶塘新村 ... 12
石塘古村 ... 12
经律论文化旅游小镇 ... 12
满堂客家大围 ... 13
云门山 ... 13
北伐战争纪念馆 ... 13
多彩韶钢—工业文化园 ... 14
新田古村落 ... 14
三影塔 ... 14

红军长征粤北纪念馆 ... 15
丹霞山摩崖石刻 ... 15
别传寺摩崖石刻群 ... 15
翁源县国家现代农业产业园 ... 16
岭南红叶世界 ... 16
新丰樱花峪 ... 16
云天海度假山庄 ... 17
梅关古道 ... 17
西京古道（乳源段）... 17
马坝人—石峡遗址 ... 18
瑶族盘王节 ... 18
瑶族民歌 ... 18
瑶族刺绣 ... 19
华南教育历史研学基地（坪石）... 19
粤北采茶戏（南雄）... 19
双峰寨保卫战旧址 ... 20
长征国家文化公园（仁化段）... 20
沈所红围游览区 ... 20
张溪香芋 ... 21
惠能 ... 21
张九龄 ... 21
陈毅 ... 22

四级旅游资源 ... 23

东华山 ... 24
南雄红层 ... 24
观音山（庙前村）... 24
龙王潭 ... 25
锦石岩 ... 25
睡美人 ... 25
五马归槽 ... 26
韶石山朝石顶 ... 26
观音崇（最高峰）... 26
仙门奇峡 ... 27
姐妹峰峰柱 ... 27
群象出山山墙 ... 27
仙门奇峡仙人桥 ... 28
青云山（翁源县）... 28
天井山豹纹石 ... 28
万时山 ... 29

苍石寨 29	南岭国家森林公园小黄山 46
铜鼓岩 29	乳源南方红豆杉 47
钟鼓岩 30	狮子山雾凇 47
龙斗峰 30	沙坪镇雾凇 47
南石岩 30	丹霞山云海 48
南山 31	东华禅寺樱花景观 48
枫湾镇小桂林 31	云髻山三角枫林 48
仙人嶂 31	车八岭云雾景观 49
帽峰山 32	韶院樱彩 49
关春姐妹峰 32	军营寨日出 49
古市镇恐龙足迹 32	梅花报春 50
孔地台地 33	阅丹公路 50
马市镇南岭红沙漠 33	曹角湾古村落 50
南岭一峰生态园冰川遗迹 33	广东核工业教育基地 51
南雄恐龙化石群 34	江尾农耕文化园 51
锦江画廊漂流水域 34	深渡水瑶族乡 51
广东大峡谷腾龙大瀑布 34	丹霞灵溪游览区 52
鲁古河国家湿地公园 35	张九龄纪念公园 52
翔龙湖 35	韶关市博物馆 52
丽宫温泉 35	百顺黄屋城村 53
浈江（南雄段） 36	珠玑古巷诸姓宗祠 53
丹霞源国家级水利风景区 36	水口战役纪念公园 53
南水湖 36	城群村 54
云上飞瀑 37	黄屋村 54
墨江（始兴段） 37	车八岭自然博物馆 54
蓝山源温泉 37	涂志伟美术馆 55
百丈崖漂流 38	仙鹤兰花长廊 55
青嶂山天池 38	韶州公园 55
孔江国家湿地公园 38	泉水谷 56
南岭国家森林公园亲水谷 39	长坝村 56
南岭国家森林公园石坑八瀑 39	锦石岩寺 56
泉水谷玫瑰园 39	新丰江源温泉山庄 57
田螺坑水杉 40	丹霞印象民宿集群 57
韶关国家森林公园 40	原色客栈 57
车八岭原始森林 40	满堂村 58
坪田古银杏 41	大风门旅游度假村 58
高坪自然保护区 41	丽宫温泉别墅 58
乳源伯乐树 41	乳源瑶族自治县文化馆 59
金斑喙凤蝶栖息地 42	乳源世界过山瑶风情园 59
坪田镇迳洞村拐枣树 42	云门寺大雄宝殿彩瓷壁画 59
乳阳林场 42	中山公园 60
邓坊十里岭李花 43	曹溪文化小镇 60
中华秋沙鸭栖息地 43	三佳农业公园 60
穿山甲栖息地 43	城口红色小镇 61
广东罗坑鳄蜥国家级自然保护区 44	恩村古村 61
罗坑大草原 44	别传寺 61
杨东山十二渡水生态保护区 44	夏富古村 62
百臻森林公园 45	云龙寺塔 62
百顺竹海 45	瑶族特色村寨—长梅村 62
芙蓉古银杏群 45	翁源城市规划展示馆 63
阳元银杏 46	云门寺释迦佛塔 63
刘张家山省级森林公园 46	丹霞山地质博物馆 63

长引村水口墩客乡	64
赤色天堂教育基地	64
华南虎园	64
安岗村	65
光明陈氏宗祠	65
盘王纪念馆	65
丹霞丰源温泉度假村	66
广东凡口国家矿山公园	66
古夏古村	66
下庄希望铀矿陈列馆	67
翁源县博物馆	67
秀田村	67
瑶族刺绣非遗工作站	68
云门佛学院	68
灵潭村	68
如耀庄民宿	69
韶阳楼	69
韶州文创园车八岭世界生物圈保护区武江科普基地	69
上朔古村	70
钟鼓岩摩崖石刻	70
珠玑石塔	70
金喆园	71
五马寨生态园	71
锦石岩摩崖石刻群	71
观日亭（丹霞山）	72
蓝山源国际温泉度假区	72
正觉禅寺	72
品悦·蝴蝶谷精品民宿	73
梅岭三章	73
兰花特色小镇	73
乳源山城水都阳光湖农旅公园	74
韶关市城市规划展示馆	74
芙蓉山国家矿山公园	74
周田大围古村	75
罗坝长围	75
韶关丽宫国际旅游度假区	75
乳源瑶族自治县民族文化传习馆	76
广东省乐昌林场	76
百臻生态农业园	76
白水寨生态园	77
鱼鲜古村落	77
南雄市博物馆	77
香草世界森林公园	78
南岭一峰生态园	78
蓝山源山屿湖别墅区	78
乳源瑶族自治县民族博物馆	79
风采楼	79
枫湾温泉度假村	79
白土镇历史文化街	80
龙岗村	80
马坝人博物馆	80
梅关关楼	81
墨江文苑	81
翁山诗书画院	81
丽宫国际酒店	82
孟洲坝文旅综合体	82
双塘印雪休闲度假地	82
曹溪温泉度假村	83
马坝人先生	83
南华寺大雄宝殿	83
南华寺天王殿	84
南华寺六祖殿	84
南华寺藏经阁	84
大宝山国家级矿山公园	85
广东粤北华南虎自然保护区	85
石溪古村落	85
《玄帝赞》碑	86
广东誉马葡萄酒庄园	86
乐昌市百臻生态农业科技发展有限公司	86
广东财领头生态农业发展有限公司	87
石下上黎梯田	87
和村	87
红军长征乐昌教育基地	88
雄州公园	88
油山平林古村	88
里东街	89
梅关古道碑林	89
钟鼓岩洞真古观	89
梅关古道夫人庙	90
梅鋗古城	90
南雄大雄禅寺	90
张发奎故居	91
张九龄故居（文献公祠）	91
周前古村	91
燎原村	92
十里彩杉	92
长安围	92
梅兰谷	93
云髻古镇	93
新丰桃花岛	93
云门山游乐区	94
山城水都绿地公园	94
华南教育历史研学基地（大村）	94
龙归粮仓	95
珠玑古巷门楼	95
萧统太子祭祀	95
土法炼铀生产线遗址	96
沈所红围——中共广东省委、粤北省委机关旧址	96
九栋十八井（新昌围）	96
乳源瑶族服饰	97
石塘月姐歌	97
石塘堆花米酒酿造技艺	97

丹霞山九九天梯	98
始兴瑶族服饰	98
书堂石遗址	98
瑶族双朝节	99
珠玑飘色	99
龙船歌	99
珠玑巷人南迁传说	100
粤北采茶戏（乐昌）	100
元帅岭	100
张九龄传说	101
过山瑶反面刺绣	101
741矿核工业建筑旧址	101
陈璘传说	102
苦爽酒酿造技艺	102
水口战役战场旧址（含大部桥）	102
龙舞（香火龙）	103
瑶坑村中共广东省委机关旧址	103
项英、陈毅与赣粤边军分区李乐天会合旧址	103
上朔村红军题壁歌谣《当红军歌》	104
西京古道梯云岭段	104
西京古道石门坳段	104
翁源兰花	105
丹霞贡柑	105
翁源三华李	105
北乡马蹄	106
梅岭鹅王	106
仁化白毛茶	106
翁源九仙桃	107
乐昌白毛尖	107
始兴杨梅	107
中国太空笔	108
始兴枇杷	108
乳源彩石	108
清化粉（宰相粉）	109
长坝沙田柚	109
马坝油粘米	109
罗坑红茶	110
南雄板鸭	110
云祖峰白毛茶	110
鑫星子姜辣椒	111
南雄特色菜品	111
始兴绿茶	111
徒步穿越丹霞山赛事	112
李任予	112
余靖	112
陈璘	113
新丰旅游文化节	113
梅岭星火	113
胡妃	114
丹霞山山地马拉松赛	114
环丹霞山自行车赛	114
南华诞庙会	115
苏轼（东坡）	115
西水暴动	115
重走长征路徒步活动	116
姓氏文化旅游节	116

三级旅游资源 117

锦江及董塘河冲积平原	118
大瑶山	118
丹霞山百丈峡	118
南雄下坪村恐龙化石点	119
杨沥岩	119
穆公寨	119
巴寨	120
韶石山	120
丹霞山狮子岩	120
丹霞山海豹石	121
丹霞山龙鳞片石	121
罗佛寨	121
丹霞山福音峡	122
丹霞山晒布崖	122
丹霞山双乳石	122
黄岭嶂	123
芙蓉山	123
丹霞山天生桥	123
南岭国家森林公园珍珠潭	124
丹霞山仙山琼阁峰林	124
丹霞山鲤鱼山	124
丹霞山一线天洞穴	125
锡坪嶂	125
大腊岭	125
仙门奇峡情侣峡	126
丹霞山幽洞通天穿洞	126
将军栋	126
文顶山（翁源县）	127
雪花顶	127
细美寨风车岩	127
罗坑大岩洞	128
黄思脑	128
梅花顶	128
三白虎	129
古佛岩	129
君子岭	129
马市镇远迳村凉伞岩	130
茶岩顶	130
古子坑仙人岩	130
金鸡石	131
走马岭	131
青莲山	131
都亨石笋群	132
都亨河峡谷	132
雪峰山	132

铜钟寨	133	芙蓉邓坑千年罗汉松	150
将军栋岩	133	阴元银杏	150
阿公岩群	133	长江竹海	151
周陂白面仙岩洞	134	周前古榕树	151
韶州公园韶月湾	134	车八岭虎冈珍稀植物园	151
十里江湾	134	白花林	152
汤溪村温泉	135	天井山落羽杉林	152
灵溪河	135	黑熊栖息地	152
新丰江之源瀑布	135	车八岭鹿鸣滩天然树木园	153
广东大峡谷腾龙潭	136	桫椤	153
丹霞山马尾泉瀑布	136	万时山大草原	153
龙华山温泉	136	灵溪红枫公园	154
云天海温泉	137	回龙古树带	154
天井山铜锣飞瀑	137	秀田古树公园	154
卓锡泉	137	广东松	155
花山平湖	138	长苞铁杉	155
罗围湿地公园	138	海南鳽栖息地	155
锦江	138	黄腹角雉栖息地	156
锦江水库	139	罗坝竹海长廊	156
流云飞瀑	139	沙田野生杜鹃花	156
天井山瀑布画廊	139	黄土岭樟树林公园	157
苍石水库	140	樟榕合抱古树	157
清化河	140	乐昌香樟公园	157
黄石坑（冷水迳）	140	白果王	158
青嶂山温泉	141	珠玑古巷古榕	158
桐木山温泉	141	丹霞山兰花	158
浈江	141	梅坑鸳鸯树	159
山城水都阳光湖	142	白鹇栖息地	159
西牛潭水库	142	江下村古樟树林	159
医养氡温泉	142	乳源福建柏林	160
后洞森林公园饮用水源二级保护区	143	梅关古道状元树	160
云门寺桂花潭	143	大桥樱花园	160
浈江河（始兴段）	143	鹅公咀绿美古树公园	161
跃进水库	144	茶峒村古银杏树	161
广东大峡谷珍珠幕帘	144	梁坝村小叶朴古树群	161
罗坑水库	144	马尾排红锥	162
华子山瀑布	145	潘屋背夫散生红锥树群	162
芦溪天池	145	天中村古红锥	162
乐昌峡湿地公园	145	阳福古榕树	163
大坪温泉	146	乳源红豆杉公园	163
金岭下温泉	146	藏酋猴栖息地	163
井下温泉	146	米槠王公园	164
广东大峡谷仙女潭瀑布	147	奇心村北山"百里竹海"	164
松山湖	147	江湾榕树广场老榕树	164
小坑水库	147	户昌山森林公园	165
墨江平湖	148	大竹山森林公园	165
澄江暖水温泉	148	南蛇岭森林公园	165
汤湖坑温泉	148	坑尾细叶榕	166
鲁古河	149	青溪洞自然保护区	166
八宝山森林公园	149	小白鹭栖息地	166
后洞森林公园	149	杨溪村千年榕树王	167
鱼鲜迳仿樟树王	150	共和村一级古雅榕	167

5

界滩村香樟	167
菖蒲塘森林公园	168
樟树王公园	168
东坑古枫群	168
丹霞梧桐	169
核桃山村一级古红豆杉	169
肖屋一级古雅榕	169
奎塘古樟群	170
浈江樱花公园	170
江湾倒流水村梦里荷乡	170
龙归水岸格桑花海	171
重阳镇千亩油菜花基地	171
罗坑万亩茶园	171
乐昌樱花公园	172
樟树（长来镇安口村）	172
泷头林场	172
开心农场玫瑰花海	173
红光村一级古红豆杉	173
韶关乳源泉水市级自然保护区	173
湾头树	174
茶园山竹海	174
和洞村竹海	174
云祖峰森林公园	175
古楠木森林公园	175
五山竹海公园	175
六户山森林公园	176
白坑村一级古樟树	176
和平村一级古红豆杉	176
桂头一级古雅榕	177
罗屋村一级古雅榕	177
云岩镇雾凇	177
梅花镇雾凇	178
丹霞山晚照	178
中国岭南避暑气候	178
南蛇岭森林日出景观	179
九仙桃花海	179
南塘村油菜花海	179
黄礤冰挂景观	180
双塘印雪梅花林	180
九峰镇雾凇	180
丹霞山星空景观	181
金青冰挂	181
韶石山日落	181
坪山桃花	182
大源镇雾凇	182
广东大峡谷李花园	182
太傅庙	183
韶州公园—沙湖公园	183
九龄园—张九龄家族墓	183
武江区博物馆	184
韶州公园—蘭桂轩	184
曹溪讲坛	184
禅农谷	185
华家班赛车公园	185
乐昌碧桂园凤凰酒店	185
三影塔广场	186
百顺溪头梯田	186
丹霞山索道	186
红城林场	187
上奉禅寺	187
瑶族风情一条街	187
翁源县蚕桑省级现代农业产业园	188
冷泉滩农业生态旅游度假区	188
万艺兰花展示厅	188
黄洞村红色教育展馆	189
永初公祠	189
湖心坝村	189
中国兰花博览中心	190
望仙楼	190
江下村	190
大洞雁塔	191
风车山营地	191
大陂村	191
科罗村	192
新丰松景温泉度假山庄	192
韶关丹霞机场	192
浈江区文化馆	193
三江六岸	193
水口无动力水上运动基地	193
拈花笑处	194
百林湾生态园	194
九福兰花公园	194
断石村	195
周田张屋古村	195
半岛生态茶园	195
清化诗月	196
开心农场	196
仁川社学	196
龙湖广场	197
青云村	197
雪山国际度假区	197
万里碧道（梅坑段）	198
乳桂公路	198
韶关丹霞机场航站楼	198
游溪镇瑶客共生主题公园	199
韶关市润斛生态农业有限公司	199
余靖陵墓	199
韶州体育公园	200
武江区博物馆—岩石矿展	200
中心坝村	200
无尽庵	201
曲江上洞村	201
西约白楼	201
万佛塔	202

新钟围楼	202
广东誉马葡萄酒庄园展示品鉴馆	202
百臻山庄	203
上朔塔	203
城南森林公园	203
大井村	204
铜鼓岭红军烈士纪念碑	204
清凉山寺塔	204
澄江镇文化楼	205
水南村绿美古树公园	205
心泉谷温泉旅游度假小镇（总甫温泉）	205
珍珠村围楼	206
黄洞红色村	206
大岭儒林第	206
天空之镜观景点	207
天井山自然科学馆	207
虚云老和尚纪念堂	207
韶关市博物馆—韶关工矿文化展馆	208
孟洲坝夜市	208
灵照塔	208
广东誉马葡萄酒庄园酿酒与地窖区	209
上东村欧阳氏宗祠	209
大坪红色古村落	209
湖口镇张屋村	210
泷头村廉政步道	210
水口村	210
许村塔	211
泷头知青馆	211
元宝石	211
高坪水库	212
贵庐	212
司前刘屋村	212
翁城乡土记忆旅游景区	213
文安摄影艺术馆	213
八卦围	213
连溪廉政教育基地	214
桂竹村	214
翁源三华李基地	214
西莲山佛寺	215
丰正度假村	215
大桥古村	215
观澜书院	216
南岭一峰科普生态园	216
深源古村	216
粤凰生态科技园	217
乳源非遗文创孵化基地	217
云门山景观玻璃桥	217
通天塔	218
隆盛酱园	218
山蕉村知青馆	218
白石梯田	219
拾贝湖公园	219

武江区图书馆	219
曲江人民公园	220
曹溪门	220
乐昌市博物馆	220
云峰山生态旅游区	221
新龙塔	221
莲开净寺	221
犁牛坪风电场	222
延村尚书第	222
虎踞桥	222
梅关古道饮马槽	223
洋湖村	223
元升两岸花博生态园	223
麦铁杖墓	224
雄州广州会馆	224
广府人家训馆	224
城口人民礼堂	225
丹霞山韶音台	225
丹霞碧道	225
丹霞山云崖栈道	226
丹霞山老山门	226
丹霞山新山门	226
城南村	227
韶州印象精品文化酒店	227
中国白毛茶原种园	227
蚂蚁公社	228
灵溪趣营地	228
灵溪彩虹索道	228
沈所塔	229
红梨村竹苞松茂围楼	229
学宫大成殿	229
始兴文昌阁	230
东湖坪客家民俗文化村	230
水南村中古坑生态园区	230
崇益堂围楼	231
中国第一颗（空投）原子弹模型	231
马牯塘村	231
森涞大丰茶叶庄园（大丰观光休闲农场）	232
竹林古寺	232
新丰香樟公园	232
遥江莲种植基地	233
潘家寨原生态农业种植观光园	233
云髻山温泉大酒店	233
仙堂山生态茶场观光体验园	234
益盛楼	234
梅坑镇温泉山庄集群	234
丰衣足食农家大院	235
新丰后山公园	235
枫溪谷度假村	235
新丰县体育馆	236
沙田油菜花种植基地	236
花竹泉温泉养生酒店	236

蓝山源岭南东方酒店	237
丽宫餐厅	237
云门寺南汉碑	237
伍家村供港蔬菜基地	238
大村展馆	238
自在天	238
南雄稻虾养殖基地	239
雄州廊桥	239
X344落羽杉风景线	239
车八岭伯乐珍稀植物苗圃园	240
荔竹坝古村落	240
永成保障围楼	240
岩庄八角庙	241
康公塔	241
龙仙公园	241
翁源三华李观光园	242
新丰维也纳酒店	242
高灵仙庙	242
华瑶茶叶深洞基地	243
瑶山王茶仙谷	243
乳源农旅特色小镇	243
宋田文塔	244
云门山飞行营地	244
乳源蔬菜产业园	244
山城水都现代农业种植园	245
武江区文化馆	245
芦溪瑶族村	245
悦城度假山庄	246
经律论国际酒店	246
华南教育历史研学基地国立中山大学农学院演习林场	246
743矿场	247
里东戏台	247
梅关古道半山亭	247
珠玑六祖寺	248
丹霞山雪岩寺	248
丹霞山丹梯铁索	248
青湖塘村	249
牛鼻村	249
张屋古村"风度流芳"门楼	249
周前圩戏台	250
坪田乡村旅游示范基地	250
汇川别墅围	250
始兴广州会馆	251
坝仔滨河绿道	251
中国核工业"开业之石"模型	251
外翰第	252
陈璘公园	252
明星村	252
磜下祝泰寺	253
新丰县上强农业生态园	253
水云净舍精品民宿	253
佛源老和尚纪念堂	254
游溪镇瑶客共生油菜花公园	254
百年东街	254
山外山文旅园	255
沙园乡村生态休闲示范点	255
双塘印雪印章公园	255
双塘印雪两塘书院	256
山水静苑民宿	256
鱼鲜花林古寺	256
城口文化健身广场	257
梦觉关摩崖石刻	257
通天峡摩崖石刻群	257
东坑生态茶园	258
张屋古村张氏宗祠"金鉴流芳"祠堂	258
周前古骑楼	258
翁源县坝仔胜龙名茶生产基地	259
珍珠村	259
瑞丰葡萄园	259
铁龙瑶族村寨	260
军二村文化公园	260
科罗围屋（璿公祠客家围屋）	260
盘良安名家工作室	261
冯氏生态园	261
光明巷	261
芙蓉古刹	262
西联保利广场	262
重阳南岸村	262
龙岗红色文化展览馆	263
五香亭	263
宝林门	263
丹霞谷温泉中心	264
丰源温泉威尼斯泳道	264
丹霞彩虹营地	264
丹霞印象—艺术家店	265
董塘万里碧道	265
爱树·丹霞山苑	265
蛇离梯田	266
黄岭嶂茶园	266
南庄古村	266
竹苞松茂围（周所）	267
高桥村	267
新丰县博物馆	267
美景生态观光园	268
雪山林苑	268
皇茶埔有机茶茶园	268
杨杨农场	269
凤岗祠	269
大村古村落	269
广东大峡谷最佳观赏点	270
蓝山源中、西餐厅	270
瑶味山庄	270
水源宫八一瑶族新村	271

韶关学院	271
玉清书舍	271
丹霞山南门	272
安村老屋	272
展如红色文化公园	272
乐昌市水晶角七零一一军事遗址	273
云岩水库	273
溪头塔	273
赤石井	274
云峰山蓝莓庄园	274
雄州蓝氏宗祠	274
平林惜字塔	275
大桥村	275
丹霞山悬棺岩墓	275
水上丹霞断石村码头	276
广东凡口国家矿山公园博物馆	276
下徐村	276
万时山三省界碑	277
千家营陈家祠	277
车八岭茶园	277
廖屋古堡围	278
沁福康养园	278
横岭村	278
石下晴岚	279
始兴县博物馆	279
一心村	279
大夫第	280
三门楼	280
翁城文化公园	280
广肇会馆	281
白马三郎桥	281
广东大峡谷丽宫果园度假酒店	281
雕子塘村	282
山城水都稻草人无动力游乐园	282
下社村民宿	282
怀士堂	283
浈江区图书馆	283
韶关剧院	283
仙桥古渡	284
韶关市气象台	284
六祖公园	284
张九龄纪念馆	285
乐昌文峰塔	285
多稼桥	285
斜周竹稻农业生态园	286
玉粟酒坊	286
风度村	286
始兴瑶乡文化长廊	287
丹凤山公园	287
兰韵公园	287
茗溪家庭农场茶园	288
丽宫国际休闲俱乐部	288
云门寺大雄宝殿	288
遇见·过山瑶主题酒店	289
乐夫村	289
山城水都霍比特人小屋	289
乌石岭民宿	290
东堤天主堂	290
四姑医务室	290
启明健身广场	291
韶关书城	291
基督教循道会西教士住所	291
韶州大桥	292
武江区体育馆	292
仙人塔	292
依云伴山水	293
广东雪花岩茶业有限公司	293
时光隧道樟树林	293
招隐寺	294
曲江樱花谷生态园	294
曲江革命烈士纪念碑	294
南塔森林公园	295
麦铁杖将军庙	295
溪塘古村落	295
水口篛过古村	296
红城林场康养植物体验园	296
恩村古祠堂群	296
上寨古村	297
燕子呢喃依山民宿	297
桂山书院	297
八一村	298
品碗轩	298
联群村老屋	298
过山瑶民俗文化陈列馆	299
云锦山庄	299
乳源瑶族自治县体育馆	299
龙归水岸碧道	300
摩尔城商业广场润方冰雪小镇	300
四点金村	300
韶关站	301
莞韶园	301
白土码头群	301
楼下古村	302
茶子山庄	302
管埠国立中山大学师范学院历史陈列馆	302
定友图书馆	303
南雄油菜花田	303
金喆园科普馆	303
五马寨特产展示厅	304
水上丹霞喜头村码头	304
丹霞印象—禅语店	304
乐曙归然客栈	305
仁化文峰塔	305
古夏尚忠门	305

高坪自然保护区宣教馆	306
田螺塘旅游度假村	306
大围古村石笔石砚台	306
安岗初心园	307
清凉山寺	307
万古观光围楼	307
罗坝"世外桃源"旅游开发区	308
沈所旅游公路	308
翁源城隍庙	308
志成围	309
任予广场	309
新丰恒胜客家大院	309
乐葡萄生态农业采摘园	310
必背瑶寨	310
茗溪家庭农场民宿	310
侯安都纪念公园	311
天井山红花荷自然教育径	311
天井山生态长廊	311
乳源瑶族自治县青少年宫	312
乳源气象科普教育基地	312
乌石岭新村	312
下社村	313
摩尔城	313
村上人家客栈	313
印雪酒店	314
孟洲坝国际飞盘场	314
麦屋码头公园	314
盆景山公园	315
炼铁路花海	315
流坑村香樟公园	315
下界滩村古树公园	316
曹溪香水观景台	316
曹溪佛学堂	316
石下石山	317
韶钢历史图文展	317
小坑国家良种油茶繁育基地	317
狂人国际路亚基地	318
乐昌峡水利工程枢纽	318
甘棠镇村天申公祠	318
九峰花果园	319
廊田农业文化康养项目	319
广东省誉马葡萄酒庄园葡萄采摘园	319
古佛洞天喀斯特地貌科普馆	320
粤北大佛	320
金鸡岭人心天里摩崖石刻	320
韶州一号（广东）农业科技有限公司	321
界址赵氏宗祠	321
青青生态旅游度假区	321
棉土窝矿山	322
石塘堆花米酒展览馆	322
风度革命历史陈列馆	322
方洞村天主教堂	323
选陂古村落	323
黄塘古村	323
马市镇红梨村游览区	324
华京户外营地	324
翁源上洞村	324
南塘村	325
修本楼	325
青松庙	325
新江革命纪念亭	326
新丰万亩果园	326
新丰云髻书院酒店	326
北一支纪念广场	327
桂坑尾梯田	327
乳源蓝山舍民宿	327
乳源南岭印象见山民宿	328
龙德生态农场	328
乳源瑶族自治县老年大学	328
韶关学院大学生创新创业孵化基地	329
江畔历史文化雕塑景观带	329
文化小舞台	329
十里江湾驿站	330
韶州公园儿童游乐区	330
奇石山庄	330
碧桂园太阳城凤凰酒店	331
黄沙坪公园	331
世纪购物广场	331
中环天地	332
天池山庄	332
和溪太庙	332
左村将军庙	333
水背绿美古树乡村	333
山居小院	333
罗坑朝昌苑	334
曲江科技馆	334
韶关市国有曲江林场	334
樱花大道	335
韶钢3号门前花海	335
月华寺	335
上洞曹水湾民宿	336
曲江区国有小坑林场	336
兰花客栈	336
应山村富禧公祠	337
桃缘山居	337
乐城人民公园	337
乐城森林滑道	338
坪石《资本论》与中国经济学教育历史陈列馆	338
户昌山古村落	338
大赛民宿	339
谭氏宗祠	339
回龙寺塔	339
映云公祠	340

小竹塔	340
水西桥	340
乌迳西晋墓	341
乌迳新田汉墓	341
南雄府城大成殿	341
南雄市电商中心	342
雄丰火龙果种植基地	342
昆明园温泉	342
油山平林孔林书院	343
丹霞山塔墓群	343
漰溪寺塔	343
双水塔（白塔）	344
华林寺塔	344
古塘秋月山庄	344
周前古渡口	345
宝溪李花基地	345
水榭温泉度假村	345
亚历亨茶园	346
水城村古村落	346
刚健中正围楼	346
忠厚传家围楼	347
仁让生辉围楼	347
刘家山温泉生态旅游休闲度假区	347
大树坪畲族文化村	348
石下古村落	348
司前李屋村	348
曾氏宗祠	349
龙船角浮桥	349
三塘琴书	349
宗圣衍传楼	350
李氏书室	350
沾坑村	350
大袁屋围楼	351
云髻山温泉度假山庄	351
八角楼	351
积庆新楼	352
高塘博围屋	352
秀田油菜花田	352
梅东白塔	353
荷咏农业种植基地	353
风度书房桂头镇分馆	353
云门·五季文旅小镇	354
韶关市博物馆—馆藏陶瓷陈列	354
九峰山歌	354
麦铁杖庙会	355
八一小学——中共广东省委地下交通站旧址	355
黄洞革命烈士纪念碑	355
李任予故居	356
张田饼印	356
江下村特色民俗活动——担丁酒	356
韶关市博物馆—馆藏集萃陈列	357
向阳唱纸马	357
广同会馆	357
武阳司宜乐古道	358
板灯龙	358
始兴瑶药浴	358
翁源县烈士陵园	359
龙归粮仓美术馆	359
龙归粮仓摄影馆	359
曹角湾古建筑群	360
乐昌市梅花红七军革命烈士纪念园	360
东江纵队驻扎地359旅（南下支队）夜宿村	360
钟鼓岩陈毅与国民党代表谈判旧址	361
上武庙——红五军、红四军军部遗址	361
灵潭恒丰村围楼	361
始兴瑶族舞蹈	362
始兴瑶医瑶药	362
始兴瑶歌	362
始兴盘王文化	363
翁源客家山歌	363
翁城猫头狮	363
新丰舞春牛	364
过山瑶民间传统舞蹈	364
涂氏水车制作技艺	364
武江区博物馆—清代民国瓷器陈列	365
三界圩红军长征经过宿营地旧址	365
中共五岭地委扩大会议上湖旧址	365
油山革命游击战旧址	366
梅岭古战壕群	366
新丰县革命烈士纪念碑	366
韶关市博物馆—韶关古代历史文化陈列	367
重阳舞逗牛	367
侯屋村炮楼——万侯村抗日战斗旧址	367
万侯革命教育基地	368
白马庙—中共广东省委党训班旧址	368
中共五岭地委和粤赣湘边人民解放总队机关旧址	368
灯舞（茶花灯）	369
火龙、火狮、火凤、火虾	369
南雄咏春拳	369
上朔人民会堂——朔溪乡农民协会旧址	370
南雄县苏维埃政府遗址	370
双龙舞双狮	370
九十九节龙	371
驷马桥	371
长江镇广州会馆——红三军团指挥部与红军被服加工厂旧址	371
翁源烟火戏	372
鲤鱼舞	372
新华第——红军早期领导人李任予故居	372
秀田古树的传说	373
雄州古城墙	373
南粤雄关与古道——陈毅隐蔽处、南下解放大军与北江第二支队会师旧址	373

镇溪祠古戏台	374
传统美术"浈江张氏木雕艺术"	374
西河天主堂——南昌起义军朱德、陈毅部队韶关驻地旧址	374
重阳暖水村欧屋农民运动协会旧址	375
青暖爱国主义教育基地	375
小水岭高脚狮	375
南雄姓氏节（新田村、孔塘、冯屋村、坳背村等）	376
赣粤边红军独立师第三团团部旧址	376
南雄市烈士陵园	376
梅岭北伐军出师处	377
正龙街——红军长征宿营地旧址	377
调王舞	377
乳源瑶族竹竿舞	378
契娭生日	378
文武阁塔	378
南派膏摩疗法	379
南雄府城正南门	379
金星岩洞——陈毅藏身洞旧址	379
灵潭鸳鸯围——南雄县农民暴动策源地旧址（含灵潭农民暴动策源地馆）	380
灵潭街革命暴动标语	380
广州会馆——红军长征宿营地遗址	380
恩村古堡宗城	381
仁化土法造纸技艺	381
始兴瑶绣艺术	381
沙田革命烈士纪念碑	382
乌迳古道	382
福安围	382
谭甫仁将军旧居	383
中共龙仙支部成立旧址	383
瑶族传统医药	383
乳源瑶山茶制作技艺	384
西京古道乌桐岭段	384
韶关龙舟赛	384
帽子峰碉堡群（主峰碉堡、武城堡、定韶堡、巩北堡）	385
中共南方工作委员会南岸村交通站旧址	385
李子园炮楼——重阳抗日自卫战旧址	385
城口古秦城	386
广兴栈——红军长征宿营地旧址	386
丹霞山细美寨	386
丹霞红豆饰品制作技艺	387
始兴舞阿妹	387
翁源姜糖制作技艺	387
徐屋村炮楼——万侯村抗日战斗旧址	388
重阳革命烈士纪念碑	388
柴烧陶艺	388
采茶歌舞表演	389
曲江区革命烈士陵园	389
梁展如故居	389
青蛙狮龙舞	390
古市镇修仁龙窑	390
中共南雄县委机关旧址（古坑、赤溪湖）	390
南雄舞春牛	391
丹霞山狮子岩庙遗址	391
鲶鱼转遗址	391
岩庄革命烈士纪念碑	392
翁源鹤蚌舞	392
犁市当铺——南昌起义部队韶关革命活动旧址	392
大夫前节气山歌	393
罗坑革命烈士纪念碑	393
薛岳故居	393
大坪村古驿道	394
紫阳书院	394
西京古道云岩段	394
中共广东省委电台驻地遗址	395
南雄舞青草狮	395
古夏舞狮队	395
城南醒狮	396
韶州府学宫大成殿——曲江农民自卫军大队、北江农军誓师地旧址	396
韶关市五里亭中共粤北省委旧址（中共广东省委粤北省委陈列馆）	396
韶关烈士陵园及革命烈士纪念碑	397
青水塘农军炮楼旧址	397
曲江区党员教育基地（张增应老党员家）	397
国立中山大学旧址（陈家坪铁岭文学院）	398
国立中山大学工学院旧址	398
神步村四座红色岩洞	398
三溪花鼓戏	399
坪石老街国立中山大学校本部办学旧址	399
东坑丰收节	399
江头大圩麻村炮楼	400
乾村革命旧址——中共五岭地委和粤赣湘边人民解放总队机关旧址	400
红军长征入粤第一仗遗址	400
始兴龟蚌舞	401
罗坝香火龙	401
北江革命干部学校遗址	401
北江第一支队成立大会旧址	402
圣祖祭	402
乳源传统打铁工艺	402
传统舞蹈"犁市舞春牛"	403
叶发青故居	403
带头古道——带头自卫队活动旧址	403
水口龙舟调	404
张氏接骨术	404
国立中山大学旧址（塘口理学院）	404
国立中山大学旧址（武阳司村法学院）	405
乐昌渔鼓	405
制"奢"技艺	405

磨地狮……406	江尾米面……423
品丰店——毛泽东在南雄居住旧址……406	翁城大肉粽……423
南雄县苏维埃政府旧址（坪林村）……406	南雄酿豆腐……423
梅岭司马第——水口战役红一军团驻地旧址……407	灵潭腐竹……424
东江纵队粤北指挥部驻地旧址……407	白土月饼……424
广东大峡谷高空杂技……407	大塘扣肉……424
西京古道石阶除道……408	周陂大肉……425
传统体育杂技"犁市胡氏蔡家拳"……408	周陂焖莲藕……425
传统民俗"犁市猫公狮"……408	周陂薯粉炆蛋……425
传统舞蹈"浈江香火龙"……409	周陂鹅肉……426
江湾胡屋革命烈士纪念碑……409	翁城酿菜包……426
十点梅花……409	周陂酿菜包……426
白沙革命烈士纪念碑……410	始兴香菇……427
大塘革命烈士纪念碑……410	澄江黄酒……427
避难石遗址……410	新丰佛手瓜……427
扛阿公……411	浈江茶油……428
小坑镇烈士纪念碑……411	白土腐竹……428
观音山红军长征战斗遗址……411	南雄丝苗米……428
陈有记辣椒酱制作技艺……412	扶溪大米……429
长岗岭战斗遗址——南昌起义军余部"坪石大捷"战斗遗址……412	平甫奈李……429
五山纸马……412	坝仔金鸡茶……429
蓝山坪古道……413	东鹊村林下灵芝……430
赣粤边特委大岭下会议旧址……413	周陂豆橙……430
新田村红军题壁标语……413	赤竹坳农场三华李……430
乌迳水城……414	沿溪山茶……431
铺背窑址……414	花生豆腐（梅花镇）……431
油山革命纪念碑……414	南雄酸笋鸭……431
安岗思诒堂——中共仁化县委旧址……415	翁源姜糖……432
工农革命军独立第四团团部旧址……415	翁城肉圆……432
杨泰和米饼制作技艺……415	乳源大桥石头猪……432
风度学校——始兴人民抗日指挥中心……416	汤盆老谷种生态大米……433
中共始兴县委遗址……416	妙联丝茅姜……433
城南钱叉舞……416	南亩镇茶叶……433
澄江青草狮……417	丹霞铁皮石斛……434
东江纵队粤北指挥部军事会议旧址……417	铁龙石壁茶……434
八一村革命历史展览馆……417	周陂油水鸡……434
司前舞火龙……418	沙田鹅醋钵……435
客家织锦制作技艺……418	金山醇白酒……435
翁城地窖酒制作技艺……418	特色瑶香簸箕宴……435
燕子岩战斗旧址……419	方武生姜……436
大席水路歌……419	龙溪冰糖橙……436
西京古道传说故事……419	龙溪橘子……436
西京古道洛阳段……420	梯下蜜香橙……437
乐夫村农民协会旧址地……420	均村马蹄……437
翁源鹰嘴桃……420	重阳西瓜……437
坪山红薯干……421	竹藤工艺品……438
李洞椪柑……421	南雄三宝……438
南雄烟叶……421	旋木工艺品……438
石塘堆花米酒……422	周陂米饺……439
周陂韭菜酿豆腐……422	周陂花麦糍……439
鹤仔人参红薯……422	周陂油罩糍……439
	长桌宴……440

必背瑶山茶	440
大桥石鲤	440
云门柑陈皮	441
浈江恒胜品味客家菜	441
牛郎茶韵茶	441
樟市黄豆腐	442
樟市蒸猪红	442
火山粉葛	442
青梅酒	443
马牯塘莲藕	443
太坪豆腐	443
大布腐竹	444
大布番薯干	444
金竹峰单丛茶	444
乳源三角鲂	445
一六葡萄	445
江湾粤引早脆梨	445
龙归冷水猪肚	446
中心坝板栗	446
罗坑番薯干	446
乐昌梅花猪	447
杏汇系列产品	447
石塘马蹄	447
长江板鸭	448
遥田鹅醋钵	448
乳源油茶	448
大桥黄桃	449
南水水库鱼	449
江湾石斛	449
九峰擦磁粉	450
钻缸老酒	450
农民头辣椒酱	450
大桥水晶梨	451
大桥茶油	451
大桥花生油	451
阳陂香芋	452
江背香芋	452
游溪兰花	452
黄金奈李（两江镇）	453
南雄白果	453
龙华古灶酒	453
饺俚糍	454
丹霞山茶油	454
顿岗宝溪面	454
顿岗牛皮鼓	455
顿岗马蹄	455
始兴瑶族油浸肉	455
始兴石斛	456
翁城地窖酒	456
周陂蒸杂鱼	456
新丰艾糍	457

南岭金汤茶叶	457
九节茶	457
邵谒	458
云髻山枫叶节	458
云门寺水陆法会	458
梁展如	459
虚云	459
汤显祖	459
十月朝	460
二月朝	460
麦铁杖	460
银杏文化旅游节	461
欧日章	461
张尚琼	461
邱萃藻	462
钟蛟蟠	462
彭显伦	462
广东仁化文化旅游节	463
阮啸仙	463
红山镇茶叶文化节	463
南粤古驿道定向大赛（韶关乳源）	464
犁市"中国农民丰收节"	464
环南水湖自行车公开赛	464
新丰农民丰收节	465
新丰樱花节	465
侯安都	465
谭甫仁	466
长坝金柚节	466
ABrC爱好者手冲咖啡大赛	466
双峰寨保卫战	467
南雄旅游美食购物节	467
罗贵	467
梅岭梅花节	468
红军长征突破第二道封锁线城口袭击战	468
杜丽娘	468
彭显模	469
广东省自行车绿道联赛	469
铜鼓岭阻击战	469
始兴杨梅节	470
李乐天	470
大布腐竹节	470
经律论体育文化旅游节	471
广东始兴（宝溪）赏花节	471
始兴枇杷节	471
龙归稻田艺术节	472
端午龙舟文化旅游节	472
罗坑镇茶文化节	472
徐尚同	473
龙皇宫出行	473

后记 **474**

01 五级旅游资源

丹霞山

资源简介

丹霞山是丹霞地貌的命名地，是广东唯一一处世界自然遗产，为世界地质公园、国家级风景名胜区、国家5A级旅游景区，有"中国红石公园"的美誉。丹霞山总面积292千米^2，由红色砂砾岩构成，以赤壁丹崖为特色，"色如渥丹，灿若明霞"即指丹霞山。丹霞山是广东省四大名山之一，也是广东省面积最大、景色最美的风景区之一。

等　　级：五级
基本类型：010101 山丘型景观
是否开发：是
行政位置：韶关市仁化县丹霞街道

广东大峡谷

资源简介

广东大峡谷是国家4A级旅游景区，有着南岭地表最美"伤痕"之称。广东大峡谷一带为山间盆地，山脊锯齿状，山势连绵，峡谷顶部地势平缓、谷面一马平川，平均海拔600多米；谷口两侧是高角度的绝壁峡谷，峡谷呈马蹄状垂直下陷300多米，总长达15千米，是华南唯一的地堑式峡谷。平静的大布河从东南向西北蜿蜒流过，突然从谷口梯级状的崖顶飞流直下，形成气势磅礴的大瀑布，落差达200多米，乃广东第一瀑。

等　　级：五级
基本类型：010101 山丘型景观
是否开发：是
行政位置：乳源瑶族自治县大布镇

金鸡岭

资源简介

金鸡岭属于丹霞地貌，是红色砂砾岩地貌的典型代表。金鸡岭是3A级景区，广东八大名山之一。金鸡岭海拔标高338米，四周悬崖绝壁垂直如刀削。在绝壁之巅，有一块天然巨石，称金鸡石，其酷似雄鸡，鸡头向北，鸡尾朝南，引颈欲啼，被称为广东"风水鸡"。登一字峰峰顶，可见武江蜿蜒如练，奔流而去，极目远眺，远山近水，坪石镇风貌尽收眼底；峰顶胜清亭也是观日出的好去处。

等　　级：五级
基本类型：010101 山丘型景观
是否开发：是
行政位置：乐昌市坪石镇

长老峰

等　　级：五级
基本类型：010101 山丘型景观
是否开发：是
行政位置：韶关市仁化县丹霞街道

资源简介

　　长老峰是丹霞山历史最悠久的游览区，是由长老峰、海螺峰、宝珠峰三峰构成的连体山块，由三级绝壁和三级崖坎构成3个最典型的赤壁丹霞景观层次。长老峰分上、中、下3个景观层，有佛教圣地锦石岩寺，"丹霞四绝"之一的龙鳞片石，有"岭南十大丛林"之一的别传禅寺；有观日亭、韶音台、舵石等百余处景点。长老峰是360°凭栏远眺丹霞群山，以及观日出、赏晚霞的最佳去处。

古佛洞天

等　　级：五级
基本类型：010304 沟壑与洞穴
是否开发：是
行政位置：韶关市乐昌市乐城街道月坵村

资源简介

　　古佛洞天是国家4A级旅游景区，曾用名古佛岩。古佛洞天洞内上下重叠3层，最高处达30米，总面积12000多米^2，由古佛岩、古佛寺、粤北大佛和醉仙洞四部分组成。古佛洞天是地下喀斯特岩溶地貌的典型代表，汇聚了众多国内罕见的溶洞奇观，有石笋、石柱、石幔、边石堤等，还有3亿年前的海底珊瑚化石，科学考察和旅游开发条件极高。

阳元石

等　　级：五级
基本类型：010305 奇特与象形山石
是否开发：是
行政位置：韶关市仁化县丹霞街道黄屋村

资源简介

　　阳元石堪称广东乃至中国的一块天然奇石，被誉为"天下第一奇石""天下第一绝景"。阳元石高28米，直径达到7米，由红色砂砾岩构成。沿岩层垂直节理，由于流水侵蚀及风化剥落和崩塌作用后退，最终形成了阳元石上部孤立的、擎天一柱的奇特形态。

韶关市

云髻山

资源简介

云髻山以绿色原生态为特色,是集休闲度假、观光旅游、登高、探险于一体的旅游胜地,是省级自然保护区、森林生态旅游示范基地、最佳自驾游目的地、海外华人最喜爱的广东自然风光景区。云髻山拥有广东"3个唯一":唯一最大连片红叶的山、唯一瀑布最美的山、唯一四季景色各异的山。云髻山也是珠三角地区第一高峰及新丰江的发源地,是体验"峰、花、雪、叶"的最佳去处。

等　　级:五级
基本类型:010101 山丘型景观
是否开发:是
行政位置:韶关市新丰县丰城街道云髻山省级自然保护区

青嶂山

资源简介

青嶂山不仅是一个物种宝库,还是天然大水库,是浈江和北江的重要水源林地,总面积达 7 874 万米^2。优越的气候条件和肥沃的土壤为森林植被的发育和顺向演替提供了良好的生存环境。青嶂山内有 1 000 多种国家保护植物,其中珍稀濒危植物 20 多种;野生动物 1 000 多种,其中国家保护级珍稀濒危动物 30 多种。青嶂山森林资源保存完好,森林覆盖率达 89.1%,物种资源丰富,珍稀种类繁多。

等　　级:五级
基本类型:010101 山丘型景观
是否开发:是
行政位置:韶关市南雄市江头镇、主田镇

茶壶峰

资源简介

茶壶峰被誉为"天下第一壶山",形如一把巨大无比的紫砂壶,于巴寨山上对视最为神奇,与锦江构成了一幅无与伦比的自然美景。茶壶峰海拔 556 米,是丹霞山第三高峰。茶壶峰由数座顶部分离而根部相连的丹霞峰丛组成,山峰错落有致,组合成了一组天然的茶壶状群体地貌景观。

等　　级:五级
基本类型:010305 奇特与象形山石
是否开发:否
行政位置:韶关市仁化县丹霞街道

观音山（仁化县）

等　　级：五级
基本类型：010303 垄岗状地景
是否开发：是
行政位置：韶关市仁化县丹霞街道夏富村

资源简介

　　观音山（仁化县）由3块风化侵蚀的石柱、石墙组成，是丹霞山最著名的地质景观之一。观音山石柱多横向沟槽，中部有4个较小的岩柱，接近顶部可见扁平洞穴。观音山"同山不同景"。从瑶山村看过去，观音山形似一艘正在扬帆起航的帆船，称"一帆风顺"；行至叶屋村口再看又像举案齐眉的夫妻并肩而立；至牛鼻村回望，形似跏趺而坐的观音，又称"童子拜观音""观音送子"。

僧帽峰

等　　级：五级
基本类型：010305 奇特与象形山石
是否开发：是
行政位置：韶关市仁化县丹霞街道

资源简介

　　僧帽峰又称人面石，因山似僧帽而得名，是丹霞山东部群峰最高点。僧帽峰有三奇："云海霞光"是一奇；"形象逼真"又是一奇，另一奇则是"横看成岭侧成峰，远近高低各不同"。从长老峰顶的观日亭看，它像济公的破帽；从舵石方向看，则像"人面石"，只见它面方耳大，有丈夫像；从翔龙湖看，它又成了一位"慈眉善目，满面银须"的"丹霞老人"。僧帽峰是丹霞山最具标志性的山峰，更是游客来到丹霞山的必玩打卡点之一。

赤壁丹霞（丹霞地貌命名石）

等　　级：五级
基本类型：010303 垄岗状地景
是否开发：否
行政位置：韶关市仁化县丹霞街道

资源简介

　　赤壁丹崖也称"丹霞地貌命名石"，是丹霞山最突出的、最富有震撼力的标志性景观之一，也是丹霞地貌命名地。赤壁丹崖具有的"雄、奇、险、秀、幽"等突出特点及丹山、碧水、绿树、花草景观系统组合美，是丹霞山自然景观美学价值的突出体现。

阴元石

资源简介

阴元石为砂岩中间发育的一个竖向侵蚀洞穴，阴元石高约10米、宽约4米。该岩块上部由1.5米厚的砾岩组成，因风化而呈浑圆锥状；下部3米厚的砂岩中间发育一竖直的洞穴地貌。整个巨石中间有一道裂开至底部的隙洞，此洞上窄下宽，酷似女性外生殖器，被视为"母亲石"和"生命之源"，与阳元石并称为"丹霞山绝景"。

等　　级：五级
基本类型：010305 奇特与象形山石
是否开发：是
行政位置：韶关市仁化县丹霞街道黄屋村

车八岭

资源简介

车八岭总面积16 110.7万米^2，是南岭南缘保存较完整、面积较大、分布较集中、原生性较强、中国特有的原始季雨林区，也是全球同纬度地区森林植被的典型代表，被许多外国专家学者赞誉为"北回归线荒漠带上的绿洲"，在生物进化史上具有特殊的地位和作用。车八岭是国家级自然保护区、中国生物多样性保护示范基地、全国科普教育基地、广东省环境教育基地。

等　　级：五级
基本类型：010101 山丘型景观
是否开发：是
行政位置：韶关市始兴县罗坝镇大水村

石坑崆峰

资源简介

石坑崆峰海拔1 902米，又名莽山峰、猛坑石峰，是南岭山脉的一部分，是由花岗岩和石英二长岩组成的山体，是广东省境内海拔最高的山峰，素有"天南第一峰""广东屋脊"之称。石坑崆峰峻伟奇丽，势拔五岳，妙手天成，四周五岭逶迤，群峰崔巍，有八方来朝、众山宾服之威严大气；另有海拔1 888米的广东第二峰石韭岭与之遥遥相望，双峰对峙，别有情致。峰顶云蒸霞蔚，风起雾涌，四时变幻，景物常新，堪称人间仙境，是登高远眺、高山观日的绝佳去处。

等　　级：五级
基本类型：010101 山丘型景观
是否开发：是
行政位置：韶关市乳源瑶族自治县大桥镇五指山

通天箩

等　　级：五级
基本类型：010304 沟壑与洞穴
是否开发：否
行政位置：韶关市乳源瑶族自治县大桥镇新谷村

资源简介

通天箩是一个极为罕见的完全封闭的下降洞穴，属石灰岩地貌，被称为"中华第一洞"。通天箩所属的岩溶地貌有很强的水文地质、物理地质、地球化学和地球生态学特性，对研究地球科学和资源环境等方面都有着重要意义。像通天箩这样丝毫不受人类影响的"井底森林"，在中国仅发现这一处，在世界上亦属罕见。

水上丹霞河段

等　　级：五级
基本类型：020101 游憩河段
是否开发：是
行政位置：韶关市仁化县丹霞街道

资源简介

水上丹霞河段辽阔，锦江横亘其间，沿途可见多处丹霞地貌景点，游览线路全程12千米，游程约50分钟。乘船可游览水上丹霞码头至下游喜头村码头之间的精华线路，沿途可观赏赤壁丹崖（世界丹霞地貌命名石）、金龟朝圣、鲤鱼跃龙门、观音送子等20多处大自然鬼斧神工的杰作。有"一江贯丹霞，爬山不游江，枉到丹霞山"等说法，是丹霞山"丹山""碧水"的完美结合。

翁源滃江源国家湿地公园

等　　级：五级
基本类型：020203 湿地
是否开发：是
行政位置：韶关市翁源县龙仙镇

资源简介

翁源滃江源国家湿地公园是珠江流域北江水系中河流和库塘复合生态系统，由翁源县贵东河、桂竹水库、陂头河、南浦河、坝仔河、龙仙河、滃江上游和龙湖以及河道两侧部分林地等组成，总面积为614.04万米^2，湿地公园范围总面积656.17万米^2，湿地率72.65%。目前，湿地公园内水质良好，滃江流域自然河流结构完整，湿地生态特征明显，湿地生态系统发育良好，生物多样性丰富。

广东乳源南水湖国家湿地公园

资源简介

南水湖国家湿地公园于2009年12月23日经国家林业局批准开始建设，是以河流湿地、湖泊湿地、沼泽湿地和森林组成的复合湿地生态系统，是一级水源保护地。在中国水资源保护、湿地学、生态学、生物学、地学等方面具有一定的典型性和代表性。湿地公园由南向北呈狭长形廊道走向，规划总面积为6 283.7万米^2，水面达3 800万米^2，库容12亿米^3，最深处120米，是广东省第三大人工淡水湖泊、广东省第三大人工水库。

等　　级：五级
基本类型：020203 湿地
是否开发：是
行政位置：韶关市乳源瑶族自治县东坪镇南水村

南岭国家森林公园

资源简介

南岭国家森林公园地处南岭山脉中段南部，总面积273千米^2。南岭山脉逶迤连绵，存留着广东省最完整、最大片的原始森林，有着最完整的自然生态系统，是广东省天然生态保护屏障，有2 000多种植物和200多种野生动物在此生存，国家一、二级保护动植物达82种之多，也是华南虎最后的栖息地，享有"广东物种宝库"的美誉。2012年，南岭国家森林公园被评为国家4A级旅游景区。

等　　级：五级
基本类型：030101 林地
是否开发：是
行政位置：韶关市乳源瑶族自治县大桥镇五指山

广东天井山国家森林公园

资源简介

广东天井山国家森林公园地处南岭五岭支脉的南麓，是广东省拥有最大原始森林面积的森林公园之一，也是一处集科学研究、森林康养、生态休闲和自然教育于一体的国家级森林公园、国家3A级旅游景区，素有"广东的西双版纳"之称。广东天井山国家森林公园总面积5 564.1万米^2，森林层次众多，生物多样性丰富，森林覆盖率高达97.6%，是广东的重要生态屏障和北江流域的源头之一。

等　　级：五级
基本类型：030101 林地
是否开发：是
行政位置：韶关市乳源瑶族自治县洛阳镇田螺坑村

小坑国家森林公园

等　　级：五级
基本类型：030101 林地
是否开发：是
行政位置：韶关市曲江区小坑镇

资源简介

小坑国家森林公园属于国家级森林公园。园内有16亿米^{2}山林，其中原始森林2 000多万米^2。森林中有野生植物1 600多种，有多种国家重点保护野生动植物。公园有一座400多万米^{2}的龙湖和全省著名的汤湖温泉，是广东难得的高质量疗养、水上游乐、魅力狩猎旅游场所，也是良好的科研教学实习基地。

帽子峰森林公园

等　　级：五级
基本类型：030101 林地
是否开发：是
行政位置：韶关市南雄市帽子峰镇芳坑村

资源简介

帽子峰森林公园是南雄市重要的用材林、天然生态林及毛竹林基地，是国家4A级旅游景区、中国森林氧吧、国家级森林康养试点建设基地、广东省级森林公园、广东省森林生态旅游示范基地。帽子峰森林公园总面积2924.6万米^2，因山顶浑圆，好像一顶帽子而得名。1958年南雄县机关下放干部到帽子峰办场，命名为国营帽子峰林场。2011年经广东省林业厅批准，设立"广东帽子峰省级森林公园"。银杏染秋是帽子峰森林公园最为吸引人的景色之一。

帽子峰银杏

等　　级：五级
基本类型：040203 物候景象
是否开发：是
行政位置：韶关市南雄市帽子峰镇广东帽子峰森林公园内

资源简介

"银杏染秋"是南雄帽子峰森林公园最具特色的自然景观。帽子峰银杏为广东省内最具吸引力和面积最大的银杏种植区域，2018年"银杏染秋"被评为广东省最具影响力旅游品牌。每年秋季到来，园内人工种植的46万多米^{2}银杏、水杉成熟林，天然更新成块状、点状分布的枫香林等彩叶树种，叶色由绿变黄、由绿变红，与碧波溪流相映成趣，构成一幅亮丽多彩的"黄杏红枫图"。深秋的帽子峰，层林尽染，五彩斑斓，被誉为"岭南九寨沟"。

韶关市
优良级旅游资源图鉴

丹霞山日出

资源简介

丹霞日出有"壮观无殊泰岱，奇美不让黄山"之说，丹霞山长老峰之巅的观日亭是观看日出的最佳位置。随着夜幕渐散，远方天际逐渐被染红，一轮朝阳在东方升起，万丈金光倾洒在千山万壑，立于观日亭，极目东方天际，云海涌动，霞光泛起，金色的"咸蛋黄"缓缓升起，各种光谱变化无穷，令人目不暇接，有时白云飘过，也成了鲜艳夺目的彩霞，把周围的红崖点缀得更加美丽。真是"游尽日出风景地，独有丹霞日出美"！

等　　级：五级
基本类型：040101 太空景象观赏地
是否开发：是
行政位置：韶关市仁化县丹霞街道

南华禅寺

资源简介

南华禅寺是第五批全国重点文物保护单位。1983年，被国务院定为汉族地区佛教全国重点寺院；2001年，获批"海峡两岸交流基地"。南华禅寺是中国佛教名寺之一，是禅宗六祖惠能弘扬"南宗禅法"的发源地，被誉为岭南禅林之冠。

等　　级：五级
基本类型：050107 宗教与祭祀活动场所
是否开发：是
行政位置：韶关市曲江区马坝镇南华村委国道106线旁

珠玑古巷

资源简介

珠玑古巷南起驷马桥，北至凤凰桥，被称为广府人的祖居之地，有"广东第一巷"之美誉，是中国三大寻根地之一。珠玑巷在唐代时叫敬宗巷，据说那里有族人张兴七世同堂，皇帝李湛听闻后赏赐给他们家族珠玑绦环，不久李湛驾崩，其庙号为唐敬宗，"敬宗巷"为避讳而改名珠玑巷，沿用至今。1982年被列为南雄县文物保护单位；2012年被评定为国家4A级旅游景区；2021年，珠玑古巷历史文化街区被列入第二批广东省历史文化街区。

等　　级：五级
基本类型：050201 特色街区
是否开发：是
行政位置：韶关市南雄市珠玑镇珠玑村

云门山大觉禅寺

等　　级：五级
基本类型：050107 宗教与祭祀活动场所
是否开发：是
行政位置：韶关市乳源瑶族自治县乳城镇云门村

资源简介

云门山大觉禅寺是中国禅宗五宗之一"云门宗"的发祥地和根本道场，是国务院首批公布的全国重点开放寺院之一、广东省重点文物保护单位。云门寺占地面积12 000米^2，主体建筑有山门、天王殿、大雄宝殿、法堂、钟楼、禅堂、斋堂、教学楼、功德堂、延寿堂等。整座建筑物庄严雅静，风格独特，除放生池外，殿厅堂楼等共180余处连成一体。2022年，云门山大觉禅寺获评首届全国宗教界先进集体。

湖心坝客家群楼

等　　级：五级
基本类型：050202 特性屋舍
是否开发：是
行政位置：韶关市翁源县江尾镇南塘村

资源简介

湖心坝客家群楼是粤北面积最大的古村落，也是翁源唯一中国传统村落，是省级文物保护单位、国家3A级旅游景区。湖心坝客家群楼始建于明朝正统年间，有着570多年的历史，是研究岭南地区客家古建筑，特别是明清时期建筑物的重要标本。湖心坝客家群楼共有59座围楼，除27座因年久失修而倒塌、拆除或改建外，32座建筑的主体结构和艺术特色仍保持着历史原貌，长安围、外翰第、大夫第、三门楼为广东省重点文物保护单位。

东华禅寺

等　　级：五级
基本类型：050107 宗教与祭祀活动场所
是否开发：是
行政位置：韶关市翁源县龙仙镇联群村大塘头自然村

资源简介

东华禅寺是国家4A级旅游景区，于南朝梁武帝天监元年（502年）由印度智药三藏禅师建造。东华禅寺建筑风格古朴典雅，独具特色，设有"三门殿""大雄宝殿""洪堂"等古香古色建筑物，已成为集旅游、宗教于一体的活动场所，对了解和研究古代禅寺文化及宗教建筑有重要的参考价值，是翁源县第五批文物保护单位。

瑶塘新村

资源简介

瑶塘新村位于世界自然遗产丹霞山核心景区，是景区内最具特色的客栈民宿聚集地，是全国乡村旅游重点村、广东省休闲农业与乡村旅游示范点、广东省文化和旅游特色村、2019年粤东粤西粤北十大村游打卡地、仁化"丹霞彩虹"省级新农村示范工程建设的重点村之一。有"揽胜美景于丹霞，融休闲体验于瑶塘"之称，现已成为丹霞山脚下美丽乡村带中一颗璀璨的明珠。

等　　级：五级
基本类型：050113 特色镇村
是否开发：是
行政位置：韶关市仁化县丹霞街道黄屋村

石塘古村

资源简介

石塘古村是国家3A级旅游景区、中国历史文化名村、中国传统村落、广东省十大最具特色古村落、2011年韶关最美旅游景区。石塘古村内的双峰寨是广东省现存最大的碉堡式建筑之一。古村建筑属于徽派建筑，由青砖青瓦砌成，高墙飞檐，堂皇美观，体现出别具特色的客家风情。村中还有省级非物质文化遗产月姐歌、堆花米酒酿造技艺。

等　　级：五级
基本类型：050113 特色镇村
是否开发：是
行政位置：韶关市仁化县石塘镇石塘村

经律论文化旅游小镇

资源简介

经律论文化旅游小镇是国家4A级旅游景区，是全国特色小镇类中优秀旅游景区、是粤北地区唯一一家国家级文体休闲旅游服务先进标准体系试点单位，同时也是多个中医药类旅游保健共建示范单位。小镇四面群山环绕，森林覆盖率达85%；空气负离子含量最高达12.32万个/厘米^3，是名副其实的"天然氧吧"、夏季避暑胜地。

等　　级：五级
基本类型：050106 康体游乐休闲度假地
是否开发：是
行政位置：韶关市曲江区小坑镇汤湖村委

满堂客家大围

等　　级：五级
基本类型：050202 特性屋舍
是否开发：是
行政位置：韶关市始兴县隘子镇满堂村

资源简介

满堂客家大围始建于清道光十二年（1832年），咸丰十年（1860年）建成，历时28年，为当地富豪乾荣所建，是广东省内规模最大的特色客家民居建筑——抵御性营垒式围屋，有"岭南第一围"之誉。1996年，满堂客家大围被列为全国重点文物保护单位。2016年1月，满堂客家大围获得国家3A级景区荣誉。2020年8月，满堂客家大围成为始兴县首个国家4A级旅游景区。

云门山

等　　级：五级
基本类型：050106 康体游乐休闲度假地
是否开发：是
行政位置：韶关市乳源瑶族自治县乳城镇云门村委会坝背村

资源简介

云门山是集生态文化、云门禅宗文化、过山瑶民族文化、客家风情文化于一体的综合性旅游度假胜地，是国家4A级旅游景区。云门山紧邻千年古刹云门寺，核心区域以"云门禅宗文化"及"过山瑶民俗文化"为特色主题，主要由云门山自然风景区、大型综合户外游乐区、过山瑶（演艺）景区、赴瑶坪旅游商业服务区、通用航空主题乐园、休闲观光农业体验旅游区、云门山禅修特色度假酒店区等七大功能板块构成。

北伐战争纪念馆

等　　级：五级
基本类型：050109 纪念地与纪念活动场所
是否开发：是
行政位置：韶关市浈江区十里亭镇五里亭良村公路四横巷4号

资源简介

北伐战争纪念馆属于纪念地与纪念活动场所，是全国国防教育基地。纪念馆占地总面积近1.2万米^2，主馆仿照北伐大本营于韶州镇台署的建筑原貌建设，为二层西式四合院砖木结构楼房，外墙为仿古青砖清水墙砌筑。坐东南朝西北，内设方形天井。馆前设馆名牌坊，有一座孙中山铜像。

多彩韶钢—工业文化园

资源简介

多彩韶钢—工业文化园景区坐落在粤北"十里钢城"内，景区旅游资源衔接自然，相互拓展，相互延伸，形成层次多样的资源空间组合。现厂区已成为工业旅游精品基地，是集钢厂观光、科普研学、文化体验、亲子娱乐为一体的工业旅游示范区，被评定为国家3A级旅游景区，为广东省内唯一一家以"钢铁"为主题的工业旅游景区。

等　　级：五级
基本类型：050104 建设工程与生产地
是否开发：是
行政位置：韶关市曲江区松山街道

新田古村落

资源简介

新田古村素有"中原南迁第一村"之称，2009年被评为广东省古村落、广东省历史文化名村，2013年被列入第二批中国传统村落名录。新田古村落布局呈四方形，村中巷道纵横交错，古建鳞次栉比，自西晋建新三年（315年）建村至今已有1 700年历史之久，保留着五朝建筑，其中最古老的建筑为西汉时代遗址，其历史与宗祠文化远比现有珠玑巷更古老、丰富。村中保留一条乌迳古道，比梅关古道还要早，曾是贯通南北、连接江南而达闽西、水陆联运的交通要道。

等　　级：五级
基本类型：050113 特色镇村
是否开发：是
行政位置：韶关市南雄市乌迳镇新田村

三影塔

资源简介

三影塔是全国重点文物保护单位，广东宋塔的代表作，具有重要的历史、科学、建筑和艺术价值。据《直隶南雄州志》记载，北宋大中祥符二年（1009年）异人建塔，其影有三，因立三影堂，其影阴晴俱见于壁间，二影倒悬，一影朝上，故曰"三影塔"。塔为平面六角九层楼阁式砖塔，高50.2米，外观9层，内分17层，每层为六角形内室，内壁四面设有佛龛。塔内设有木梯，每层楼筑平座建栏杆，游客可逐层登临塔顶，俯瞰雄州景色。

等　　级：五级
基本类型：050309 塔形建筑
是否开发：是
行政位置：韶关市南雄市雄州街道青云东路与青云西路交叉口附近

红军长征粤北纪念馆

等　　级：五级
基本类型：050203 独立厅、室、馆
是否开发：是
行政位置：韶关市仁化县城口镇城群村

资源简介

红军长征粤北纪念馆是广东省中共党史教育基地、广东省内唯一以红军长征为主题的纪念馆。该馆依托红军长征过境粤北并留下丰富红色遗迹资料的史实，充分运用现代新科技手段及艺术表现手段，旨在将分散在粤北地区的各类红军历史文物、文献加以保护，形成一个以纪念馆为中心辐射全省的红色教育基地，以更好地开展以红军长征为主题的爱国主义教育和党史军事教育。

丹霞山摩崖石刻

等　　级：五级
基本类型：050304 书画作
是否开发：是
行政位置：韶关市仁化县丹霞街道

资源简介

丹霞山摩崖石刻被列入第七批全国重点文物保护单位、广东省文物保护单位、仁化县文物保护单位，蕴含着当时社会历史等丰富信息，是研究丹霞山地区古代佛教文化传播与发展的重要实物资料。摩崖石刻共有111处，以明清时期数量居多，书法有楷、行、草等，刻有题字、题名、题记、题诗、碑文、游记等，以宋刻8处、元刻9处和"锦岩""丹霞"等大字摩崖最具代表。

别传寺摩崖石刻群

等　　级：五级
基本类型：050304 书画作
是否开发：是
行政位置：韶关市仁化县丹霞街道

资源简介

别传寺摩崖石刻群是全国重点文物保护单位，丹霞山摩崖石刻的代表之一。别传寺摩崖石刻保存良好，书法精妙，气势磅礴，是珍贵的文化遗产。其字大如拳，端庄有力，以刻于别传寺山门峭壁之上的"丹霞"二字最为闻名，为清代康熙年间广东按察使关中（陕西）人王令手书，其书法精妙，笔力雄劲，气魄雄伟，与红色的岩石结合得相得益彰，被后人以"色如渥丹，灿若明霞"来形容丹霞山之美，给人赏心悦目之感。

 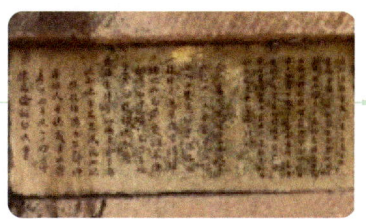

韶关市
优良级旅游资源图鉴

翁源县国家现代农业产业园

资源简介

翁源县以兰花产业为主导，加强现代农业产业园建设，积极构建现代生产要素聚集的"生产＋加工＋科技"现代农业产业集群，着力打造全国最大、品种最全、质量最高的兰花生产基地、兰花创新研发中心和兰花交易集散中心。2022年，农业农村部网站发布第四批国家现代农业产业园认定名单，翁源县现代农业产业园榜上有名，成为韶关首个国家现代农业产业园。

等　　级：五级
基本类型：050112 特色产业园区
是否开发：是
行政位置：韶关市翁源县江尾镇鹤仔村

岭南红叶世界

资源简介

岭南红叶世界以炫丽的红叶景观为主题，是集观光、休闲、运动、体验、度假于一体的综合性旅游区。"北有香山红叶公园，南有岭南红叶世界。"同时，它还拥有得天独厚的星空、云海、避暑、高山茶等自然资源优势，是一个可供游人春赏百花、夏弄清风、秋品红枫、冬踏冰雪的休闲度假胜地，也是集森林度假、避暑养生、高山运动、水路拓展于一体的国内一流红叶主题生态旅游目的地。

等　　级：五级
基本类型：050106 康体游乐休闲度假地
是否开发：是
行政位置：韶关市新丰县黄磜镇茶峒村青云山脉

新丰樱花峪

资源简介

樱花峪是广东省规模最大、品种最多的樱花观赏地，也是广东省第一个以樱花为主题的综合性农业旅游区，是集赏花、露营、春游踏青、观光休闲于一体的综合型康体游乐休闲度假地。区域内的樱花有20多个品种，其中以八重樱和寒绯樱居多，每年的阴历春节前15天至清明节，为最佳观赏期。坐在樱花树下品茗、赏樱、观星，实属一种幸福浪漫的体验。

等　　级：五级
基本类型：050106 康体游乐休闲度假地
是否开发：是
行政位置：韶关市新丰县黄磜镇营盘村樱花峪

云天海度假山庄

等　　级：五级
基本类型：050106 康体游乐休闲度假地
是否开发：是
行政位置：韶关市新丰县梅坑镇利坑角村

资源简介

云天海度假山庄是广东省造价最高、最具休闲度假特色、综合评价最高的温泉度假村，是以森林避暑、温泉养生为主题，集豪华客房、餐饮、温泉、会议会务、休闲度假于一体的国家4A级景区，综合旅游服务能力强。度假山庄处于新丰江源头区域，100年内无工业污染，100千米范围内无污染源，有省内稀有的优质氡温泉，是广东省生态环境最好的避暑、养生胜地之一。

梅关古道

等　　级：五级
基本类型：060104 古驿道
是否开发：是
行政位置：韶关市南雄市珠玑镇梅岭村

资源简介

梅关古道位于南雄市东北部，南起迴澜门，北至梅关关楼，连接着长江、珠江两大水系，是全国保存得最完整的古驿道。梅关古道设关始于秦朝。唐开元四年（716年）张九龄路过梅岭，见山路险峻难以通行，便向唐玄宗谏言开凿梅岭，当时因发展经济的需要，唐玄宗下诏宰相张九龄负责扩展梅岭古道，开通了大庾岭古道。2012年被评为国家3A级旅游景区，2013年被评为全国重点文物保护单位，2016年入选《全国红色旅游景点景区名录》。

西京古道（乳源段）

等　　级：五级
基本类型：060104 古驿道
是否开发：是
行政位置：韶关市乳源瑶族自治县大桥镇大桥村

资源简介

西京古道是我国历史最悠久、线路最长、保存最完好的古道之一。西京古道乳源段是当时"上通三楚，下达百粤"的交通要道，也是连接中原文化和南岭文化的重要纽带，是一条连接海陆的丝绸之路。2005年，西京古道（乳源段）被列为乳源瑶族自治县文物保护单位；2012年，西京古道（乳源段）被列为广东省文物保护单位；2019年，西京古道（乳源段）被列入第八批全国重点文物保护单位。

马坝人—石峡遗址

资源简介

马坝人—石峡遗址是第五批全国重点文物保护单位,国家3A级旅游景区,是广东省迄今为止唯一一处古人类化石遗址。遗址还获得省、市级多个科普教育基地称号。遗址由两个石灰岩山峰组成,占地面积约1.77千米^2。是"马坝人"(距今13万年)头盖骨化石出土点和"石峡文化"的石峡遗址所在地,是国内外少有的旧石器遗址与新石器遗址同在一个保护范围内的大型文化遗址。

等　　级:五级
基本类型:060103 古遗址
是否开发:是
行政位置:韶关市曲江区马坝镇狮岩路3号

瑶族盘王节

资源简介

瑶族盘王节起源于唐代,已有1 000年的历史。盘王是瑶族人民的先祖宗师,是瑶族人民精神生活核心部分。祭祀盘王是瑶族人民对始祖的神圣敬仰和崇拜,也是瑶族人民民族精神的渊源和凝聚力。每逢阴历10月16日,瑶民便汇聚一起,载歌载舞,纪念盘王、祭祀祖先,并逐渐发展为盘王节;现代的盘王节已逐步发展为庆祝丰收的联谊会,青年男女则借此机会以歌道情,寻觅佳偶。2006年,瑶族盘王节被列入首批国家级非物质文化遗产名录。

等　　级:五级
基本类型:060202 地方习俗
是否开发:是
行政位置:韶关市乳源瑶族自治县必背镇必背村

瑶族民歌

资源简介

瑶族民歌,瑶语称"赛花柄",有"赛过花朵的语言"之意,是瑶族人民在长期生活、工作和娱乐中创造的一种民间音乐艺术形式,具有独特的民俗色彩、地域特色和文化内涵,是瑶族文化的重要组成部分。瑶族民歌的歌词以瑶族语言为主,内容包括人生哲理、爱情歌谣、工作劳作、民族情感、祈愿问福等多种主题,富有感情色彩且充满舞蹈性和节奏感。2014年,瑶族民歌被列入国家级非物质文化遗产代表性项目名录。

等　　级:五级
基本类型:060204 传统演艺
是否开发:是
行政位置:韶关市乳源瑶族自治县必背镇必背村

瑶族刺绣

等　　级：五级
基本类型：060207 传统工艺
是否开发：是
行政位置：韶关市乳源瑶族自治县必背镇必背口社区

资源简介

瑶族刺绣是乳源瑶族自治县民间传统美术，为中国瑶族刺绣之一，其针法独特、色彩明丽、图案精致、寓意美好，是乳源瑶乡最具特色的文化符号，2010年乳源获评"中国瑶绣之都"，2011年5月瑶族刺绣被列入第三批国家级非物质文化遗产名录；2018年5月，入选第一批国家传统工艺振兴目录；先后获评"广东省民间文化艺术之乡""中国民间文化艺术之乡"。

华南教育历史研学基地（坪石）

等　　级：五级
基本类型：060101 建筑遗迹
是否开发：是
行政位置：韶关市乐昌市坪石镇老街社区、三星坪村、肖家湾村、武阳司村、河丰村

资源简介

华南教育历史研学基地（坪石）是抗战时期国立中山大学、岭南大学、培正培道联合学校等知名学校北迁办学的旧址，其真实呈现了抗战时期华南及港澳高校在坪石办学的辉煌历史，也延续了广东高等学校的文脉。如今是广东省第十批文物保护单位，是集历史研学、红色文化与科学教育于一体的优秀研学基地。

粤北采茶戏（南雄）

等　　级：五级
基本类型：060204 传统演艺
是否开发：是
行政位置：韶关市南雄市雄州街道

资源简介

粤北采茶戏已有200年左右的历史，以韶关市为中心，辐射范围远及粤东、赣南、湘南与桂东客家地区，为客家民系的民风民情、观念信仰、风俗习尚的形象反映，为研究客家文化、历史与民俗提供了宝贵资料。1959年韶关成立粤北采茶剧团，统一将南雄灯子、韶南大戏、连阳调子等3种流派合称为粤北采茶戏。粤北采茶戏因多以旦、生、丑三角色表演，俗称"三脚班"，又叫"唱花鼓""唱花灯"，2009年被列入第三批国家级非物质文化遗产代表性项目。

韶关市 优良级旅游资源图鉴

双峰寨保卫战旧址

资源简介

双峰寨保卫战旧址为国家文物重点保护单位、广东省爱国主义教育基地、中共党史教育基地。旧址呈长方形,由石灰及青砖砌成,建筑面积4 664米^2。双峰寨是大革命时期仁化革命历史的重要实物见证,是农民运动的坚强后盾。在双峰寨内,还可感受当年革命先辈和当地仁人义士的一片爱国赤诚之心。

等　　级:五级
基本类型:060105 革命与红色文化遗存
是否开发:是
行政位置:韶关市仁化县石塘镇石塘村

长征国家文化公园(仁化段)

资源简介

长征是人类历史上的伟大壮举,粤北是中央红军离开中央苏区开启万里征途的第一站,在此期间留下了大量的革命文物、标语和旧址等红色资源,见证了长征历史、展现了长征文化、承载着长征精神。红船立潮头,精神熠千秋。通过建设长征国家文化公园(仁化段),对深入挖掘红军长征"粤北突围"等相关革命文物和历史文化资源;充分用好红色资源,发扬红色传统,传承红色基因,都具有重大而深远的意义。

等　　级:五级
基本类型:060105 革命与红色文化遗存
是否开发:是
行政位置:韶关市仁化县

沈所红围游览区

资源简介

沈所红围游览区是以沈所红围为中心,联合周围红色旅游景点,打造而成的景区,景区总面积约37 419米^2,包括红围、烈士陵园、革命展览馆、外营保卫战展览馆、日新小学交通站旧址、铜钟寨景区、邓氏宗祠等。沈所红围游览区先后被列为县、市、省爱国主义教育基地,省党员教育基地,成为广大党员、干部和青年学生开展党史教育和爱国主义教育的重要基地。2023年,沈所红围游览区被评为新时代始兴十景之一("红围烽火")。

等　　级:五级
基本类型:060105 革命与红色文化遗存
是否开发:是
行政位置:韶关市始兴县沈所镇沈北村、八一村

张溪香芋

等　　级：五级
基本类型：070101 种植业产品及制品
是否开发：否
行政位置：韶关市乐昌市乐城街道张溪村

资源简介

张溪香芋是广东省乐昌市特产，是中国国家地理标志产品。张溪香芋个头大、体形长、皮薄、纤维少，熟后全身粉细松软、香味浓、肉质粉、口感好。张溪香芋生产在以张溪为代表的乐昌盆地及四周山谷地带，这些地方土壤疏松、肥沃、深厚、爽水，耕作层厚，有机质平均含量高达3.89%。乐昌市河溪纵横，水资源丰富，溪水清洌、水质优良，涝时能排、旱时能灌。乐昌市温暖的气候、充足的阳光、充沛的雨量也为张溪香芋的生长发育提供了有利的条件。

惠能

等　　级：五级
基本类型：080101 地方人物
是否开发：是
行政位置：韶关市曲江区马坝镇

资源简介

惠能（638—713年），俗姓卢，唐贞观十二年（638年）2月8日生于新州（现广东新兴县），是佛教禅宗南宗的开创者。惠能与老子、孔子并称"东方三大圣人"、被欧洲学界列为"世界十大思想家"之一。其有著名偈云："菩提本无树，明镜亦非台；本来无一物，何处惹尘埃！"由惠能口述、其弟子记录的《六祖坛经》是集中体现惠能思想、堪称中国佛教禅宗的典籍，为中国佛学一大创造。

张九龄

等　　级：五级
基本类型：080101 地方人物
是否开发：是
行政位置：韶关市浈江区乐园镇六合村

资源简介

张九龄（673—740年），字子寿，号博物，韶州曲江（今广东韶关市）人，世称"张曲江"或"文献公"。唐朝开元名相、政治家、文学家、诗人。张九龄进士及第，官至中书令等，追赠司徒、荆州大都督，谥号文献。张九龄富有胆识和远见，建议并主持修建了南北交通要道——梅关古道。张九龄作为文学家，诗歌艺术成就很高，其五言唐诗《感遇》名列《唐诗三百首》第一首，著有《曲江集》，被誉为"岭南第一人"。

陈毅

资源简介

陈毅（1901—1972年），男，名世俊，字仲弘，四川乐至人，中国共产党党员，中华人民共和国十大元帅之一，中国人民解放军创建人和领导人之一，军事家。1935年3月底至4月初，项英、陈毅和陈丕显等同志从中央苏区县突围出来后，因伤无法随军长征，遂在梅岭开始了艰苦卓绝的3年游击战争。为了缅怀先烈，弘扬苏区精神，南雄市人民武装部从2015年开始在梅岭上建设"陈毅元帅爱国主义教育基地"——元帅岭。

等　　级：五级
基本类型：080101 地方人物
是否开发：是
行政位置：韶关市南雄市珠玑镇梅关古道

02 四级旅游资源

东华山

资源简介

东华山属于喀斯特地貌，由风景秀丽的东华山和历史悠久的东华寺构成，为国家级风景名胜区、国家4A级旅游景区。东华山总面积6.5千米^2，遍布鬼斧神工的奇峰怪石，景色迷人，风光秀丽。景区旅游资源以东华山森林公园、东华禅寺为核心，以农业景观和农事体验为特色，集禅修度假、田园游赏、森林游憩、生态养生等多种功能于一体，划分为旅游综合服务区、东华寺景区、田园风光游憩区、佛禅养生度假区和山林生态游赏区五大功能区域。

等　　级：四级
基本类型：010101 山丘型景观
是否开发：是
行政位置：韶关市翁源县龙仙镇东北3千米处

南雄红层

资源简介

南雄红层距今有5 000万年历史，是远古时代恐龙的故乡。南雄红层西起始兴县的鸡笼圩，东与信丰盆地相连，纵长约80千米，南北最宽处不超过20千米，盆地面积约1 600千米^2，堆积了3 000余米厚的晚白垩纪和第三世纪地层。南雄红层出露完整，地质构造比较简单，地层中含有丰富的脊椎动物、无脊椎动物、植物和微体化石，是中国著名的恐龙蛋化石产地，是除北美西部之外研究恐龙灭绝问题的第二个最佳地点，也是亚洲唯一的最佳地点。

等　　级：四级
基本类型：010203 地层剖面
是否开发：否
行政位置：韶关市南雄市油山镇大塘村

观音山（庙前村）

资源简介

观音山，俗称牛子石，又名"牛峰山"，海拔1 429米。因山上有一处山石与神话故事中的观音菩萨十分相像，得名"观音山"。观音山山石千姿百态，自然景观十分迷人。观音山上的"朝天院"历史非常悠久，与其相邻的罗汉岩寺庙同属一个时代，都是起源于汉代，早在汉唐时代就是周边古村落的名胜景点之一。观音山上的"朝天院"遭受破坏后，人们从来没有放弃过重修"朝天院"的愿望，也没有停止过对朝天院的朝拜，每月初一、十五都香客如云。

等　　级：四级
基本类型：010305 奇特与象形山石
是否开发：是
行政位置：韶关市南雄市乌迳镇庙前村

龙王潭

等　　级：四级
基本类型：010103 沟谷型景观
是否开发：是
行政位置：韶关市乐昌市廊田镇龙山村

资源简介

龙王潭集温泉、绿湖、奇山于一体，由龙泉、龙湖、龙谷3大分区组成，又称"三龙谷生态旅游区"。龙王潭是国家3A级旅游景区，也是当年红军长征途经地。龙王潭荣获省、市、县级生态旅游示范基地、中共党史教育基地等多个称号。景区内境奇景美，自然生态保护完好，珍稀动植物繁多，被誉为"高山峡谷的避暑胜地，山水养生的天然氧吧"。

锦石岩

等　　级：四级
基本类型：010304 沟壑与洞穴
是否开发：是
行政位置：韶关市仁化县丹霞街道

资源简介

锦石岩是丹霞山峭壁断岩中的一处天然大石窟，位于丹霞山长老峰游览区下层的悬崖峭壁当中，是丹霞山最早开发的区域之一。岩石色彩斑斓，红似丹砂、似红霞，故称"锦石"或"锦岩"。岩洞"壁石五色间生，铺锦绮，多如梅花之形，四时变态"。北宋丞相余靖作诗赞美锦石岩秀丽风光"巉岩绚烂倚云隈，万玉无香结作堆，不是虬龙眠铁树，原来假石作根荄"。

睡美人

等　　级：四级
基本类型：010303 垄岗状地景
是否开发：是
行政位置：韶关市仁化县丹霞街道

资源简介

睡美人又称"玉女拦江"，坐落在阳元山景区北部，呈仰卧的美人形态，是丹霞山的著名景点之一，更是丹霞山必看的景点之一。活脱脱一个富有灵性与神韵、迷人的睡美人，横卧在云山雾海之中，一睡千年万载，令人叫绝！

五马归槽

资源简介

五马归槽，也称五马迎宾，是仁化丹霞山七十二好景之一，其位于韶石山上，是韶石山久负盛名的旅游景点。此处五山呈"一"字形并列，山体呈"基部平缓，顶部尖锐"状，迤逦而西，形似五匹高头大马临江饮水，形态生动逼真。最高的"五马寨"有一条人工开凿的石径，登上山巅，可以领略岭南的美丽风光。

等　　级：四级
基本类型：010305 奇特与象形山石
是否开发：否
行政位置：韶关市仁化县丹霞街道

韶石山朝石顶

资源简介

韶石山朝石顶是韶石山九大景点之一。朝石顶代表了韶石山景观的突出特色，朝石顶上视野开阔，可以欣赏到以群峰、林海、河流、田园组成的丰富自然景观。站在山顶，韶石山风景一览无余，浈江在此蜿蜒而过，低头便可看尽周田镇和大桥镇的景色，远看便是丹霞群山。朝石顶与挂榜山之间形成险要独特的"一线天"景观，颇为壮观。

等　　级：四级
基本类型：010102 台地型景观
是否开发：否
行政位置：韶关市仁化县周田镇较坑村

观音岽（最高峰）

资源简介

观音岽是大庾岭山脉的最高峰，也是始兴县与南雄市的第一峰，海拔1 429米。观音岽属于花岗岩地貌，走向为自西南向东北。观音岽同时也属亚丹霞地貌。因山上有一处山石与神话故事中的观音菩萨十分相像，得名"观音岽"。这里的山石千姿百态，自然景观十分迷人，其中有酷似人质特征化的"活观音"、有活灵活现的"石麒麟"和"石牛"、有雄伟峻峭的"五代同堂"，更有鬼斧神工开凿的"一线天""土地公"。

等　　级：四级
基本类型：010402 自然标志地
是否开发：否
行政位置：韶关市南雄市百顺镇（与始兴县交界处）

仙门奇峡

等　　级：四级
基本类型：010304 沟壑与洞穴
是否开发：是
行政位置：韶关市乳源瑶族自治县洛阳镇半星村

资源简介

仙门奇峡是典型的喀斯特岩溶地貌，有着丰富的高山峡谷、溶洞漏斗、湖泊溪水、动植物、人文建筑及活动等特色旅游资源，宛如人间仙境，代表性景观可概括为"奇山秀水的绿野仙踪"。现已建成一个融民族风情、生态旅游、休闲度假为一体的多元化的国家3A级旅游景区。

姐妹峰峰柱

等　　级：四级
基本类型：010302 峰柱型地景
是否开发：否
行政位置：韶关市仁化县丹霞街道

资源简介

姐妹峰峰柱属于峰柱型地景型旅游资源，因两块巨石形似两姐妹，相依屹立于锦江之滨而得名。山峰近岭背村一侧发育有国内最复杂的丹霞地貌巷谷群，内里十数条巷谷纵横交错，复杂异常，深窄难测，人称"丹霞迷宫"。姐妹峰罗列于锦江岸边，两岸田园锦绣，山峰造型雄伟奇特，春夏秋冬、四时朝暮晴雨，景象变化万千。

群象出山山墙

等　　级：四级
基本类型：010305 奇特与象形山石
是否开发：是
行政位置：韶关市仁化县丹霞街道

资源简介

群象出山山墙是由近东西走向、南北排列的八面大石墙构成的群山景观，极似一群刚刚从山野走出来欲跨过锦江的大象，就连大象的耳朵都依稀可辨，也称群象过江。它是丹霞山最富特色的造型地貌之一，也是游客必看景点之一。群象外貌随着天气的阴晴而变化，有时像临江饮水，有时像披云驾雾，如仙象下凡。

韶关市
优良级旅游资源图鉴

仙门奇峡仙人桥

资源简介

仙人桥是桥底部溶洞经长期流水侵蚀、重力崩塌而逐渐形成的天生桥。仙人桥横跨峡谷两边，中间为巨大的天坑，底部还有"仙人送子"和"仙人指路"等奇特景观。高山斜坡上、绿树掩映间，其秀、奇、峻、美令人称绝。仙人桥为目前国内发现的最大的天生桥之一，是西京古道必经之桥，亦是国家3A级旅游景区仙门奇峡风景区的标志性景观。

等　　级：四级
基本类型：010304 沟壑与洞穴
是否开发：是
行政位置：韶关市乳源瑶族自治县洛阳镇半星村

青云山（翁源县）

资源简介

翁源青云山是翁源第一名山、第二高山、省级自然保护区、省级森林公园。保护区内保存有较典型、较完整的亚热带常绿阔叶林森林生态系统，属森林生态系统类型自然保护区。是世界同纬度地区森林生态系统的典型代表，是研究森林生态系统的重要基地，也是恢复、重建亚热带山地常绿阔叶林生态系统的天然参照系统，具有重要保护价值及旅游开发条件。

等　　级：四级
基本类型：010101 山丘型景观
是否开发：是
行政位置：韶关市翁源县龙仙镇青云、青山、李洞村

天井山豹纹石

资源简介

豹纹石地质遗迹是分布于天井山铜锣瀑布处、延绵2千米的大潭河段内个体硕大、规模庞大、身披"豹纹"裂纹的花岗岩石头群。豹纹石又名石中石，天井山豹纹石地质遗迹群是中国唯一分布地，分区成片地分布在天井山国家森林公园生态长廊景区的大潭河内。其有着重要的地质科学研究价值和科普教育价值，是奇石中的"珍品"。

等　　级：四级
基本类型：010305 奇特与象形山石
是否开发：是
行政位置：韶关市乳源瑶族自治县洛阳镇田螺坑村

万时山

等　　级：四级
基本类型：010101 山丘型景观
是否开发：是
行政位置：韶关市仁化县长江镇

资源简介

万时山又名范子山、氾水山、白云山，坐落在粤、赣、湘三省交界处，有"三省第一峰"之称，是广东仁化县境内最高峰和丹霞山母亲河锦江源头之一。走进万时山，高山云海、高山杜鹃、草甸旭日、草原竹海、梯田石蛋、姿彩各异，成为夏秋露营避暑、冬赏冰雪雾凇的好去处，作为一个具有独特气质的红三角高山，其无限美好的自然风光，吸引着游人前往。

苍石寨

等　　级：四级
基本类型：010101 山丘型景观
是否开发：是
行政位置：韶关市南雄市全安镇苍石村

资源简介

苍石寨是南雄市新兴且最负盛名的自然景观，国家3A级旅游景区。苍石寨属红色丹霞地貌，由9个形态各异的山峰组成，其状如腾龙奔马，群山间有羊肠小径连接，小径或藏于树丛和悬崖峭壁之中，或显于群峰山谷之间，"苍石寨"由此得"寨"名。在登寨必经的险要处，有石块筑成的隘口，成为扼守山寨的险门，足成"以一挡万"之势，被誉为"苍石奇谷"，入选南雄市十大旅游景点之一。

铜鼓岩

等　　级：四级
基本类型：010304 沟壑与洞穴
是否开发：是
行政位置：韶关市乐昌市白石镇上黄村

资源简介

铜鼓岩是一处大型的溶岩洞穴，因其洞口左侧的方形巨石被拍击时会发出"铜鼓"之声而得名。铜鼓岩是经多年滴水溶蚀而成的溶洞，多层布局，洞内形成各式各样的乳石奇观。在洞的深处，溪流潺缓可听，流水清澈见底。铜鼓岩地下溶洞是韶关市有名的地下溶洞，是石灰岩地区的一个典例，对研究喀斯特地貌具有一定的科学价值。

钟鼓岩

资源简介

钟鼓岩原称翠屏山，与梅岭相望，为梅岭胜景之一。钟鼓岩方圆1千米，高60多米，占地面积约0.014千米²。因其中有二石，一在钟岩，叩之如钟声，一在鼓岩，击有鼓音，合称为钟鼓岩。钟鼓岩不仅洞内景观奇特，洞外岩石亦奇形怪状，岩洞内外留下了许多古代名流大家的墨宝诗句。1937年"卢沟桥事变"后，在全国人民一致要求抗日的压力下，江西省大余县县长彭育英派代表鲁炯雯与赣粤边游击队代表陈毅等人曾在钟鼓岩举行会谈，共商国共合作抗日事宜。1989年6月广东省人民政府将其公布为文物保护单位。

等　　级：四级
基本类型：010304 沟壑与洞穴
是否开发：是
行政位置：韶关市南雄市珠玑镇梅岭村（323国道旁）

龙斗峰

资源简介

龙斗峰是广东三大险峰之一，号称广东"小华山"，被誉为"广东K2"（世界第二高峰、攀登难度极大的乔戈里峰简称）。龙斗峰壮美的日出、峭壁、草甸、石河、云海、星空等景色，形成了广东最美的爬山路线之一，吸引了来自全国各地的登山爱好者。

等　　级：四级
基本类型：010101 山丘型景观
是否开发：是
行政位置：韶关市始兴县隘子镇瑶族村

南石岩

资源简介

南石岩是始兴县十大风景之一，人称"武当仙景"，又俗称始兴"小武当"。南石岩主要景点包括韶关银杏第一树、"山"羊开泰、神仙晒书台、天狗笑月、仙人洞、九洞十八厅、石笋参天、雄狮坐山、仙人美女下棋等。

等　　级：四级
基本类型：010302 峰柱型地景
是否开发：是
行政位置：韶关市始兴县澄江镇暖田村

南山

等　　级：四级
基本类型：010101 山丘型景观
是否开发：否
行政位置：韶关市始兴县沈所镇花山村

资源简介

南山是我国特有的比较原始的季雨林区，是世界同纬度地区森林植被的典型代表，在生物进化史上具有特殊的地位和作用，也是广东省省级自然保护区，还被评为全省自然保护区建设管理先进单位。

枫湾镇小桂林

等　　级：四级
基本类型：010101 山丘型景观
是否开发：是
行政位置：韶关市曲江区枫湾镇新村村委会

资源简介

枫湾镇小桂林景观带由多座奇特山峰组成，山脚周边水塘和山地环绕，每座山峰脚下各有大小不等的山地，山中有大小不一的山地。"小桂林"景区山体为喀斯特地貌，在广东地区较为稀少，具有独特的自然景观和较高的观赏价值。

仙人嶂

等　　级：四级
基本类型：010101 山丘型景观
是否开发：否
行政位置：韶关市曲江区沙溪镇

资源简介

仙人嶂是沙溪省级自然保护区的最高峰，海拔1 097米。仙人嶂是天然的物种宝库，区内森林资源丰富，有花榈木、云豹等许多珍稀物种，林地植被层次分明，整体资源保存完整。春季鸟语花香，夏季林海涛声，秋到层林尽染，冬令银装素裹，观赏性极强。

帽峰山

资源简介

帽峰山在梅辽四地早已是家喻户晓的名山,有乐昌第一峰之美称。山体庞大,脉络纵横,古树茂密,清泉众多,有"云山胜景"之称,是难得的修心养性佳境。多样化的气候环境,也造就了这片土地多样化的美。春天赏花,夏天听雨,秋天看日出日落,冬天看雾凇,无论哪个季节都能欣赏到帽峰山的独特自然风光。

等　　级:四级
基本类型:010101 山丘型景观
是否开发:否
行政位置:韶关市乐昌市梅花镇大塘边村

关春姐妹峰

资源简介

关春姐妹峰属于山丘型景观,是丹霞山地貌的典型代表,目前还是一块尚未被开发的丹霞地貌处女地。在赤壁山崖中的一座山峰上,一块醒目的岩石像极了一只充满灵气的猴子在遥望着远方。而姐妹石,奇峰耸立,山峰形如五指直指苍穹,当地人称之为姐妹石,也叫七姐妹,它极具视觉震撼效果,也因此成为了姐妹山上最耀眼的明珠,深受广大游客喜爱。

等　　级:四级
基本类型:010101 山丘型景观
是否开发:否
行政位置:韶关市乐昌市梅花镇关春村

古市镇恐龙足迹

资源简介

古市镇恐龙足迹于2014年由广东地质学家张显球教授在古市镇发现。这一恐龙足迹化石由7~8只恐龙留下,最大足迹外径长48厘米、宽53厘米,内径长40厘米、宽50厘米,推测该恐龙体长能达8米,是中国迄今为止最大的鸭嘴龙类足迹化石,在中国属于首次描述,足迹被命名为"南雄鸭嘴龙足迹"。

等　　级:四级
基本类型:010204 生物化石点
是否开发:否
行政位置:韶关市南雄市古市镇溪口村天子印村枫树岭

孔地台地

等　　级：四级
基本类型：010102 台地型景观
是否开发：是
行政位置：韶关市南雄市主田镇窑合孔地自然村

资源简介

孔地台地地处粤赣两省交界处，东南毗邻江西赣州全南，西接始兴县澄江镇，北迎南雄市区，区位独优，气候宜人，旅游资源丰富，有南雄东南部"金三角"的美誉。以孔地自然村为中心的大型丹霞地貌景观，方圆约30千米^2，区内富含氧离子，含量平均值达12 680个/厘米^3，年平均气温18 ℃。这里有王石寨、恋女石、青蛙寨、提蓝寨、狮子寨、三将军等奇岩，浑然天成的丹霞地貌景观令人惊叹，此外，还兼具青城之清幽、武夷山之清水出芙蓉、华山之险峻。

马市镇南岭红沙漠

等　　级：四级
基本类型：010203 地层剖面
是否开发：是
行政位置：韶关市始兴县马市镇黄田村

资源简介

"南岭红沙漠"属于地带性红层地貌，为始兴县重要自然景观之一。此处为红色盆地，多为裸露丘陵地带，色泽紫红，形似沙漠，当地俗称"黄沙坪"。景区具有休闲观光、徒步露营、影视摄影和科考探秘等几大特色，景区的开发是始兴县围绕"旅游旺县"发展战略实施的一项重点工程。

南岭一峰生态园冰川遗迹

等　　级：四级
基本类型：010304 沟壑与洞穴
是否开发：是
行政位置：韶关市乳源瑶族自治县大桥镇红星村

资源简介

在南岭一峰生态园园底的山溪中发现一条长约3千米，形成于距今约200万至300万年前的冰臼遗址。冰臼呈"口小、肚大、底平"三大特征，是古代冰川作用的产物，冰川融水沿着裂缝向下流动时，对冰层下覆基岩及冰川漂砾进行强烈冲击、游动和研磨，最终形成深坑，作为独特的自然景观具有极高的旅游开发价值。

南雄恐龙化石群

资源简介

南雄恐龙化石群划分为南雄城南—主田镇、湖口镇—水口镇、黄坑镇杨梅坑—坪岭3个区，区内恐龙化石、恐龙蛋化石和恐龙足迹化石"三位一体"属世界罕见现象。主要保护对象为恐龙蛋化石、恐龙骨骼化石以及含化石的典型地层剖面、古气候特征标志等。化石群现以保护为主，辅之研学教育，通过多样化的展示，不断增强其研学市场的吸引力，带动南雄"恐龙之乡"的进一步建设。

等　　级：四级
基本类型：010204 生物化石点
是否开发：是
行政位置：韶关市南雄市南雄城南—主田镇、湖口镇—水口镇、黄坑镇杨梅坑—坪岭

锦江画廊漂流水域

资源简介

锦江画廊漂流水域面积辽阔，其起点为牛鼻村码头，终点为石下村码头，沿途可观赏潼口双江汇流、姐妹峰、拇指石、茶壶峰、巴寨、夏富古村、上天龙、观音石、锦江竹林、两岸田园风光等共同组成的仙山琼阁。船行十里画廊，仿佛置身于人间仙境、世外桃源一般，两岸的美景既有长江三峡的雄奇壮观，又有桂林山水的秀美旖旎，还有世外桃源的阡陌炊烟，堪称"锦江画廊"。

等　　级：四级
基本类型：020105 漂流水域
是否开发：是
行政位置：韶关市仁化县丹霞街道

广东大峡谷腾龙大瀑布

资源简介

广东大峡谷腾龙瀑布是平静流淌在大峡谷谷顶平原的大布河水突然流经狭窄谷口断层、凹陷区域时垂直地从高空跌落的水域景观，河水飞流直下、旋湍拍崖、飞珠溅玉、咆哮如雷，势如万马奔腾、又如游龙在天，动人心魄，因此得名腾龙大瀑布。

等　　级：四级
基本类型：020102 瀑布
是否开发：是
行政位置：韶关市乳源瑶族自治县大布镇埕头村

鲁古河国家湿地公园

等　　级：四级
基本类型：020203 湿地
是否开发：是
行政位置：韶关市新丰县丰城街道

资源简介

鲁古河国家湿地公园是广东最大的水库——新丰江水库（万绿湖）的一级支流、东江的二级支流，水质达到国家一级饮用水标准，是粤港地区重要的水源地，2014年12月经国家林业局批准为国家级湿地公园。

翔龙湖

等　　级：四级
基本类型：020201 游憩湖区
是否开发：是
行政位置：韶关市仁化县丹霞街道

资源简介

翔龙湖位于长老峰的南侧谷地，因湖面轮廓酷似飞龙而命名为"翔龙湖"。从高处俯瞰，湖面轮廓酷似一条腾飞的龙，龙首、龙角、龙身、龙爪、龙尾一应俱全。在翔龙湖的中部和湖水下面还淹没着许多的崩积岩块，露出水面的互相叠置，就形成了崩积洞穴、崩积穿洞、崩积拱桥等。周围群山高崖与湖水组合为丹山碧水天然图画，在碧若玉盘的湖面上倒映着丹霞山的秀美身姿。

丽宫温泉

等　　级：四级
基本类型：020301B 泉（热泉）
是否开发：是
行政位置：韶关市乳源瑶族自治县乳城镇健民村

资源简介

丽宫温泉是地下自然涌出、泉口温度显著偏高、含有对人体健康有益的微量元素的矿物质热泉；是韶关丽宫国际旅游度假区最有代表性的生态康养、水域资源。温泉水源自千年喷涌的青岗温泉，有医疗养生作用，是名副其实的养生温泉。

浈江（南雄段）

资源简介

浈江（南雄段）是珠江水系北江干流的上游段，发源于江西省信丰县大庾岭石溪，是以"景观、生态、休闲"为主要目标的休闲地带。浈江沿线打造了休闲宜居的"十里长廊"，两岸采用灯光效果投射在休闲小路上的银杏叶、钢琴等景观，既展现了南雄的特色，又赋予了浓厚的时代气息，为市区夜色增"亮"不少。

等　　级：四级
基本类型：020101 游憩河段
是否开发：是
行政位置：韶关市南雄市雄州街道河南桥——水南桥

丹霞源国家级水利风景区

资源简介

丹霞源国家级水利风景区位于仁化县境内，以锦江"小丹霞"至瑶山水电站50千米范围内的五级梯级电站为依托，覆盖世界地质公园、5A级旅游景区——丹霞山，属水库型水利风景区。丹霞源水利风景区是国家3A级旅游景区。2013年9月，丹霞源水利风景区荣获"国家级水利风景区"称号，成为全省水利综合开发的示范点和仁化县旅游新名片。

等　　级：四级
基本类型：020101 游憩河段
是否开发：是
行政位置：韶关市仁化县丹霞街道

南水湖

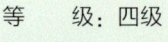

资源简介

南水湖是中华人民共和国成立以来我国七大定向爆破水库筑坝工程仅存项目，是广东省一级水源保护地、广东省第三大人工水库，现为韶关市区及乳源近200万人饮用水供应地。南水湖自古就是乳源八景之一，被誉为"广东最美湖泊"。因湖水颜色呈蓝绿状，透着灵气，当地人亦称之为"蓝水湖"，远看南水湖就像一颗被藏在山间的蓝宝石。

等　　级：四级
基本类型：020201 游憩湖区
是否开发：否
行政位置：韶关市乳源瑶族自治县东坪镇南水村

云上飞瀑

等　　级：四级
基本类型：020102 瀑布
是否开发：是
行政位置：韶关市乳源瑶族自治县乳城镇云门村委会坝背村

资源简介

云上飞瀑，位于云门山生态文化旅游区是世界最高、最大的电梯观景人工瀑布，斩获多项世界纪录，是罕见的瀑布与观光电梯组合游玩体验项目。云上飞瀑周边群山逶迤，林茂竹修，雾漫云飞，山泉汩汩，气象万千。在山下，仰望瀑布，有一种壮丽雄关的感觉。瀑布与景观玻璃桥相互交融，形成了仙一般的梦境。水雾弥漫在空中，仿佛梦幻般的情景，真是"只缘身在此山中"。

墨江（始兴段）

等　　级：四级
基本类型：020101 游憩河段
是否开发：是
行政位置：韶关市始兴县太平镇城中社区

资源简介

墨江（始兴段）为沿河步道、生态公园、景观桥。围绕墨江一江两岸而打造的风景区，结合墨江两岸的风景特色与韶关城市文化，两岸风景区约长10千米，沿墨江两岸进行开发建设，其中最具特色的是湿地公园中的"水面栈道"，将墨江河与公园融为一体，一江两岸风景美如画，非常适宜养生休闲。

蓝山源温泉

等　　级：四级
基本类型：020301B 泉（热泉）
是否开发：是
行政位置：韶关市乳源瑶族自治县大桥镇岩口村

资源简介

蓝山源温泉区地处半山腰上，视野开阔，群山环抱，空气清新。温泉区以东南亚巴厘岛风格建造温泉中心，包括室内温泉、动感欢乐儿童池、半山无边界泳池、花草温泉等在内的45个主题温泉泡汤池，错落有致、各有特色。温泉水是从地下自然涌出的、泉口温度显著偏高的天然泉水，属偏硅酸弱碱性碳酸泉，泉水中含有多种对人体有益的矿物质及微量元素。在这里，不仅能尝试各种不同的温泉泡池，还能感受百花香草润泽肌肤的美妙和瀑布浴的淋漓畅快。

百丈崖漂流

资源简介

百丈崖漂流位于广东省韶关市南郊大宝山，紧邻京珠高速公路，有"京珠第一漂"的称号。漂流河道曲折蜿蜒、落差回旋不断。跌宕起伏，如水上过山车一般，感官刺激让人耳目一新。河道依山而建，因水而生，不仅有水中热情激荡，更有两岸无限风光。漂流河道两岸植被茂盛，树木参天，古藤缠绕，翠竹成林，是一个难得的漂流探险、享受大自然之地。

等　　级：四级
基本类型：020105 漂流水域
是否开发：是
行政位置：韶关市曲江区沙溪镇沙溪村委

青嶂山天池

资源简介

青嶂山天池是小流坑—青嶂山省级自然保护区核心区，为青嶂山顶火山口，是近山顶沼泽地，人称"天池"，是粤北地区迄今为止发现的唯一"天池"。青嶂山天池面积为2.1万米^2，深不可测，呈狭长带状形，东西走向，地势西高东低，不论春夏秋冬，日夜都有泉水喷出。据《直隶南雄州志·山川略》记载："青嶂山……其巅有池，广数十亩，山下之田资以灌溉。游人登临四顾，皆茫茫云雾，有跳跃者山与水俱动，一奇境也。"

等　　级：四级
基本类型：020202 潭池
是否开发：是
行政位置：韶关市南雄市江头镇青嶂山

孔江国家湿地公园

资源简介

2011年，孔江湿地公园被国家林业局批准为国家湿地公园试点，主要包括孔江水库、孔江水库上下游段及周边区域。湿地公园由东向西呈不规则狭长形廊道走向，最北端至孔江上游南雄市与江西省信丰县交界处，最南端至342省道。湿地公园生态系统结构完整，自然景观独特，物种丰富，珍稀物种众多，有国家重点保护动物34种，中国红皮书确定濒危动物22种，国家保护植物13科12属14种。

等　　级：四级
基本类型：020203 湿地
是否开发：是
行政位置：韶关市南雄市乌迳镇孔江湿地公园

南岭国家森林公园亲水谷

等　　级：四级
基本类型：020101 游憩河段
是否开发：是
行政位置：韶关市乳源瑶族自治县大桥镇五指山

资源简介

亲水谷景区大小潭池交错，周围树木繁茂，风景优美，为游客提供一片休憩场所。其位于前往最高峰途中的峡谷之中，沿途峭壁耸立，幽静深远，鸟鸣山间，急滩、瀑布、涡流、深潭不断，以"幽峡、碧潭、奇石"著称，形成"七潭两峡"的美丽画卷。亲水谷景区还保存了典型的"壶穴地貌"，具有较高的地理科考价值和旅游开发条件。

南岭国家森林公园石坑八瀑

等　　级：四级
基本类型：020102 瀑布
是否开发：是
行政位置：韶关市乳源瑶族自治县大桥镇五指山

资源简介

石坑峡瀑布群，落差400米，形成了长2 200米的瀑布长廊。目前开发较好的是石坑八瀑，即双飞瀑、音韵瀑、清心瀑、虎口瀑、惊心瀑、飞流瀑、孔雀瀑、千米瀑，每级落差9～40米，总落差为320米，一瀑一景，十分壮观。其中孔雀瀑布负离子含量最高，达15万个/厘米^3，是广东省内空气负离子含量最高的旅游目的地。

泉水谷玫瑰园

等　　级：四级
基本类型：030104 花卉地
是否开发：是
行政位置：韶关市南雄市邓坊镇里元村

资源简介

泉水谷地处峡谷，自然生态资源丰富，植被茂密，覆盖率达95%，是一个天然氧吧。泉水谷风景区依托泉水谷地逐渐发展完善成一个集漂流、登山、田园观光、餐饮住宿、露营烧烤、水上乐园等于一体的综合型景区，各项目设施配套齐全，风光旖旎，景色秀美，是游客"春踏青、夏避暑、秋冬登山"休闲度假养生的首选旅游胜地。其中，泉水谷玫瑰园占地面积数十亩，玫瑰品种多样、花期长，使一年四季皆有花可赏，花开时节色彩斑斓，芬芳沁鼻。

田螺坑水杉

资源简介

水杉为杉科水杉属植物落叶乔木，因常在浅水中生长成大型乔木而得名，是世界上珍稀而古老的孑遗植物。早在1亿多年前的中生代白垩纪及新生代，水杉的祖先就诞生了，但在新生代第四纪冰期之后，中国中部地区零星分布的"山地冰川"，是少数植物的"避难所"，使水杉在第四纪冰川灾难中得以存活，成为植物中的活化石，被列为国家一级保护植物和珍稀濒危保护植物。

等　　级：四级
基本类型：030102 独树与丛树
是否开发：是
行政位置：韶关市乳源瑶族自治县洛阳镇田螺坑村

韶关国家森林公园

资源简介

韶关国家森林公园面积为4 388万米^2，分布有各种自然景观，如森林、湖泊、溪流、石山、洞穴等；生物景观如野牡丹、岗松、芒萁、桃金娘、鸟类、爬行类等；有韶关市地标建筑——韶阳楼以及上山的8千米健身步道等休闲旅游建筑设施。1993年5月，经国家林业局批准为国家级森林公园。

等　　级：四级
基本类型：030101 林地
是否开发：是
行政位置：韶关市浈江区车站街道

车八岭原始森林

资源简介

该区较完整地保存着面积较大、分布较集中、原生性较强的具有代表的中亚热带常绿阔叶林，是世界同纬度地区极为少见的"物种宝库"，其植物区系的丰富程度完全可以与庐山、武夷山等相媲美。其中1 100万米^{2}亚热带常绿阔叶林尚处原始状态。车八岭原始森林内树木茂盛，多珍稀动植物，生态良好，是天然的氧吧。

等　　级：四级
基本类型：030101 林地
是否开发：是
行政位置：韶关市始兴县罗坝镇大水村

坪田古银杏

等　　级：四级
基本类型：030101 林地
是否开发：是
行政位置：韶关市南雄市坪田镇坳背村、军营寨、冯屋村

资源简介

坪田镇境内有一大片丛生千年银杏林，在2 000多株银杏树中，树龄最长的有1 680多年，树龄最短的也有两三百年，成了南雄独特一景——古银杏群落。主要包括4个典型的古银杏群，分别是坳背古银杏群、冯屋古银杏群、邓班围古银杏群和军营寨古银杏群。每个古树群中还生长有枳椇（拐枣）、香樟、枫香、松树、板栗等古树，丰富的古树资源加上古村落蕴含了丰富的历史文化。

高坪自然保护区

等　　级：四级
基本类型：030101 林地
是否开发：是
行政位置：韶关市仁化县红山镇鱼皇村

资源简介

高坪自然保护区是森林生态系统类型自然保护区。2001年，经省人民政府批准为省级自然保护区。高坪自然保护区内景观为群峰叠嶂—多彩森林植被—"V"形峡谷—溪流险滩—野生动植物，山势连绵，沟壑纵横，急流飞瀑，山脊锯齿状，海拔高在600~800米，风光旖旎。高坪省级自然保护区内已开发的有高坪水库旅游休闲度假区，以服务珠三角和韶关市为主，依托丹霞山这一龙头，形成资源共享、优势互补的大旅游环境和格局。

乳源伯乐树

等　　级：四级
基本类型：030102 独树与丛树
是否开发：是
行政位置：韶关市乳源瑶族自治县洛阳镇田螺坑村

资源简介

伯乐树又名钟萼木或山桃花，分布于天井山国家森林公园生态长廊景区内，是中国特有、古老的单种科和残遗种，是以我国为分布中心的单种科植物。在研究被子植物的系统发育和古地理、古气候等方面有重要的科学价值，被列为国家一级珍贵树种和国家一级重点保护野生植物。

金斑喙凤蝶栖息地

资源简介

金斑喙凤蝶是中国特有物种，也是世界上最名贵、极为罕见的蝴蝶，是中国唯一的蝶类国家一级保护动物，排世界八大名贵蝴蝶之首，被誉为"国蝶""蝶之骄子""梦幻蝴蝶"和"世界动物活化石"。它常飞行在林间的高空，也时而停在花丛间。其姿态优美，犹如华丽高贵、光彩照人的"贵妇人"，因此被称为"蝶中皇后"。此地聚集了一定数量的金斑喙凤蝶，是观赏金斑喙凤蝶的胜地。

等　　级：四级
基本类型：030204 蝶类栖息地
是否开发：是
行政位置：韶关市乳源瑶族自治县洛阳镇田螺坑村

坪田镇迳洞村拐枣树

资源简介

坪田镇迳洞村拐枣树为鼠李科枳椇属树种，树龄500余年，胸径达160厘米，树高26米。据当地村民记载，这株枳椇种植于明武宗正德年间，距今已有500余年。枳椇又名拐枣，拐枣在中国栽培利用的历史久远，世界各地的科学家都对拐枣有浓厚的兴趣。拐枣树浑身是宝，树干更是优良的木材，树皮和果实均可入药，这一棵古拐枣基部有部分树皮被村民剥落，用于治疗皮肤病，因而受到一定的损伤。该古枳椇被评为2017年广东省六株全国最美古树之一。

等　　级：四级
基本类型：030102 独树与丛树
是否开发：是
行政位置：韶关市南雄市坪田镇迳洞村

乳阳林场

资源简介

乳阳林场留存着广东省最完整、最大片的原始森林，有着最完整的自然生态系统，有2 000多种植物和200多种野生动物生活在这里，享有"广东物种宝库"的美誉，是目前拟建南岭国家公园的重要区域，是粤港澳大湾区重要的生态屏障。盛夏时节，山上气温要比山下低10 ℃左右，是避暑度假的胜地。

等　　级：四级
基本类型：030101 林地
是否开发：是
行政位置：韶关市乳源瑶族自治县大桥镇五指山

邓坊十里岭李花

等　　级：四级
基本类型：030104 花卉地
是否开发：是
行政位置：韶关市南雄市邓坊镇十里岭

资源简介

邓坊十里岭李花占地面积 200 多万米^2，不同品种的李花遍布果场，道路两旁多为三华李花，簇簇怒放，铺满山头与田野沟壑，形成一片洁白的花海，美不胜收。春暖花开的时节远观漫山遍野的李花宛如茫茫雪海，气势壮观。近年来，邓坊镇大力实施乡村振兴战略，着力打造"一镇一业"。春季，漫山遍野的李花带动了乡村旅游，吸引了大量的游客和过年返乡的游子前来观赏。

中华秋沙鸭栖息地

等　　级：四级
基本类型：030203 鸟类栖息地
是否开发：否
行政位置：韶关市乳源瑶族自治县东坪镇古杰村

资源简介

中华秋沙鸭为鸭科秋沙鸭属的鸟类，俗名鳞胁秋沙鸭，是中国的特有物种，也是中国最古老的一种野鸭，在地球上已经生存 1 000 多万年，是活化石般的孑遗动物。2021 年在南水湖发现 45 只，此后，该地成为观赏中华秋沙鸭的胜地。

穿山甲栖息地

等　　级：四级
基本类型：030202 陆地动物栖息地
是否开发：是
行政位置：韶关市乳源瑶族自治县洛阳镇田螺坑村

资源简介

穿山甲散落分布于天井山国家森林公园内，多在山麓地带的草丛中或丘陵杂灌丛较潮湿的地方挖穴而居。其被列为国家一级重点保护野生动物、国家重点保护野生药材物种二级保护物种。天井山国家森林公园内聚集有穿山甲，是观赏穿山甲的胜地。

韶关市
优良级旅游资源图鉴

广东罗坑鳄蜥国家级自然保护区

资源简介

广东罗坑鳄蜥国家级自然保护区是全国鳄蜥数量最多的栖息地。鳄蜥是第四纪冰川末期遗留下来的古老爬行类，有"活化石"之称，是爬行界的"熊猫"，其分类地位极其特殊，为单型科单型属单型种，在爬行纲动物的起源和演化、蜥蜴目各科分类等方面的研究上，有着重要的学术价值。

等　　级：四级
基本类型：030202 陆地动物栖息地
是否开发：否
行政位置：韶关市曲江区罗坑镇新塘村委

罗坑大草原

资源简介

罗坑大草原是罗坑水库旁的天然湖景草地，典型的高山草原。也是广东境内罕见的天然大草原，为全国罕见的滨湖草原。草原被围在群山之中，一面临水，视野开阔，景观价值高。2016年罗坑大草原获评中国"十佳最美露营地"。

等　　级：四级
基本类型：030103 草地
是否开发：是
行政位置：韶关市曲江区罗坑镇中心坝村委

杨东山十二渡水生态保护区

资源简介

九峰十二渡水占地规模20千米^{2}左右，林深树密，古木参天，为典型的亚热带原始森林，林中珍稀动植物物种丰富，有华南虎、云豹、水鹿、穿山甲、银杏、观音木、水松、五针松等，其中成片成林的五针松为广东省内罕有。极目远眺，周围是树的世界、林的海洋，颇有野趣。

等　　级：四级
基本类型：030101 林地
是否开发：否
行政位置：韶关市乐昌市九峰镇横坑村、浆源村

百臻森林公园

等　　级：四级
基本类型：030101 林地
是否开发：是
行政位置：韶关市乐昌市梅花镇深塘村

资源简介

百臻森林公园是乐昌市百臻生态农业科技发展有限公司旗下的一个集生态农业生产、休闲农旅、科普教育、科普研学、森林康养、乡村民宿等为一体的康体游乐休闲度假地。2019年被授予"中国森林养生基地"的称号，2023年百臻森林公园被授予"国家森林康养示范基地"。

百顺竹海

等　　级：四级
基本类型：030101 林地
是否开发：否
行政位置：韶关市南雄市百顺镇百顺村

资源简介

百顺竹海总面积3 760万米^2，属低山丘陵，海拔500~1 000米，经常云雾缭绕，是南雄市重要的用材林、天然生态林及毛竹林基地，拥有黄屋城、溪头梯田、麦铁杖墓、麦铁杖将军庙、东坑古枫树群等多个旅游景点。百顺竹海境内北高南低，西高东低，植被以毛竹为主，还有较少的松树和杉树，林木资源除用材林外，已知的竹子有12种，很多地方保留了原始森林风貌，林场四季鸟语花香，飞禽走兽在林间出没。

芙蓉古银杏群

等　　级：四级
基本类型：030102 独树与丛树
是否开发：否
行政位置：韶关市南雄市南亩镇芙蓉村

资源简介

芙蓉古银杏群共有300株，其中百年以上的有80多株，500年左右的有40多株。最引人注目的是那十几株高约30米、枝干粗壮的古银杏，见缝插针地生长在其间，其中几株银杏树的根深埋在巨石的底部，人见后不由赞叹银杏树顽强的生命力。有一株银杏是明武宗正德年间种下的，距今已有500多年历史，是邓坑村文化的象征。

阳元银杏

资源简介

阳元银杏树龄1 200年,树高25米,胸围7.6米,平均冠幅19米。虽历史悠久,仍生长旺盛,主干粗壮挺立,分两枝生长,形如两个人背靠背相互依偎。奇怪的是,在该树树径2米处的树枝腋下生出了一根的树丫,其形状像动物的性器官,长40多厘米,粗6厘米,且每年仍在生长。据考证,该"树丫"乃是罕见的树瘤,是植物受伤愈合后形成的一种自我保护组织,在自然界中生长概率为百万分之几,而能达到如此长度的树瘤更是罕见。

等　　级:四级
基本类型:030102 独树与丛树
是否开发:是
行政位置:韶关市南雄市新墟村

刘张家山省级森林公园

资源简介

刘张家山省级森林公园林木茂盛,阔叶林资源丰富,具有万亩阔叶林原始森林,种类繁多的动植物,多变的地形地貌、成群的瀑布、潺潺的溪流和季相丰富的林貌。公园内动植物种类繁多,据初步统计,植物有1 928种,其中珍稀濒危植物14种,列为国家二级保护植物4种;动物有1 558种,其中珍贵濒危动物34种,列为国家一级保护的5种,二级保护的29种。1993年7月经广东省林业厅批准成立了刘张家山省级森林公园。

等　　级:四级
基本类型:030101 林地
是否开发:是
行政位置:韶关市始兴县罗坝镇上营村、田心村

南岭国家森林公园小黄山

资源简介

南岭国家森林公园小黄山景区保存着世界上最大片的"广东松"原始森林,多达1 300多万米^{2}的广东松,松叶春夏翠黄,寒冬时呈现出一片宝蓝色,成为与众不同的"蓝松",是广东省唯一的,也是世界上最大片的"广东松"原始森林。雄伟的山峰景观、神奇的气象景观,春天花山似海,夏天静观星空,秋天层林尽染,冬天银装素裹,巧妙地融为一幅幅怡人美景。

等　　级:四级
基本类型:030101 林地
是否开发:是
行政位置:韶关市乳源瑶族自治县大桥镇五指山

乳源南方红豆杉

等　　级：四级
基本类型：030102 独树与丛树
是否开发：是
行政位置：韶关市乳源瑶族自治县洛阳镇半星村

资源简介

　　红豆杉是世界上公认的濒临灭绝的天然珍稀抗癌植物，是经过了第四纪冰川遗留下来的古老树种，在地球上已有250万年的历史，是名副其实的"活化石""植物黄金""植物大熊猫"。其分泌释放的各种生物碱气体能净化空气，有疗养保健的作用，是上等的园林观赏树种。红豆杉木质坚韧、纹理细直、色泽淡红，观赏价值独特，是集药用、观赏、防癌保健为一体的、经济价值极高的树种。

狮子山雾凇

等　　级：四级
基本类型：040201 云雾多发区
是否开发：是
行政位置：韶关市乐昌市两江镇上长塘村

资源简介

　　狮子山是广东省内为数不多的能赏雾凇的地点之一。狮子山雾凇形态万千，千奇百怪，银装素裹，宛如琼树银花，分外妖娆。随着寒潮汹涌南下，乐昌市部分高山地区如狮子山的山涧、树木一夜间便会披上"水晶装"，晶莹剔透的冰凌是乐昌冬日的灵魂，纯净的景色中透露出生机，静谧中充满了禅意，呈现出南国天然的"冰雕"景象，具有较大的旅游吸引力。

沙坪镇雾凇

等　　级：四级
基本类型：040201 云雾多发区
是否开发：否
行政位置：韶关市乐昌市沙坪镇沙坪村

资源简介

　　沙坪镇冰挂雾凇景观发生于独特的气象环境中，需要极其特殊的自然条件和合适的物体表面才能形成，即要求具备特殊的地形和植被条件。雾凇出现时和山上的植被融为一体，雾凇、树木、花草和动物形成显著的组合特征，把人们带进如诗如画的仙境，具有极高的观赏价值、游憩价值。

韶关市
优良级旅游资源图鉴

丹霞山云海

资源简介

丹霞山云海是在一定条件下形成的天气景观，是山岳型风景区的自然景观之一。云海作为一种山体景观特有的旅游气候资源，是丹霞山诸多景观中的一绝。丹霞山自然风光素来以画面之美、意境之美等而出名。丹霞山云海随着山势从谷底缓缓团起，与赤壁丹崖相互映衬，相得益彰，美不胜收。站在高处俯瞰，每当云海出现，丹霞山便如同仙境，奇特无比。

等　　级：四级
基本类型：040201 云雾多发区
是否开发：是
行政位置：韶关市仁化县丹霞街道

东华禅寺樱花景观

资源简介

东华禅寺种植了大量樱花，每年花开时节，艳红的樱花为静谧的古寺增添了一抹艳丽耀眼的亮红。片片粉黛的樱花次第绽放，一树又一树，娇嫩柔美地俏立在枝头，空气中随处弥漫着清新的花香，殿阁嵯峨，檐枋彩画，盛放的樱花与古刹的梵音作伴，相映生辉。在东华禅寺的寺院内，山路旁、山坡上、山石间，有"几点樱花迎早春"，也有"处处山樱花压枝"，不经意间抬头，就能看到初绽或盛放的樱花挂在枝头，映衬着蓝天白云，美不胜收。

等　　级：四级
基本类型：040203 物候景象
是否开发：是
行政位置：韶关市翁源县龙仙镇石背村东华寺

云髻山三角枫林

资源简介

云髻山三角枫林集中于从新丰江之源的"流云飞瀑"景点一直到下山的路段。云髻山的三角枫林是冬季最具代表性的树种之一，山中有数以万计的岭南最大片原生三角枫。树叶呈现出多种红、黄、橙等颜色，如火如荼地绽放在枝头，美轮美奂。"红枫染冬"景观是云髻山中最具特色的自然景观。每至冬季，枫林叠翠流金，形成了大片红叶林带，笼罩着浪漫山林道。

等　　级：四级
基本类型：040203 物候景象
是否开发：是
行政位置：韶关市新丰县丰城街道云髻山省级自然保护区

车八岭云雾景观

等　　级：四级
基本类型：040201 云雾多发区
是否开发：是
行政位置：韶关市始兴县罗坝镇大水村

资源简介

车八岭云雾景观位于车八岭国家级自然保护区内，海拔较高，山上温度随着海拔升高而降低，山脚温度高的潮湿空气随着山坡向上爬升，随着温度下降，空气中的水分饱和，气压降低，潮湿空气绝热冷却达到过饱和，多余的水蒸气就液化为小液滴，在山间形成云雾缭绕的气象景观，春季2—4月是车八岭云雾的最佳观赏期。

韶院樱彩

等　　级：四级
基本类型：040203 物候景象
是否开发：是
行政位置：韶关市浈江区大学路288号

资源简介

每年2、3月为观赏韶院樱彩的最佳时段，韶关学院樱花盛开的时节，樱花大道弥漫着樱色的浪漫。春日的樱色小道美丽芬芳、沁人心脾，可以在春回大地，樱花绽放之时邀请好友一起在校园游赏樱花。

军营寨日出

等　　级：四级
基本类型：040101 太空景象观赏地
是否开发：是
行政位置：韶关市南雄市坪田镇坪湖村

资源简介

军营寨是一处古寨，是江西进入南雄通道中的一处险要之地，颇具"一夫当关，万夫莫开"的地势，古人屯兵于此，现该处仅存几块巨型基石垒成的古寨门和"军营寨"几个字。两省观景台位于军营寨入口处，占地面积约400米^2，是周围山系的东部制高点，山体绵延几千米后便是一马平川，视线开阔，是观赏日出的绝佳之处，有"军营日出赛丹霞"的美名。

梅花报春

资源简介

梅花报春是指韶关梅岭的梅花开放时所出现的奇特的物候景象。作为中国四大探梅胜地之一的梅关古道，自古以来就以其独特的地理位置和自然景观闻名于世，尤其是因南北气候的明显差异，岭上梅花南枝先开，北枝后放的奇异景观更是令人惊叹。由于南北温差的原因，往往是古道南面的白梅即将凋谢，北面的梅花还在含苞欲放。每年11月底12月初，梅关古道南雄段便可以看到零星开放的白梅花了，阵阵花香逐渐拉开南雄赏梅季的序幕。

等　　级：四级
基本类型：040203 物候景象
是否开发：是
行政位置：韶关市南雄市珠玑镇梅岭村

阅丹公路

资源简介

阅丹公路是韶关市政府为打造大丹霞经济圈而修建的一条乡村旅游公路，它将丹霞山世界自然遗产的生态价值、美学价值与乡村振兴有机结合，实现了"景点旅游"向"全域旅游"的转变，可纵享"路在林中走，车在景中行，人在画中游"，是韶关最靓丽的旅游名片，被誉为"广东最美旅游公路"。

等　　级：四级
基本类型：050218 景观公路
是否开发：是
行政位置：韶关市仁化县丹霞街道

曹角湾古村落

资源简介

曹角湾古村落是坐落于小坑国家森林公园内的一个自然古村落，整村建筑呈弧形，面西南分布，由邓氏宗祠、上下书房、石围楼和新围楼组成。村落始建于清初康熙年间的邓姓客家古村落，至今较完整地保存着村落的古朴风貌。村内有保存较完整的清乾隆到民国时期的建筑20余栋、清中期以来各个时期的各类木质牌匾15块，记载着村落历史，承载着村落民俗文化。

等　　级：四级
基本类型：050113 特色镇村
是否开发：是
行政位置：韶关市曲江区小坑镇上洞村委

广东核工业教育基地

等　　级：四级
基本类型：050103 教学科研实验场所
是否开发：是
行政位置：韶关市翁源县坝仔镇半溪村

资源简介

广东核工业教育基地是一个集核军工红色文化、爱国主义教育、核科普、红色旅游为一体的教育基地，是中共广东省委党校教学培训点和南岭干部学院现场教学基地。基地占地27 000米^2，总建筑面积5 086米^2。教育基地拥有大量生动珍贵的核地质素材和档案资料，有800多件地质档案实物和500多件珍贵历史图片。2022年，广东核工业教育基地成为国家3A级旅游景区。

江尾农耕文化园

等　　级：四级
基本类型：050105 文化体育活动场所
是否开发：是
行政位置：韶关市翁源县江尾镇连溪村

资源简介

江尾农耕文化园是集农业观光、休闲、自然科普教育、农业新品种推广、农耕体验为一体的粤北地区农耕文化综合示范区，是翁源县一处农耕文化旅游目的地。江尾农耕文化园景区占地面积38.686万米^2，以农耕为主题，以文化促发展，最大程度地丰富了当地旅游产业，提升了景区知名度和美誉度。2019年9月，江尾农耕文化园被评为国家3A级旅游景区，主要以农业观光旅游为主线，结合农耕文化展示、现代休闲农业体验，融合一二三产业发展。

深渡水瑶族乡

等　　级：四级
基本类型：050113 特色镇村
是否开发：是
行政位置：韶关市始兴县深渡水瑶族乡深渡水村

资源简介

深渡水瑶族乡为广东省7个少数民族乡之一，是韶关市唯一的少数民族乡，也是革命老区、广东省宜居示范城镇、广东省民族团结进步模范集体、第一批省民族团结进步创建活动示范单位、第七批全国民族团结进步示范区等。深渡水瑶族乡景区含深渡水鱼鳞坝、长梅瑶寨、火坑景区、冷水迳、禾花塘等，可以体验乡村旅游休闲度假、观光采摘。2023年1月，深渡水瑶族乡被评为新时代始兴十景之一——深渡水瑶。

丹霞灵溪游览区

资源简介

丹霞灵溪游览区是一个"以湖光山色、自然风光为主，集自然景观、人文景观、森林保健功能于一体"的自然生态公园，是广东省森林康养基地、韶关市科普教育基地、4星乡村旅游民宿。公园内风光如画、四季常青；春时百花吐艳、漫山锦绣；夏天雨水充沛，有高山"银流泻玉珠"之景；秋季金风送爽、枫叶红似火；冬日梅林飘香，有"灵溪香雪"之美称。

等　　级：四级
基本类型：050106 康体游乐休闲度假地
是否开发：是
行政位置：韶关市仁化县周田镇下洞村

张九龄纪念公园

资源简介

张九龄纪念公园，位于北江河畔，浈江、武江、曲江三区交界处的回龙山，是韶关又一新地标，是提升城市品位、弘扬韶关优秀传统文化的民生项目，将继续完善相关配套设施，围绕公园举办系列活动，把张九龄纪念公园打造成为韶关文旅的新IP，来韶旅游的"第一站"，韶关市民休闲的"网红打卡地"。

等　　级：四级
基本类型：050109 纪念地与纪念活动场所
是否开发：否
行政位置：韶关市浈江区乐园镇六合村

韶关市博物馆

资源简介

韶关市博物馆是集公众教育、科普展览等于一体的文化宣传场馆。成立于1960年，于2003年9月对外开放，是以地方史为主的综合性国家二级博物馆，也是广东省爱国主义教育基地。博物馆占地面积10 300米^2，共有展厅9个。博物馆内现有各类藏品1万余件，珍贵文物566件（套）。

等　　级：四级
基本类型：050105 文化体育活动场所
是否开发：是
行政位置：韶关市武江区工业西路90号

百顺黄屋城村

等　　级：四级
基本类型：050113 特色镇村
是否开发：是
行政位置：韶关市南雄市百顺镇黄屋城村

资源简介

　　黄屋城建于明洪武十年（1377年），距今600多年，占地面积1万多米^2。黄屋城坐北朝南，北高南低，四周视野广阔。在城楼上东南西北均有瞭望台和指挥及防御设施。黄屋城的建筑规模宏大，技术精湛，结构牢固，其独特格式在南雄很罕见，是研究黄氏南迁的重要物证。2006年百顺黄屋城村被认定为南雄市文物保护单位，2013年被认定为广东省古村落。

珠玑古巷诸姓宗祠

等　　级：四级
基本类型：050109 纪念地与纪念活动场所
是否开发：是
行政位置：韶关市南雄市珠玑镇珠玑村

资源简介

　　珠玑古巷的形成，源于千年以来，在多个历史时期，众多中原和江南氏族为躲避战乱灾祸或谋求更广阔生存空间等的南迁。曾有上百个姓氏的家族移民至此地落脚居住。其后裔达数千万人，遍及珠江三角洲及海外。珠玑古巷诸姓宗祠分布于三街四巷中，现有居民381户，1 742人。现有姓氏为卢、王、林、何、谢、曾、黄、钟、赖、刘、陈、郭、周、董、雷、戴、张、杨、欧阳、李、熊等159姓，其中雷姓是畲族，其余诸姓均为汉族。诸姓宗祠都是上述姓氏的宗祠。

水口战役纪念公园

等　　级：四级
基本类型：050109 纪念地与纪念活动场所
是否开发：是
行政位置：韶关市南雄市水口镇338县道西

资源简介

　　水口战役纪念公园为长方形，园内矗立一座红军战士雕像，雕像台座正面刻有中央军委原副主席张震将军题词："水口战役英勇牺牲的红军烈士永垂不朽"。水口战役纪念公园是韶关市党史教育基地、韶关市爱国主义教育基地、韶关市国防教育基地、南雄市爱国主义教育基地，2012年被南雄市人民政府公布为南雄市不可移动文物。

韶关市
优良级旅游资源图鉴

城群村

资源简介

城群村历史文化深厚，红色文化旅游资源丰富，全省唯一一座以红军长征为主题的纪念馆——红军长征粤北纪念馆坐落于该村。城口镇城群村有大批红色遗址，城口红色遗址群20个遗址点大部分在城群村。村内还有生机勃勃的古树，丰富的乡土文化，公共服务和基础设施基本完善。城群村被评为"广东省文化和旅游特色村"、仁化县精神文明建设"先进村"。

等　　级：四级
基本类型：050113 特色镇村
是否开发：是
行政位置：韶关市仁化县城口镇城群村

黄屋村

资源简介

黄屋村是仁化县"丹霞彩虹"省级新农村示范片主体村之一，亦是韶关地区重要乡村旅游目的地。2015年，黄屋村荣膺全国首批"中国乡村旅游模范村"。2019年，黄屋村被国家林业和草原局评为"国家森林乡村"。2021年，黄屋村入选"中国美丽休闲乡村"。目前已建成瑶塘民宿村、断石农家旅游服务新村、大山门旅游商贸街，断石旅游商贸街、青湖塘新村等旅游商务服务中心，不断提升全村旅游、居住环境，致力于将黄屋村建设成生态宜居、景色秀美的美丽村庄。

等　　级：四级
基本类型：050113 特色镇村
是否开发：是
行政位置：韶关市仁化县丹霞街道黄屋村

车八岭自然博物馆

资源简介

车八岭自然博物馆馆藏各类标本3万多件，展示了车八岭保护区丰富的生物多样性资源，是学习森林生态系统的大讲堂，是了解人与自然生命共同体的重要科普场所。车八岭自然博物馆是目前广东省乃至全国自然保护区系统中规模最大的自然博物馆，已开发成为岭南动植物标本收藏、科学研究、教学实习、学术交流和科普教育，以及生态旅游的重要基地。

等　　级：四级
基本类型：050103 教学科研实验场所
是否开发：是
行政位置：韶关市始兴县罗坝镇大水村

涂志伟美术馆

等　　级：四级
基本类型：050105 文化体育活动场所
是否开发：是
行政位置：韶关市翁源县龙仙镇三华村

资源简介

涂志伟美术馆是由旅美油画大师涂志伟亲自设计的个人美术馆，是展示、研究、收藏涂志伟先生各时期艺术代表作的公益文化艺术机构，被评定为"广东省一级美术馆（民营）"。美术馆总建筑面积达18 000多米^2，一至三层共有19个展厅，共展出700多幅艺术作品，其中包括16个涂志伟作品长期陈列厅，藏有涂志伟先生作品2 000多件（1 543件作品的信息已上报中国美术馆）。

仙鹤兰花长廊

等　　级：四级
基本类型：050104 建设工程与生产地
是否开发：是
行政位置：韶关市翁源县江尾镇S245省道

资源简介

仙鹤兰花长廊位于省道245沿线，共种植兰花530多万米^2，培植国兰和洋兰逾400种，覆盖坝仔、江尾、官渡等3个镇15个行政村118个村小组，其中包括15千米长的"兰花长廊"，2019年被评为"广东美丽乡村精品线路"。

韶州公园

等　　级：四级
基本类型：050110 城市公园
是否开发：是
行政位置：韶关市武江区惠民街道内

资源简介

韶州公园是一座"综合性城市公园"，是以生态涵养、历史印记、健身休闲为主要功能的旅游景区。主要有揽月园、听松园、张九龄雕像、松石盆景园等，园区内临湖而筑的假山石和流水与广场、曲桥、绿植相映成趣。春天遍地花开，更加烂漫！

韶关市

泉水谷

资源简介

泉水谷漂流度假村是集登山、住宿、儿童乐园、田园观光、农业观光、科普为一体的休闲度假旅游景区。度假区占地面积约24.6万米^2，累计投资超过7 800万元。森林覆盖率高达95%，地形跌宕起伏，河道蜿蜒悠长，漂流全程3.5千米，垂直落差可达168米。泉水谷漂流分为4个部分，其中"卧龙潭"部分，水流湍急、水深且冷，因其漂流惊奇刺激，被誉为"岭南第一漂"。

等　　级：四级
基本类型：050106 康体游乐休闲度假地
是否开发：是
行政位置：韶关市南雄市邓坊镇里元村

长坝村

资源简介

长坝村于2015年入选第五批全国一村一品示范村镇，也是国家森林乡村，入选2020年全国乡村特色产业亿元村，推介为2021年全国乡村特色产业亿元村。长坝村是"中华名果""国家地理标志保护产品"——长坝沙田柚的主产区。除此之外，长坝村有多个国家A级旅游景区，如广东省生态农业与乡村旅游示范点、省级"菜篮子"基地——金喆园景区，广东省科普教育基地、广东省森林旅游新兴品牌地、广东省研学旅行实践基地——五马寨生态园等。

等　　级：四级
基本类型：050113 特色镇村
是否开发：是
行政位置：韶关市仁化县大桥镇长坝村

锦石岩寺

资源简介

锦石岩寺位于广东省韶关市仁化县丹霞山上，是一座历史悠久的佛教女众道场。锦石岩寺的僧房佛殿均建于峭壁岩洞中，其中最大的岩殿为观音殿，可容千人。岩外峭壁上有形如马尾的飞瀑，纷纷扬扬、凌空飘洒。各岩洞洞口均面临锦江，玉带盆绕崖底而过，山水交融，静流无声。窟门开向西北，临山腰缓坡而建，曲径相通。进入窟门，内有一四时变色的龙鳞片石，方知别有洞天，如世外桃源。

等　　级：四级
基本类型：050107 宗教与祭祀活动场所
是否开发：是
行政位置：韶关市仁化县丹霞街道黄屋村

新丰江源温泉山庄

等　　级：四级
基本类型：050106 康体游乐休闲度假地
是否开发：是
行政位置：韶关市新丰县梅坑镇沙塘下村

资源简介

新丰江源温泉山庄为国家3A级景区、三星级酒店。山庄集园林景色、名贵树木、森林氧吧与天然温泉为浑然一体；提供星级酒店、会议、KTV与餐饮服务。温泉清澈透明，无色无味，含氢、氟、钾、钠、镁、硫等数种对人体有益的矿物质及微量元素，经专家权威鉴定水质为微碱性医疗热矿水，对神经骨痛、风湿病、腰肌劳损、肌肉萎缩、肠胃病等多种疾病有明显疗效，属医疗保健型温泉。

丹霞印象民宿集群

等　　级：四级
基本类型：050217 民宿与特色酒店
是否开发：是
行政位置：韶关市仁化县丹霞街道黄屋村

资源简介

丹霞印象民宿集群荣获"旅促会十周年盛典最佳服务策划奖""2017最受欢迎客栈民宿""2017年度诚信单位""2017首批中国精品民宿客栈示范店""广东省首批十家最美民宿""韶关市星级乡村民宿"等诸多荣誉称号。2020年"丹霞印象"获得广东省第一个客栈民宿服务标准化试点，旗下的韶州印象精品文化酒店是广东省银鼎级文化主题旅游饭店、韶关市五星级乡村旅游民宿；"丹霞印象艺术·家店"上榜全国首批乙级民宿。

原色客栈

等　　级：四级
基本类型：050217 民宿与特色酒店
是否开发：是
行政位置：韶关市仁化县丹霞街道黄屋村

资源简介

原色客栈是韶关市五星级乡村旅游特色民宿，是省、市、县优秀科普教育基地、青年创业实践基地等；曾获国内最美客栈、最佳民宿主人奖、广东最美慢生活民宿、广东乡村示范点、仁化县"丹霞仁家"特色客栈等称号。餐厅有仁化十大特色小吃、韶阳十佳美食、"韶关味道"等；荣获韶关市"放心餐厅"称号。2021年，原色客栈被评为广东省百家乡村民宿示范点。

满堂村

资源简介

满堂村内有国家4A级旅游景区满堂客家大围。2006年被评为"广东最美的乡村"，2018年荣膺"全国生态文化村"，2020年被评为"广东省文化和旅游特色村""韶关市旅游名村""韶关市文明村"。

等　　级：四级
基本类型：050113 特色镇村
是否开发：是
行政位置：韶关市始兴县隘子镇满堂村

大风门旅游度假村

资源简介

大风门旅游度假村属于康体游乐休闲度假地旅游资源，是集自然风光、休闲度假、科普体验、花卉观赏为一体的3A级标准的精品生态旅游景区。景区功能分区主要有客家围住宿区、观景区、露营住宿区和露营休闲区等。度假村吸收当地客家文化色彩和建筑风格，有融合新国风元素和客家风情的特色合院，也有由外围围合部分和内部核心部分组成的四角方形的灰色围楼；观景区的映山红花开之处，如火一般在山间蔓延，远远望去犹如山林染了胭脂。

等　　级：四级
基本类型：050106 康体游乐休闲度假地
是否开发：是
行政位置：韶关市新丰县丰城街道黄沙坑

丽宫温泉别墅

资源简介

丽宫温泉别墅是引入弱碱性"偏硅酸锶"温泉泉水的独栋别墅，每家每户为独立泉池，住客可随时享用天然温泉、体验康养休闲魅力。别墅建于2011年12月，于2011年12月获评国家4A级旅游景区，被广东省旅游星级饭店评定委员会评为"绿色饭店"，被广东省旅游局评为"广东省温泉旅游示范基地"。于2022年3月入选广东省首批"广东省技术工人疗休养基地"。

等　　级：四级
基本类型：050217 民宿与特色酒店
是否开发：是
行政位置：韶关市乳源瑶族自治县乳城镇健民村

乳源瑶族自治县文化馆

等　　级：四级
基本类型：050105 文化体育活动场所
是否开发：否
行政位置：韶关市乳源瑶族自治县乳城镇鹰峰社区

资源简介

乳源瑶族自治县文化馆是开展文化宣传和社会教育，搜集、整理、研究、开发乳源民族、民间优秀文化，挖掘、保护和传承乳源民间非物质文化遗产的主要文化体育活动场所，是乳源瑶族自治县事业单位管理局登记的公益性一类事业单位，是乳源瑶族自治县新时代文明实践点。2019年，乳源瑶族自治县文化馆入选国家级非物质文化遗产代表性项目保护名录，获得对"瑶族民歌、瑶族刺绣、瑶族盘王节"的保护资格。2021年，被文化和旅游部评为国家一级文化馆。

乳源世界过山瑶风情园

等　　级：四级
基本类型：050105 文化体育活动场所
是否开发：否
行政位置：韶关市乳源瑶族自治县乳城镇鹰峰社区

资源简介

世界过山瑶风情园是乳源瑶族自治县各族人民开展文化教育与展览、非遗传习、文创设计、演艺活动的文体艺术中心，是瑶乡最美的公共文化驿站。风情园内民族特色鲜明而浓厚，常态化举办各类丰富多彩的文化教育、创作、展览以及体育、艺术活动，成为乳源瑶族自治县新时代文明实践中心，并于2019年11月被国家民族事务委员会列为"第六批全国民族团结进步教育基地"。

云门寺大雄宝殿彩瓷壁画

等　　级：四级
基本类型：050304 书画作
是否开发：是
行政位置：韶关市乳源瑶族自治县乳城镇云门村

资源简介

云门寺大雄宝殿彩瓷壁画采用"刻、褐、绘、填、烧"5种工艺制作，整幅壁画色彩鲜艳、细腻柔美，高度还原了佛教经典故事和民间传说，具有珍贵的文化遗产价值，是中国彩瓷壁画中珍品之一，更是我国当前佛寺中独一无二的巨型彩色陶瓷壁画。

中山公园

资源简介

中山公园位于韶关市中心区，浈江、武江、北江交汇处，总面积约12万米²。公园以中心大道为主轴线，形成了近3万米²的公园城市广场。中山公园沿周边规划了儿童活动区、安静休息区、盆景园、竹园以及水景区5个小区。中山公园内的文化广场还是各类文艺活动表演的地方，是韶关市民进行文艺欣赏和交流的重要场所。

等　　级：四级
基本类型：050110 城市公园
是否开发：是
行政位置：韶关市浈江区风采街道园前路3号

曹溪文化小镇

资源简介

曹溪文化小镇建筑风格以禅宗文化为主，以南华寺唐朝建筑风格为基本格调，将禅韵融入雕塑、景观小品、地面铺装、植物配置等景观元素中，营造浓厚的"千年古刹，唐风禅韵"氛围。曹溪文化小镇与中国佛教名寺南华寺相邻，是当地为弘扬中华禅宗文化而打造的特色小镇。它与南华寺连成一片，成为当地旅游网红打卡热点。

等　　级：四级
基本类型：050113 特色镇村
是否开发：是
行政位置：韶关市曲江区马坝镇东南3千米的南华禅寺前

三佳农业公园

资源简介

三佳农业公园位于南雄市东北部，2008年建成，因位于三佳村，以农业生态开发和观光为主，故名。其中三佳分别为农业佳、教育佳、农旅佳。三佳农业公园东至竹园，南是龙川水，西至米王亭，北至牙窝。园内总面积约0.34千米²。园区内有农产品展示厅、农耕文化展示区、科普长廊、普法长廊、大中小型会议厅、大中宴会厅、素质拓展基地、服务中心、游乐场、水上乐园、特色民宿等。

等　　级：四级
基本类型：050106 康体游乐休闲度假地
是否开发：是
行政位置：韶关市南雄市珠玑镇三佳村

城口红色小镇

等　　级：四级
基本类型：050113 特色镇村
是否开发：是
行政位置：韶关市仁化县城口镇城群村

资源简介

　　城口红色小镇是一个千年古镇，历史文化深厚。原为湘粤边境的秦汉古镇，它四面群山、东西临河、地势险要、商贸发达，交通便利。2019年实施红色小镇建设，助力乡村振兴，完成了红军街和公路两旁民房提升改造，建成了广东省唯一的以红军长征为主题的红军长征粤北纪念馆。城口镇已成为集"红色、古村、温泉"的旅游小镇。

恩村古村

等　　级：四级
基本类型：050113 特色镇村
是否开发：是
行政位置：韶关市仁化县城口镇恩村

资源简介

　　恩村古村是一个历史悠久、建筑风格独特、具有深厚文化底蕴的古村落，是第五批中国传统村落。恩村传统建筑以岭南建筑风格为主导，吸取了湘南地区建筑特色，青砖黛瓦，玲珑翘楚，雕梁画栋，风貌古朴，富有粤湘交界南岭地区建筑特色风貌。被列为广东省第二批古村落，入选广东省第一批传统村落。

别传寺

等　　级：四级
基本类型：050107 宗教与祭祀活动场所
是否开发：是
行政位置：韶关市仁化县丹霞街道黄屋村

资源简介

　　别传寺与南华寺、云门寺等著名寺院鼎足而立，被列为粤北三大寺庙和"岭南十大丛林"之一，是我国著名的佛教圣地之一。寺院附近有水清如镜的玉池倒影，两树相连为一体的鸳鸯树，青葱悦目的龙盘翠竹，花香迷人的双池碧荷，还有观摩台、天然岩洞、摩崖石刻等名胜，确是一处人间仙境。

夏富古村

资源简介

夏富古村是丹霞山风景区内最大的自然村落。2012年，被认定为广东省第三批古村落，2013年入选"广东省最美古村落"，2014年荣膺"广东旅游名村"称号。2020年，夏富村入选广东省文化和旅游特色村。2021年，被广东省农业农村厅认定为第二批省级"一村一品、一镇一业"专业村。2022年，夏富村上榜广东省乡村治理示范村创建单位名单。

等　　级：四级
基本类型：050113 特色镇村
是否开发：是
行政位置：韶关市仁化县丹霞街道夏富村

云龙寺塔

资源简介

云龙寺塔位于安岗村西侧山窝中，始建于唐乾宁至光化年间（894—901年），为第三批全国重点文物保护单位。该塔是广东省内唯一的唐代砖塔，是研究唐代建筑艺术的珍贵文物，奠定了仁化县作为"岭南古塔之乡"的地位，1988年1月云龙寺塔被列为国家级文物保护单位。

等　　级：四级
基本类型：050309 塔形建筑
是否开发：是
行政位置：韶关市仁化县董塘镇安岗村

瑶族特色村寨—长梅村

资源简介

长梅村是瑶族聚居村，是深渡水瑶族乡唯一的少数民族建制村；其是中国少数民族特色村寨、国家森林乡村（国家林业和草原局公布）、第一批广东省少数民族特色村寨。长梅村是一个集生态休闲度假、文化旅游观光为一体的功能较为完备的民族村落。

等　　级：四级
基本类型：050113 特色镇村
是否开发：是
行政位置：韶关市始兴县深渡水瑶族乡长梅村

翁源城市规划展示馆

等　　级：四级
基本类型：050105 文化体育活动场所
是否开发：是
行政位置：韶关市翁源县龙仙镇瓮江大道和八泉大道交汇处

资源简介

翁源城市展示馆北临滃江风光带，建筑整体造型取材于名誉满天下的"中国兰花之乡"，以兰花花瓣为设计元素，突出"兰韵之城"。浓缩了翁源前世今生的辉煌成就，是讲述翁源故事、展示翁源形象的"城市会客厅"，是翁源的一个新地标。

云门寺释迦佛塔

等　　级：四级
基本类型：050309 塔形建筑
是否开发：是
行政位置：韶关市乳源瑶族自治县乳城镇云门村

资源简介

释迦佛塔是一座仿唐楼，外八角形，塔高60米，共9层。一层供奉梵文楞严咒及彩绘佛像；二到九层，有铜制镀金佛像3 000尊。整座塔楼主体承重是钢结构，外墙面和斗拱是铝。塔身挺拔，线条流畅，塔顶竖一根金柱子。佛塔后面环绕栽种了1 250棵精心挑选的珍品罗汉松，以象征佛经中记载的佛陀常随弟子"千二百五十""大阿罗汉"。也表达了四众弟子对佛陀的无限崇敬、永恒思念和永远追随之心。

丹霞山地质博物馆

等　　级：四级
基本类型：050203 独立厅、室、馆
是否开发：是
行政位置：韶关市仁化县丹霞街道黄屋村

资源简介

丹霞山地质博物馆被原广东省国土资源厅命名为"广东省国土资源科普教育基地"，为全省首批5个科普基地之一，同时也是广东省韶关市丹霞山景区的游客中心。博物馆大体采用中式设计，内设丹霞山沙盘模型，以微缩实体的方式向游客展现了真实、完整的丹霞山世界地质公园全貌景观。

长引村水口墩客乡

资源简介

长引村水口墩客乡是依赖其特色产业和特色环境因素打造的具有明确产业定位、文化内涵、旅游特征和一定社区功能的综合开发项目。从航拍图上看是一个心形村落，大部分地方由石砌道路和围墙组成，古香古色，风景优美。长引村水口墩客乡自然村面积20 000米^2，整个风景区控制总面积为46 000米^2，是沙田镇景色最美的自然村风景区。

等　　级：四级
基本类型：050113 特色镇村
是否开发：是
行政位置：韶关市新丰县沙田镇长引村水口墩组

赤色天堂教育基地

资源简介

赤色天堂是抗日战争时期的革命根据地，是一个开展社会宣传教育、普及革命文化知识，组织辅导群众文化艺术活动的综合性文化活动场所，可以作为学习和宣传革命红色文化的教育基地。新丰地下党中心支部统战委员兼任第三区署指导员龙景山和郑选民等人先后在此秘密建立了地下党组织、农会和民兵组织，积极向群众宣传全国各地的抗日形势和武装抗日主张，激发广大人民群众的爱国热情。

等　　级：四级
基本类型：060105 革命与红色文化遗存
是否开发：是
行政位置：韶关市新丰县沙田镇天中村

华南虎园

资源简介

华南虎园由科普教育区、驯养繁育区、野化驯练区组成，是我国规模最大的华南虎繁育研究基地、全国唯一的虎文化宣教中心，通过游览虎园可了解到许多鲜为人知的虎文化科普知识；华南虎园开拓了华南虎半放养模式。华南虎园集科学研究、科普教育和生态旅游一体，是韶关市青少年科普教育基地和广东省生态旅游示范基地。

等　　级：四级
基本类型：050103 教学科研实验场所
是否开发：是
行政位置：韶关市浈江区车站街道

安岗村

- 等　　级：四级
- 基本类型：050113 特色镇村
- 是否开发：是
- 行政位置：韶关市仁化县董塘镇安岗村

资源简介

安岗村是仁化革命的红色根据地，是革命老区村，曾留下朱德、陈毅、阮啸仙等老一辈无产阶级革命家的光辉足迹。安岗村是全国综合减灾示范社区、国家森林乡村、广东省第一批"红色党建示范村"、广东省乡村治理示范村、第十批广东省文物保护单位、韶关市爱国主义教育基地。安岗村与丹霞山、石塘古村、城口红色小镇等串点成线，成了省、市、县机关单位党组织、亲子家庭、市民游客等开展瞻仰革命遗址、重温红色记忆、休闲体验等的热选地。

光明陈氏宗祠

- 等　　级：四级
- 基本类型：050107 宗教与祭祀活动场所
- 是否开发：是
- 行政位置：韶关市翁源县周陂镇光明村

资源简介

光明陈氏宗祠有较高的历史价值和深远的教育意义。年年岁岁均有定居韩国的陈璘后裔回归故里举办追念、祭祀活动，这对促进中韩文化和经济交流有着极其深远的现实意义。现为广东省文物保护单位和翁源县爱国主义教育基地。

盘王纪念馆

- 等　　级：四级
- 基本类型：050109 纪念地与纪念活动场所
- 是否开发：否
- 行政位置：韶关市乳源瑶族自治县乳城镇鹰峰社区

资源简介

盘王是瑶族人民的始祖。为缅怀祖先，昭示民族传统文化，根据瑶族古训"盘王始祖随身带，木本水源不可忘"，瑶族人民每到一地都要建立盘王殿，以纪念先祖。盘王纪念馆建在乳源民族博物馆一楼，其完全按照瑶族拜盘王传统习俗文化元素建造，是供海内外瑶族同胞祭拜盘王始祖的纪念活动场所，也是国家级、省级非物质文化遗产（瑶族盘王节）传承基地和乳源新时代文明实践点。

韶关市 优良级旅游资源图鉴

丹霞丰源温泉度假村

资源简介

丹霞丰源温泉度假村是粤北地区顶级度假圣地。它将现代中式与岭南客家建筑特色风格完美地结合起来，凸显私家泳道、温泉到户、生态观光等特色，结合仁化县丹霞山生态旅游、城口镇铜鼓岭烈士纪念园、谭甫仁旧居、恩村古村、红军长征粤北纪念馆等文化旅游项目，推动"丹霞山＋红色＋温泉＋古村"旅游文化的发展，充分挖掘本地的"山、水和文化"资源，打造一个集休闲度假、健康养生、科学养老和红色文化旅游于一体跨粤、湘、赣三省的大型旅游项目。

等　　级：四级
基本类型：050106 康体游乐休闲度假地
是否开发：是
行政位置：韶关市仁化县城口镇城口社区

广东凡口国家矿山公园

资源简介

广东凡口国家矿山公园是国家批准建设的第三批国家级矿山公园，被评为国家3A级旅游景区。公园主碑造型立意独特，采用矿石、矿井、井塔、铲斗、钻探等元素构成抽象形体，犹如一尊托起矿石的巨人挺拔于世，喻示矿业高昂、宏大的景象，是集矿业遗迹保护、科学研究、观光体验、知识传播、环境恢复等功能于一体的国家级矿山公园。

等　　级：四级
基本类型：050104 建设工程与生产地
是否开发：是
行政位置：韶关市仁化县董塘镇凡口社区

古夏古村

资源简介

古夏古村以其古老的建筑、深厚的人文历史、淳朴的风俗文化、独特的风味小吃吸引着四海嘉宾、八方来客。古夏村依托美丽的原生态岭南风景，开发独具特色的古村落文化资源。2016年2月，古夏村被评为广东省古村落；2016年12月，古夏村上榜第四批中国传统村落名录。

等　　级：四级
基本类型：050113 特色镇村
是否开发：是
行政位置：韶关市仁化县扶溪镇古夏村

下庄希望铀矿陈列馆

等　　级：四级
基本类型：050105 文化体育活动场所
是否开发：是
行政位置：韶关市翁源县坝仔镇半溪村

资源简介

下庄希望铀矿陈列馆是广东核工业基地主体建筑，是国内第一个也是目前唯一一个以铀矿地质为主题的陈列馆。陈列馆全面展示广东核地质事业艰苦的创业史和光荣的奋斗史，以及为国防事业作出的历史贡献，大力传承和弘扬"两弹一星"精神、地质"三光荣"精神、"下庄精神"和"诸广精神"，致力开展爱国主义教育、革命传统教育、国防教育、核科普教育，着力打造粤北乃至全省红色文化教育的重要阵地。

翁源县博物馆

等　　级：四级
基本类型：050105 文化体育活动场所
是否开发：是
行政位置：韶关市翁源县龙仙镇龙仙大道

资源简介

翁源县博物馆是一所综合性地方史志博物馆，隶属于翁源县文化广电旅游体育局，为公益性社会服务类事业单位。馆藏有珍贵的历史文物、民俗文物、革命斗争史文物，具有馆藏、展览、研究、教育功能。博物馆是翁源县爱国主义教育基地、韶关市爱国主义教育基地、韶关市中小学研学实践教育基地、国家三级博物馆。

秀田村

等　　级：四级
基本类型：050113 特色镇村
是否开发：是
行政位置：韶关市新丰县马头镇秀田村

资源简介

秀田村是首批"广东省文化和旅游特色村"，曾荣获全国先进基层党组织、广东旅游名村等荣誉称号。该村从一个贫困村变成了农业和旅游融合发展的富裕村、文明村、和谐村。秀田村将乡土文化元素融入美丽乡村建设中，突出"一村一品、一村一景、一村一韵"农村文化品牌建设，古朴的房屋、特色的炮楼、历经沧桑的古枫树等一大批历史产物得到了有效的保护和合理的利用。

瑶族刺绣非遗工作站

资源简介

瑶族刺绣针法独特、色彩明丽、图案精致、寓意美好，是乳源瑶乡最具特色的文化符号。乳源瑶族刺绣非遗工作站是服务于非物质文化遗产"瑶族刺绣"传承、传播、发展的开放性工作平台，是为海内外游客提供观赏、研学、体验"瑶族刺绣"非遗文化保育与创新发展成果的空间场所。工作站设立于2018年，是韶关市首个非遗工作站，于2021年入选广东省非物质文化遗产工作站。

等　　级：四级
基本类型：050204 独立场、所
是否开发：否
行政位置：韶关市乳源瑶族自治县乳城镇鹰峰社区

云门佛学院

资源简介

云门佛学院由云门寺承办，是一所佛学高等教育机构，是当代中国佛教僧伽的重要摇篮，同时也是一处佛教文化底蕴深厚的建筑风景。学院开设教理、禅修、律学等专业，特别是禅修专业是将教理与传统禅堂相结合的一种探索，为国内首创。20多年来，从云门佛学院毕业的学生达700余人，分布在全球各地，有的继续深造，有的在讲经说法，有的已住持一方，为国内外佛法的弘扬作出突出贡献。

等　　级：四级
基本类型：050103 教学科研实验场所
是否开发：是
行政位置：韶关市乳源瑶族自治县乳城镇云门村

灵潭村

资源简介

灵潭村位于南雄市珠玑镇北部，北邻江西赣州大余县，全村以丘陵地貌为主，距离镇政府9千米，是红色革命老区村。该村主要经济来源为黄烟、种植水稻、家禽养殖、劳务输出、腐竹生产、山林等。灵潭村中有抗日英烈钟蛟蟠故居、灵潭恒丰炮楼、灵潭街革命暴动标语等红色革命遗迹遗存。2018年，经地方推荐和专家审核，农业农村部将灵潭村推介为2018年中国美丽休闲乡村。2020年，灵潭村入选第二批全国乡村旅游重点村名单。

等　　级：四级
基本类型：050113 特色镇村
是否开发：是
行政位置：韶关市南雄市珠玑镇灵潭村

如耀庄民宿

等　　级：四级
基本类型：050217 民宿与特色酒店
是否开发：是
行政位置：韶关市新丰县梅坑镇梅东村佛子岭12号

资源简介

如耀庄民宿是韶关市2021年唯一一所五星级乡村旅游民宿，同时也是新丰县目前首家且唯一一家五星级乡村旅游民宿。如耀庄以日式园林风格为载体，温泉疗养池为核心。白墙黛瓦，以水为脉，布局疏密自然，由美学风格建筑、温泉汤池、休闲走廊等组成，一庭一院，山色尽览，处处体现东方意境之美。如耀庄"粤书吧"打造"民宿+粤书吧"新发展模式，标志着新丰县在创新公共文化服务与旅游资源联动、探索文旅融合发展上走出了坚实一步。

韶阳楼

等　　级：四级
基本类型：050303 亭、台、楼、阁
是否开发：是
行政位置：韶关市浈江区车站街道

资源简介

韶阳楼是韶关市地标性建筑之一。该楼坐东南朝西北，平面以"亚"字形上转"十"字形构成，呼应莲花山之意，形成聚心又主次分明的造型，加之每层渐次收分的檐柱，以及层层出挑的平座栏杆和起翘灵动的翼角，庄重而不失丰富，大方而不乏灵气。

韶州文创园车八岭世界生物圈保护区武江科普基地

等　　级：四级
基本类型：050105 文化体育活动场所
是否开发：是
行政位置：韶关市武江区韶州公园内

资源简介

车八岭世界生物圈保护区武江科普基地位于韶州公园内，是一个集文化创意、旅游休闲、自然教育和生态保护于一体的特色公园景区和生态型文创示范园区。有7个科普馆，馆内综合运用展品、图文、多媒体等多种手段，打造"沉浸式"文旅体验场景，让广大市民群众在"家门口"就可以领略车八岭丰富、独特的自然风光，带动周边经济文化发展。

上朔古村

资源简介

上朔村，元代以前开始建村，虽然历经了1 000多年的风雨沧桑，但依旧有不少保存得较好的古屋、古墙、古巷、古树，是一个名副其实的千年古村落。上朔村还有着深厚的红色文化，是大革命时期南雄地区进行农民暴动、游击武装斗争的革命根据地和核心地区，是南雄第一届苏维埃政府所在地，这里曾打响南雄农民武装斗争的第一枪，是南雄红色革命的摇篮。2016年11月，上朔村被广东省文联、广东省民间文艺家协会认定为第五批"广东省古村落"。

等　　级：四级
基本类型：050113 特色镇村
是否开发：是
行政位置：韶关市南雄市油山镇上朔村

钟鼓岩摩崖石刻

资源简介

钟鼓岩因有钟岩与鼓岩悬石，敲之有钟鼓声而得名。钟鼓岩摩崖石刻有唐至民国石刻20多个，以清代石刻为多，字体有楷书、隶书、行书、篆书等。最早的石刻是大唐吕岩（即吕洞宾）书镌的"万福洞"和"上清景"题字。"东坡被谪二度梅关到此游览，曾赋诗多首留念，于诸仙岩"，署名"东坡书"。1989年6月，钟鼓岩摩崖石刻被广东省人民政府公布为文物保护单位。

等　　级：四级
基本类型：050306 碑碣、碑林、经幢
是否开发：是
行政位置：韶关市南雄市珠玑镇梅岭钟鼓岩岩洞内

珠玑石塔

资源简介

珠玑石塔在珠玑巷南街"珠玑古巷"牌楼北西侧，一座元代实心石塔叠于一口四方古井之上，名珠玑石塔。石塔为平面八角形，共7层，用7块红色砂质岩雕刻成形，垒叠而成。这座石塔是广东省现存元代石塔中唯一有确凿年代可考的石塔，也是珠玑巷保存年代较久的文物，1979年12月被公布为第二批广东省重点文物保护单位。1984年南雄政府拨款依原貌补刻，并建亭护塔，使石塔显得玲珑庄重，又避免了雨水浸蚀，为石塔增添了不少风采。

等　　级：四级
基本类型：050309 塔形建筑
是否开发：是
行政位置：韶关市南雄市珠玑镇珠玑村珠玑古巷

金喆园

等　　级：四级
基本类型：050106 康体游乐休闲度假地
是否开发：是
行政位置：韶关市仁化县大桥镇长坝村

资源简介

金喆园是一家以还原生态理念，体现原生态管理，以及古法种植、培育沙田柚的农业示范基地。其先后被评为广东省生态农业与乡村旅游示范点、省级"菜篮子"基地、韶关市科普教育基地、韶关市农业教育培训实训基地、仁化县县级农业龙头企业、仁化县大桥森林公园。2019年2月，金喆园正式被评为国家3A级旅游景区。

五马寨生态园

等　　级：四级
基本类型：050106 康体游乐休闲度假地
是否开发：是
行政位置：韶关市仁化县大桥镇长坝村

资源简介

五马寨生态园是韶关市五马寨菌业有限公司建设的景区项目，是集农作物种植、农副产品生产、加工、销售等生态农业，休闲娱乐，生态旅游观光于一体的生态园景区。五马寨生态园作为韶关旅游产业的一员，是广东省休闲农业与乡村旅游示范点、广东省青少年科技教育基地、韶关市农业龙头企业、韶关市旅游驿站、韶关市食品药品科普宣传基地、仁化县科普教育基地。目前已经获得韶关市诚信单位称号，2018年正式被评为国家3A级旅游景区。

锦石岩摩崖石刻群

等　　级：四级
基本类型：050304 书画作
是否开发：是
行政位置：韶关市仁化县丹霞街道

资源简介

锦石岩摩崖石刻群是国家级文物保护单位丹霞山摩崖石刻的代表之一。锦石岩摩崖石刻群共有摩崖石刻28处，分布在锦石岩岩口以西，以锦石岩喷玉泉区域和锦石岩寺大雄宝殿内最为集中。其包含了当时社会历史等多种信息，是研究当地历史文化发展的重要实物资料，具有极高的文化艺术价值以及历史研究价值。

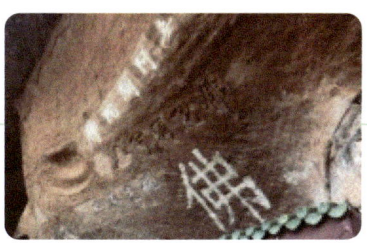 

观日亭（丹霞山）

资源简介

观日亭位于长老峰，民间有话："不登长老峰，枉来丹霞山"。观日亭是欣赏丹霞山日出和晚霞的好地方，也是居高临下俯瞰丹霞地貌风光的好去处。立峰顶，近山环绕，远山来朝，以僧帽峰为龙头的壮年期簇群式丹霞地貌峰林峰丛尽入眼底，以锦江、姐妹峰、巴寨为代表的西部群峰参差入眼，而或一轮红日东升，紫气东来，群山动容，是游人必到之处。

等　　级：四级
基本类型：050303 亭、台、楼、阁
是否开发：是
行政位置：韶关市仁化县丹霞街道车湾村

蓝山源国际温泉度假区

资源简介

蓝山源国际温泉度假区深壑幽谷，环抱千亩翠绿山林，清溪长流，飞瀑连缀，绚丽壮观，水质清澈，空气清新，是按5星级饭店标准建造，集天然温泉、SPA、度假酒店、中西餐饮、商务会议、养生康乐于一体的旅游度假区，度假区森林覆盖率高达87%，富含大量负氧离子，具有天然"洗肺"功能，素有"天然氧吧"之称。2021年12月获评为国家3A级旅游景区。

等　　级：四级
基本类型：050106 康体游乐休闲度假地
是否开发：是
行政位置：韶关市乳源瑶族自治县大桥镇岩口村

正觉禅寺

资源简介

正觉禅寺是中国禅宗"一花五叶"之第一叶——沩仰宗的祖庭，是仰山慧寂祖师生前最后20年弘法直至涅槃的道场，俗称"东华寺"。该寺初建于唐会昌年间，至今1 200多年历史，一直香火相传，灯灯相继。正觉禅寺的修建将佛教价值观与新时期社会主义核心价值观有机融合。

等　　级：四级
基本类型：050107 宗教与祭祀活动场所
是否开发：是
行政位置：韶关市乳源瑶族自治县洛阳镇白竹村委会东坪村

品悦·蝴蝶谷精品民宿

等　　级：四级
基本类型：050217 民宿与特色酒店
是否开发：是
行政位置：韶关市乳源瑶族自治县乳城镇岭溪村

资源简介

品悦·蝴蝶谷精品民宿是一家拥有地中海风情白色建筑群、欧式花园庭院、"巴厘岛"度假风网红泳池、纯艺术化室内布景的浪漫型民宿，以生态文化、研学旅行、农业观光、乡村体验为主题打造的田园综合体，可让游客闻着花香、聆听着蛙鸣声、鸟啼声，感受着雨滴声，享受不被打扰的休闲度假时刻，体验最轻松、最悠闲的世外桃源生活。2022年获评为韶关市4星级乡村旅游民宿。

梅岭三章

等　　级：四级
基本类型：050304 书画作
是否开发：是
行政位置：韶关市南雄市珠玑镇梅岭村

资源简介

《梅岭三章》是陈毅同志在梅岭被国民党四十六师围困时创作的七言绝句组诗作品。1936年，陈毅同志在大庾岭遇上险情，马上转回梅山，恰好遇上敌人搜山，便隐蔽在一个山坳里。当时藏的岩壁丛莽高仅1米，面积只有2米^2。棚以藤蔓覆盖，一条隐蔽山道，迂回可达，敌人近在咫尺，终未发现。陈毅自知难免，写下著名的《梅岭三章》，以示绝笔，其小序云："一九三六年冬，梅山被围。余伤病伏丛莽间二十余日，虑不得脱，得诗三首留衣底。旋围解。"

兰花特色小镇

等　　级：四级
基本类型：050113 特色镇村
是否开发：是
行政位置：韶关市翁源县江尾镇蓝河村、鹤仔村、蓝坑村

资源简介

兰花特色小镇是以广东省（韶关）粤台农业合作试验区翁源核心区鹤仔岗现代农业示范园为创建范围，被广东省科技厅授予"兰花专业镇"的称号。2021年，小镇成为广东省入选中国特色小镇50强的8个特色小镇之一。2017年8月，翁源县兰花特色小镇入选广东省首批30个省级特色小镇创建示范点名单。

乳源山城水都阳光湖农旅公园

资源简介

乳源山城水都阳光湖农旅公园是充分利用阳光湖、花草坪、现代化农业产业园等优质旅游资源所开发的集观光休闲、旅游度假、康乐健身、科普教育、农业生产于一体的、以"现代高科技智慧农业+研学科普旅游"为定位的综合性、多业态农旅度假区，是国家3A级旅游景区、韶关市农业龙头企业、韶关市中小学生研学教育实践基地，被游客誉为"乳源大草原网红打卡地"、极佳INS风野餐拍照打卡胜地等。

等　　级：四级
基本类型：050106 康体游乐休闲度假地
是否开发：是
行政位置：韶关市乳源瑶族自治县一六镇团结村

韶关市城市规划展示馆

资源简介

韶关市城市规划展示馆以"城市、人、环境、发展"为展示主题，是一座展示城市规划建设的专业型展示馆，是集教育、科普、宣传于一体的机构，于2010年免费对外开放。该馆在现代的风格上加入了中式的元素，融入了韶关山水名城的特色以及韶关的建筑特色，使展馆更加有灵气和文化底蕴。

等　　级：四级
基本类型：050204 独立场、所
是否开发：是
行政位置：韶关市武江区百旺路22号

 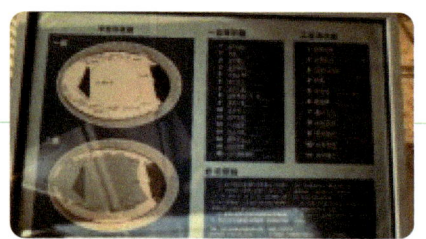

芙蓉山国家矿山公园

资源简介

芙蓉山国家矿山公园集地质灾害治理、生态环境保护、传承矿业文化和休闲观光功能于一体。公园以主题雕塑广场景区、园林小品景区、矿山公园博物馆为主要景区，此外还有蓉山古刹、气象站、观景台、木芙蓉园、木兰园、芙蓉仙洞、芙蓉湖等景点。是中国首批28个国家矿山公园之一，2011年6月被评为"广东省青少年科技教育基地"。

等　　级：四级
基本类型：050111 主题公园
是否开发：是
行政位置：韶关市武江区福林路芙蓉山国家矿山公园矿山博物馆旁

周田大围古村

等　　级：四级
基本类型：050113 特色镇村
是否开发：否
行政位置：韶关市仁化县周田镇灵溪村

资源简介

周田大围古村是仁化县一个特色镇村。自明朝崇祯十七年（1644年）兴建，于清朝顺治九年（1652年）建成。2016年仁化县周田镇灵溪客家大围村被认定为"广东省古村落"，2019年4月，广东省人民政府公布为省级文物保护单位。现大围古村是仁化县古村文化风光旅游的一大亮点。

罗坝长围

等　　级：四级
基本类型：050202 特性屋舍
是否开发：是
行政位置：韶关市始兴县罗坝镇燎原村

资源简介

罗坝长围是中国最长的客家围楼，有"全国第一长围"之美誉，已列为第七批全国重点文物保护单位。先民在此聚居而成村落，村庄内现存有古围楼、古城墙、古街、古桥、古井等大量传统建筑，对研究客家民居建筑具有很高的价值。

韶关丽宫国际旅游度假区

等　　级：四级
基本类型：050106 康体游乐休闲度假地
是否开发：是
行政位置：韶关市乳源瑶族自治县乳城镇健民村

资源简介

韶关丽宫国际旅游度假区是华南地区集温泉养生、动感游乐、商务会议、休闲旅游为一体的大型综合性度假胜地。度假区2011年获评国家4A级旅游景区，被广东省旅游星级饭店评定委员会评为"绿色饭店"，被广东省旅游局评为"广东省温泉旅游示范基地"，于2022年3月入选广东省首批"广东省技术工人疗休养基地"。

乳源瑶族自治县民族文化传习馆

资源简介

乳源瑶族自治县民族文化传习馆是乳源瑶族自治县开展瑶族文化艺术、非物质文化遗产的研究、挖掘、保护、传承、培训和展演工作，积极开展民族文化宣传交流活动，承担公益演出任务的主要活动场所，同时也是民族文化传习馆的办公场所，主要负责策划、举办、参与相关的民族文化艺术表演活动，是乳源瑶族自治县新时代文明实践点。2022年荣获"广东省文化和旅游工作先进集体"称号。

等　　级：四级
基本类型：050105 文化体育活动场所
是否开发：否
行政位置：韶关市乳源瑶族自治县乳城镇鹰峰社区

广东省乐昌林场

资源简介

乐昌林场是国家重点林木良种基地，是韶关市首个省级森林旅游新兴品牌地，是目前韶关地区唯一一片胸径大、保存较好而且面积较大的成片樟树林区域。林场目前有"一园一基地"，分别为广东后洞森林公园和华南教育历史研学基地，风景资源、生物资源、红色资源丰富。

等　　级：四级
基本类型：050213 景观林场
是否开发：是
行政位置：韶关市乐昌市乐城街道大昌社区

百臻生态农业园

资源简介

百臻生态农业园集农业生产、观光旅游、康养休闲为一体，以绿色有机农特产品为品牌特色，主要以糯小麦、梅花猪、禾花鱼、百臻鱼稻、梅花鸡、秋葵油等绿色有机产品为主，依托第一产业，加强绿色有机产品品牌建设，带动村民增益创收，促进当地产业经济的发展，百臻生态农业园被评为国家级森林康养示范基地、中国森林养生基地、韶关市森林康养基地、广东省乡村旅游示范点。

等　　级：四级
基本类型：050106 康体游乐休闲度假地
是否开发：是
行政位置：韶关市乐昌市梅花镇深塘村苟塘村

白水寨生态园

等　　级：四级
基本类型：050106 康体游乐休闲度假地
是否开发：是
行政位置：韶关市乐昌市五山镇大乐村委会田螺坑

资源简介

乐昌市白水寨生态园以乡村旅游为特色，以体验原生态、自然风景观光为主。四周青山环绕，湖水清碧透澈，与青山、蓝天、白云相映衬，形成了水天一色的优美景象，是吃、住、行、游、购、娱于一体的原生态风景旅游区，为国民休闲、广大爱旅游爱好者创造一个优质的旅游度假胜地。

鱼鲜古村落

等　　级：四级
基本类型：050113 特色镇村
是否开发：是
行政位置：韶关市南雄市南亩镇鱼鲜村

资源简介

鱼鲜古村位于重建的花林禅寺旁边，漫步鱼鲜，四处可见宋朝至明清时期的古建筑。据鱼鲜村王氏族谱记载，该村建于南宋乾道五年（1169年），村中可以见到的许多与"槐树"有关的堂匾，源于村民都姓"王"，而"王祐手植三槐"的故事在宋朝时流传一时，故此地民风以尊槐为荣。鱼鲜村于2007年被评为广东省"古村落"，2019年6月6日，被列入第五批中国传统村落名录。

南雄市博物馆

等　　级：四级
基本类型：050105 文化体育活动场所
是否开发：是
行政位置：韶关市南雄市三影塔广场59号

资源简介

南雄市博物馆成立于1982年，属综合型博物馆，占地面积3 392米^2，建筑面积7 130米^2，是一座历史、自然类综合型博物馆，是国家三级博物馆、广东省中共党史教育基地、韶关市中共党史教育基地、韶关市爱国主义教育基地、南雄市少先队校外实践教育营地（基地）。新馆有《雄关漫道——广东南雄革命历史》《岭南雄州——南雄古代历史》两个基本陈列。

香草世界森林公园

资源简介

香草世界森林公园是南雄市县级森林公园、林下经济示范基地、市生态公益林示范区、主田镇"十三五"全民义务植树活动示范基地。该园秉持"以生态为源、以山水为脉、以人文为本"的设计理念，在园区内打造银杏及红枫等景观林种植区、樱花与桃花等花卉种植区、特色水果种植区、恐龙乐园、儿童游乐园、昆虫馆、户外拓展训练基地、CS野战训练基地、露营区、小木屋住宿以及水上温泉SPA等十多个功能区域。

等　　级：四级
基本类型：050106 康体游乐休闲度假地
是否开发：是
行政位置：韶关市南雄市主田镇政府西南450米

南岭一峰生态园

资源简介

南岭一峰生态园是集农业种植、旅游观光、科普教育、休闲度假为一体的农旅基地，也是广东省境内海拔较高、生态保持较为完整的原生态农业观光园。2021年11月，入选《全国农村创业园区（基地）目录（2021）》。同年，南岭一峰科普生态园入选全国科普教育基地。

等　　级：四级
基本类型：050104 建设工程与生产地
是否开发：是
行政位置：韶关市乳源瑶族自治县大桥镇红星村

蓝山源山屿湖别墅区

资源简介

蓝山源山屿湖别墅区位于广东省韶关市乳源瑶族自治县大桥镇岩口村蓝山源国际温泉度假区内，是集高端住宿、生态康养、休闲娱乐等于一体的独栋套房式特色酒店，有单人间、标准间（双床）、双人间、套间客房、公寓式客房等。二期公寓客房共11栋，44间客房；两层建筑的公寓客房精致地镶嵌于湖泊与青山间，增加了空间的节奏与层次感，充分展现山湖意境之美。

等　　级：四级
基本类型：050217 民宿与特色酒店
是否开发：是
行政位置：韶关市乳源瑶族自治县大桥镇岩口村

乳源瑶族自治县民族博物馆

等　　级：四级
基本类型：050105 文化体育活动场所
是否开发：否
行政位置：韶关市乳源瑶族自治县乳城镇鹰峰社区

资源简介

民族博物馆是主要负责乳源瑶族自治县文物保护管理，古建筑维修，考古发掘，文物征集、收藏、展览、鉴定、研究等职能的社会科学类民族专题博物馆，是乳源瑶族自治县事业单位管理局登记的公益性事业单位，2020年12月被评定为第四批国家三级博物馆，是广东省人文社会科学普及教育基地、广东省非物质文化（瑶族盘王节）传承基地、韶关市爱国主义教育基地、乳源瑶族自治县新时代文明实践点。

风采楼

等　　级：四级
基本类型：050303 亭、台、楼、阁
是否开发：是
行政位置：韶关市浈江区风采街道办风采路居委

资源简介

始建于明弘治十年（1497年），为纪念韶关籍北宋名臣余靖而建。风采楼高22米，平面正方形，四柱并立，横跨风采路。下为11米高的拱形通道，重檐攒尖顶，觚形瓶顶饰，高2米，瓦面铺绿琉璃瓦。"风采"一词是来自宋襄赞美余靖的诗句："必有谋猷俾帝右，更加风采动朝端。"宋襄借用"风采"一词比喻余靖的学识和品格。

枫湾温泉度假村

等　　级：四级
基本类型：050106 康体游乐休闲度假地
是否开发：是
行政位置：韶关市曲江区枫湾镇白水村委会

资源简介

枫湾温泉度假村位于"中国温泉之乡"曲江区。景区内标准的设计构造，独特的建筑风格，浓郁的生态园林气息，是集旅游度假、休闲娱乐、健康养生于一体的理想旅游胜地。2015年，在中国（广东）国际旅游产业博览会上，被列入"九龄故里·百里画廊"生态休闲度假的旅游规划行程活动景点之一，于2017年荣获国家3A级旅游景区称号。

白土镇历史文化街

资源简介

白土镇有河边街、中大街，一条前店后仓的街区，属于明清、民国时期的建筑，由河边街、市场街、忠字楼、虎鞭塔遗址、岑屋门楼、3座清运码头等组成。其见证了粤北地区水运古道商贸发展历史，代表了以客家文化为主体的多元文化融合传统，具有历史集散圩镇的特色价值，在粤北古驿道中具有典型意义。2021年3月，白土镇历史文化街区入选第二批广东省历史文化街区名单。

等　　级：四级
基本类型：050201 特色街区
是否开发：是
行政位置：韶关市曲江区白土镇市场街一号旁

龙岗村

资源简介

龙岗村是广东省定贫困村和革命老区村，蕴含丰富红色文化资源，集交通便利、环境优美、文化厚重于一体，是韶关市曲江区唯一一个省级"红色村"，同时也是广东美丽乡村特色村。龙岗村是韶关市省定党建示范工程"红色村"第二批示范点，成为广东省农村基层党组织建设的"样板"。

等　　级：四级
基本类型：050113 特色镇村
是否开发：是
行政位置：韶关市曲江区马坝镇龙岗村委会

马坝人博物馆

资源简介

马坝人博物馆与全国重点文物保护单位——马坝人遗址和石峡遗址相邻，是以著名早期人类化石"马坝人"命名的遗址博物馆。2000年被列为广东省爱国主义教育基地。2009年起全面实施免费向社会开放，每年平均接待游客近10万人次。作为省、区、市爱国主义教育基地，起到了精神文明建设阵地和科技兴国战略窗口的重要作用。

等　　级：四级
基本类型：050105 文化体育活动场所
是否开发：是
行政位置：韶关市曲江区马坝镇马坝人遗址景区内

梅关关楼

等　　级：四级
基本类型：050303 亭、台、楼、阁
是否开发：是
行政位置：韶关市南雄市珠玑镇梅关古道

资源简介

梅关关楼呈现出"关隔断南北天"的气势，耸立于梅岭分水界上，造就"一步跨二省"的说法。城门上，南北二方都有石匾，南面石匾阴刻的是"南粤雄关"四个大字，未注落款。城门二侧有联曰："梅止行人渴关防暴客来"，系光绪癸未年闽汀李化题。北面城门石碑刊刻的是"岭南第一关"5个大字。东侧是登关楼的唯一蹬道。西侧竖立有红色石碑，刻有"梅岭"2字，字刚劲有力。

墨江文苑

等　　级：四级
基本类型：050105 文化体育活动场所
是否开发：是
行政位置：韶关市始兴县太平镇城中社区

资源简介

墨江文苑整体以传统与现代相结合的风格装饰，文苑内部设置奇石展、摄影展、盆景展、书画展、非遗展、阅览室、演艺厅等功能区域。充分活化利用闲置办公大楼，建设墨江文苑，2023年1月1日，墨江文苑正式启用，并举办始兴县2023新年书画摄影非遗展，将其打造成为始兴一处文化地标、历史街区一处亮丽风景。

翁山诗书画院

等　　级：四级
基本类型：050105 文化体育活动场所
是否开发：是
行政位置：韶关市翁源县龙仙镇建设一路

资源简介

翁山诗书画院是著名诗书画家刘国玉先生自筹资金建立，以弘扬我国优秀传统文化为宗旨，致力于诗书画创作，兼收藏、展览、研究、交流、培训诸功能，以志于道、据于德、依于仁、游于艺为情怀的非营利性公益文化机构，是粤北地区第一间也是目前省内规模最大的民办公益画院之一。

 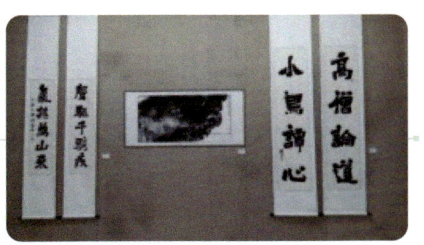

丽宫国际酒店

资源简介

丽宫国际酒店是丽宫国际旅游度假区按高星级酒店标准重金打造的、集温泉养生、动感游乐、商务会议、休闲旅游为一体的大型综合性住宿场所。丽宫国际酒店占地面积近千亩，拥有豪华典雅的景观客房、烛光湖畔风味宵夜廊、大型会议室、丽宫国际休闲俱乐部；另设有网吧游戏、乒乓球室、桌球室、网球场、影视厅、展览及书报馆、儿童乐园、自助式农耕乐区等综合配套服务，可以满足各类旅游度假及商务会议的需求。

等　　级：四级
基本类型：050217 民宿与特色酒店
是否开发：是
行政位置：韶关市乳源瑶族自治县乳城镇健民村

孟洲坝文旅综合体

资源简介

孟洲坝文旅综合体是一个多功能综合体，包括露天滑板场、国际标准飞盘场、营地、集装箱街区及观景台舞台，是未来集体育、活动、美食、娱乐等新时代聚集地。孟洲坝营地位于项目东南方，目前已落成，项目占地面积约4 000米^2。营地有烧烤、音乐、围炉烤茶等供应，是好友聚会、团队建设的极佳选地。

等　　级：四级
基本类型：050106 康体游乐休闲度假地
是否开发：是
行政位置：韶关市武江区韶州大道孟洲坝

双塘印雪休闲度假地

资源简介

双塘印雪，以梅为题，集印成山，是休闲度假地。双塘印雪中种有万株梅花，临寒开放，形成冬季一抹靓丽的风景。从园林长廊中拾级而上，暗香浮动，星星点点的梅花开得温婉含蓄，赏心悦目。双塘印雪中有两塘可见，名曰长塘、佛塘。千枚印章，集印成山，借山石之景表现篆刻艺术，此举乃国内首创。印章错落，坚韧挺拔，而又不失温润可人，为山色增添几许风韵。

等　　级：四级
基本类型：050106 康体游乐休闲度假地
是否开发：是
行政位置：韶关市武江区西联镇银杏大道和寻梅路的交叉口附近

曹溪温泉度假村

等　　级：四级
基本类型：050106 康体游乐休闲度假地
是否开发：是
行政位置：韶关市曲江区马坝镇

资源简介

曹溪温泉度假村毗邻南华寺、马坝遗址等风景名胜，占地50万米^2，是广东最大的温泉别墅度假村。度假村内的假日温泉食府是韶关地区最大的食府之一。共计接待国外、港澳台人士达到5万人次。曹溪温泉度假村依山傍水，掩映在山水园林间，完全释放自然的构筑理念，古桥木道旁，榕树、柳树、加上迷人的桂花、丛木等，一片世外桃源之美，静谧而脱俗，是度假旅游之胜地。

马坝人先生

等　　级：四级
基本类型：050301 形象标志物
是否开发：是
行政位置：韶关市曲江区马坝镇

资源简介

"马坝人先生"是曲江旅游形象大使/生态环境保护大使。其形象来源于13万年前"马坝人"直立人形象，眉梢粗厚、鼻翼宽阔、穿着兽皮，脖子上挂着的是曲江美食沙田柚，腰间系着马坝油粘米稻穗，憨态可掬的模样和淳朴的笑容展现着曲江人民亲切善良、热情好客的形象。在中国旅游景区协会主办的中国旅游景区创意大赛中，"广东省韶关曲江文旅IP——马坝人先生"项目荣获营销模式开发类作品全国示范奖。

南华寺大雄宝殿

等　　级：四级
基本类型：050107 宗教与祭祀活动场所
是否开发：是
行政位置：韶关市曲江区马坝镇南华禅寺内

资源简介

南华寺大雄宝殿是广东省最大的寺庙建筑，乃全寺之中心，殿内有三宝佛、观音菩萨、五百罗汉泥塑群，合塑于宝殿四壁与名山大海浑然一体，气势磅礴，是出家人和信众每天早晚功课及举行各种法会的庄严圣地。2013年9月7日，为纪念六祖惠能圆寂1 300周年和更好地宣传、保护文物古迹，中国邮政发行了一套《南华寺》特种邮票，全套4枚，其中第二枚为"大雄宝殿"。画面显示了在菩提树环抱下大雄宝殿的雄伟。

南华寺天王殿

资源简介

南华寺天王殿建于明成化十年（1474年），清代重建，原为罗汉楼，后改为天王殿，殿正中央供奉弥勒佛像，后面塑韦驮像，两边塑四大天王像。天王殿单檐歇山顶，绿色琉璃瓦面，琉璃宝轮脊刹，蔓草脊吻，夔龙脊头，飞檐翘起饰蔓草，垂脊末端各置一狮子。天王殿正中是笑口常开的弥勒菩萨，又叫布袋和尚，大殿两侧是四大天王。

等　　级：四级
基本类型：050107 宗教与祭祀活动场所
是否开发：是
行政位置：韶关市曲江区马坝镇南华禅寺内

南华寺六祖殿

资源简介

南华寺六祖殿初名信具楼，是现南华禅寺中轴线上没有移建过的建筑物之一。现供奉有南华寺最珍贵的文物、镇山之宝——唐代六祖惠能真身，还有明代憨山、丹田真身，一座寺庙三尊肉身菩萨举世罕见，信徒至此无不虔诚参拜。

等　　级：四级
基本类型：050107 宗教与祭祀活动场所
是否开发：是
行政位置：韶关市曲江区马坝镇南华禅寺内

南华寺藏经阁

资源简介

南华寺藏经阁颇具明代风格，两侧种有高大的佛教圣树——菩提树。藏经堂里存放着寺院文物及大量的国家重点文物，如经书《乾隆大藏经》、铜版《金刚经》、金书《华严经》等，目前，阁楼里不对外开放。南华寺藏经阁内存寺院文物和大量国家级重点文物，这在全国的寺院中都罕见。

等　　级：四级
基本类型：050303 亭、台、楼、阁
是否开发：否
行政位置：韶关市曲江区马坝镇南华禅寺内

大宝山国家级矿山公园

等　　级：四级
基本类型：050104 建设工程与生产地
是否开发：是
行政位置：韶关市曲江区沙溪镇大宝山矿业有限公司（大宝山矿区）

资源简介

大宝山国家级矿山公园与世界地质公园丹霞山、广东大峡谷遥相呼应，拥有众多矿业遗迹，在典型性、稀有性、观赏性、科学价值、历史文化价值、开发利用功能等方面均具有很高的评价。公园内拥有悠久辉煌的矿冶历史，气势恢宏的露天采场、众多的铁铜采矿冶炼遗迹，具有极高的研究价值和教育价值。

广东粤北华南虎自然保护区

等　　级：四级
基本类型：050103 教学科研实验场所
是否开发：否
行政位置：韶关市乐昌市沙坪镇柘洞村

资源简介

广东粤北华南虎自然保护区于1990年1月经广东省人民政府批准建立，属公益一类副处级事业单位。保护区的地带性植被为亚热带常绿阔叶林，森林覆盖率达86.9%。保护区内自然资源保持完好，物种资源丰富。广东粤北华南虎省级自然保护区管理处设立韶关华南虎繁育研究基地，包括科普教育区及繁育研究区，集科学研究、科普教育、生态旅游于一体，是我国规模最大的华南虎繁育研究基地。

石溪古村落

等　　级：四级
基本类型：050113 特色镇村
是否开发：否
行政位置：韶关市乐昌市黄圃镇石溪村

资源简介

石溪古村落是保存较为完整的明清时期传统建筑群，村落内的建筑所具有的造型（外观、形体等）、结构、材料、装修装饰（如门头木雕、石雕、砖雕、门窗隔断）等工艺独特，对研究明清时期建筑风格具有一定的历史价值；2019年6月石溪古村落被评为国家级古村落。

《玄帝赞》碑

资源简介

《玄帝赞》碑置放在乐昌市旅游风景区西石岩寺内，此碑已历经千年风雨，它是一块南宋道士龚卞镂刻的、造型精美的碑刻，此碑引起了广东省内外不少专家学者的兴趣。《玄帝赞》碑在西石岩内供人参观和拜祭，成为寺内的许愿吉祥物。

等　　级：四级
基本类型：050306 碑碣、碑林、经幢
是否开发：否
行政位置：韶关市乐昌市乐城街道城北社区

广东誉马葡萄酒庄园

资源简介

广东誉马葡萄酒庄园是集葡萄酒研发、种植、采摘、酿造、品酒、旅游为一体的"三产融合"特色产业园区。建成的誉马庄园城堡，透明葡萄酒生产线配套发酵车间、蒸馏车间、地下酒窖、红酒文化展示厅、誉马葡萄园观光长廊、誉马广场花坛、环湖观光道路等，成为各地游客的网红打卡点，已打造成集采摘、游览、品酒、购物于一体的旅游目的地。

等　　级：四级
基本类型：050112 特色产业园区
是否开发：是
行政位置：韶关市乐昌市乐城街道月垢村

乐昌市百臻生态农业科技发展有限公司

资源简介

百臻生态农业科技发展有限公司是集种植业产品及制品提供、有生态农业生产、休闲农旅、科普教育、科普研学、森林康养、乡村民宿等于一体的康体游乐休闲度假地经营机构，是中国森林养生基地、国家级森林康养试点建设单位、广东省重点农业龙头企业、韶关市农业龙头企业、广东省休闲农业及乡村旅游示范点、广东省科普教育基地、韶关市科普教育基地、乐昌市中小学研学基地、广东省南粤森林人家、韶关市森林康养基地、韶关市重点培养育态科普基地等。

等　　级：四级
基本类型：050104 建设工程与生产地
是否开发：是
行政位置：韶关市乐昌市梅花镇深塘村

广东财领头生态农业发展有限公司

等　　级：四级
基本类型：050103 教学科研实验场所
是否开发：是
行政位置：韶关市乐昌市庆云镇广田村

资源简介

广东财领头生态农业发展有限公司曾获得2021年度省级休闲农业与乡村旅游示范点、首批南粤森林人家之一、2021年度韶关市星级乡村旅游民宿三星级、2019年韶关"丹霞杯"创业创新大赛优胜奖、全国基层农技推广补助项目科技示范户等荣誉，是集田园风情、农业文化、娱乐休闲等为一体的天然原生态庄园。

石下上黎梯田

等　　级：四级
基本类型：050211 景观农田
是否开发：是
行政位置：韶关市乐昌市五山镇石下村

资源简介

石下上黎梯田是"全国十大美丽田园之一"。始建于明朝、完工于清朝，梯田一层层从山脚到山顶，大大小小，形态各异。梯田景观分为4层：从山脚算起，一层靠近公路，有分散的居民房屋；二到四层，则有明显的"段落"，集中的房屋加层层而上的梯田，构成了独特的景观。这里也是红军长征经过的地方，历年出土的枪械，存留的箩筐、斗笠等物和村口墙壁上的红军标语以及保存完好的红军墓都深深地烙下了历史的痕迹。

和村

等　　级：四级
基本类型：050113 特色镇村
是否开发：是
行政位置：韶关市乐昌市长来镇和村

资源简介

和村是广东省人民政府办公厅新时期精准扶贫、精准脱贫三年攻坚帮扶的贫困村。经美丽乡村建设项目后，村容村貌综合整治效果明显；教育、医疗、文化、党建、农田水利等近30个公共基础设施项目已全部建设完成；建设"美丽庭院"、建立农村绿化维护长效机制，推动韶关市首届、第二届农博会在和村举办，成功打造和村农业产业扶贫模式，成为乐昌市乡村旅游的一张新名片。

韶关市
优良级旅游资源图鉴

红军长征乐昌教育基地

资源简介

红军长征乐昌教育基地于2021年6月28日建设完成并正式开馆，是红军长征突破第三道封锁线遗址群修缮保护项目，是韶关市7个被列入广东省首批红色革命遗址重点建设示范点之一，也是长征国家文化公园（乐昌段）建设的重要组成部分。

等　　级：四级
基本类型：050109 纪念地与纪念活动场所
是否开发：是
行政位置：韶关市乐昌市五山镇麻坑村

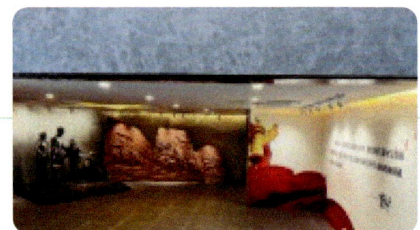

雄州公园

资源简介

雄州公园是一个功能完善的开放式休闲健身场所，也是韶关县级唯一一个具有音乐喷泉的全民休闲公园。2012年开始谋划建设，历经两年多的紧张建设，已成为集生态观光、休闲娱乐、科普宣传、健身锻炼等多功能于一体的高品位城市森林公园，为南雄市人民提供了一个功能完善的开放式休闲健身场所。

等　　级：四级
基本类型：050106 康体游乐休闲度假地
是否开发：是
行政位置：韶关市南雄市雄州街道林园路

油山平林古村

资源简介

油山平林古村为第八批广东省级文物保护单位，位于南雄市东北约40千米油山镇东南面，雅亮袖珍的油山盆地腹部，势雄态尊的油山西南面，北一南一西三面为油山余脉紧密围绕，源于西北端的太源水上游平林河从村北侧流过。油山平林古村拥有深厚的历史文化，孔子第38代孙曾任岭南节度，使三子孔温宪于唐宪宗元和年间定居在平林村。据《重修诗祠堂记》载，思祖伯道公建祠，是为后人敬祖思源，弘扬圣祖文化，发扬光大。

等　　级：四级
基本类型：050113 特色镇村
是否开发：是
行政位置：韶关市南雄市油山镇平林村

里东街

等　　级：四级
基本类型：050201 特色街区
是否开发：是
行政位置：韶关市南雄市珠玑镇里东村

资源简介

自从张九龄凿通梅关古道后，南北商贸、文化交往日益频繁，沿线应运诞生了不少商贸街，里东街为其中杰出者。在里东街，可以看到街道两边建有骑楼式的廊道，沿街老商铺林立，虽已多年失修，却仍能想象得到这个千年古墟当年的繁华景象。电影《从奴隶到将军》曾在此取景。步入里东街，在南北纵长约 1 千米的街道上，仍悄然畅流着浓郁的商贸韵味。

梅关古道碑林

等　　级：四级
基本类型：050306 碑碣、碑林、经幢
是否开发：是
行政位置：韶关市南雄市珠玑镇梅关古道

资源简介

梅岭以梅著称于世，因而历代不少文人墨客以梅为对象在梅岭留下了大量的诗文，形成了独有的梅文化。梅岭诗碑林就是从中选择了不同时代、不同风格的百首梅花诗作，并且特邀了当代名家沈鹏、陆石、黄绮等人重新书写，之后请名家镌刻于碑，立于梅岭的东坡和古驿道两侧，供游人欣赏，从而使梅岭景区更富有高雅的文化意趣。梅岭诗碑林与陈毅《梅岭三章》诗碑及陈毅隐蔽处，串联在一条新的水泥石蹬道上，上下穿插于梅林深处，供游人欣赏和感怀。

钟鼓岩洞真古观

等　　级：四级
基本类型：050107 宗教与祭祀活动场所
是否开发：是
行政位置：韶关市南雄市珠玑镇梅岭村（323 国道旁）

资源简介

钟鼓岩洞真古观山门高大雄伟，门楣书"洞真古观"4 个大字，两侧挂一副对联，上联为"钟鼓岩高岭上烟云开紫府"；下联为"珠玑巷古山中猿鸟听黄庭"。进山门，后有一座"纯阳殿"，供奉吕岩（吕洞宾）之圣像。孙中山先生副官张孟之的夫人潘景晴女士亲笔题书："洞辟群仙会，真修大道来"。其中厢廊的客堂就是陈毅元帅和国民党大余县县长彭育英谈判的地方，坐落在古观的东客堂。

梅关古道夫人庙

资源简介

在梅关古道南山脚下古道上有座"夫人庙"，占地面积150多米^2，掩映在梅花树下，古香古色，肃穆庄严。夫人庙内供奉3尊神像：一位夫人、两个丫环。庙中大门两侧有一副嵌字对联："夫布慈云天上佛，人施法雨海中仙。"这便是梅关古道上的"夫人庙"。它是后人为纪念张九龄"为官一任，造福一方"的功德和感戴其夫人戚宜芬支持丈夫的事业而建造的。

等　　级：四级
基本类型：050109 纪念地与纪念活动场所
是否开发：是
行政位置：韶关市南雄市珠玑镇梅岭村梅关古道

梅鋗古城

资源简介

梅鋗古城，建于秦代，是距今2 200多年的古城，面积3.2万米^2，地处梅关古道要冲，是海陆丝绸之路交接点。《南雄县志古文物遗址》记载，古城已发掘新石器早期距今七八千年的出土文物。城内古迹证实，历代均有修葺，现存古迹遗址，百古寨、千年古榕树、古衙门、古石街、客家围、隆寿寺、古祠古厅堂遍布全城，还有梅国书院遗址，及古井多口，可证实古城原有的文明盛世。

等　　级：四级
基本类型：050113 特色镇村
是否开发：否
行政位置：韶关市南雄市珠玑镇中站村

南雄大雄禅寺

资源简介

南雄大雄禅寺初名沙水院，后称沙水寺，始建于宋德祐元年（1275年），至今已有700余年，是岭南广东古代名刹之一，为南雄100多间寺、庵、观、庙、坛之首。大雄禅寺大殿堂前南北两侧建置钟楼、鼓楼各一座，接着是第二座殿，两旁为藏经阁，方丈室和众僧寝室，后面就是厨房和斋堂。古寺坐东朝西，横卧南北，为砖木结构。在天王殿堂上梁木均为油漆彩画，配有雕工精细的游龙。三座殿堂粉墙、朱柱、金色辉煌，宏伟壮观。

等　　级：四级
基本类型：050107 宗教与祭祀活动场所
是否开发：是
行政位置：韶关市南雄市珠玑镇珠玑村

张发奎故居

等　　级：四级
基本类型：050109 纪念地与纪念活动场所
是否开发：是
行政位置：韶关市始兴县隘子镇风度村

资源简介

张发奎故居是抗日名将张发奎在始兴的故居，包含贵庐、竹溪桥、向华泉等。贵庐为砖瓦木构成，木质梁架盖青瓦，由厅堂、住房、厨房、饭厅、花园等组成，是一座中西合璧的别墅式建筑。贵庐属于近现代重要史迹及代表性建筑，被广东省人民政府公布为第七批广东省文物保护单位；向华泉内有"向华泉记"碑一块，碑文系当时始兴县县长吴仲石撰写，对研究建筑工艺具有较高价值。

张九龄故居（文献公祠）

等　　级：四级
基本类型：050109 纪念地与纪念活动场所
是否开发：是
行政位置：韶关市始兴县隘子镇湖湾村石头塘

资源简介

张九龄故居是纪念张九龄的宗祠。故居整体形似庙宇式，为青砖瓦木结构，四水归堂的四合院式。张九龄后裔宗亲坚持在宗祠内举行大型祭祖活动，每年都有来自江西、汕头、深圳等地张九龄后裔宗亲数千人前来祭祖，缅怀九龄风度。爆竹弥漫，送来阵阵颂音。龙狮起舞，彰显绵绵亲情。

周前古村

等　　级：四级
基本类型：050113 特色镇村
是否开发：是
行政位置：韶关市始兴县城南镇周前村

资源简介

周前古村经修缮提升后，以文旅融合方式向游客开放，成为岭南客家乡村文化的重要体验场和文化科考旅游目的地。周前古村是广东省第六批古村落，入选第五批中国传统村落名录。2023年1月，被评为新时代始兴十景之一（"周前古韵"）。

燎原村

资源简介

燎原村风景秀丽，围楼众多，且有瀑布群。燎原村的村名是因为当地村民闲时喜好玩花灯，每逢年节村里村外张灯结彩，有如繁星闪烁而得名。燎原村是罗坝围楼第一村、全国一村一品示范村镇（蚕茧）、第三批广东省文化和旅游特色村。

等　　级：四级
基本类型：050113 特色镇村
是否开发：是
行政位置：韶关市始兴县罗坝镇燎原村

十里彩杉

资源简介

十里彩杉主要以落羽杉景观为旅游轴线，联动城南兴亭、粤北粮仓、三栋屋围、花山水库形成旅游景区，主要包括城南兴亭、粤北粮仓、三栋屋围、花山水库、落羽杉景观路等景观，是始兴新十景之一。其中落羽杉公路有"最美乡村公路"之称。

等　　级：四级
基本类型：050218 景观公路
是否开发：是
行政位置：韶关市始兴县沈所镇沈南村、群丰村、兴仁村、黄所村、花山村等

长安围

资源简介

长安围属沈姓客家围楼，是一个有700多间房屋的围楼，前面房舍一字展开，后面房舍按大半圆形状来建设，是湖心坝民居群的重要名片之一。1995年公布为县级文物保护单位。2010年5月，广东省人民政府公布其为省级文物保护单位。

等　　级：四级
基本类型：050202 特性屋舍
是否开发：是
行政位置：韶关市翁源县江尾镇南塘村

梅兰谷

等　　级：四级
基本类型：050106 康体游乐休闲度假地
是否开发：是
行政位置：韶关市翁源县翁城镇星光村上江小组

资源简介

梅兰谷位于翁源县翁城镇凹头山森林公园内，是一个集生态农业、生态旅游、休闲度假于一体的多元化旅游度假景区。其陆续获得"翁源县摄影协会创作基地""中国乡村旅游金牌农家乐""瀚江人才驿站""韶关市农家乐旅游示范基地""国家3A级旅游风景区""四星级民宿""韶关市中小学研学实践教育基地"等荣誉称号。

云髻古镇

等　　级：四级
基本类型：050113 特色镇村
是否开发：是
行政位置：韶关市新丰县丰城街道云髻山省级自然保护区

资源简介

云髻古镇是2015年新修的一座古镇，属于"云髻百筑"工程旅游项目规划之一，是一项古建大规模异地重建工程。云髻古镇有着悠长的历史，经历了岁月的洗礼，有着深厚的文化底蕴和内涵，能够反映新丰县的历史沿革、发展脉络等；在云髻古镇生活的人们，很多还保留着传统生活方式和习惯，使古镇具有强烈的民族风情特色。古镇的大多数建筑群落、自然景观、人文景观经过漫长的岁月，达到了高度的和谐统一。

新丰桃花岛

等　　级：四级
基本类型：050213 景观林场
是否开发：是
行政位置：韶关市新丰县马头镇岭头村

资源简介

新丰桃花岛是集生态景点观光、水陆休闲娱乐、生态农业休闲观光和养生度假于一体的综合型生态旅游区。桃花岛依山面水，景色秀丽，园内种植了桃花和玉兰花，每逢2—3月花季桃花、玉兰花盛开，交相辉映，两岸青山深碧一色，形成一幅宜人、迷人的画卷。

韶关市
优良级旅游资源图鉴

云门山游乐区

资源简介

云门山游乐区是主要面向青少年开放的、由多个主题项目组成的、配设丰富多样的机动游乐项目的综合娱乐场所，代表性项目包括动物园、海洋公园、机动乐园、冰雪世界、孔雀乐园、蜡像馆、百亩花海、人防宣教园、军事射击场等，是国家4A级旅游景区"云门山生态文化旅游区"重要娱乐设施类资源。

等　　级：四级
基本类型：050111 主题公园
是否开发：是
行政位置：韶关市乳源瑶族自治县乳城镇云门村委会坝背村

山城水都绿地公园

资源简介

山城水都绿地公园主要依托生长在开阔缓坡地上的大草地资源，配设沙池、花海、林木、阳光湖湿地、人造雕塑景观，是一个以康体游乐为特色的主题公园，为广大游客提供了赏绿、亲水、徒步锻炼、休闲娱乐的好地方，其是国家3A级旅游景区"乳源山城水都阳光湖农旅公园"重要的生物景观与人文景观资源。现已成为新晋网红、周末亲子户外自驾游目的地。

等　　级：四级
基本类型：050111 主题公园
是否开发：是
行政位置：韶关市乳源瑶族自治县一六镇团结村

华南教育历史研学基地（大村）

资源简介

华南教育历史研学基地（大村）是以抗战时期的华南各学校在大村的办学历史、建筑遗迹、革命遗存、文物资料以及一些轶事等为研究对象，通过梳理、保护修缮和活化利用的方式，配置一定的研学供给服务，为大、中、小学生提供以历史文化和革命精神教育为主要目的的研学目的地，同时也是一个"文、旅、农、教、研、体、产"多方面的爱国主义教育基地，对促今广东教育繁荣和港澳教育的辉煌具有重要作用。

等　　级：四级
基本类型：060101 建筑遗迹
是否开发：是
行政位置：韶关市浈江区犁市镇大村村委会铁路林场

龙归粮仓

等　　级：四级
基本类型：060101 建筑遗迹
是否开发：是
行政位置：韶关市武江区龙归镇

资源简介

龙归粮仓是龙归地标性建筑，属于武江区不可移动文物。现已成为乡村振兴培训实践中心，开发成为可提供培训、乡村旅游、研学教育、特产销售等一体化的服务平台，截至2021年底，武江乡村振兴培训实践中心累计承接包括党建类、乡村建设类在内的各类培训、活动达100余场，接待20 000多人次。

珠玑古巷门楼

等　　级：四级
基本类型：060101 建筑遗迹
是否开发：是
行政位置：韶关市南雄市珠玑镇
　　　　　珠玑村委会

资源简介

珠玑古巷迄今保存完整的三大门楼：南门楼、中门楼和北门楼。南门楼位于珠玑古巷南端入口处，为三间三楼式，歇山顶，盖绿色琉璃瓦，拱门正上方雕有"珠玑古巷"碑刻一块。中门楼东西向横卧，上盖草绿色琉璃瓦，白墙，二墙衬朱红柱，整座门楼古朴清雅。北门楼为麻石砌基，火砖砌墙，朱红柱，绿瓦，现楼为歇山顶，整座门楼古朴雅致，有明末清初建筑的特色。

萧统太子祭祀

等　　级：四级
基本类型：060202 地方习俗
是否开发：是
行政位置：韶关市南雄市珠玑镇珠玑村

资源简介

萧统（501—531年），字德施，南朝梁武帝萧衍长子。约公元530年间，萧统驻始兴郡。时年，始兴南雄一带瘟疫横行，萧统太子为治病救人，亲自上山为民寻找药物，率官兵捉住一只貔貅，斩其角磨水给民众治病，很快扑灭了这场瘟疫。但萧统太子却被貔貅咬伤而染上疫病，在阴历五月初五端午节这天病亡。为纪念这位舍己救民的太子，珠玑巷的村民便给萧统太子塑了一个金身菩萨，放在珠玑巷中门楼供奉，烧香祭祀，1 000多年来，香火未曾断过。

土法炼铀生产线遗址

资源简介

土法炼铀生产线遗址我国第一条简法铀水冶生产线诞生之地，是全国第一个小型土法炼铀水冶试验厂。下庄简法水冶铀矿厂起到全民办铀矿的示范和推动作用，也为全国各省（区）培训了大批采选人员，对进一步生产核燃料，提前爆炸第一颗原子弹具有重要意义。

等　　级：四级
基本类型：060101 建筑遗迹
是否开发：是
行政位置：韶关市翁源县坝仔镇半溪村

沈所红围——中共广东省委、粤北省委机关旧址

资源简介

始兴沈所红围是客家围楼民居建筑，中国五大民间传统建筑形式之一，已通过国家3A级旅游景区初步审核，为广东省文物保护单位，是中共广东省委、粤北省委旧址，先后被列为县、市、省爱国主义教育基地，省党员教育基地，成为了广大党员、干部和青年学生开展党史教育和爱国主义教育的重要基地。

等　　级：四级
基本类型：060105 革命与红色文化遗存
是否开发：是
行政位置：韶关市始兴县沈所镇沈北村

九栋十八井（新昌围）

资源简介

九栋十八井（新昌围）属于建筑遗迹旅游资源，是新丰境内保存较完整的客家围屋，具有较大的历史、建筑工艺等研究价值，是广东韶关一座保存尚好的，有300年历史的客家围屋，有"古、大、贵、文"四大特点。九栋十八井为三进院落四合院式布局，建成横三栋、纵三栋，名谓九栋；每三栋各有六口天井，共为十八井，故称"九栋十八井"。2012年被列入新丰县不可移动文物名录。

等　　级：四级
基本类型：060101 建筑遗迹
是否开发：是
行政位置：韶关市新丰县马头镇潭石村

乳源瑶族服饰

等　　级：四级
基本类型：060203 传统服饰装饰
是否开发：是
行政位置：韶关市乳源瑶族自治县必背镇必背村

资源简介

乳源瑶族服饰分东边瑶服饰和西边瑶服饰两大类，保留了传统瑶族服饰的主体特征。其集瑶族刺绣等传统工艺于一体，从款式到装饰、色彩、纹样等，均蕴藏着瑶族的历史文化与民族风情、宗教信仰等，是过山瑶先民历史沧桑的物质载体，具有重大的科学价值、实用价值和艺术价值，2013年被列入广东省非物质文化遗产名录。

石塘月姐歌

等　　级：四级
基本类型：060204 传统演艺
是否开发：是
行政位置：韶关市仁化县石塘镇石塘村

资源简介

月姐歌是石塘村妇女以口传心授的方式，数百年来仅仅流传在石塘村女性人群中的一种带有神秘色彩的民间歌曲。它以独特的方言、演唱形式、独有的唐朝宫廷韵味，形成自己独特的音乐风格和特点，是浩瀚如烟的客家民歌中一枝独一无二的艺术"奇葩"。2009年，月姐歌被广东省人民政府列入第三批省级非物质文化遗产保护项目名录。

石塘堆花米酒酿造技艺

等　　级：四级
基本类型：060207 传统工艺
是否开发：是
行政位置：韶关市仁化县石塘镇石塘村

资源简介

石塘堆花米酒酿造技艺历史悠久，是仁化县一项宝贵的民间传统手工艺。至清朝光绪年间，石塘粤北千家村已有酒坊90多间，售卖堆花米酒的小店30多家。堆花米酒远销粤北、珠三角和东南亚，名声在外。《韶关府志》记载，"清酒随处俱有。以黏米酿成，味清而香烈，冬酒蒸糯米为之。置厨屋间，经十年者，香甜异常，并能补血。"该技艺于2012年被广东省人民政府列入第四批省级非物质文化遗产代表性项目名录。

丹霞山九九天梯

资源简介

丹霞山九九天梯是在细美寨西侧绝壁上开凿的天梯，三面凌空。其位于阳元山西南面，山势险峻，天梯坡度近乎90°，沿山脊往上延伸，直抵细美寨，两边悬崖绝壁，需爬九十九级石阶，故称九九天梯。它与云崖栈道、丹梯铁索并称为丹霞三大险景，唯勇者可攀登。爬上天梯后在山巅之处，就能一览丹霞西部美景和悠悠田园风光。

等　　级：四级
基本类型：060101 建筑遗迹
是否开发：是
行政位置：韶关市仁化县丹霞街道

始兴瑶族服饰

资源简介

始兴瑶族服饰是国家级非物质文化遗产，是瑶族民族文化的载体之一。瑶族服饰构思精巧，造型简练，美观大方，是瑶族民族文化和智慧的集中体现。经过文化传承与不断创新，瑶族刺绣以多元符号、艺术造型丰富了瑶族文化体验内容，成为瑶乡文化传承的重要载体和文化旅游的重要纪念品（旅游购品）。

等　　级：四级
基本类型：060203 传统服饰装饰
是否开发：是
行政位置：韶关市始兴县深渡水瑶族乡长梅村

书堂石遗址

资源简介

书堂石遗址是唐代文化遗址，筑于江中心一个小岛之上，形状极似一艘在激流中逆水而上的航船。岛上岩层重叠、山石嵯峨、书堂石室倚岩而筑、岩墙交错、浑然一体。现虽已残墙断壁，但其结构奇特，古朴天然，傲然屹立，蔚为奇观。2019年5月，被列为第九批广东省文物保护单位。

等　　级：四级
基本类型：060103 古遗址
是否开发：是
行政位置：韶关市翁源县龙仙镇三华村

瑶族双朝节

等　　级：四级
基本类型：060202 地方习俗
是否开发：是
行政位置：韶关市乳源瑶族自治县必背镇必背村

资源简介

　　瑶族双朝节是由"二月朝"和"十月朝"组成的瑶族世代相传的传统节日，又称"双愿节"。双朝节体现了瑶族社会的生产周期与民俗信仰，反映了过山瑶先民从迁徙到农耕的历史进程，展现了瑶族尊重自然、勤奋耕耘、善良朴实的民族精神和民族智慧。于2018年被列入广东省非物质文化遗产代表性项目名录。

珠玑飘色

等　　级：四级
基本类型：060204 传统演艺
是否开发：是
行政位置：韶关市南雄市珠玑镇洋湖村

资源简介

　　珠玑飘色是以4~6岁幼童，化妆扮演各种人物，表现历史上民间传说和戏剧为主题的传统演艺形式。珠玑飘色起源于清代乾隆年间，在清朝中期兴盛，国家安定，人民能安居乐业，故珠玑古巷人每年端午节为祈求当年有好收成，举行背茅船和抬雕有36个人物塑像的小菩萨巡游，在队伍中间的是舞龙、舞狮的队伍，至今已有300多年的历史。珠玑村人利用自己的艺术根基，使飘色艺术内涵更丰富，经过十多代人的继承、创造、发展，目前珠玑飘色更加多姿多彩。

龙船歌

等　　级：四级
基本类型：060204 传统演艺
是否开发：否
行政位置：韶关市南雄市珠玑镇洋湖村

资源简介

　　宋时，龙船歌在梅关古道的珠玑巷就很流行，珠玑巷是广东梅关古驿道上的古代商贸重镇，又是中原南迁氏族的发祥地。由于中原氏族的南迁，带来了中原文化的文化习俗，端午节划龙船纪念爱国诗人屈原，就是其中的一项重要仪式。由于南雄没有宽大河流，因此住在南雄的氏族因势而变，改为唱"龙船歌"和"打龙船"，于南雄珠玑巷世代相传。

珠玑巷人南迁传说

资源简介

珠玑巷人南迁的传说主要以粤语为载体口头传承，是以故事的方式进行叙述的。传说主要讲述南宋度宗咸淳年间（1265—1274年），罗贵带领珠玑巷人33姓97户在胡贵妃的掩护下逃亡南迁到南雄珠玑巷，之后辗转落户珠江三角洲地区，从而逐渐开拓岭南这片疆土的故事。《珠玑巷人南迁传说》于2013年被列入广东省第五批省级非物质文化遗产名录，于2021年正式入选第五批民间文学国家级非物质文化遗产代表性项目名录。

等　　级：四级
基本类型：060201 民间文学艺术
是否开发：是
行政位置：韶关市南雄市珠玑镇珠玑村

粤北采茶戏（乐昌）

资源简介

粤北采茶戏是全国唯一以茶文化发展而成的独立剧种，广东六大剧种之一，其表演载歌载舞，形态健美，刚健敏捷，活泼优美、轻松奔放，富有乡土气息。高矮步、云手、摸步、扇子花、独舞、对舞是其特有的表演形式。2009年被列入第三批国家级非物质文化遗产代表性项目名录。

等　　级：四级
基本类型：060204 传统演艺
是否开发：是
行政位置：韶关市乐昌市乐城街道大昌社区

元帅岭

资源简介

"元帅岭"是为纪念陈毅等老一辈无产阶级革命家在梅岭艰险的革命斗争历程而建。梅关古道元帅岭主要分为战壕群、陈毅元帅雕像、红军纪念塔、青松、红军雕塑5个部分。元帅岭上还专门刻有陈毅在三年游击战中留下的《梅岭三章》《偷渡梅关》等诗词、毛泽东等领导人对南方三年游击战的评价、党和国家领导人对陈毅的挽联挽句、党的领袖有关苏区建设的题词等。

等　　级：四级
基本类型：060105 革命与红色文化遗存
是否开发：是
行政位置：韶关市南雄市珠玑镇梅岭村

张九龄传说

等　　级：四级
基本类型：060201 民间文学艺术
是否开发：是
行政位置：韶关市始兴县隘子镇湖湾村石头塘

资源简介

张九龄传说有生平、事件，以及风物、神话等。自唐末开始流传于古邑韶关（始兴郡）地区，并成为区域传统民间文学形式之一。张九龄传说于2022年4月入选广东省第八批省级非物质文化遗产代表性项目名录中的"民间文学"项目。

过山瑶反面刺绣

等　　级：四级
基本类型：060207 传统工艺
是否开发：是
行政位置：韶关市乳源瑶族自治县必背镇必背口社区

资源简介

过山瑶反面刺绣是极为珍贵的、独特的过山瑶文化，是乳源标志性的民族文化品牌。其形纹图案制式划一、造型奇特、结构复杂、样式繁多。它不同于一般绣法的地方在于从反面绣，不看正面；绣时不用画底稿，先用黑白线依布纹绣出方格，然后于各格中配入基本图案；常用意象化、象形化的图案。当前正申报省级、国家级非物质文化遗产名录，打造"金字招牌"文化遗产。

741矿核工业建筑旧址

等　　级：四级
基本类型：060101 建筑遗迹
是否开发：是
行政位置：韶关市翁源县坝仔中洞村小磺自然村

资源简介

核工业741矿建于1959年，曾为我国第一颗原子弹爆炸提供了2/3原材料，后来也为我国氢弹和核潜艇研制成功提供了合格的原料。经历了"工改兵""兵改工"的辉煌开采历史，积淀了丰厚的军工文化和红色资源。包括军队开采期留下的营房、铀矿山特有的开采设施、"文革"时期留下的历史印记、核军工矿山特有的建筑等，特有建筑有小天安门、忠字楼、忠字牌等。2020年5月19日，翁源县人民政府公布其为第八批文物保护单位。

陈璘传说

资源简介

陈璘的一生，起起落落，富有传奇色彩，在民间一直流传着许多关于他的故事，这些故事涵盖了陈璘一生的智慧与功绩，表达了人民对陈璘将军的爱戴。《陈璘传说》被列入省级非物质文化遗产代表性项目名录、韶关市级非物质文化遗产代表性项目名录。

等　　级：四级
基本类型：060201 民间文学艺术
是否开发：是
行政位置：韶关市翁源县周陂镇周陂社区

苦爽酒酿造技艺

资源简介

苦爽酒是瑶族人节庆、婚庆、探亲访友时不可或缺的食品，其酿造技艺是乳源瑶族从游耕文明走向农耕文明的印记，反映了瑶族人民生产发展的历史和丰富的创造力。瑶族苦爽酒酿造技艺是千年来瑶族人民从发现酒到酿造酒技艺文化的深厚积累，体现了瑶族人民的聪慧，于2018年被列入广东省非物质文化遗产保护名录。

等　　级：四级
基本类型：060207 传统工艺
是否开发：是
行政位置：韶关市乳源瑶族自治县必背镇必背村

水口战役战场旧址（含大部桥）

资源简介

大部桥始建于1907年，原名永安桥，解放后改称大部桥。桥拱及分水尖设置完整，具有一定的古石桥建筑研究价值，现被列为南雄市不可移动文物名录。大部桥是水口战役的主战场。1932年，红军与国民党军队在大部桥两边展开激烈的战斗，经过一天的苦战，双方伤亡都很惨重，红军最终占领了国民党军队在水口大部桥的指挥部。大部桥作为一处红色旅游资源与交通要道，至今被誉为"浈水上的水口古桥"。

等　　级：四级
基本类型：060105 革命与红色文化遗存
是否开发：是
行政位置：韶关市南雄市水口镇大部村

龙舞（香火龙）

等　　级：四级
基本类型：060204 传统演艺
是否开发：是
行政位置：韶关市南雄市百顺镇白竹片村

资源简介

龙舞（香火龙）起源于南雄市百顺白竹片村，已有300多年历史。龙舞（香火龙）在每年的元宵佳节或其他重大庆典活动期间举办。百顺白竹片村的香火龙为南雄地区所独有，村民先后参加了南雄市历届民间活动表演，韶关市"龙凤吉祥、歌舞升平"民间艺术节和广东省第三届欢乐节，并在参加广东省国际旅游文化节的表演时荣获银奖。2011年，"龙舞（香火龙）"被列入第三批国家级非物质文化遗产名录。

 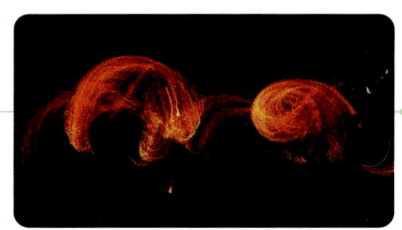

瑶坑村中共广东省委机关旧址

等　　级：四级
基本类型：060101 建筑遗迹
是否开发：是
行政位置：韶关市南雄市雄州街道荆岗村委会瑶坑村

资源简介

瑶坑村中共广东省委机关旧址总建筑面积约250米^2，为相连五间的砖瓦房舍，泥砖墙盖灰瓦。1939年冬，国民党掀起反共高潮，加上日军进逼韶关，为安全着想，中共广东省委决定将省委机关迁往南雄。2010年5月，瑶坑村中共广东省委机关旧址被列为第六批广东省文物保护单位。旧址修复保护工程落成后，先后成为广东省爱国主义教育基地、党员教育基地、党史教育基地。

项英、陈毅与赣粤边军分区李乐天会合旧址

等　　级：四级
基本类型：060105 革命与红色文化遗存
是否开发：是
行政位置：韶关市南雄市油山镇大兰村委会廖地村

资源简介

项英、陈毅与赣粤边军分区李乐天会合旧址于2012年被南雄市人民政府公布为不可移动文物，2013年被中共南雄市委、市政府公布为南雄市爱国主义教育基地。1935年，中共中央分局书记、中央革命根据地司令员兼政委项英和中共中央分局委员、中华苏维埃临时共和国政府办事处主任陈毅，率中央红军长征后留下的部队突围到达油山廖地村，与赣粤边军分区司令员李乐天会合，加强了对赣粤边武装斗争的领导。

上朔村红军题壁歌谣《当红军歌》

资源简介

上朔村红军题壁歌谣《当红军歌》是民国时期我党我军转战粤北的光辉见证，生动体现了军民鱼水情的历史场景，是研究中国工农红军转战粤北的宝贵革命史料，在爱国主义教育、革命传统传承方面有重要意义。1934年10月，红军在乌迳镇新田村打下第一场胜仗后，红军主力部队来到油山镇上朔村休整宿营，当年留下的一首《当红军歌》至今仍保存在祠堂墙上，并在当地传唱了80余载。2022年7月，其被列为广东省文物保护单位。

等　　级：四级
基本类型：060105 革命与红色文化遗存
是否开发：是
行政位置：韶关市南雄市油山镇上朔村徐氏祠堂

西京古道梯云岭段

资源简介

西京古道梯云岭段地处瑶区，集瑶区、山区、移民为一体，有着丰富的公馆遗址、茶亭遗址、古庙遗址、南朝古墓、石板桥等，同时也是西京古道乳源段最陡峭的一段，古人称梯云岭为"万仞梯云之山""乳邑扼要之区"，并有"上出云霄，拾级而登如蹑梯"的记载。

等　　级：四级
基本类型：060104 古驿道
是否开发：是
行政位置：韶关市乳源瑶族自治县东坪镇梯下村委坪尾村

西京古道石门坳段

资源简介

西京古道石门坳段是乳源瑶族自治县境内现存年代最早、保存较为完整的古驿道，被列为全国重点文物保护单位。沿途分布石路、石块、凉亭、邮亭、茶亭、公馆、古庙、南朝古墓、石板桥、石碑等大量遗址，是南粤古驿道中的重点线路，是当时"上通三楚，下达百粤"的交通要道，也是连接中原文化和南岭文化的重要纽带。西京古道沿途风光秀美，文物古迹众多，人文传说丰富，是一条极具代表性的自然生态长廊、历史文物长廊和特色文化长廊。

等　　级：四级
基本类型：060104 古驿道
是否开发：是
行政位置：韶关市乳源瑶族自治县乳城镇鹰峰社区

翁源兰花

等　　级：四级
基本类型：070101 种植业产品及制品
是否开发：是
行政位置：韶关市翁源县江尾镇鹤仔村

资源简介

　　翁源县是"中国兰花之乡""中国兰花第一县",翁源兰花最早起于江尾镇,江尾镇不仅是翁源兰花产业的领头羊,也是中国最大的国兰生产地。1998年,江尾镇开始引进兰花种植。目前兰花种植面积达860多万米^2,10千米长的"兰花长廊"绵延在省道245线,不仅聚集着200多家兰企和300多户兰花专业户,兰花种类也远超1 000个,国兰供应量占全国销量的60%以上。2005年江尾镇被授予为"兰花专业镇"称号,2020年3月兰花当选韶关市市花。

丹霞贡柑

等　　级：四级
基本类型：070101 种植业产品及制品
是否开发：是
行政位置：韶关市仁化县丹霞街道

资源简介

　　丹霞贡柑是仁化农业产业发展的"致富果",被认定为"粤字号"年度最有价值十大农产品区域公用品牌。曾荣获广东省橘柑银质奖,被评为"国家地理标志产品",列入国家名特优新农产品目录、广东省名特优新农产品区域公用品牌。丹霞贡柑果皮细腻光亮,果色金黄,皮薄易剥;果肉色泽呈黄色,囊壁薄软,少核;肉质脆嫩爽口,清甜少渣;高糖低酸,蜜味浓郁。因种植地气候、土壤和地形的特点,抗寒性强,具备青果期便可大量上市的市场优势。

翁源三华李

等　　级：四级
基本类型：070101 种植业产品及制品
是否开发：是
行政位置：韶关市翁源县龙仙镇三华村

资源简介

　　三华李是翁源县特产,中国国家地理标志产品。翁源县龙仙镇三华村是三华李的发源地。据《翁源县志》记载,翁源县龙仙镇三华村在明朝嘉靖年间,就有三华李种植。翁源县是广东省最大的三华李生产基地,龙仙镇号称"中国三华李第一镇"。

北乡马蹄

资源简介

北乡马蹄于2009年被列为国家地理标志保护产品，北乡镇因此荣获了"中国马蹄之乡"的美誉。北乡马蹄是"马蹄家族"中的代表，其含有丰富的营养，自古更有"地下雪梨"之美誉。它既可代替水果生食，亦可熟食。因其个大、皮红肉白、肉质脆嫩、清甜多汁、爽口化渣的特色而畅销全国，深受消费者的喜爱。

等　　级：四级
基本类型：070101 种植业产品及制品
是否开发：是
行政位置：韶关市乐昌市北乡镇黄垒村

梅岭鹅王

资源简介

"梅岭秘制鹅王"是粤菜十大名菜之一。据说当年张九龄在梅岭山路，当地村民以家养的土鹅配上美味的佐料制成焖鹅招待，浓酽香扑的鹅让张九龄食欲大增，连吃五大碗米饭，赞不绝口。从南雄市区至梅关古道景区30多千米的国道两边，聚集着160多家大大小小的餐馆、酒店和农家乐无一例外都在经营"梅岭鹅王"这道经典名菜。2023年6月，"梅岭鹅王制作技艺"被列入南雄市第八批县级非物质文化遗产名录。

等　　级：四级
基本类型：070106 地方饮食
是否开发：是
行政位置：韶关市南雄市珠玑镇梅岭村

仁化白毛茶

资源简介

仁化白毛茶产于海拔千米高的山林雾海之中，是广东省特有的地方名茶，也是国家地理标志产品。仁化白毛茶品质优良，具有芽头肥硕、茶毫满披、滋味甘醇、带兰花香味四大特点，具有浓、醇、鲜、爽、香的品质特征，是形、色、香、味俱佳的好茶，为我国三大白毛茶之首。1988年起，先后获得广东省特种名茶、全国林业名优特新产品博览会金奖、广东省名优茶质量竞赛名茶金奖、第八届和第九届全国"种茶杯"名优茶质量评比中特等奖和一等奖。

等　　级：四级
基本类型：070101 种植业产品及制品
是否开发：是
行政位置：韶关市仁化县红山镇新山村

翁源九仙桃

等　　级：四级
基本类型：070101 种植业产品及制品
是否开发：是
行政位置：韶关市翁源县江尾镇九仙村

资源简介

九仙桃为中国国家地理标志保护产品，获得"广东省优稀水果"之称，享有"仙桃""岭南佳果"的美誉。翁源全县九仙桃种植面积为 3 800 多万米^2，挂果的有 2 500 万米^2。目前，生产翁源九仙桃的企业主要有三家，分别是翁源县绿丰园农民专业合作社，翁源县九仙桃专业合作社和翁源县兴农水果专业合作社，成功注册了"翁南"牌注册商标、"翁江九仙"牌九仙桃。

乐昌白毛尖

等　　级：四级
基本类型：070101 种植业产品及制品
是否开发：是
行政位置：韶关市乐昌市大源镇水源村、湖洞村、桥头村等

资源简介

乐昌白毛尖又名乐昌白毛茶、沿溪山白毛尖，是广东省优良茶树品种之一，并获国家绿色食品认证。白毛尖茶属烘青绿茶，具有外形肥壮、色泽绿润、茸毫披露，香气清新馥郁，汤色嫩绿明亮，滋味鲜爽回甘的品质。若能以九峰山泉水冲泡，则为上上名贵佳品。乐昌白毛尖是全国名茶之一，种植历史悠久，在"茶圣"陆羽的《茶经》中占有一席之位，曾为帝皇的贡品。2015年，乐昌白毛尖获得"韶关市级非物质文化遗产"产品称号。

始兴杨梅

等　　级：四级
基本类型：070101 种植业产品及制品
是否开发：是
行政位置：韶关市始兴县城南镇东南村

资源简介

始兴杨梅为始兴特产，入选2020年第二批全国名特优新农产品。始兴杨梅成熟期早，每年端午节前后采摘，产品旺销，是广东省名牌产品、无公害农产品、绿色食品和有机农产品。2010年始兴县荣获"中国杨梅之乡"称号。同年10月，始兴县杨梅优质高产高效生产被列为广东省"一乡一品"项目。同年12月，始兴县杨梅生产被列为省级农业标准化专项。始兴县杨梅生产得到了市、省、国家有关领导的高度重视和支持。

中国太空笔

资源简介

中国航天员太空专用笔是由始兴中国制笔研发制造基地的企业——韶关盛怡文具有限公司研发制造。于2012年随神舟九号成功上天，为我国第一款太空笔。中国也是继美国之后，全世界第二个拥有独立制造和生产太空笔能力的国家。从神舟十号到神舟十四号，始兴的太空笔一直跟随着飞船飞赴苍穹。盛怡文具有限公司研发的"中国太空笔"解决了航天书写笔历史难题，中国制造的水平让中国航天员在太空中有了更好的书写体验。

等　　级：四级
基本类型：070201 日用工业品
是否开发：否
行政位置：韶关市始兴县太平镇东湖坪村

 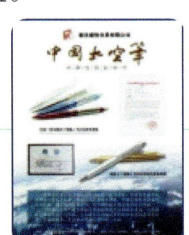

始兴枇杷

资源简介

作为始兴枇杷的主产区，始兴县太平镇枇杷栽培历史悠久，拥有万亩枇杷种植基地。目前，已种植早钟6号、解放钟、大五星等优质枇杷2 200万米^2，是全省面积最大、品种最多、品质最好的枇杷种植基地；始兴被中国地区开发促进会正式命名为"中国枇杷之乡"。

等　　级：四级
基本类型：070101 种植业产品及制品
是否开发：是
行政位置：韶关市始兴县太平镇水南村

乳源彩石

资源简介

乳源彩石产于乳源瑶族自治县境内的瑶山，以色彩丰富、艳丽而闻名于省内外。乳源彩石是极其稀有的地质岩石分类群，它含有硅、钙、铜、铁、锡、锰等元素，其硬度能达到4~7度，使岩石温润如玉，也被称为乳源彩玉石。2010年9月，国家质检总局批准对"乳源彩石"实施地理标志产品保护。同年10月，乳源被中国观赏石协会评为"中国观赏石之乡"。

等　　级：四级
基本类型：070305 金石雕刻、雕刻制品
是否开发：否
行政位置：韶关市乳源瑶族自治县乳城镇松峰社区

 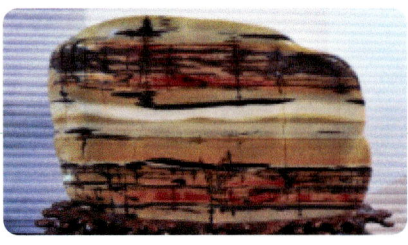

清化粉（宰相粉）

等　　级：四级
基本类型：070101 种植业产品及制品
是否开发：是
行政位置：韶关市始兴县隘子镇隘子社区

资源简介

清化粉是始兴的传统特色产品，具有晶莹油润、粉色透明、均匀，米香味纯正浓郁，炒而不烂、煮而不糊、口感柔韧、滑爽等品质特点，深受各地消费者喜爱。其是广东省始兴县特产，中国国家地理标志产品，广东省非物质文化遗产名录项目，2019年入选第四批全国名特优新农产品名录。

长坝沙田柚

等　　级：四级
基本类型：070101 种植业产品及制品
是否开发：是
行政位置：韶关市仁化县大桥镇长坝村

资源简介

长坝沙田柚品种为"世界四大名柚（沙田柚、文旦柚、坪山柚、暹罗柚）"之一，长坝沙田柚的特点为果大形美、色泽鲜黄、肉质清甜化渣、蜜香味浓郁。1998年在全国名特优果品展示会上被评为"中华名果"。2008年，在广东省优质柑橘评比活动中获得优秀奖；2010年列入国家地理标志保护农产品。长坝沙田柚是"无公害农产品""绿色食品""有机农产品"，也是全国名特优新目录农产品，广东省名特优新农产品区域公用品牌、经营专用品牌。

马坝油粘米

等　　级：四级
基本类型：070101 种植业产品及制品
是否开发：是
行政位置：韶关市曲江区

资源简介

马坝油粘米是韶关市曲江区传统的优质水稻品种，种植历史悠久，是国家地理标志保护产品、广东名牌优质大米之一。1996年，马坝油粘米荣获中国第二届农业博览会金奖；1997年荣获中国第三届农业博览会"名牌产品"称号。2004年国家质检总局批准对马坝油粘米实施地理标志产品保护。"白马"牌马坝油粘米于2002年底取得全国第一批五类食品"QS"标志，同年还获得中国粮食行业协会颁发的"放心米"称号，2003年获得国家"绿色食品"标志。

韶关市

罗坑红茶

资源简介

罗坑红茶产自罗坑国家自然保护区内,是罗坑镇的土特产,是广东最早的熟茶。其中注册品牌商标有"雪花岩""猴采红""果香蜜韵""仙塘红""仙露茗珠"和"大窝山"等,其中罗坑镇独产的杏仁香古树红茶,被业内知名人士称为"世界一绝"。2019年12月17日,入选第四批全国名特优新农产品名录。

等　　级:四级
基本类型:070101 种植业产品及制品
是否开发:是
行政位置:韶关市曲江区罗坑镇

南雄板鸭

资源简介

南雄板鸭至今已有近千年的历史。南雄板鸭食材的品质好,属于麻鸭类,鸭子多为自由放养,皮薄肉厚。南雄属于粤北最北的高寒山区,昼夜温差大,白天暴晒的腊鸭,到晚上一遇到低温霜冻,腊鸭便有特殊的香味。南雄板鸭制作工艺较为独特,在调味上也有一定的讲究,在制作过程中绝不放任何添加剂。其制作技艺被列入韶关市第八批市级非物质文化遗产代表性项目名录。

等　　级:四级
基本类型:070105 养殖业产品与制品
是否开发:是
行政位置:韶关市南雄市珠玑镇028乡道东长迳村

 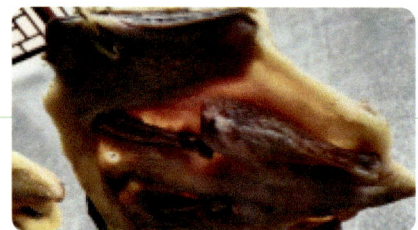

云祖峰白毛茶

资源简介

白毛茶是种植业产品及制品,其以白色茸毛为名,口感独特、色泽嫩绿、芳香浓郁、滋味鲜醇悠长、饮后回甘。乐昌白毛茶种植历史已超过1 200年,不仅是韶关茶的代表品种之一,也是岭南最早的优质茶品种。分别于1994年获广东省绿茶金奖;1996—1999年,获广东省优质奖,且一直保持至今。

等　　级:四级
基本类型:070101 种植业产品及制品
是否开发:是
行政位置:韶关市乐昌市两江镇凰落村

鑫星子姜辣椒

等　　级：四级
基本类型：070101 种植业产品及制品
是否开发：是
行政位置：韶关市乐昌市梅花镇梅花街社区

资源简介

鑫星子姜辣椒是乐昌市梅花镇当地有名的特产，是一款独具粤北风味的辣椒酱，因其自身的辛辣和香味渗入菜肴食品中，促使菜有鲜美可口，味道清香，最大的特点是"爽、辣、脆"，被人们赞誉为"天然味精"和"佐料之王"，于2019年评选为广东省名牌产品、乐昌市十大特产。

南雄特色菜品

等　　级：四级
基本类型：070106 地方饮食
是否开发：是
行政位置：韶关市南雄市

资源简介

南雄是著名的"粤人故里、吾家故乡"珠玑古巷所在地。从北宋年间开始，大量中原人经由"中原—珠玑巷—珠三角"的路线迁徙定居岭南。深厚的历史积淀造就了南雄独特的饮食文化。与其他地区的客家菜式不同，南雄菜主要突出了"酸、辣、鲜、香"四大味。美食节期间，中国烹饪大师叶佩芬对南雄菜进行了点评，她认为南雄菜品不仅酸辣，还有鲜香、清甜的口感，既有中原饮食文化的特点，又传承了粤菜的精髓。

始兴绿茶

等　　级：四级
基本类型：070101 种植业产品及制品
是否开发：否
行政位置：韶关市始兴县罗坝镇大水村

资源简介

始兴茶叶具有清香、醇朴、耐泡、无污染等优点，具有生产有机茶独特的森林生态因子。茶叶品种有青心乌龙、瑞香、金观音、金萱、福云6号、福云7号等，拥有车八岭、亚历亨、八两红等"粤字号"茶叶品牌4个，有机茶叶农产品认证3个。茶叶伴手礼还作为始兴旅游购品。罗坝镇亚历亨茶场是广东省林下经济示范基地，这里出产的茶叶曾入选"广东十大好春茶"绿茶类名单。

徒步穿越丹霞山赛事

资源简介

徒步穿越丹霞山赛事属国际体育赛事活动，创办于2008年，全程约50千米，沿阅丹公路穿越丹霞山腹地，可充分观赏巴寨、姐妹峰、僧帽峰、观音山、锦江等自然风光，穿过有历史文化底蕴的夏富古村落，感受美丽的田园景观和地方民俗风情。现已成为粤港澳大湾区和韶关市民群众每年翘首以盼的群众性体育活动，是广东十大国内品牌赛事活动之一。

等　　级：四级
基本类型：080203 现代节庆
是否开发：是
行政位置：韶关市仁化县丹霞街道

李任予

资源简介

李任予，新丰梅坑人，是省港大罢工、北伐战争、南昌起义、广州起义参与者，高蠡暴动组织者，是闽西苏区主要创建者之一、中国工农红军早期领导人。他曾先后在中山、梧州、上海等地从事工商业活动，并很快成为了一位成功的实业家和政治家。他成为中国近代史上第一个被授予"议员"称号的华人。李任予一生秉承着爱国主义、民主思想和奉献精神，为中国社会进步、民族振兴和新中国的成立作出了卓越的贡献。后经广东省人民政府批准，追认李任予为革命烈士。

等　　级：四级
基本类型：080101 地方人物
是否开发：否
行政位置：韶关市新丰县梅坑镇大岭村委塘坡岭村民小组

余靖

资源简介

余靖是北宋著名的政治家、外交家、思想家和文学家，后人尊称他为"忠襄公"。他一生为国家竭智尽忠，建策匡时。其抚民治吏，三使契丹，两平蛮寇，光辉业绩彪炳青史，动人风采流芳百世。他与范仲淹、欧阳修、尹洙被尊为北宋"四贤"，与欧阳修、王素、蔡襄被称为"四谏"，是继唐代张九龄之后岭南地区又一位历史文化名人，被后人称为"异代九龄"。

等　　级：四级
基本类型：080101 地方人物
是否开发：是
行政位置：韶关市浈江区风采街道

陈璘

等　　级：四级
基本类型：080101 地方人物
是否开发：是
行政位置：韶关市翁源县周陂镇龙田村

资源简介

陈璘（1532—1607年）字朝爵，号龙崖，翁源县周陂龙田人。陈璘少怀大志，身材魁梧，体力过人。1598年，陈璘与同朝名将邓子龙、朝鲜名将李舜臣指挥了举世闻名的露梁海战，一战告捷，这就是著名的万历朝鲜战争。2022年，《陈璘传说》被列入广东省非物质文化遗产代表性项目名录。

新丰旅游文化节

等　　级：四级
基本类型：080203 现代节庆
是否开发：是
行政位置：韶关市新丰县丰城街道

资源简介

新丰县旅游文化节是新丰县品牌节庆活动，有骑行和徒步活动、荷花节、茶文化节等品尝活动、非物质文化展示活动等。截至2022年，新丰县旅游文化节已连续举办十届，通过旅游文化节的形式，将新丰旅游资源进行有机整合，宣传新丰的旅游资源，打造新丰乡村观光旅游品牌，为旅游经济发展增光添彩，让更多的外地游客走进新丰、了解新丰。

梅岭星火

等　　级：四级
基本类型：080102 地方事件
是否开发：是
行政位置：韶关市南雄市珠玑镇梅岭村

资源简介

1934年秋，由于"左"倾错误，第五次反"围剿"失败，红军主力被迫撤出江西根据地，开始了二万五千里长征。当时，敌人从四面八方向中央根据地扑来，中央苏区沦陷。陈毅同志因腿部受伤，没跟随主力撤离，与项英等同志接受党中央的命令，留在赣粤边区打游击，在梅岭和油山一带坚持了艰苦卓绝的三年游击战争，点燃了"梅岭星火"，开辟了红色赣粤边根据地，为革命胜利作出了巨大的贡献。1982年由珠江电影制片厂出品的《梅岭星火》讲述了这段历史。

胡妃

资源简介

　　胡妃乃南宋度宗皇帝妃子，度宗皇帝听信奸臣贾似道谗言，罢了显祖的官，并逼胡贵妃出宫为尼。后来胡妃沦落为南雄珠玑巷富商黄贮万之妾，不料黄贮万的家仆告发，贾似道便启奏朝廷，诬说珠玑巷百姓要造反，于是朝廷决定派官兵围剿珠玑巷，史称"胡妃之乱"。珠玑巷附近58村村民恐遭受祸延，也四处逃走。胡贵妃见此惨状，投井自尽。宋末，乡人为缅怀胡妃，建贵妃塔。

等　　级：四级
基本类型：080101 地方人物
是否开发：是
行政位置：韶关市南雄市珠玑镇梅岭村（胡妃纪念馆）

丹霞山山地马拉松赛

资源简介

　　丹霞山山地马拉松赛的路线设计丰富，适宜人群广泛，休闲和运动一体性较高。该马拉松赛是广东省内唯一在世界自然遗产、5A级旅游景区丹霞山举办的山地马拉松赛，赛道设在素有"广东最美旅游公路"美誉的阅丹公路，将特色赛事和最美赛道结合，成为广东省户外运动的一大亮点。同时也带动阅丹公路沿线的旅游经济，促进马拉松旅游的发展，对旅游市场产生推动作用。

等　　级：四级
基本类型：080203 现代节庆
是否开发：是
行政位置：韶关市仁化县丹霞街道

环丹霞山自行车赛

资源简介

　　环丹霞山自行车赛是韶关市深入贯彻落实省委、省政府"一核一带一区"区域协调发展战略，推动生态优势向发展优势转化，打造"户外运动天堂"品牌，推进"体育+旅游"融合发展的重要举措。赛事是融合国家5A级风景旅游区丹霞山打造的原创IP赛事，是独具一格的省内"双顶级"赛事——顶级自行车竞赛+顶级体旅融合赛事。赛事将快速带动韶关体育旅游产业融珠入湾，推动韶关生态体育产业的加速发展。

等　　级：四级
基本类型：080203 现代节庆
是否开发：是
行政位置：韶关市仁化县丹霞街道

南华诞庙会

等　　级：四级
基本类型：080201 宗教活动与庙会
是否开发：是
行政位置：韶关市曲江区马坝镇南华村委南华寺内

资源简介

"南华诞"庙会又称"六祖诞"庙会，始于唐代，是宝林寺住持令韬为弘扬六祖禅法，保护六祖惠能真身，于每年阴历二月初八和八月初三举行的祭祀禅宗六祖的庙会活动。南华诞庙会活动所蕴含的庆典性、纪念性和禅宗文化辐射力，使中国特色的佛教禅宗文化得到全世界信众的认同和归宗，充分体现了禅宗文化的博大精深和生命力，具有较高的历史和文化价值。

苏轼（东坡）

等　　级：四级
基本类型：080101 地方人物
是否开发：是
行政位置：韶关市南雄市珠玑镇梅关古道、钟鼓岩

资源简介

苏轼（1037—1101年）字子瞻，自号东坡居士，四川眉山人，官至吏部尚书，北宋知名文学家。曾在南雄停留并留下了不少佳话。宋哲宗绍圣元年（1094年），苏东坡途经梅关古道南面挂角寺旁时，在一棵树下遇一鹤发童颜、霜髯三尺的老翁，作《赠岭上老人》诗一首，诗中充分表达了苏东坡内心的凄楚心情，一年后，苏东坡获赦北归时又作《赠岭上梅》。宋元符三年（1100年），苏东坡留宿钟鼓岩，并题诗四首。

西水暴动

等　　级：四级
基本类型：080102 地方事件
是否开发：是
行政位置：韶关市武江区重阳镇青暖村青水塘炮楼

资源简介

1927年12月下旬，中共广东省委委员欧日章领导、发动了震动粤北的西水暴动。西水暴动历时31天，历经4次战斗。后来一批暴动农民在欧日章的领导下坚持了一年多的游击斗争。西水暴动终因敌强我弱而失败，但充分显示了农民团结斗争的伟大力量，探索了武装斗争的经验，是北江农民暴动的先导，有着重要历史意义。

重走长征路徒步活动

资源简介

南雄作为红军进入广东的第一站,是长征不可或缺的组成部分。组织启动"重走长征路徒步活动"活动,旨在追寻先烈足迹,体验坎坷历程,学习红军艰苦奋斗、勇往直前的革命精神,同时在行走的过程中触摸历史,领略南雄丰富的红色旅游资源,助推南雄红色旅游发展,推动韶关红色旅游发展。截至目前,南雄市已成功举办了四届重走长征路活动,得到了上级部门高度肯定,活动被列入全省重点打造的10条红色旅游精品线路之一。

等　　级：四级
基本类型：080203 现代节庆
是否开发：是
行政位置：韶关市南雄市油山镇上朔村（起点）

姓氏文化旅游节

资源简介

珠玑古巷是广府文化的发祥地、广府人的祖居地,演绎了1 300多年的姓氏文化,是岭南文化的根之所在、广府民系的发源地,也是中华民族开发岭南、繁荣珠三角历史进程中的第一站。2014年起,南雄市每年都举办姓氏文化旅游节,邀请广大珠玑巷后裔共同弘扬中华优秀传统文化,并有力推动该市社会经济的发展。2009年,南雄姓氏节被列入韶关市第二批市级非物质文化遗产名录。

等　　级：四级
基本类型：080203 现代节庆
是否开发：是
行政位置：韶关市南雄市珠玑镇珠玑古巷内（珠玑古巷姓氏文化传媒中心）

三级旅游资源

03

锦江及董塘河冲积平原

资源简介

锦江及董塘河冲积平原依山面水，广有田园，历史上曾是锦江下游的第一商埠。冲积平原环绕锦江，两岸生长有亚热带常绿阔叶林和草本、灌木等植被。沿江有鳞次栉比的屋舍，在远处可见整齐划一的农田，整个平原宛如富有岭南风情的山村田园风光画卷。

等　　级：三级
基本类型：010104 滩地型景观
是否开发：是
行政位置：韶关市仁化县丹霞街道

大瑶山

资源简介

大瑶山即广东乐昌大瑶山省级自然保护区，大瑶山省级自然保护区是集自然保护与管理、宣传教育、科学研究、生态旅游和多种经营于一体的森林生态系统类型自然保护区。2004年经广东省人民政府批准为省级自然保护区。

等　　级：三级
基本类型：010101 山丘型景观
是否开发：否
行政位置：韶关市乐昌市大源镇永济桥村

丹霞山百丈峡

资源简介

百丈峡又名"长天一线"，从"幽洞通天"向右走100米，迎面一座山崖倚天矗立，大自然将山崖自上而下劈开一缝，通道只能容一两个人并行通过，头顶是仅见一丝光线的狭长石缝，因此成为"幽洞通天"到"锦石岩"的一条奇险幽径。游客由此经过，只觉两侧绝壁耸立，势欲倾倒。仰视苍穹，唯存长天一线，最近之处可使人一跃而过。

等　　级：三级
基本类型：010201 断裂景观
是否开发：是
行政位置：韶关市仁化县丹霞街道

 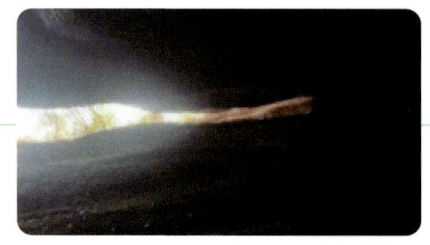

南雄下坪村恐龙化石点

等　　级：三级
基本类型：010204 生物化石点
是否开发：是
行政位置：韶关市南雄市雄州街道下坪村委会刘屋村

资源简介

南雄是"中国恐龙之乡",是原国土资源部认定的第一批38个国家级重点保护古生物化石集中产地之一。南雄恐龙化石点总面积85.18千米²,海拔高度130~476米,分为3个独立园区。美国明尼苏达大学古生物终身教授斯隆盛赞"南雄是世界上研究恐龙灭绝最好的地方"。2013年6月,广东南雄恐龙省级地质公园被批准建立;2017年4月7日通过专家组验收,成为华南地区唯一的古生物化石类地质公园。

杨沥岩

等　　级：三级
基本类型：010304 沟壑与洞穴
是否开发：是
行政位置：韶关市南雄市全安镇杨沥村

资源简介

杨沥岩原称老鹰岩、灵岩,位于南雄市全安镇杨沥村,面积0.01千米²,最高海拔约334米,现岩中仍存石刻数处。据《南雄县志》记载,汉武帝元鼎五年(公元前112年),南粤宰相吕嘉反叛汉朝,王爵都蔚楼船将军杨仆奉命率5万水军,前往平乱,曾在此处停留休整。经过休整,士气大振,与伏波将军路博德率领的另一路大军会师,终于平息了南粤叛军。因为杨仆将军曾在此驻扎,后人将此岩洞称为杨沥岩。

穆公寨

等　　级：三级
基本类型：010101 山丘型景观
是否开发：是
行政位置：韶关市南雄市乌迳镇大竹村

资源简介

穆公寨位于南雄市乌迳镇大竹村委杜岭村,北面是江西省信丰县中坝,南面是孔江国家湿地公园。穆公寨海拔800米,山顶云雾缭绕,充满神秘感。风光独特,景色迷人。穆公寨的4月,开满映山红。山顶不仅有造型各异的嶙峋怪石,还有古老寺庙遗址和古老水井。

巴寨

资源简介

巴寨是丹霞地貌的核心区，也称丹霞山的"珠穆朗玛"。巴寨景区的景点多在仙山琼阁群山之内，有田螺寨、观音石、姐妹峰、朝天力、茶壶峰、巴寨、燕岩、五仙岩等，由碧水田园到飞花瀑布，其景观景物的珠连玉串，自然风光的绚丽多姿，山寨栈道的陡峭奇险，流泉飞瀑的壮丽神奇，使丹霞山最具魅力。巴寨是集观光、探险、休闲度假、野营、科考于一体的游览景区。

等　　级：三级
基本类型：010101 山丘型景观
是否开发：否
行政位置：韶关市仁化县丹霞街道

韶石山

资源简介

韶石山共有36座石峰，总面积约180千米^2。群峰连绵起伏，以韶赣高速公路丹霞山服务区到大桥互通沿线最为突出，尤其以周田、丹霞山出口附近最为动人心魄。群峰云雾缭绕，如诗如画，峰峦奇秀，或拔耸百余仞，或似香炉、蜡烛、走兽，千姿百态，形各有异。

等　　级：三级
基本类型：010101 山丘型景观
是否开发：否
行政位置：韶关市仁化县丹霞街道

丹霞山狮子岩

资源简介

丹霞山狮子岩与混元洞属同一圈层，是古狮子岩庙所在地。山石整体外观形如狮子，岩内全井、供台、庙基保存尚完整。由北遥望如卧狮酣睡，由南远眺则如雄狮起舞，因而得名狮子岩。岩内洞穴纵横，遍布形态各异的钟乳石、石笋、石柱等。

等　　级：三级
基本类型：010303 垄岗状地景
是否开发：是
行政位置：韶关市仁化县丹霞街道

丹霞山海豹石

等　　级：三级
基本类型：010305 奇特与象形山石
是否开发：是
行政位置：韶关市仁化县丹霞街道

资源简介

丹霞山海豹石位于丹霞山阳元石游览区内，因形似一头趴卧的海豹，由此得名。整座山体光秃鲜有植被，只有背部山脊相对较缓，凸起的顶部最高处面积不大尚有少量灌木杂草，但陡升厉害，凿有石阶，犹如一只昂首挺胸的海豹，栩栩如生。

丹霞山龙鳞片石

等　　级：三级
基本类型：010305 奇特与象形山石
是否开发：是
行政位置：韶关市仁化县丹霞街道

资源简介

丹霞山龙鳞片石是长10米、宽1~2米的小型蜂窝状洞穴带，是丹霞山的奇观之一。整体看似长满鳞片的巨龙，它可随四时变换而呈现出不同的颜色，也被誉为丹霞山的十大景点之一。

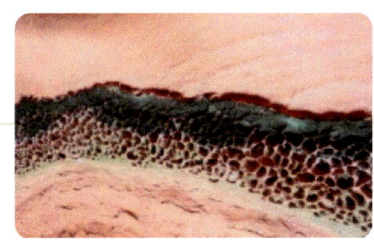 

罗佛寨

等　　级：三级
基本类型：010203 地层剖面
是否开发：否
行政位置：韶关市南雄市湖口镇太和村

资源简介

罗佛寨是南雄恐龙化石群自然保护区中的保护二区，世界标准地质层位，其岩性分下上两部分：下部以紫色泥岩为主，夹砂砾岩，厚约600米，产大量哺乳动物化石及轮藻和介形类；上部以灰绿色及紫色泥岩、砂岩、砾岩为主，厚200米，含硅及介形类化石。罗佛寨地区的地层和哺乳动物化石对于研究白垩纪晚期恐龙灭绝后，哺乳类如何大规模繁衍、扩散，提供了宝贵的资料。

丹霞山福音峡

资源简介

丹霞山福音峡是一个在断层基础上经流水侵蚀、风化、崩塌作用形成的巷谷。人立在峡中，面向南大喊，若有四声回音，则此人将有福缘，故此峡名"福音峡"。这里悬崖相依，两山并立，相距不过数尺，远观之则只见蓝天一线自峡中露出，故名"一线天"。

等　　级：三级
基本类型：010201 断裂景观
是否开发：是
行政位置：韶关市仁化县丹霞街道

丹霞山晒布崖

资源简介

丹霞山晒布崖位于细美寨北侧崖壁，因流水长年累月地对岩壁的内生节理进行侵蚀，崖壁上分布有大量竖直平行的侵蚀细沟，形如晾晒的布匹，是一块由竖向均匀沟槽组成的巨大丹霞石墙。

等　　级：三级
基本类型：010303 垄岗状地景
是否开发：是
行政位置：韶关市仁化县丹霞街道

丹霞山双乳石

资源简介

丹霞山双乳石属于丹霞地貌的一种，形似女性双乳，色泽形象逼真。被称为丹霞三绝之一，是丹霞山"天然的性文化博物馆"的代表性载体之一，更是大自然的鬼斧神工之作。

等　　级：三级
基本类型：010305 奇特与象形山石
是否开发：是
行政位置：韶关市仁化县丹霞街道

黄岭嶂

等　　级：三级
基本类型：010101 山丘型景观
是否开发：是
行政位置：韶关市仁化县红山镇烟竹村

资源简介

　　黄岭嶂海拔高度为1 187米，在广东省内海拔千米以上的165座高峰中排行第93位。爬行3 000多级阶梯以及高低错落有致的64处急拐弯，就进入了群岳聚集、众峰重叠、古林稠密、茶香熏人、仙气弥漫的黄岭嶂。在黄岭嶂的登山之路上有形状各异的老古树、叮咚的山泉、飞流的瀑布及奇峰秀石，还能观赏到1 300多万米^{2}竹海和大片白毛茶茶园。

芙蓉山

等　　级：三级
基本类型：010101 山丘型景观
是否开发：是
行政位置：韶关市武江区西河镇

资源简介

　　芙蓉山位于韶关市区西南郊，东临北江，因山上原来盛产木芙蓉而得名，东南方向为北江所环绕，山体长约10千米，呈马蹄形分布。芙蓉山被誉为韶关市的"市肺"之一，1993年被划定为韶关国家森林公园的重要组成部分；2005年8月，国土资源部批准在此建立广东韶关芙蓉山国家矿山公园，成为中国第一批28家国家矿山公园之一。

丹霞山天生桥

等　　级：三级
基本类型：010304 沟壑与洞穴
是否开发：是
行政位置：韶关市仁化县丹霞街道

资源简介

　　丹霞山天生桥又名"通泰石桥""通泰桥"，位于广东韶关丹霞山阳元村阳元山风景区内阳元山的西北面，是一座自然形成的天然石拱桥。天生桥桥面平整，造型优美。站桥上远眺，远处显现出各种形态的丹霞山峰，姿态万千。

南岭国家森林公园珍珠潭

资源简介

南岭国家森林公园珍珠潭位于乳源瑶族自治县大桥镇五指山南岭国家森林公园内部，有6个由小到大的壶穴高低分布，碧水汇聚于此，形成颗颗珍珠，是典型的壶穴地貌。该地区的气候特征为雨量充沛、湿度较高、四季温差不大。具体来说，夏季多雷雨、高温多湿，冬季则相对干燥，但仍有一定的降水量。珍珠潭为一些常见的野生动物如黑熊、竹鼠、山羊、麂子等提供了饮水地。

等　　级：三级
基本类型：010304 沟壑与洞穴
是否开发：是
行政位置：韶关市乳源瑶族自治县大桥镇五指山

丹霞山仙山琼阁峰林

资源简介

丹霞山仙山琼阁峰林是中国最具有代表性的丹霞峰林地貌之一，也是国内外学者研究丹霞地貌的重要场所之一。它被誉为"奇峰壮阁，鬼斧神工"，是自然美景和人文景观的完美融合，保存了大量珍稀的地质遗迹和生物遗存，是一个具有极高科学研究价值和旅游观赏价值的地方。

等　　级：三级
基本类型：010303 垄岗状地景
是否开发：是
行政位置：韶关市仁化县丹霞街道

丹霞山鲤鱼山

资源简介

丹霞山鲤鱼山位于丹霞山水上丹霞游览区内，因为形状像一条大鲤鱼，当地人称"鲤鱼跃龙门"。乘船游锦江观赏水上丹霞的沿途，可以看到有一处石崖上突出的一块石头，好像一条大白鲨正张开大嘴。随着观赏角度的变化，大白鲨变成了鲤鱼，那肥胖的鱼头，微张的嘴，圆圆的眼睛，盯着上面一块往上的石头正要往上跳，这就是"鲤鱼跃龙门"。

等　　级：三级
基本类型：010303 垄岗状地景
是否开发：否
行政位置：韶关市仁化县丹霞街道

丹霞山一线天洞穴

等　　级：三级
基本类型：010201 断裂景观
是否开发：是
行政位置：韶关市仁化县丹霞街道黄屋村

资源简介

丹霞山一线天洞穴又称为丹霞山通天洞。从外面看上去像是崩塌岩块叠置而成的崩积洞穴，但穿过洞穴则看到它是从一个由大石墙底部穿透的流水侵蚀形成的洞穴，成为丹霞山一线天地貌的代表性景观。

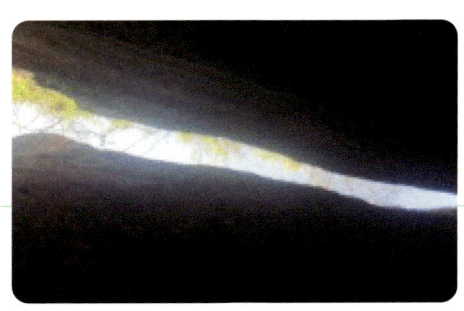

锡坪嶂

等　　级：三级
基本类型：010101 山丘型景观
是否开发：否
行政位置：韶关市仁化县红山镇青迳村

资源简介

锡坪嶂为红山镇最高的山峰，也是仁化县的第二高峰（仅次于万时山），与湖南交界。锡坪嶂山顶视野十分开阔，站在最高峰可以远眺两省三县（仁化、汝城、乐昌），6个镇，16个自然村，四周群山叠嶂，山势壮观，风景十分优美。

大腊岭

等　　级：三级
基本类型：010101 山丘型景观
是否开发：是
行政位置：韶关市翁源县翁城镇腊岭村

资源简介

地处翁城镇向南3 000米，东与狮子山相接，西临横石水。海拔700余米，方圆10多千米^2，山势逶迤，高峻磐礴，山气高寒，盛暑如腊，故名。山前有小溪，称腊岭水，由定南溪和长圳水汇合而成。大腊岭由裸露的花岗岩和石灰岩构成。

仙门奇峡情侣峡

资源简介

　　仙门奇峡情侣峡位于仙门奇峡景区内，是受雅玛河水冲击侵蚀而形成的狭窄凹地，为景区内自然形成的峡谷，依托情侣峡自然景观建设了情侣竹筏漂流，全长约3千米。峡谷两岸岩石千姿百态，似神仙出入，百鸟鸣叫如情侣对歌，底部为河流，碧水清波，明镜通透，倒映出两岸的悬崖峭壁，形成一幅秀丽的山水画。

等　　级：三级
基本类型：010103 沟谷型景观
是否开发：是
行政位置：韶关市乳源瑶族自治县洛阳镇半星村

丹霞山幽洞通天穿洞

资源简介

　　幽洞通天穿洞位于丹霞山风景名胜区长老峰景区内，因岩块崩积形成洞穴。沿登山大道拾级而上，再向左转，即见一处自然风化侵蚀的岩洞，上面刻着"幽洞通天"四字，这是圆筒形的水平通道。人在洞内，可抬头望泉源点滴，观赏崖壁丰富多彩的植被。

等　　级：三级
基本类型：010304 沟壑与洞穴
是否开发：是
行政位置：韶关市仁化县丹霞街道

将军栋

资源简介

　　将军栋分布着十多座海拔千米以上的山峰，如鸡公山、五指山、笑天龙形、黄巢点兵等，有酷似大文豪鲁迅头像的奇峰"文豪峰"，有惟妙惟肖的奇石"观音坐莲"，由此形成了集奇峰奇石、深峡飞瀑、峭壁岩洞、古藤古树、丰富物种于一体的天然生态景观。其中，有多座落差几十至上百米的瀑布镶嵌在群山之中，宛如白色丝带。这些瀑布在凹陷地区跌水，进而形成跌水潭。山间的小溪缓缓流过，在低洼的地方形成水潭。

等　　级：三级
基本类型：010101 山丘型景观
是否开发：否
行政位置：韶关市始兴县深渡水瑶族乡长梅村

文顶山（翁源县）

等　　级：三级
基本类型：010101 山丘型景观
是否开发：是
行政位置：韶关市翁源县坝仔镇半溪村

资源简介

文顶山也称"韶关翁源半溪自然保护区"。总面积3 630万米^2，主要保护对象为亚热带常绿阔叶林、重点保护和珍稀濒危野生动植物及其栖息地、水源涵养林。

雪花顶

等　　级：三级
基本类型：010301 台丘状地景
是否开发：否
行政位置：韶关市曲江区樟市镇芦溪后山村

资源简介

雪花顶海拔1 365米，发育着壮美的石英砂岩绝壁。位于后山顶与梅花顶之间，是曲江第二高峰，是广东省著名的4座千米高山之一，是广东十大经典登山穿越路线之一"黄梅雪后"的组成部分。

细美寨风车岩

等　　级：三级
基本类型：010304 沟壑与洞穴
是否开发：是
行政位置：韶关市仁化县丹霞街道

资源简介

细美寨风车岩是由断石村阳元石游览区入口进入，为以天下第一奇石——阳元石为核心的景区景点之一。风车岩是一个较大的穿洞，在穿洞里面左侧可见一个扁圆形的小穿洞，长约100厘米，高约50厘米。坐在风车岩穿洞内，可以明显感觉到风的流动。

罗坑大岩洞

资源简介

　　罗坑大岩洞属于典型的喀斯特岩溶地貌。大岩洞属于未开发的溶洞，洞内别有洞天，这里有独特钟乳石、石笋、石柱、石花、犬牙，罗坑大岩洞里钟乳石琳琅满目，奇趣横生。走进大岩洞，隐隐能听到潺潺的水声，奇景让人叹为观止。

等　　级：三级
基本类型：010304 沟壑与洞穴
是否开发：是
行政位置：韶关市曲江区罗坑镇中心坝村委

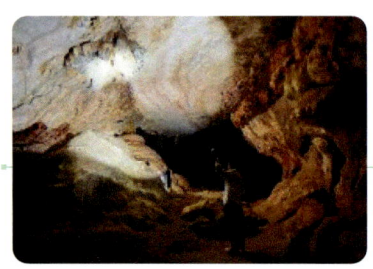

黄思脑

资源简介

　　黄思脑山形似皇冠，海拔1 364米，是广东省著名的4座千米高山之一，有黄姓祖墓，故名。黄思脑是广东十大经典登山穿越路线之一"黄梅雪后"的组成部分。

等　　级：三级
基本类型：010301 台丘状地景
是否开发：否
行政位置：韶关市曲江区樟市镇芦溪村芦溪角

梅花顶

资源简介

　　梅花顶是曲江境内第一高峰，海拔1 384米，发育着壮美的石英砂岩绝壁；山顶生长着很多金黄色的芒草，分布着大规模的原始森林，远处看过去像朵盛开的梅花。是广东省著名的4座千米高山之一。

等　　级：三级
基本类型：010301 台丘状地景
是否开发：否
行政位置：韶关市曲江区樟市镇芦溪后山村

三白虎

等　　级：三级
基本类型：010101 山丘型景观
是否开发：是
行政位置：韶关市乐昌市黄圃镇鱼池岭村

资源简介

　　三白虎即三白虎风景区，为山地地貌，山顶海拔为773.3米，三白虎分别是指白虎嶂、白虎砦、白虎仙，白虎嶂是山峰的名字，白虎砦是白虎嶂山顶上所建的一道石墙，白虎仙是为了纪念康护公（原唐末黄圃籍连州刺史）的功德而建的一间祠庙，由于它建造在白虎砦内，所以取名为"白虎仙"。三白虎是黄圃镇塘村的军事要塞，历来是兵家必争之地。

古佛岩

等　　级：三级
基本类型：010304 沟壑与洞穴
是否开发：是
行政位置：韶关市乐昌市乐城街道月丘村

资源简介

　　古佛岩属典型的地下喀斯特岩溶地貌，洞穴面积达1.2万米^2，分上中下重叠三层。内有各种溶洞景观，例如火树银花、定海神针、雄狮横图、瑶台赏月等自然景观。洞内气温常年保持在18~19 ℃，是夏季避暑、冬天御寒的胜地。

君子岭

等　　级：三级
基本类型：010101 山丘型景观
是否开发：否
行政位置：韶关市南雄市珠玑镇君子岭

资源简介

　　君子岭最高海拔541米，山中郁郁葱葱，挺拔俊秀，山上景色优美，有古树、古井、小瀑布等，近山顶处有原古建筑遗址。从南雄珠玑巷向西眺望，可以见到一高一矮的两座山峰。高峰亦叫君子岭。高峰郁郁葱葱，挺拔俊秀；矮峰光山秃秃，踞伏在高峰之下，好似俯着头向高峰认罪的样子。

马市镇远迳村凉伞岩

资源简介

马市镇远迳村凉伞岩由红色砂砾岩构成，以山顶一岩洞为特色，取名为凉伞岩。沿岩层垂直节理由流水侵蚀及风化剥落和崩塌作用后退，形成顶平、身陡、麓缓的方山、石墙、石峰、石柱等奇险的丹崖赤壁。

等　　级：三级
基本类型：010301 台丘状地景
是否开发：否
行政位置：韶关市始兴县马市镇远迳村

茶岩顶

资源简介

茶岩顶是罗坑镇生态旅游四大功能区之一，有"小张家界"的美称。这片区域发育着很多奇峰怪石，像蘑菇、像天狗、像石笋、像石人，千姿百态、惟妙惟肖，让人叹为观止。丰富多样的地质地貌，亿万年的地质变迁，让茶岩顶极具科考价值，并因此成为南岭国家公园的重要组成部分。

等　　级：三级
基本类型：010301 台丘状地景
是否开发：否
行政位置：韶关市曲江区罗坑镇罗坑村委

古子坑仙人岩

资源简介

古子坑仙人岩是自然形成的天然洞穴，在此基础上，建立并形成了今天的古子坑仙人岩庙，是"梅辽四地"重要的祭祀场所。庙里设有厢房，庙内外镶砌竖立碑刻，庙前有石狮子等，对研究民间佛教信仰和书法雕刻艺术有较高的价值，现已列入乐昌市不可移动文物名录。

等　　级：三级
基本类型：010304 沟壑与洞穴
是否开发：是
行政位置：韶关市乐昌市梅花镇深塘村

金鸡石

等　　级：三级
基本类型：010305 奇特与象形山石
是否开发：是
行政位置：韶关市乐昌市坪石镇劳动路社区

资源简介

金鸡石是一块奇怪的红砂岩石，由3块巨石组成，堆砌得体，状似雄鸟，昂首北望，引领欲啼，金鸡石由而得名。在金鸡岭风景区西门耸立的绝壁之顶，有一块天然巨石，为高踞岭巅、昂首北望的金鸡石，其酷似雄鸡，鸡头向北，鸡尾朝南，引颈欲啼，故俗说"米食湖南，蛋下广东，这就是今日广东繁荣昌盛的原因"，因而被称为广东"风水鸡"，引众多游人前来观赏。

走马岭

等　　级：三级
基本类型：010301 台丘状地景
是否开发：是
行政位置：韶关市乐昌市坪石镇田头村

资源简介

走马岭山围百亩，山高不过100米，属于典型的喀斯特地貌石灰岩石。山上岩石经过千百万年的风化形成大大小小无数看似乌龟样的石头，故被人们称之为乌龟山。该山涧沟壑纵横，洞窟相通，四通八达，岩石间荆棘藤蔓杂树满布，随处可见一排排高低不平凸凹起伏的石峰。

青莲山

等　　级：三级
基本类型：010101 山丘型景观
是否开发：是
行政位置：韶关市乐昌市云岩镇出水岩村

资源简介

青莲山属于山丘型景观，其曾被称为南粤三大名山之一。据云岩乡《廖氏族谱》记载："李公，讳秉忠，六月初八日寿诞，葬于青莲山天门山峰顶。道光二十七年……"。李秉中，明末遗臣钦差总督南赣副都御史，明朝覆灭后于崇祯末年隐居青莲山。现青莲山正改造升级为县级森林公园。

都亨石笋群

资源简介

都亨石笋群是集都亨石笋、石笋生态农庄、石笋瀑布、燕子岩、石笋峡于一体的生态旅游景区，涵盖石笋峡、石笋瀑布、燕子岩、亚历坑森林公园等景点。都亨石笋群所在的罗坝镇境内山峦重叠，山势陡峭。都亨河水清澈见底，叮咚有声。河两边是高高的山脉，一年四季青翠欲滴，临河的石壁千姿百态美不胜收。石笋坐落于都亨河峡谷之中，石笋矗立引人入胜，石笋瀑布流水哗哗作响，石笋峡青山绿水宛如书画。

等　　级：三级
基本类型：010302 峰柱型地景
是否开发：是
行政位置：韶关市始兴县罗坝镇大水村

都亨河峡谷

资源简介

都亨河峡谷所处的五岭山脉，主要山脉有北部最高峰观音栋，属花岗岩，横贯始兴与南雄之间，自东北向西南走向，海拔1 428米；东部山峰也属花岗岩，沿江西省界向东北伸展，其主要山峰方洞顶、黄狗条、乌梅嶂等海拔均在900米以上；南部的饭池嶂、石鼓脑、七星墩等海拔均在1 000米以上，沿翁源、曲江两面伸展，形成了沟谷交错的多样地貌。都亨河峡谷的优良自然条件孕育出了都亨石笋。

等　　级：三级
基本类型：010304 沟壑与洞穴
是否开发：是
行政位置：韶关市始兴县罗坝镇大水村

雪峰山

资源简介

雪峰山是桃源村最高的一座山，海拔1 113.7米，因山势陡峭、常年积雪而得名。雪峰山是西南—东北走向，南段山势高峻；北段宽广低缓，植被以亚热带常绿阔叶林及各种杉木为主，垂直分异明显，山上长满了茂密的松杉竹木。该区域山峦重叠，山势陡峭，罗坝河及刘张家山河两岸略显宽阔平坦，乡镇呈小盆地边缘。

等　　级：三级
基本类型：010101 山丘型景观
是否开发：否
行政位置：韶关市始兴县罗坝镇桃源村

铜钟寨

等　　级：三级
基本类型：010301 台丘状地景
是否开发：是
行政位置：韶关市始兴县沈所镇八一村

资源简介

铜钟寨景区是丹霞地貌和岩洞地貌相结合的景观，始兴名胜十景之一。其主峰海拔314.4米，是始兴县城西部丘陵区域最高的山峰，古县志称为"天柱峰"，梁天监八年（公元509年）又名"九凤山"。铜钟寨景区约5千米^2，属丹霞地貌，景区内群峰森列，层峦叠翠，飞瀑鸣泉，奇石异洞。大自然的鬼斧神工造就出多处神秘独特的天下奇观，如"仙姑阴元洞""七仙女阴元洞群""九凤飞瀑"等，令人目不暇接、心旷神怡、流连忘返。

将军栋岩

等　　级：三级
基本类型：010101 山丘型景观
是否开发：否
行政位置：韶关市始兴县沈所镇黄所村

资源简介

将军栋岩是阿公岩中的群山之一，是一座丹霞山地貌的奇山，拥有奇特的自然风光。将军栋岩矗立于阿公岩右边，坐西北朝东南，绵延约3千米^2，山高坡陡，山脚下丛林密布、荆棘丛生，山脚下为村庄，山的周围为农田。

阿公岩群

等　　级：三级
基本类型：010101 山丘型景观
是否开发：否
行政位置：韶关市始兴县沈所镇黄所村

资源简介

阿公岩位于始兴县沈所镇西北部花山平湖北面的黄所村，是一片丹霞山地貌群山，是奇特的自然风光。阿公岩群山绵延数十平方千米，奇峰林立，庙宇岩洞、山寨城堡、山水交融，群峰的东南面并排矗立着三座奇特的神山奇石，三座大石山坐西北朝东南，中间的是阿公岩，左边是阳伞石，右边是将军栋。阿公岩山高坡陡，山脚下丛林密布、荆棘丛生，山脚下为村庄，山的周围为农田。

周陂白面仙岩洞

资源简介

白面仙岩位于翁源县周陂镇西南端，是一个得天独厚的山顶石灰岩洞。岩中塑有白面仙岩大神、十八罗汉，又塑有张飞、关公、观音娘娘的塑像，常年香火鼎盛。

等　　级：三级
基本类型：010304 沟壑与洞穴
是否开发：是
行政位置：韶关市翁源县周陂镇高一村

韶州公园韶月湾

资源简介

韶月湾是一个集生态涵养、历史印记、健身休闲为一体的旅游景区，保留了原有的马坝人石像、古桥以及恐龙石雕等特色观赏点，韶月湾内有供市民闲步运动、歇脚休息的绿道长廊以及绿荫长亭。

等　　级：三级
基本类型：020201 游憩湖区
是否开发：是
行政位置：韶关市武江区惠民街道韶州公园内

十里江湾

资源简介

十里江湾驿站的起始点，距离江湾镇政府 10 千米，故把这沿河约长 1.5 千米的栈道命名为"十里江湾驿站"。十里江湾原生态环境好，森林覆盖率达 90% 以上，负氧离子浓度高达 7 000 多个/厘米^3，远超出世界卫生组织界定的清新空气的标准。

等　　级：三级
基本类型：020101 游憩河段
是否开发：是
行政位置：韶关市武江区江湾镇入口

汤溪村温泉

等　　级：三级
基本类型：020301B 泉（热泉）
是否开发：是
行政位置：韶关市曲江区大塘镇汤溪村委会

资源简介

汤溪村温泉水质硫黄含量高，无色，也称硫磺泉、"臭蛋泉"。泡这种温泉能够止痒、排毒及解毒，所以治疗慢性皮肤病很有效，而且还有软化皮肤角质层的作用。汤溪温泉的泉眼集中在不到400米^{2}的地方，水质纯天然，富含钠、钾、钙、铁、锌等多种微量元素，是难得的优质岩层温泉。

灵溪河

等　　级：三级
基本类型：020101 游憩河段
是否开发：是
行政位置：韶关市仁化县周田镇灵溪村

资源简介

灵溪河发源灵溪片区内深山之中，流经灵溪村、下洞村、瑶溪村，经过平甫村，最终汇入浈江，灵溪河流经丹霞灵溪景区和趣营地，是景区旅游观光的重要景点。

新丰江之源瀑布

等　　级：三级
基本类型：020102 瀑布
是否开发：是
行政位置：韶关市新丰县丰城街道云髻山省级自然保护区

资源简介

新丰江之源瀑布是新丰江的源头。洁净的泉水从天而降，瀑布岩石旁刻的是中国书法家协会主席沈鹏先生题写的"新丰江之源"五个大字，交相辉映，蔚为壮观。

韶关市

广东大峡谷腾龙潭

资源简介

广东大峡谷腾龙潭深18米，宽60米，上下落差200余米，是由腾龙大瀑布从大峡谷谷口垂直跌落200余米至谷底所形成的潭池景观。其生态环境良好，水质没有任何污染，水生物专家在瀑布潭中发现了对生存环境有极高要求的、已有6.5亿年历史的"水中活化石"桃花水母。

等　　级：三级
基本类型：020102 瀑布
是否开发：是
行政位置：韶关市乳源瑶族自治县大布镇埕头村

丹霞山马尾泉瀑布

资源简介

马尾泉瀑布雨后匹练如马尾，常随彩虹一同飘洒倾泻，在赤壁丹崖的映衬下，壮丽无比，堪称丹霞群瀑之首。马尾瀑布为赤壁丹崖增添了灵性，是红色陡崖壁上绽放的一束光彩夺目的"水花"。由于山顶土壤层厚度小，蓄水能力有限，马尾瀑布在干燥的冬季经常断流。自百丈悬崖，凌空飘洒，簌簌作声，在阳光照耀下，若玉珠纷呈、彩云缭绕。

等　　级：三级
基本类型：020102 瀑布
是否开发：是
行政位置：韶关市仁化县丹霞街道

龙华山温泉

资源简介

龙华山温泉度假村位于南雄市全安镇暖水塘村的龙华山麓，丰富的天然温泉蕴藏其内，大自然赐予四口日夜不停流、可闻可饮的自涌温泉，泉水温度保持在60℃，含偏硅酸、二氧化碳、锶、镁等16种人体所需的微量元素，被国家地质矿产部和卫生局授予"珍稀矿泉水"的荣誉称号，对神经衰弱、风湿病、关节炎、皮肤病、疲劳恢复、感冒、润肤等有明显效果。

等　　级：三级
基本类型：020301B 泉（热泉）
是否开发：是
行政位置：韶关市南雄市全安镇暖水塘村

云天海温泉

等　　级：三级
基本类型：020301B 泉（热泉）
是否开发：是
行政位置：韶关市新丰县梅坑镇利坑角村

资源简介
　　云天海优质的天然氡温泉无色无嗅，含有丰富的矿物质（如人体必需的微量元素），被全国温泉旅游泉质等级评级委员会认证为"优质珍稀温泉"。据专家测试，云天海温泉对各种关节炎、皮肤病、痛风、银屑病、慢性湿疹、神经性皮炎、过敏性皮炎等有一定疗效。

天井山铜锣飞瀑

等　　级：三级
基本类型：020102 瀑布
是否开发：是
行政位置：韶关市乳源瑶族自治县洛阳镇田螺坑村

资源简介
　　铜锣飞瀑是大潭河水在流经断层、凹陷等地时垂直从高空跌落而形成的跌水景观，瀑布声如敲锣打鼓、气势如虹而得名，是天井山瀑布景观中的经典代表之一。铜锣飞瀑高约40米，宽20米。雨水充沛季节，瀑布声如敲锣打鼓，势如千军万马，一点也不逊色于古代两国交战的阵容。那排山倒海的气势，令人惊叹。

卓锡泉

等　　级：三级
基本类型：020301A 泉（冷泉）
是否开发：是
行政位置：韶关市曲江区马坝镇南华禅寺内

资源简介
　　卓锡泉所在处有一座九龙壁，雕琢精美，壁上九龙腾绕，清泉由龙壁下方一龙口中涌出，涓涓不息汨汨作响，注入池中，泉水清澈见底，宛如明镜，终年流涌不绝。相传六祖曾在此处浣洗袈裟，大文豪苏东坡曾在此留下诗作《卓锡泉铭》，记录了六祖开泉，犹如佛法禅心惠泽众生。

花山平湖

资源简介

　　花山水库是一座以防洪、城市供水、农田灌溉为主,兼顾水力发电、旅游、养殖的多功能示范型、基地型中型水利工程。花山水库素有"花山平湖"之美誉,为始兴县十景之一。花山平湖景区四面群山竞秀,万木苍葱,环境幽雅,湖光山色,景色宜人,春夏山花烂漫,秋冬红叶满山。每年秋季有成千上万只白鹭来此栖息,点缀在青山绿水间,蔚为壮观,令各方宾朋叹为观止,流连忘返。

等　　级:三级
基本类型:020201 游憩湖区
是否开发:否
行政位置:韶关市始兴县沈所镇花山村

罗围湿地公园

资源简介

　　罗围湿地公园集安全、科教、旅游和管理服务等基础设施为一体。可实现生态功能、游憩功能、科普功能和生物多样性保护功能的湿地公园。罗围湿地公园面积辽阔,占地约14万米^2。2017年,规划面积100万米^2,分为"湿地保育区、宣教展示区、合理利用区、管理服务区"四大功能区。

等　　级:三级
基本类型:020203 湿地
是否开发:是
行政位置:韶关市始兴县太平镇罗围村

锦江

资源简介

　　丹霞山之秀,主要秀在锦江。一江碧绿的玉液,出自万顷林海,在丹霞群山中迂回南流。锦江两边,翠竹夹岸,树木婆娑;红崖倒映,远山逶迤,富有岭南风情的山村田园风光掩映其间。诗云:"一水浮青碧,千峰竞翠微",其秀丽之美不逊于"江作青罗带,山如碧玉簪"的桂林山水。乘船游锦江,看两岸青山徐徐后移,听"锦水滩声"悄送情歌,美不胜收、别具一格。

等　　级:三级
基本类型:020101 游憩河段
是否开发:是
行政位置:韶关市仁化县丹霞街道

锦江水库

等　　级：三级
基本类型：020101 游憩河段
是否开发：是
行政位置：韶关市仁化县丹霞街道

资源简介

　　锦江水库群山环绕，植被覆盖率高，生态环境好，是一座天然氧吧。风景区两岸山水风光秀丽，红色山岩、碧绿植被、藏蓝天色三色相汇。锦江水库梯级电站的开发，稳定了沿途河道水位流势，拓宽了景观水面，为两岸增添了更好的自然美景和工程景观，方便了泛舟游览，使丹霞名山及锦江河道的景色优势互补，构筑成一幅丹霞—锦江两相映衬的山水画廊。

流云飞瀑

等　　级：三级
基本类型：020102 瀑布
是否开发：是
行政位置：韶关市新丰县丰城街道云髻山省级自然保护区

资源简介

　　流云飞瀑属于瀑布景观旅游资源，是云髻山中的一处瀑布。流云飞瀑气势恢宏，视觉冲击力极强，令人不禁感叹大自然的神奇与伟大。在阳光充足的情况下，瀑布常常会散发出五彩斑斓的光芒。

天井山瀑布画廊

等　　级：三级
基本类型：020102 瀑布
是否开发：是
行政位置：韶关市乳源瑶族自治县洛阳镇田螺坑村

资源简介

　　天井山瀑布画廊分区、成片分布在天井山国家森林公园生态长廊景区内，是由桫椤瀑、双泉瀑、玉带瀑等大小20多个瀑布所组成的瀑布群景。瀑布画廊长1 200米，由化石瀑、叠泉瀑、玉带瀑、神龟瀑、佛浴瀑、双飞瀑和隐身瀑等形态各异的瀑布组成。每个瀑布形态各异，各有各的特色。从瀑布喷溅出来的小水珠细如烟尘，弥漫于空气之中，成了蒙蒙水雾，给山涧林木披上了一层薄薄的轻纱。

苍石水库

资源简介

　　苍石水库是南雄第一座中型重力坝水库，是南雄市主要的饮用水源地，为一级保护区。于1992年动工建设，2000年正式投入使用，多年来，水库水位均保持正常。长度约2千米，宽1.06千米，坝顶长201米，坝底宽51.83米，库容1 176万米^3，集水46.25千米^2，最大泄量598.30米^3/秒，主坝采用浆砌石重力坝，养鱼水面48万米^2，最高总产0.50万千克，河道安全泄量40米^3/秒。坝后建苍石一级电站，装机2×400千瓦。

等　　级：	三级
基本类型：	020201 游憩湖区
是否开发：	是
行政位置：	韶关市南雄市全安镇苍石村

清化河

资源简介

　　清化河沿河建有乡野型碧道，为"九龄故里·百里画廊"的重要组成部分，是广东省十佳自驾车游旅游线路之一。清化河深渡水游憩河段上游是钓鱼台，下游是小桥流水人家，左边是将军栋，右边是鸡公山，还有五指山、笑天龙形、黄巢点兵等十几座海拔千米以上的名山高峰，以及古老苍劲的米椎王、大榕树林。

等　　级：	三级
基本类型：	020101 游憩河段
是否开发：	是
行政位置：	韶关市始兴县清化河深渡水瑶族乡段

黄石坑（冷水迳）

资源简介

　　黄石坑位于清化河支流溪水上，10千米长的黄石坑溪水从大山深处的将军栋、鸡公山、五指山等流出，它顺着山势，蜿蜒而行，在坡度平缓的地方形成了一个个天然的深潭。由于从深山老林里流出，溪水清澈冰凉，小潭碧绿幽清，深不可测，像一颗颗巨大的翡翠。

等　　级：	三级
基本类型：	020101 游憩河段
是否开发：	是
行政位置：	韶关市始兴县深渡水瑶族乡长梅村与深渡水村冷水迳组

青嶂山温泉

等　　级：三级
基本类型：020301B 泉（热泉）
是否开发：是
行政位置：韶关市南雄市江头镇（Y488 与 Y538 交叉路口往西约 100 米）

资源简介

　　青嶂山温泉属断层温泉，约形成于两三百万年前，千百年来"不盈不虚，与日月同流"。青嶂山温泉水温常年在50℃左右，有的地方温泉水达80℃之高，经过科学鉴定，青嶂山温泉为高氡高钠温泉，属温泉之极品，极具养生价值。温泉水质纯净呈现天然碧蓝色，含有十多种人体有益的微量元素，有美容养肤、调理亚健康、强身健体的特殊功效。现已建成青嶂山温泉旅游度假村对青嶂山温泉进行开发利用，度假村占地4万米^2。

桐木山温泉

等　　级：三级
基本类型：020301B 泉（热泉）
是否开发：是
行政位置：韶关市新丰县马头镇石角桐木山村

资源简介

　　桐木山温泉资源水量充足，水质好，富含硫、铜、铁等矿物质元素，属硫黄温泉。项目总面积1 300多万米^2，温泉日流量2 000米^3、水温约50 ℃。位于桐木山村的温泉已由人工建造了能够容纳温泉水的设施，有多个温泉池，周围高山内有森林、溪流、田园等资源，空气清新。

浈江

等　　级：三级
基本类型：020101 游憩河段
是否开发：否
行政位置：韶关市浈江区车站街道

资源简介

　　浈江区段为东北至西南走向，面积辽阔，在新留塘和启明北有两处弯折，江面平静。是韶关三江六岸景观的重要组成部分，沿河有帽子峰公园、百年东街、风采楼、风采步行街等众多旅游景点及购物场所。

山城水都阳光湖

资源简介

乳源山城水都阳光湖是基于井坑水库所开发的提供游船观光、垂钓休闲体验的淡水游憩湖区。这里群山环绕、绿草如茵，湖光山色交相辉映，湖水水质晶莹透亮，沿湖边青山连绵。湖区设有游船码头、垂钓场、游客休息区等功能区，沿岸随处可见充满田园诗意、美观别致的网红造景，供游客随手摆拍唯美写真，记录丰富的休闲玩乐体验，是国家3A级旅游景区"乳源山城水都阳光湖农旅公园"重要的水域景观类资源。

等　　级：三级
基本类型：020201 游憩湖区
是否开发：是
行政位置：韶关市乳源瑶族自治县一六镇团结村

西牛潭水库

资源简介

水库控制流域面积37.8千米^2，总库容4 389万米^3，水面面积266.67万米^2。水库以自然人工湖湿地为主，有众多支流，生物多样性丰富，拥有2 000万米^{2}原生态林和丰富的动植物资源；是珍稀濒危物种的重要栖息繁衍场所。

等　　级：三级
基本类型：020201 游憩湖区
是否开发：否
行政位置：韶关市浈江区花坪镇西牛潭村

医养氡温泉

资源简介

医养氡温泉位于经律论文化旅游小镇内，氡温泉荣获广东首批"真温泉"、广东"最佳康养温泉""温泉康养产业研究院示范单位"等荣誉，是国内真正罕见的医养级氡温泉水，2018年广东温泉20周年庆典上荣获"最佳康养温泉"称号，2021年更是被评为全国优质珍稀温泉。

等　　级：三级
基本类型：020301B 泉（热泉）
是否开发：是
行政位置：韶关市曲江区小坑镇汤湖村委

后洞森林公园饮用水源二级保护区

等　　级：三级
基本类型：020101 游憩河段
是否开发：是
行政位置：韶关市乐昌市乐城街道大昌社区

资源简介

后洞森林公园饮用水源二级保护区是天然高山爆出的地下水，由林业局请技术专人护理，水质每年都会检验，所获数据上报水利资源局。沿天池一侧修建有栈桥，湖水清澈如镜，周围绿树掩映，倒影如画，环境幽静，风景宜人。

云门寺桂花潭

等　　级：三级
基本类型：020202 潭池
是否开发：是
行政位置：韶关市乳源瑶族自治县乳城镇云门村

资源简介

云门寺桂花潭位于云门山大觉禅寺后山山顶处，由瀑布河水流经峡谷所储留的小片水域，因潭水周围种满桂花树，桂花树一开花即满路芬芳，所以又称桂花潭；又因分为一、二、三潭，又称飞泉三叠。潭周三面，石壁耸立，其形如盆，直径20余米。潭水清底，深达2米有余。寺庙周边山清水秀，地形壮观。其自然环境良好，森林覆盖率高，空气清新。

浈江河（始兴段）

等　　级：三级
基本类型：020101 游憩河段
是否开发：是
行政位置：韶关市始兴县马市镇

资源简介

浈江河（始兴段）蜿蜒曲折，河水清澈，水流平缓。从东北部南雄市古市镇流入始兴县，流经马市镇、太平镇，从太平镇总甫村流出，该段河流总长度约50千米，是始兴县内最大的河流。河流最宽处位于江口电站，约200米，最高水位约5米。

跃进水库

资源简介

跃进水库是翁源县自驾车旅游者协会接待基地,是休闲消暑、自驾游的好去处。大大小小的水库湖泊,变幻莫测的山石景色,引人入胜的洞府奇观,迂回曲折的江河流水,出没于山林的珍禽异兽,处处吸引着游人。

等　　级:三级
基本类型:020201 游憩湖区
是否开发:是
行政位置:韶关市翁源县龙仙镇

广东大峡谷珍珠幕帘

资源简介

广东大峡谷珍珠幕帘是平静流淌在峡谷谷顶平原的大布河水突然流经狭窄谷口断层、凹陷区域时垂直地从高空跌落的水域景观,是大峡谷经典瀑布景观之一。从青龙潭处往仙女瀑布方向看,几层高低错落的石阶将水流撕成丝丝缕缕,形似珠帘,晶莹剔透。每年的3—5月是广东大峡谷瀑布丰水期,五一小长假刚好处于欣赏瀑布壮观景色的最佳时期。

等　　级:三级
基本类型:020102 瀑布
是否开发:是
行政位置:韶关市乳源瑶族自治县大布镇埕头村

罗坑水库

资源简介

罗坑水库是集防洪、防旱、发电、养鱼等为一体的综合利用工程。罗坑水库周围青山环绕,环境清新,水库最大的特点是水质清纯而碧绿,毫无污染的水面看上去犹如翡翠碧玉。罗坑水库景区是罗坑镇生态旅游四大功能区之一,库区有一片大草原,是人们露营、踏青的好去处。

等　　级:三级
基本类型:020201 游憩湖区
是否开发:否
行政位置:韶关市曲江区罗坑镇中心坝村委

华子山瀑布

等　　级：三级
基本类型：020102 瀑布
是否开发：否
行政位置：韶关市曲江区沙溪镇沙溪村委华子山村

资源简介

华子山瀑布是一条天然瀑布，环境优美，水质清澈，高度约三四十米，落脚岩石也不算太复杂，崖壁垂直，水流适中，是韶关地区进行户外瀑降运动较佳的瀑布。每年的6—8月吸引众多户外运动爱好者到这里戏水和瀑降，他们不畏悬崖的危险，不怕水流湍急，勇敢地滑进这悬崖峭壁之中。

芦溪天池

等　　级：三级
基本类型：020202 潭池
是否开发：否
行政位置：韶关市曲江区樟市镇芦溪村芦溪角

资源简介

芦溪天池由芦溪汇聚了雪花顶北面流向的水源流水侵蚀而成，是曲江至今保留最原始的自然生态景区。在曲江区樟木镇的一处深山峡谷之中，隐藏着3个水质清冽、冰凉刺骨的水潭，当地人称之为"芦溪天池三井"。周围是陡峭的石壁，潭水边怪石嶙峋，往上均是茂密的灌木林，景色四季各异。

乐昌峡湿地公园

等　　级：三级
基本类型：020203 湿地
是否开发：否
行政位置：韶关市乐昌市大源镇大长滩村

资源简介

公园以保护乐昌峡湿地生态为核心，以湿地森林复合生态系统以及"高峡出平湖"的壮景为特色，通过湿地生态保育区、湿地恢复重建区、科普宣教区、合理利用区、管理服务区几大功能区各自的职责，将公园打造成集湿地保护保育、湿地功能和湿地文化展示、湿地休闲、发电和防洪调蓄功能兼备的市级湿地公园。

大坪温泉

资源简介

大坪温泉属于热泉，该温泉水在地下60~80米处有丰富水源，水温在60℃左右。硫黄浓度也较好，是养生、治疗皮肤病的天然药浴品，也是石灰岩地区难得一见的、特有的一处温泉。温泉旁有溪流叫鉴溪，九曲回环，鱼虾活跃，清澈见底。

等　　级：三级
基本类型：020301B 泉（热泉）
是否开发：否
行政位置：韶关市乐昌市梅花镇大坪村

金岭下温泉

资源简介

金岭下温泉是天然的硫黄温泉，温泉的水源来自地表深处的岩层隙缝，是一种具有特殊功效的天然高温泉水，因其独特疗效而珍贵稀缺。泉水温度高达80℃，是石灰岩地区难得一见的一处高温温泉。

等　　级：三级
基本类型：020301B 泉（热泉）
是否开发：是
行政位置：韶关市乐昌市梅花镇坪溪村

井下温泉

资源简介

井下温泉中心三面环山，森林茂盛，水资源充足，空气质量优良。泉眼位于山脚，泉眼位置固定，从发现至今已有几百历史，一年四季温度恒定在90℃左右。泉水从地下涌出，清澈见底，日涌泉约为5 000米^3。目前，井下温泉已开发成以热泉为基础的集休闲、康养、住宿于一体的旅游场所。中心建筑面积约3 000米^2，包含22个包房，2个游泳池，1个深1.4米、长50米、宽20米的游泳池，1个深0.5米、直径6米的圆形儿童池。

等　　级：三级
基本类型：020301B 泉（热泉）
是否开发：是
行政位置：韶关市始兴县隘子镇井下村

广东大峡谷仙女潭瀑布

等　　级：三级
基本类型：020102 瀑布
是否开发：是
行政位置：韶关市乳源瑶族自治县大布镇埕头村

资源简介

广东大峡谷仙女潭瀑布从几十米高的山峡中款款而来，宛如婀娜多姿的仙女，妩媚、含蓄、充满灵气。每年的4—5月，此处杜鹃花盛放，潭水在阳光的映射下呈现深深浅浅的绿色，火红的杜鹃花慵懒地躺在水面，映照出一幅流光溢彩的精美图画。不论春夏秋冬，潭水都碧绿清澈，是自然天成的"圣洁之水"。

松山湖

等　　级：三级
基本类型：020201 游憩湖区
是否开发：是
行政位置：韶关市曲江区松山街道韶钢集团

资源简介

松山湖，又名松山下水库，是利用天然地形修建的高位蓄水水库，松山湖碧水涟涟，周边绿树浓荫，环境优美，站在水库的大坝上，十里韶钢尽收眼底，是韶钢生产、居民生活及周边村民的唯一水源。

小坑水库

等　　级：三级
基本类型：020201 游憩湖区
是否开发：否
行政位置：韶关市曲江区小坑镇

资源简介

小坑水库是一座集防洪、灌溉、发电和工业用水等综合利用功能为一体的综合型水库。因高空俯瞰犹如一条卧龙盘踞，被当地村民称为龙湖。该湖形如月牙，水平如镜，清澈碧透，湖中小岛、半岛繁多，湖光山色相映成趣。

墨江平湖

资源简介

墨江为纵贯始兴县的主河流,发源于县南海拔1 301米的隧子七星墩,沿途穿峡过谷,流域面积1 367千米^2,河长89千米,坡降2.38%。墨江平湖是江水聚集到低洼处形成的湖泊,因是墨江流经区域,取名"墨江平湖",具有观赏、游憩价值。墨江平湖呈狭长形,湖面平静,湖水清澈。长约4 000米,宽约为150米,面积约为60万米^2。

等　　级:三级
基本类型:020101 游憩河段
是否开发:是
行政位置:韶关市始兴县城南镇

澄江暖水温泉

资源简介

澄江暖水温泉含有多种活性作用的微量元素,有一定的矿化度,高热的泉水在大红蜡石缝中喷涌而出,地表水温达84℃。在粤北地区的温泉中,水温最高,热水资源丰富,主泉口实测流量为每天432米^3。澄江暖水温泉就在暖水河旁,四周的石山围出一个天然的热水塘,在水塘的东北角,温泉水不断地从地下涌出,热气腾腾。水塘东南角约3米高的地方,一股冷水飞流直下。同一水塘,靠近温泉水这边温度高一些,靠近冷水那边温度则低一些。

等　　级:三级
基本类型:020301B 泉(热泉)
是否开发:是
行政位置:韶关市始兴县澄江镇暖田村

汤湖坑温泉

资源简介

汤湖坑温泉水温约60℃,水质属苏打硫黄型。清化地区古来就有"七崒八洞九汤湖"的说法,"汤湖"即温泉之意,温泉为硫黄型,具有杀菌健肤作用,温泉水给附近村民带来了极大的生活之便,成了当地人优厚的资源福利,附近建起了一间间浴池,寒冬之时,泡澡人云集司前,乘兴而来,尽兴而归。

等　　级:三级
基本类型:020301B 泉(热泉)
是否开发:否
行政位置:韶关市始兴县司前镇黄沙村

 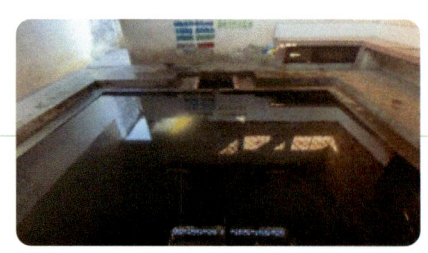

鲁古河

等　　级：三级
基本类型：020101 游憩河段
是否开发：否
行政位置：韶关市新丰县马头镇横岭村

资源简介

鲁古河是一条狭长的山间溪流，水流丰沛，河道两岸常见的植被有竹林等。系东江水系新丰江水库（万绿湖）的一级支流和主要源头之一。沿河两岸的景色秀丽、奇花遍野，处处美景。除了自然风光，鲁古河沿岸还有着厚重的历史文化底蕴，可以游览许多古老的文化遗址、古建筑和客家民居。

八宝山森林公园

等　　级：三级
基本类型：030101 林地
是否开发：否
行政位置：韶关市乐昌市沙坪镇柘洞村

资源简介

八宝山森林公园地形以高山为主，地势较高，海拔1 000~1 500米，平均坡度50°，最高海拔为牛背脊1 824.3米。八宝山森林公园的阔叶林1 500多万米^2，占95%；针叶林面积100多万米^2，占5%；生态公益林面积1 640万米^2，总蓄积量9亿多米^2，森林覆盖率97%。

后洞森林公园

等　　级：三级
基本类型：030101 林地
是否开发：是
行政位置：韶关市乐昌市乐城街道大昌社区

资源简介

后洞森林公园以自然山水、森林景观和人文景观为主体，以保护自然生态为主要功能，以"自然""和谐""野趣"为特色，是集休闲度假、会议培训、健身康体、科普教育于一体的多功能省级森林公园。

鱼鲜迳仂樟树王

资源简介

鱼鲜迳仂樟树王的树龄有 1 000 年，树高 25 米，树围 13 米，东西冠幅 20 米，南北冠幅 18 米，树身覆满青藤，有部分蕨类寄生，树根膨大呈球状，树形奇特。此树生长在南亩镇鱼鲜村委会迳仂，树干像佛钟一般。据村中老人介绍，相传此树是宋朝时期村中一位书生栽植，他想用这株樟树诠释他不卑不亢、坐看风轻云淡的洒脱心态。

等　　级：三级
基本类型：030102 独树与丛树
是否开发：否
行政位置：韶关市南雄市鱼鲜村迳仂村小组

芙蓉邓坑千年罗汉松

资源简介

千年罗汉松位于芙蓉村邓坑，树高约 12 米、胸径 1.26 米、周长 3.9 米，需 3 个成年人才能合抱。据当地林业部门及史料记载，这棵罗汉松已有 1 000 年树龄。其历经千年的雨雪风霜洗礼，仍一直屹立村庄为村民们遮风挡雨，被乡民称为神树。平时村民家有喜事或过节的时候都到树下烧香、祈福，传说在罗汉松的保佑下，邓坑村在清代出过状元。

等　　级：三级
基本类型：030102 独树与丛树
是否开发：否
行政位置：韶关市南雄市芙蓉村邓坑村小组

阴元银杏

资源简介

阴元银杏分布在冯屋村古祠堂旁海拔为 444 米的平地上，为落叶乔木，叶扇形，在长枝上散生、短枝上簇生，树龄 400 年，树高 20 米，东西冠幅 16 米，南北冠幅 11 米，树干粗壮，基部起分两株并列生长，中间有一个凹裂，上部枝条轮生，树形美观。因树干一面有直立大裂缝，被认为形似女性生殖器官，与新墟圳背具有"男性生殖器官"的银杏王成一对，称为"阴阳古银杏"，一雄一雌，每年均有许多慕名前来的信客祭拜。

等　　级：三级
基本类型：030102 独树与丛树
是否开发：是
行政位置：韶关市南雄市坪田镇迳洞村

长江竹海

等　　级：三级
基本类型：030101 林地
是否开发：是
行政位置：韶关市仁化县长江镇

资源简介

长江竹海处于粤、赣、湘三省交界地，在南岭山脉中段腹地，130千米²的竹山是广东省毛竹生产基地，境内山峰林立，溪流密布，可开发成观竹海、吃竹笋、住竹屋集旅游、观光、休闲为一体的旅游胜地。

周前古榕树

等　　级：三级
基本类型：030102 独树与丛树
是否开发：是
行政位置：韶关市始兴县城南镇周前村

资源简介

周前古榕树共两棵，整体呈伞状，枝叶繁茂，高达15~25米，胸径达50厘米，冠幅广展，老树常有锈褐色气根，树皮深灰色，叶薄革质，狭椭圆形，表面深绿色，有光泽，全缘。

车八岭虎冈珍稀植物园

等　　级：三级
基本类型：030102 独树与丛树
是否开发：是
行政位置：韶关市始兴县罗坝镇大水村

资源简介

虎冈珍稀植物园为车八岭自然学校科普教育体系"三园"之一，紧邻车八岭自然博物馆，是认识自然、了解自然及开展自然教育的理想场所。虎冈珍稀植物园大部分树木为天然分布的原生树种，有少部分（约10%）为人工栽植树。天然分布的原生树种有：伯乐树、闽楠、野茶树、观光木、白桂木、马尾松、野鸦椿、枫香、米锥、红锥等100多种，林冠下有油茶、紫薇等灌木和金毛狗等多种菌类、苔藓及草本植物，共同组成了珍稀植物园的森林生态。

韶关市

白花林

资源简介

白花林旅游项目由山地、溪泉、瀑布、温泉、峰林、竹林组成，总面积1 300多万米^2，分前后（上、下）两大部分，白花林是一个集农业观光、山地度假、温泉健身、攀岩、野外拓展、野营、漂流、高山高尔夫、艺术写生、休闲娱乐房车营地等于一体的综合性旅游度假区。

等　　级：三级
基本类型：030101 林地
是否开发：是
行政位置：韶关市新丰县马头镇潭石村甑洞村白花林山

天井山落羽杉林

资源简介

落羽杉林分区、成片分布在天井山国家森林公园内，是落叶大乔木，树高可达25~50米。落羽杉林也叫"正念空间"，不但是公众向往的旅游胜地，也是天井山林场开创的"把党课讲在森林里"的地方，吸引了一批又一批的培训班学员走进"正念空间"，倾听南岭生态卫士讲述天井山林场践行"两山"理念，推进林场生态保护和绿色发展的故事，更是广东南岭干部学院绿色线路的现场教学点。

等　　级：三级
基本类型：030101 林地
是否开发：是
行政位置：韶关市乳源瑶族自治县洛阳镇田螺坑村

黑熊栖息地

资源简介

黑熊为食肉目、熊科动物，又称为狗熊、熊瞎子或狗驼子，国家二级重点保护野生动物。黑熊散落分布于天井山国家森林公园内，是典型的林栖动物，其活动范围广泛，主要在大树的树洞、岩洞和地洞、圆木或石下、河堤边、暗沟和浅洼地建立巢穴。黑熊从低海拔600米的热带雨林到亚热带的常绿阔叶林，亚热带干旱河谷灌丛及温带落叶阔叶林、针阔叶混交林、针叶林以及海拔4 000米左右的山地寒温带针叶林，都有栖息。

等　　级：三级
基本类型：030202 陆地动物栖息地
是否开发：是
行政位置：韶关市乳源瑶族自治县洛阳镇田螺坑村

车八岭鹿鸣滩天然树木园

等　　级：三级
基本类型：030102 独树与丛树
是否开发：是
行政位置：韶关市始兴县罗坝镇大水村

资源简介

车八岭鹿鸣滩天然树木园是植物王国，也是动物天堂，环境优美、空气清新、物种丰富，是科研监测和科普教育的理想之地。园内主要树种有枫香、闽楠、猴欢喜、南酸枣、赤杨叶、根棋等36种。园中古树大树如华如盖，错落有致，枝繁叶茂，四季常青；林冠下种类繁多的小乔木、灌木、藤类植物及各种草本植物；浓荫下，还藏匿着各种栖息于林间的野生动物。

桫椤

等　　级：三级
基本类型：030102 独树与丛树
是否开发：是
行政位置：韶关市乳源瑶族自治县洛阳镇田螺坑村

资源简介

桫椤成片分布在天井山国家森林公园生态长廊景区内。其喜生长在山沟潮湿坡地和溪边阳光充足的地方，一般生长在260~1 600米的山地溪旁或疏林中。叶簇生于顶端，叶片大且呈羽状，长可达3米，像一把绿色大伞点缀在瀑布旁。桫椤为桫椤科桫椤属蕨类植物，具有鲜明的古老性和孑遗性，被称作陆生植物的"活化石"，为国家二级重点保护野生植物。它有很高的科研价值，它的存在对于研究古植物学、植物系统学以及恐龙兴衰、地质变迁有重要意义。

万时山大草原

等　　级：三级
基本类型：030103 草地
是否开发：是
行政位置：韶关市仁化县长江镇

资源简介

万时山大草原属于草地型旅游资源，为高山沟谷型草原，绵延三省的万亩高山草甸，被游客称为"岭南九寨沟"。万时山大草原是具有独特气质的高山草原，无限美好的自然风光，吸引游人前往。

韶关市 优良级旅游资源图鉴

灵溪红枫公园

资源简介

灵溪红枫公园属于独树与丛树型旅游资源，是灵溪景区的主要观赏景点，灵溪红枫公园是自然生态公园，以湖光山色、自然风光为主，集自然景观、人文景观及森林保健功能于一体。每到12月，片片红叶，竞相争艳，美不胜收。

等　　级：三级
基本类型：030102 独树与丛树
是否开发：是
行政位置：韶关市仁化县周田镇下洞村

回龙古树带

资源简介

古树带依靠丰富的一、二、三级古树资源，打造成回龙镇休闲古树公园。河岸两边成片的古树木连成一条长长的带，古树成群，虬枝劲干，枝叶浓密，浓荫蔽日，美不胜收。古树带树木生机勃勃，与周边田园风光相结合，形成一道亮丽的风景线，游客徜徉其间，十分惬意。

等　　级：三级
基本类型：030101 林地
是否开发：是
行政位置：韶关市新丰县回龙镇丘姚村及塘村、官坪等村

秀田古树公园

资源简介

秀田古树公园是新丰县著名旅游景点，以两棵古树为依托，以客家文化为底蕴，以田园风光为点缀，形成生态、人文两位一体的，新丰县境内规模最大、环境最优的田园观光综合体。

等　　级：三级
基本类型：030102 独树与丛树
是否开发：是
行政位置：韶关市新丰县马头镇秀田村

广东松

等　　级：三级
基本类型：030102 独树与丛树
是否开发：否
行政位置：韶关市乳源瑶族自治县大桥镇五指山

资源简介

广东松是我国特有易危树种，国家二级保护植物，在南岭分布较广，数量也较多，在小黄山景区面积达 13 千米^2。广东松仅生长在南岭地区海拔 800~1 600 米的山地上以及海拔 1 000~1 800 米的陡峭阳坡和孤峰上。为了适应悬崖峭壁的严酷环境，广东松冬天会分泌出一种白色防寒物质，远远看去，叶子呈现蓝色或粉蓝色，成为南岭特有的植物景观——"蓝松"。

长苞铁杉

等　　级：三级
基本类型：030102 独树与丛树
是否开发：否
行政位置：韶关市乳源瑶族自治县大桥镇五指山

资源简介

长苞铁杉为常绿乔木，生长在海拔较高的山脊或地势险要的地方，高达 30 米，胸径达 1 米，木材纹理直，结构细密，耐水湿，抗腐性强且坚实耐用，为优良的用材树种。其树皮可提烤胶，树脂可入药，有杀虫止痒、利水通淋等功效，可用于治疗淋症、跌打损伤、无名肿毒、过敏性皮炎等症状。长苞铁杉起源古老，为第四纪遗留下来的"活化石"，在裸子植物系统发育、古生态和古气候的研究等方面均具有重要的价值。长苞铁杉也可作为园林绿化树种，供庭院观赏。

海南鳽栖息地

等　　级：三级
基本类型：030203 鸟类栖息地
是否开发：否
行政位置：韶关市乳源瑶族自治县大桥镇五指山

资源简介

海南鳽属国家二级保护动物，被列为全世界 30 种最濒危鸟类之一。因极为罕见，海南鳽也被称为"世界上最神秘的鸟"。海南鳽主要栖息于亚热带高山密林中的山沟河谷和其他有水域的地方。南岭国家森林公园，气候属典型的亚热带季风气候，年平均气温 17.7℃，山间林木繁茂、花卉、果树较多，非常适合海南鳽的生存繁衍。

黄腹角雉栖息地

资源简介

黄腹角雉栖息地位于乳源瑶族自治县大桥镇南岭国家森林公园。黄腹角雉别名角鸡、吐绶鸟,主要栖息于海拔800～1 400米的亚热带山地常绿阔叶林和针叶阔叶混交林中,栖息地内全年湿润温暖,年平均气温约15℃,年平均相对湿度80%以上,年降水量约2 000毫米。黄腹角雉雄鸟上体栗褐色,满布具黑缘的淡黄色圆斑,头顶黑色,具黑色与栗红色羽冠,飞羽黑褐带棕黄斑,下体近纯棕黄,因腹部羽毛呈皮黄色,故名"黄腹角雉",是中国特有的一种鸟类。

等　　级：三级
基本类型：030203 鸟类栖息地
是否开发：否
行政位置：韶关市乳源瑶族自治县大桥镇五指山

罗坝竹海长廊

资源简介

罗坝竹海长廊跨越罗坝镇东二村、桃源村、和平村、大水村的竹林道路,从始兴县城往东约20分钟车程。深山里有挺拔高大的大径毛竹,路边多是苗条细长的小径毛竹和丛生竹。罗坝全镇有毛竹山林4 300多万米^2,沿罗都公路从东二水城村到都亨桃源村、和平村大岭头、大水村黄竹坑自然村沿途20多千米几乎都是毛竹山林;此外,梅子窝障下一带出产的毛竹又大又直。

等　　级：三级
基本类型：030102 独树与丛树
是否开发：否
行政位置：韶关市始兴县罗坝镇东二水城村、桃源村、和平村、大水村

沙田野生杜鹃花

资源简介

金青村沙田野生杜鹃花是一种野生的生物景观,杜鹃高2~5米,花期4-5月,果期6—8月。其生命顽强,繁衍速度快,杜鹃长在金青村高海拔的山上。

等　　级：三级
基本类型：030104 花卉地
是否开发：是
行政位置：韶关市新丰县沙田镇金青村

黄土岭樟树林公园

等　　级：三级
基本类型：030101 林地
是否开发：是
行政位置：韶关市始兴县深渡水瑶族乡横岭村黄龙山组

资源简介

　　黄土岭樟树林公园占地35万多米²，拥有成群的古樟树、古枫树和古荷树。古树参天，高空握手，苍翠欲滴，相得益彰，形成一条绿色的亮丽风景，深受广大摄影爱好者的青睐。樟树林公园内建有便民小店、休息凉亭、停车场、仿木桌、凳鹅卵石栈道等休闲便民配套设施。

樟榕合抱古树

等　　级：三级
基本类型：030102 独树与丛树
是否开发：是
行政位置：韶关市乳源瑶族自治县游溪镇中联村路佛高村

资源简介

　　樟榕合抱古树由樟树与榕树共生（绞杀现象），其中国家一级古树樟树树龄565年、榕树树龄115年，是韶关市十大名树之一。两树相附相依、相得益彰，被当地人称为"樟榕合抱树""瑶汉同根树"，象征着在乳源这片土地上的瑶族和汉族同胞血脉相连、风雨同舟、并肩奋进、共同繁荣发展。同时，古树也见证当地民族团结与乡村振兴同频共振，并蒂花开。

乐昌香樟公园

等　　级：三级
基本类型：030101 林地
是否开发：否
行政位置：韶关市乐昌市北乡镇前村

资源简介

　　乐昌香樟公园是一个以香樟为主的森林公园。森林有林地面积53.1万米²，其中阔叶林45万多米²，占85%；针叶林面积5.8万米²，占11%；经济林面积2.1万多米²，占4%，总蓄积量7 965米³，森林覆盖率达92.2%。园区内生态公益林面积22.7万米²。公园内植被资源丰富，经调查，有国家一、二级保护植物红豆杉科的南方红豆杉、樟树、水杉等。

白果王

资源简介

南雄市油山镇黄地管理区梓山坳村中园庵旁有一株罕见的白银杏树王,又叫白果树,树龄已超 1 260 年,树高 30 多米,树围 6.8 米,树冠东西 27 米,南北 32 米,占地面积 560 米^2,年产白果 500 千克以上,被称为"白果王"。银杏树是第四世纪冰川期后仅存于中国大陆的孑遗植物,目前是世界上经济价值最高、效益最好的名、稀、特果树。它全身是宝,其果子除食用外,还具有十分高的药用价值。

等　　级:三级
基本类型:030102 独树与丛树
是否开发:是
行政位置:韶关市南雄市油山镇黄地管理区梓杉坳村中园庵旁

珠玑古巷古榕

资源简介

珠玑古巷古榕分布在珠玑古巷沙水湖畔,海拔 160 米的平地,与雄州城内外古榕相媲美,丰姿绰约,蔚为壮观。树龄已有 1 010 年,树高 14 米,东西冠幅 17 米,南北冠幅 15 米,饱历沧桑,依然枝繁叶茂,葱茏碧绿,挺拔傲立。珠玑古巷古榕是珠玑古巷的美好象征和悠久历史的见证,其见证了珠玑巷的千年变迁,和早年珠玑人离乡别井下南粤的悲壮,是珠玑巷人名副其实的"母亲树",在珠三角众多姓氏族群中具有崇高的象征意义。

等　　级:三级
基本类型:030102 独树与丛树
是否开发:是
行政位置:韶关市南雄市珠玑镇珠玑村

丹霞山兰花

资源简介

丹霞山兰花为丹霞山特有种,也称丹霞山"明星物种"。丹霞兰的发现填补了布袋兰族东亚——北美迁移进化格局缺失的重要一环,为兰科植物的进化研究提供了新材料,具有较高的研究价值和观赏价值。

等　　级:三级
基本类型:030104 花卉地
是否开发:否
行政位置:韶关市仁化县丹霞街道夏富村

梅坑鸳鸯树

等　　级：三级
基本类型：030102 独树与丛树
是否开发：是
行政位置：韶关市新丰县梅坑镇张田村张氏祠堂背后

资源简介

梅坑鸳鸯树是当地张氏开山祖公、祖婆在修建孟公家塾（张氏宗祠）时所种，象征爱情坚贞、富贵吉祥、世代幸福。两株古树拥有粗壮的树干，浓密的气根，互相缠绕，共同生长，远看就像夫妻牵着手撑着伞，人们把它们称为"夫妻树""鸳鸯树"。每当人们想要求个好姻缘，都会来这两株树下祈福，据讲述，每年冬天，两棵树轮流变黄、落叶，奇特的景象成为一道亮丽的风景线。

白鹇栖息地

等　　级：三级
基本类型：030203 鸟类栖息地
是否开发：是
行政位置：韶关市乳源瑶族自治县洛阳镇田螺坑村

资源简介

白鹇散落栖息于广东天井山国家森林公园南麓，这里湖水清静、森林层次众多，生物多样性丰富。白鹇常成对或以家族群活动，冬季可结成20只左右的大群，白鹇性机警，胆小怕人。其雌雄异色，雄鸟上体和两翅白色，密布黑纹，尾长、白色，脚红色；雌鸟通体橄榄褐色，羽冠近黑色。白鹇被列为国家二级重点保护野生动物，是广东省省鸟。

江下村古樟树林

等　　级：三级
基本类型：030101 林地
是否开发：否
行政位置：韶关市新丰县遥田镇江下村

资源简介

古樟树林是江下村的风水树，是遥田镇目前发现的面积最大的古樟树群，另外也是北一支队成立大会旧址，红色教育基地之一。现今这片古樟树林被打造成了香樟公园，成为村民休闲的好去处。

乳源福建柏林

资源简介

福建柏为柏科福建柏属常绿乔木,生于温暖湿润的山地森林中。其成片分布在天井山国家森林公园生态走廊景区内,有一片纯林,其生长速度快,材质好,可选作造林树种。福建柏树形优美,树干通直,适应性强,生长较快,材质优良,是中国南方一些省(区)的重要用材树种,又是庭院绿化的优良树种。福建柏已被列入中国物种红色名录、二级保护植物。

等　　级：三级
基本类型：030101 林地
是否开发：是
行政位置：韶关市乳源瑶族自治县洛阳镇田螺坑村

梅关古道状元树

资源简介

梅关古道状元树屹立在古道旁,枝干挺拔,叶茂如盖,树下立石碑一块,人称"状元树",树高43米,树径两三个人才能合抱。梅关古道状元树见证了戴衢亨高中状元的历史事件。相传在清乾隆年间,南安(今江西大余)人戴衢亨进京应试高中状元,朝中派国师察其家中风水、身世,他特意在梅关古道旁栽树以表根在岭南,故此树称"状元树"。

等　　级：三级
基本类型：030102 独树与丛树
是否开发：是
行政位置：韶关市南雄市珠玑镇梅关古道

大桥樱花园

资源简介

大桥樱花园是仁化县樱花最佳观赏地之一,园内种植了中国红、大渔樱、八重樱等7个品种共5万余株樱花,种植面积达40万米^2。一簇簇樱花挂满枝头,粉红色的花瓣在春风中轻轻摇曳,在阳光的照耀下,粉红的花朵像漫天的云霞。此外,在樱花公园登高可远眺"五马归槽"。

等　　级：三级
基本类型：030104 花卉地
是否开发：是
行政位置：韶关市仁化县大桥镇长坝村

鹅公咀绿美古树公园

等　　级：三级
基本类型：030101 林地
是否开发：是
行政位置：韶关市始兴县沈所镇石内村

资源简介

鹅公咀绿美古树公园是沈所镇一处休闲娱乐之地。由书房坳、纱帽石、古树等组成，面积2.58万米^2，公园内古树主要有古樟树、雅榕等，共55株，均为三级古树。有51株古樟树、1株雅榕、2株朴树、1株厚壳树。书房坳则位于石内村鹅公咀坡顶，始建于清朝嘉庆年间，坐东向西，整座书房由碎石、瓦木等材料建成，呈日字形，建筑结构独特，建造坚固，雄浑古朴，凝重厚实。

茶峒村古银杏树

等　　级：三级
基本类型：030102 独树与丛树
是否开发：否
行政位置：韶关市新丰县黄磜镇茶峒村

资源简介

茶峒村古银杏树系蔷薇科落叶乔木，是一种喜光树种。此树每年阴历七月中旬开始有部分叶开始变黄并落叶，树叶奇异，树叶青绿时形如手掌，树叶金黄落到地下时呈扇形。该树生长于田野之中，高大挺拔，枝繁叶茂，像身披黄金铠甲的战士般矗立在村庄门口，守护着一方水土的安宁。

梁坝村小叶朴古树群

等　　级：三级
基本类型：030102 独树与丛树
是否开发：否
行政位置：韶关市新丰县黄磜镇梁坝村

资源简介

梁坝村小叶朴古树群属于独树与丛树景观，由3株三级古树组成，1株年龄300年，高达12米，胸径60.3米，冠幅平均4.5米。1株年龄400年，高达10米，胸径57.2米，冠幅平均7.5米。还有1株400年，高达15米，胸径70米，冠幅7米。

马尾排红锥

资源简介

马尾排红锥是一种自然植被中的独树景观,具有观赏的价值。树龄达1 000年,树高20米,胸围6.8米,平均冠幅18.5米,东西19米,南北18米,立地海拔230米。古树茁壮地生长在半山腰,树干周围包围着栅栏,被评为一级国家古树。

等　　级：三级
基本类型：030102 独树与丛树
是否开发：否
行政位置：韶关市新丰县沙田镇天中村马尾排

潘屋背夫散生红锥树群

资源简介

潘屋背夫散生红锥树群共有5棵红锥树。它们有的是参天古树,枝叶婆娑,状如华盖,树干需要数人才能合抱;有的一如当年初发,却也生机勃勃。据权威部门鉴定和不完全统计,仅在天中村头巷尾和路边山边生长的树龄超过100年的红锥树就有100株,树高平均达20米。红锥长势良好,粗壮树根暴露在阳光之下,纹路明显,树冠分支交错,绿荫成片,被评为三级古树。

等　　级：三级
基本类型：030102 独树与丛树
是否开发：否
行政位置：韶关市新丰县沙田镇天中村天中村潘屋背夫

天中村古红锥

资源简介

红锥树材质优良,坚硬耐腐,不易变形,心材褐红色,边材淡红色,色泽和纹理十分美观,干燥后开裂小,是制作高级家具、制造车船、雕刻工艺和建筑装修等的优质用材。果实为坚果类,像风流果一样,是可口的食品,据说常吃具有益智补肾功能。有两棵红锥古树分别被认定为国家一级古树保护和国家三级古树保护。

等　　级：三级
基本类型：030102 独树与丛树
是否开发：否
行政位置：韶关市新丰县沙田镇天中天堂自然村

阳福古榕树

等　　级：三级
基本类型：030102 独树与丛树
是否开发：否
行政位置：韶关市新丰县沙田镇阳福村

资源简介

阳福古榕树冠幅广展，老树常有锈褐色气根，树皮深灰色，叶薄革质，狭椭圆形，表面深绿色，有光泽，全缘。此树生长旺盛，呈现"绿荫满城，暑不张盖"的景象。

乳源红豆杉公园

等　　级：三级
基本类型：030101 林地
是否开发：是
行政位置：韶关市乳源瑶族自治县大桥镇和平村委会张家村

资源简介

红豆杉公园面积达 10 190 万米^2，是广东省目前保存最为完好、面积最大的红豆杉森林公园，大小红豆杉达 10 万多棵，百年以上古树也有几千棵，是县级自然保护区，集红豆杉种植与旅游观光、科研科普、种苗培育等于一体，是广东最秀美的赏雪避暑胜地。园内有红豆杉原始森林、赏雪避暑山庄、西京古道、民间文艺古村等。其中 2 棵千年红豆杉被称为"千年鸳鸯"。

藏酋猴栖息地

等　　级：三级
基本类型：030202 陆地动物栖息地
是否开发：是
行政位置：韶关市乳源瑶族自治县洛阳镇田螺坑村

资源简介

藏酋猴为灵长目猴科猕猴属哺乳动物，又称四川短尾猴、大青猴，其散落分布于天井山国家森林公园内，栖息于多石壁的高山森林，集群生活，昼行性，喜地栖生活，晚间亦多栖于岩洞或岩崖。其头大，尾短，颜面部仔猴为肉色，幼年白色，成年鲜红，老年转为紫色具黑斑或为黑色，成年雄猴两颊及下颌有似络腮胡样的长毛。其繁殖方式为性繁殖，雌性成熟期略早于雄性，是中国猕猴属中数量最大的一种，且是中国特有品种，国家二级重点保护野生动物。

米槠王公园

资源简介

米槠树在始兴县分布广泛，其中数量密集、树径最大的分布在深渡水乡坪田村荔竹坝米槠王公园，有14株胸径在50厘米以上的百年米槠树。其中"米槠王"树龄高达1 000年，胸径8.8米，原树高30米，后因风雨拦腰折断，现不足10米，树冠全无。"米槠王"最大的特点是其板状根延伸出地面几米，并高出地面1米多，树围近9米，八九人才能合抱，是至今岭南地区发现的最古老的米椎树，曾入选"中国最美树王"，被人称为"岭南第一大椎"。

等　　级：三级
基本类型：030101 林地
是否开发：是
行政位置：韶关市始兴县深渡水乡坪田村荔竹坝村

奇心村北山"百里竹海"

资源简介

奇心村北山"百里竹海"以竹林为主，形成成片"竹海"景观，竹海约有5 300米^{2}竹林，全长自驾道路有5千米长。中心点"百里竹海"桥头驿站作为自驾游的休息站。北山竹海林翠竹青、霞光万道，春、夏、秋、冬季节分明，景色各异，是广东省内少有的中、北亚热带的自然风光。

等　　级：三级
基本类型：030101 林地
是否开发：否
行政位置：韶关市始兴县太平镇奇心村

江湾榕树广场老榕树

资源简介

江湾榕树广场老榕树树龄410年，树冠覆盖达40米，2021年在韶关市"十大榕树王"中排名第二；树形舒展大方，生长茂盛，如一把绿色巨伞矗立于游憩广场之中；该树毗邻小河，周围环境优美，映衬着一桥、一溪和满目田野，是湖洋村民乘荫纳凉、游客休闲游憩的好去处。

等　　级：三级
基本类型：030102 独树与丛树
是否开发：是
行政位置：韶关市武江区江湾镇湖洋村村委倒流水村

户昌山森林公园

等　　级：三级
基本类型：030101 林地
是否开发：否
行政位置：韶关市乐昌市庆云镇永乐、五里冲村

资源简介

户昌山森林公园所处山系位于南岭山脉中段、南岭山脉南麓，地层发育较为齐全，主要有元古界、古生界、中生界、新生界地层，公园周边以中低山山地地貌为主。乐昌户昌山森林公园的特色和主题风景资源可以概括为：龙颈瀑布、炉峰烟霭、蔚岭积雪、乐宜古道。

大竹山森林公园

等　　级：三级
基本类型：030101 林地
是否开发：否
行政位置：韶关市乐昌市秀水镇大竹山村

资源简介

大竹山森林公园建于2016年，总占地面积2.1万米^2。园内竹林茂盛，树木品种众多。大竹山森林公园园内登山望去，山川秀丽，给人"显山、露水、透绿"的自然生态景观体验。

南蛇岭森林公园

等　　级：三级
基本类型：030101 林地
是否开发：是
行政位置：韶关市始兴县沈所镇石下村

资源简介

南蛇岭森林公园以森林生态系统保护为核心，以自然森林生态为景观特征，是一个集观光游览、森林健身、森林游憩、科普教育等功能于一体的山岳型四季应景森林公园。南蛇岭森林公园内松、竹、油茶并茂。公园分为管理服务区、核心景观区、一般游憩区和生态保育区4个功能分区。

坑尾细叶榕

资源简介

坑尾细叶榕估测树龄为750年，树高22.1米，胸径1.1米，生长势衰弱，平均冠幅25.5米，东西冠幅30米，南北冠幅21米。其为散生的自然生态景观，具有观赏价值。

等　　级：三级
基本类型：030102 独树与丛树
是否开发：否
行政位置：韶关市新丰县遥田镇高墩村坑尾

青溪洞自然保护区

资源简介

青溪洞自然保护区面积3 200万米^2，是省级自然保护区，青溪洞群是中国高海拔、低纬度地区之一。植物大多四季常青，大部分为原始森林，其中计有高等植物178科，1 158种，被子植物143科，1 064种；裸子植物8科，14种；蕨类植物27科，80种，还有苏门羚、金猫、云豹等国家保护的珍稀动物，二类保护的鸟类白鹇，常见的还有黑熊、野猪、赤鹿、小鹿、野兔、飞鼠等。

等　　级：三级
基本类型：030101 林地
是否开发：是
行政位置：韶关市乳源瑶族自治县大桥镇青溪洞村

小白鹭栖息地

资源简介

小白鹭是鹳形目鹭科白鹭属鸟类，中型涉禽。与其他白鹭的区别在于体小，嘴、脚较长，黑色，趾黄绿色，颈甚长，全身白色。栖息于沼泽、稻田、湖泊或滩涂地。湿地公园地处中亚热带与南亚热带过渡地带，属中亚热带湿润季风气候，年平均气温21.4℃，年平均降水量1 653.2毫米，多稻田、河岸、沙滩、泥滩及沿海小溪流，适合小白鹭生存。

等　　级：三级
基本类型：030203 鸟类栖息地
是否开发：是
行政位置：韶关市乳源瑶族自治县东坪镇汤盆村

杨溪村千年榕树王

等　　级：三级
基本类型：030102 独树与丛树
是否开发：是
行政位置：韶关市乳源瑶族自治县桂头镇杨溪村

资源简介

　　杨溪村千年榕树王据传是有着超过1 300年树龄的国家一级保护古树。远处眺望，树形整体犹如一把绿色巨伞，郁郁葱葱，给人一种独木成林的视觉效果。雅榕树具有多支枝的树冠，高度可达15米或更高，树干直立，粗壮而扭曲，具有明显的树皮纹理。千年榕树王四周环绕着郁郁葱葱的原始森林和清澈的溪流，气候温和湿润，是天然的大氧吧，生态环境较好，目前已完成人居环境整治，非常适合于旅游和度假。

共和村一级古雅榕

等　　级：三级
基本类型：030102 独树与丛树
是否开发：否
行政位置：韶关市乳源瑶族自治县乳城镇共和村

资源简介

　　共和村委罗屋村雅榕是一棵有着515年历史的古树名木，为国家一级保护古树，属桑科，榕属乔木。古朴典雅，树冠呈不规则状，由多根主干和数百个侧枝组成，树干周围缠绕着众多的藤蔓，使整个树冠形成了一个庞大的绿色伞盖。树干粗壮，表面覆盖着众多的根须和苔藓，树根纵横交错，形成了一个非常独特的土木结构。共和村委罗屋村雅榕，树木奇特性状基部分杈，古雅质朴，老而弥健。

界滩村香樟

等　　级：三级
基本类型：030102 独树与丛树
是否开发：是
行政位置：韶关市曲江区白土镇界滩村民委员会下界滩

资源简介

　　界滩村香樟是国家一级保护古树，树龄1 000年。该古樟树历经千百年的风雨，见证了岁月的侵蚀和千年的悲欢离合，至今仍根深叶茂，可见樟树的顽强生命力。其主干丛状枝多，形如大伞，傲然屹立在天地间，庇荫人间大地。这棵千年古树在2019年被评为"广东十大最美古树"，2020年被评为韶关市"十大樟树王"之一。

菖蒲塘森林公园

资源简介

菖蒲塘森林公园山势雄伟险峻，谷深林茂，奇峰兀突。公园森林覆盖率为97.4%，森林面积有436万米^2，植被丰富。公园内有武江二级支流大源水河、山涧小溪、小瀑布等，近眺高峡平湖，远望群山怀抱，是溪谷寻幽养生的绝好去处。

等　　级：三级
基本类型：030101 林地
是否开发：否
行政位置：韶关市乐昌市大源镇水源村

樟树王公园

资源简介

安口村有一株1 300多年的长寿树（樟树），是韶关树龄最大的古树，枝繁叶茂，高大威猛，气势雄伟，人称"神树"和"樟树王"。2020年6月，这株"樟树王"喜获"韶关市十大樟树王"称号，并荣登榜单榜首。围绕樟树王建设了樟树王公园，建有古樟树、樟榕合包观景平台、亲水平台等景点。樟树王公园前，有大棚种植蔬果以及13万米^{2}的垦造水田，可让游客体验田园生活。

等　　级：三级
基本类型：030101 林地
是否开发：是
行政位置：韶关市乐昌市长来镇安口村

东坑古枫群

资源简介

东坑村位于南岭山脉地区，位置相对较为偏僻，路旁拥有着众多的参天古枫树，在阳光的照耀下，光影闪闪。东坑古枫群以枫香树为主要树种，由10株古枫树组成，呈散生态势，有2株古枫树已处于死亡状态。树龄120～200年，树身覆盖青苔，分枝点较高，树叶呈三角状，造型美观，稍弯曲。

等　　级：三级
基本类型：030102 独树与丛树
是否开发：否
行政位置：韶关市南雄市百顺镇东坑村

丹霞梧桐

等　　级：三级
基本类型：030102 独树与丛树
是否开发：是
行政位置：韶关市仁化县丹霞街道

资源简介

丹霞梧桐是丹霞山特有种、特征种，也是中国特有种，是1987年于广东丹霞山自然保护区内被植物学家发现的梧桐科新种。其为国家二级重点保护野生植物，被《中国物种红色名录》（2004）收录为极危种。其花序粉紫色，具有较高的观赏价值。

核桃山村一级古红豆杉

等　　级：三级
基本类型：030102 独树与丛树
是否开发：是
行政位置：韶关市乳源瑶族自治县大桥镇核桃山村

资源简介

核桃山村一级古红豆杉，是一株有着815年树龄的古树名木，树高15.5米，胸径164.6厘米，平均冠幅13.5米、东西冠幅13米、南北冠幅14米，为国家一级保护古树。现大树依然茂盛挺拔，基部分权，树干苍劲有力，枝叶青翠繁茂。

肖屋一级古雅榕

等　　级：三级
基本类型：030102 独树与丛树
是否开发：是
行政位置：韶关市乳源瑶族自治县乳城镇大东村

资源简介

大东村委肖屋一级古雅榕是一株有着515年树龄的古树名木，为国家一级保护古树。大东村委肖屋一级雅榕属于桑科，榕属乔木，树皮深灰色，树冠大，作庭荫树。大东村委雅榕枝叶繁茂，枝丫千姿百态，古朴典雅，树冠呈不规则状，由多根主干和数百个侧枝组成，树干周围缠绕着众多的藤蔓，使得整个树冠形成了一个庞大的绿色伞盖。树干粗壮，表面覆盖着众多的根须和苔藓，树根纵横交错，形成了一个非常独特的土木结构。

奎塘古樟群

资源简介

奎塘村樟树群,以点带面,连线成廊,人称"古樟廊带,秀美奎塘"。村内有许多年代悠久的古樟树。得天独厚的森林资源使奎塘村被评为广东省"森林乡村",韶关市十大樟树王之"连理樟树王"坐落在古圩场村小组,与山下村小组的数十株连片樟树呼应成一条属于秀美奎塘的"古樟廊带"。

等　　级：三级
基本类型：030102 独树与丛树
是否开发：否
行政位置：韶关市浈江区花坪镇奎塘村

浈江樱花公园

资源简介

浈江樱花公园是韶关最大的樱花主题公园,也是珠三角最大的樱花主题公园之一。园内樱花花色明媚,花型漂亮,花期时间可达2个月,品种众多,有中国红、广州樱、小乔、南国早樱等单瓣、重瓣樱花10多个品种,颜色有大红、粉红和白色3种,容易形成震撼人心的美丽景观,观赏时段在每年的2—3月。

等　　级：三级
基本类型：030101 林地
是否开发：是
行政位置：韶关市浈江区新韶镇东山村

江湾倒流水村梦里荷乡

资源简介

面积4.6万米^2,共有十多个品种的观赏性荷花。每年6月荷花就会盛开,有红、白、粉红、紫色、淡黄等多种颜色,花期4个月,7—8月是最为旺盛的时候。

等　　级：三级
基本类型：030104 花卉地
是否开发：是
行政位置：韶关市武江区江湾镇湖洋村村委倒流水村

龙归水岸格桑花海

等　　级：三级
基本类型：030104 花卉地
是否开发：是
行政位置：韶关市武江区龙归镇社主村

资源简介

格桑花又称格桑梅朵，也被称作幸福花，龙归格桑花海占地约2.6万米^2，花期在春天，为龙归镇一张精美的名片。每年春天，龙归公园就会变成了一片粉色格桑花的海洋，铺天盖地、美得逆天。

重阳镇千亩油菜花基地

等　　级：三级
基本类型：030104 花卉地
是否开发：是
行政位置：韶关市武江区重阳镇水口村

资源简介

重阳镇千亩油菜花基地是韶关市武江区十大旅游景点之一。每到春暖花开的季节，金灿灿的油菜花，一眼望去，赏心悦目，芳香怡人。全镇种植油菜面积高达573万米^2，其中核心种植区位于水口村，连片种植的有86万米^2。

罗坑万亩茶园

等　　级：三级
基本类型：030101 林地
是否开发：否
行政位置：韶关市曲江区罗坑镇

资源简介

罗坑万亩茶园位于曲江区罗坑镇中，罗坑镇是"广东十大茶乡""省级茶叶专业镇"，全镇茶叶种植面积累计达800万米^2，年产干毛茶260吨，年产值约9 000多万元，茶叶产业已成为罗坑镇特色优势产业、扶贫产业、富民产业和乡村振兴支柱产业。

乐昌樱花公园

资源简介

乐昌樱花公园占地面积6 000多米^2，人工种植约380株樱花，还有红枫60株、红花继木28株、茉莉花50株、乐昌含笑3株、细叶鄂距花37米^2，此外还包括连翘、毛杜鹃、红叶石楠等花种。每年春季3月开放，4月为最佳观赏期。

等　　级：三级
基本类型：030104 花卉地
是否开发：否
行政位置：韶关市乐昌市两江镇湾子村

樟树（长来镇安口村）

资源简介

此树为一级古树，树高20米，树龄1 300多年。该樟树树形极为独特，长得像麒麟，树体基部根瘤虬结，如一座大山巍然屹立在骄阳之下，用一抹绿意向八方游客讲述往昔沧桑岁月。2020年6月，这株"樟树王"喜获"韶关市十大樟树王"称号并荣登榜首，很多游客因此慕名而来一览其芳华。

等　　级：三级
基本类型：030102 独树与丛树
是否开发：是
行政位置：韶关市乐昌市长来镇安口村

泷头林场

资源简介

泷头林场是南雄市重要的生态安全屏障和森林资源基地，是林业生态体系建设的核心部分，也是宝江水库最重要的水源头之一。林场共设有1个场部、4个工区、1个护林防火检查站和1个护林防火哨所。经营总面积为955.5万米^2，其中生态公益林面积297万米^2，商品林面积658万米^2。林种为用材林，树种以杉、竹为主，有红锥树、闽楠树、红豆杉等珍贵树种。

等　　级：三级
基本类型：030101 林地
是否开发：是
行政位置：韶关市南雄市496乡道附近

开心农场玫瑰花海

等　　级：三级
基本类型：030104 花卉地
是否开发：是
行政位置：韶关市始兴县顿岗镇围下村

资源简介

开心农场玫瑰花海是一个人工种植的花卉基地，是开心农场（国家3A级景区）的景点之一。开心农场玫瑰花海是一片玫瑰花草坪，种植于开心农场内的湖水旁，以湖为起点，湖四周种植宽约8米的玫瑰花。每到开花时期，四周红彤彤一片，美不胜收，花约0.5米高。花草坪中间有个湖，左侧有山林，几棵大树立于花坪中，花木争艳，令人心驰神往。

红光村一级古红豆杉

等　　级：三级
基本类型：030102 独树与丛树
是否开发：是
行政位置：韶关市乳源瑶族自治县大桥镇红光村

资源简介

红光村一级古红豆杉，是一株有着815年历史的古树名木，树高13.6米，胸围438厘米，平均冠幅12米、东西冠幅13米、南北冠幅11米，为国家一级保护古树。该红豆杉基主干腐朽，但整体枝干苍劲有力，枝叶青翠繁茂。

韶关乳源泉水市级自然保护区

等　　级：三级
基本类型：030101 林地
是否开发：否
行政位置：韶关市乳源瑶族自治县东坪镇汤盆村

资源简介

韶关乳源泉水市级自然保护区地处南岭山脉的罗霄山脉中段南麓，以其丰富的珍稀动植物资源和典型的丹霞地貌而著称，是以保护珍稀动物和森林生态系统为主的森林生态类型自然保护区。保护区具有生态恢复和保护、适应性管理、物种保护、生态系统服务、合作与公众参与等特征。在区内发现了不少具有经济和科研价值的野生动物，如白鹇、白头叶猴。

湾头树

资源简介

湾头村树种为雅榕（小叶榕），一级古树。古树树干在2米处分叉三枝，相互成掎角之势，枝干粗壮，坚强有力。树龄500年，树高33米，胸围980厘米，生长势正常，平均冠幅35.75米，东西冠幅36米，南北冠幅35.5米。

等　　级：三级
基本类型：030102 独树与丛树
是否开发：是
行政位置：韶关市浈江区十里亭镇湾头村

茶园山竹海

资源简介

茶园山竹海，由漫无边际的竹林组成，幽幽翠竹，浩瀚如海，四周青山抱，水在林间绕，形成一种美不胜收的自然风景。园区内万亩翠竹拔地而起，满眼青葱，环境优美，空气清新，清风徐来，竹影婆娑，构成了枫湾独一无二的美景，适合游客休闲度假。

等　　级：三级
基本类型：030101 林地
是否开发：否
行政位置：韶关市曲江区枫湾镇茶园山村委会

和洞村竹海

资源简介

和洞村共有山林1 600万米^2，其中竹林1 130万米^2，盛产毛竹，竹子资源丰富。毛竹枝叠根连，葱绿俊秀，浩瀚壮观。竹海旅游资源的开发利用，可为和洞村提供经济收益，同时具观赏价值，一举两得。

等　　级：三级
基本类型：030101 林地
是否开发：否
行政位置：韶关市曲江区小坑镇黄洞村委和洞村委

云祖峰森林公园

等　　级：三级
基本类型：030101 林地
是否开发：否
行政位置：韶关市乐昌市白石镇油甫村

资源简介

云祖峰森林公园是乐昌市白石镇和两江镇最著名的森林景观公园，是乐昌市境内唯一的生长面积最大的特有树种——乐昌含笑花的森林公园，这里常年自然生长着一大片阔叶林和含笑花，在每年2-7月，山上的白色含笑花铺满了整座山岭，犹如一片白色花海。

古楠木森林公园

等　　级：三级
基本类型：030101 林地
是否开发：否
行政位置：韶关市乐昌市两江镇上长塘村

资源简介

古楠木森林公园楠木群占地2万多米^2，共有古树21株，其中三级古树14株、二级古树7株，平均树龄257年、胸围3米多的古楠木共10余株。最大的一棵楠木胸围达5.28米，树高40多米，树龄超过400年。该楠木群是目前广东发现的最大的古楠木群落，属全省珍稀的古楠木群落，对研究自然史和今后培育乡土树种，选育优良品种及城市规划具有重要的意义。于2015年被评为乐昌市森林公园。

五山竹海公园

等　　级：三级
基本类型：030101 林地
是否开发：否
行政位置：韶关市乐昌市五山镇大乐村

资源简介

五山竹海公园是原生态竹子生长区，是乐昌四大林区之一。这里有成片竹海景观，花草竹木茂盛，是集登高旅游、休闲度假、生态农业、游憩探幽、观光摄影、科教宣传为一体的旅游胜地。

六户山森林公园

资源简介

公园面积302.4万米², 其中, 林地面积297.2万米², 森林覆盖率98.3%。公园内山崖陡峭、地形独特、保留有大面积原始森林, 且树种多样, 树木高大挺拔、林相整齐, 复合混交林群落明显, 自然生态环境良好。

等　　级: 三级
基本类型: 030101 林地
是否开发: 否
行政位置: 韶关市翁源县官渡镇

白坑村一级古樟树

资源简介

白坑村一级古樟树是一株有着565年历史的古树名木, 为国家一级保护古树。古树高约20.3米, 胸径约7.15米, 平均冠幅21米、东西冠幅21米、南北冠幅21米; 历经几百年风霜, 其主干中空, 古雅质朴, 老而弥健。

等　　级: 三级
基本类型: 030102 独树与丛树
是否开发: 否
行政位置: 韶关市乳源瑶族自治县大布镇白坑村

和平村一级古红豆杉

资源简介

和平村一级古红豆杉是一株有着615年历史的古树名木, 树高23.8米, 胸围5.3米, 平均冠幅15米、东西冠幅16米、南北冠幅14米, 为国家一级保护古树。该红豆杉主干基部中空, 腐朽, 但是高大挺拔。目前大树依然茂盛挺拔, 良好的保护使其成为当地客家的乡村特色。

等　　级: 三级
基本类型: 030102 独树与丛树
是否开发: 是
行政位置: 韶关市乳源瑶族自治县大桥镇和平村

桂头一级古雅榕

等　　级：三级
基本类型：030102 独树与丛树
是否开发：否
行政位置：韶关市乳源瑶族自治县桂头镇桂头社区

资源简介

桂头一级古雅榕是一棵有着621年树龄的国家一级保护古树。树高18.4米，树围9.3米，平均冠幅42米，东西冠幅42米，南北冠幅42米。树干分叉，矮干密叶叠翠，古雅质朴，老而弥健。

罗屋村一级古雅榕

等　　级：三级
基本类型：030102 独树与丛树
是否开发：是
行政位置：韶关市乳源瑶族自治县一六镇罗屋村

资源简介

罗屋村一级古雅榕是有着815年树龄的国家一级保护古树。该雅榕树高27.4米，胸围9.6米，平均冠幅35米，东西冠幅36米，南北冠幅34米。其树干苍劲有力，枝叶青翠繁茂，高大茂密，树冠呈圆形，远望如一把绿色巨伞，近看盘根错节；叶子为长椭圆形或卵形，表面光滑、革质，深绿色，长度一般在5~10厘米。

云岩镇雾凇

等　　级：三级
基本类型：040201 云雾多发区
是否开发：否
行政位置：韶关市乐昌市云岩镇开封村

资源简介

云岩镇属于云雾多发区，雾凇是非常难得的自然景观，具有较大的旅游吸引力。隆冬时节，坪乳公路气温在0℃以下时，公路两侧可见冰挂。晶莹剔透的冰凌是乐昌冬日的灵魂，纯净的景色中透露出生机，静谧中充满了禅意，呈现出天然的"冰雕"景象。

梅花镇雾凇

资源简介

受寒潮（每年冬天气温低于1℃）影响，梅花镇在冬季出现大面积的冰挂与雾凇景观，银装素裹，宛如琼树银花，分外妖娆。尤其是梅花镇大塘边村帽峰山的雾凇景观堪称一绝。山上的雾凇景观具有极高的观赏价值、游憩价值、科学价值和文化艺术价值等。

等　　级：三级
基本类型：040201 云雾多发区
是否开发：是
行政位置：韶关市乐昌市梅花镇大塘边村

丹霞山晚照

资源简介

丹霞山晚照是丹霞山自然景观天景类别中的日月星光。丹霞山世界自然遗产地的日出日落一直是到丹霞山游客的必打卡的游玩美景。虽然日出日落属于纯自然景观，且需要"起早贪黑"才能大饱眼福，但这种日出日落霞光倾泻在丹霞赤壁，万丈霞光染丹山群峰的美景往往还是让无数游客向往。

等　　级：三级
基本类型：040101 太空景象观赏地
是否开发：是
行政位置：韶关市仁化县丹霞街道

中国岭南避暑气候

资源简介

岭南红叶世界位于广东省韶关市新丰县黄磜镇茶峒村青云山脉，此处风景秀丽，气候宜人，平均海拔1 000米，于2020年获得中国林业产业联合会授予的国家级"森林康养基地"称号，还被中国气象学会授予了广东唯一的"中国·岭南避暑胜地"称号。该地避暑气候十分典型、有极强的代表性。

等　　级：三级
基本类型：040202 极端与特殊气候显示地
是否开发：否
行政位置：韶关市新丰县黄磜镇茶峒村青云山脉岭南红叶世界

南蛇岭森林日出景观

等　　级：三级
基本类型：040101 太空景象观赏地
是否开发：是
行政位置：韶关市始兴县沈所镇石下村

资源简介

南蛇岭森林日出景观是南蛇岭森林公园的特色自然景观之一。南蛇岭森林公园的核心景观区主要由登山览胜区构成，面积116.89万米^2，核心景观区山林资源丰富，地势属全园最高，视野开阔，可以远眺群山风光，赏旭日及霞光。每逢天气晴朗，旭日霞光普洒公园。站在风度亭，日出霞光全景尽收眼底。日出的光彩似喷洒而出的磅礴力量，充满生机活力，连带周围都铺上或红或紫或橙的色彩，美不胜收。

九仙桃花海

等　　级：三级
基本类型：040203 物候景象
是否开发：是
行政位置：韶关市翁源县江尾镇九仙村

资源简介

九仙桃花海是九仙桃开花之际的美丽景象。九仙桃种植面积达到166万米^2，这里的桃花是鹰嘴桃桃花。桃花个头不大，但呈现出的桃红色，把半个山坡染红成一片花海。通常在年3月10日左右开始盛开，进入3月下旬后，桃花开始慢慢枯萎。

南塘村油菜花海

等　　级：三级
基本类型：040203 物候景象
是否开发：是
行政位置：韶关市翁源县江尾镇南塘村

资源简介

每年的2—3月是江尾镇油菜的开花时间。油菜花地主要集中在南塘村与县道相连的小道旁，两旁是湖心坝客家群楼和仁川社学，种植面积近千亩。油菜花，别名芸薹，原产于欧洲与中亚一带，是一种十字花科的一年生草本植物。植株笔直丛生，茎绿花黄，基生叶呈旋叠状生长，茎生叶，一般是互生，没有托叶。

黄磜冰挂景观

资源简介

黄磜冰挂景观是一种受天气影响的气候景观，呈现出玻璃状透明或无光泽的表面粗糙的冰覆层盖。冬日沿着茶峒村公路蜿蜒而上，连过了几道弯，远远地，就能看到一袭袭白纱裹在山头。公路边、地上、树上到处都是白茫茫的一片。冰挂梦幻而奇特，这是大自然的馈赠。不仅能让人尽情领略那美丽的冰雪童话，更满足了人们对冬天的期待和想象。

等　　级：三级
基本类型：040201 云雾多发区
是否开发：否
行政位置：韶关市新丰县黄磜镇茶峒村青云山脉

双塘印雪梅花林

资源简介

双塘印雪林有梅花10 000余株。梅花树依山势蜿蜒遍植，新年伊始便绽放满树芬芳，玉洁冰清、凌寒怒放，"色轻花更艳，体弱香自永。玉质金作裳，山明风弄影。"一条古香古色的长廊蜿蜒而上，与梅树遒劲枝干交相辉映，仿佛踏入中国古代园林，在曲折回廊中，寻觅芳踪……

等　　级：三级
基本类型：040203 物候景象
是否开发：是
行政位置：韶关市武江区天子岭莞韶园双塘印雪内

九峰镇雾凇

资源简介

九峰镇雾凇景不仅具有较高观赏性，更有较高的美学价值，能够引起人们的无限遐想，这些景象能够为摄影师提供灵感，利用这些独特的天然元素创造出令人赞叹的作品。

等　　级：三级
基本类型：040201 云雾多发区
是否开发：否
行政位置：韶关市乐昌市九峰镇九峰路上

丹霞山星空景观

等　　级：三级
基本类型：040101 太空景象观赏地
是否开发：是
行政位置：韶关市仁化县丹霞街道

资源简介

丹霞山星空景观是丹霞山一处别具特色的天象景观，结合丹霞山特有的景物，可观赏到丹霞地景与夜间星空交相辉映的景致。在保护区内，丹霞山能够很好地避免灯光影响，满足夜间星空观测和夜间摄影的需求，提供一个近乎完美的夜间风光摄影场所，许多星空、摄影爱好者慕名而来。在这里，暗夜星空与丹山碧水交相辉映，无穷奥妙的美丽星空和光影下的优美风光美不胜收。

金青冰挂

等　　级：三级
基本类型：040201 云雾多发区
是否开发：否
行政位置：韶关市新丰县沙田镇金青村

资源简介

冬季，金青村随着气温不断降低，许多地方将形成冰挂奇观，群山玉砌，千百冰凌，临挂悬崖。根据植物的形状与结构，冰雪会为植物裹上一层外衣，晶莹剔透宛如一件绝美的艺术品悬挂于层峦叠嶂中，构成了一个洁白宁静的神话仙境。

韶石山日落

等　　级：三级
基本类型：040101 太空景象观赏地
是否开发：是
行政位置：韶关市仁化县周田镇较坑村

资源简介

观韶石全景日落，可选在平甫村月亮山。每当具备一定的气候条件，黄昏之时，残阳如血，霞光万道，赤朱丹彤，天幕被染成橘红色，红霞挥洒在韶石群山上，印在独特的红色岩石上，构成了一幅绝美的大自然油画。

坪山桃花

资源简介

坪山桃花是枫湾镇发展白水蜜桃的衍生旅游景点，在千亩桃林的覆盖下，特定季节，桃花盛开，满山是绯红色的花海。每年的2—3月是桃花盛开的季节。坪山桃花随千亩桃林的分布遍布坪山村，坪山村海拔800米，坪山深处有一片最老的桃树林，桃花呈鲜红色，这片桃林的桃树树枝粗壮，结构优美，站在桃林间像置身于花海之中。

等　　级：三级
基本类型：040203 物候景象
是否开发：是
行政位置：韶关市曲江区枫湾镇白水村委坪山村

大源镇雾凇

资源简介

大源镇雾凇属于天象与气候景观中的云雾多发区，大源镇雾凇景观发生于独特的气象环境，需要极其特殊的自然条件和合适的物体表面能够吸引并结冰水分才能出现，即要求具备特殊的地形和植被条件，是在其他地区较为罕见的奇特景观，雾凇、树木、花草和动物形成显著的组合特征。

等　　级：三级
基本类型：040201 云雾多发区
是否开发：是
行政位置：韶关市乐昌市大源镇湖洞村

广东大峡谷李花园

资源简介

广东大峡谷李花园位于广东大峡谷景区前庭小山坡上，每年2—3月开春时节大峡谷的李树盛放，正如知名诗句所描绘的"春国送暖百花开，李花怒放一树白"，阳春三月，雪白的李花竞相绽放，漫山遍野银装素裹，一片清新怡人景象，成为广东大峡谷春季最靓丽的生态林场名片。在寒意渐渐褪去，暖风缓缓归来的美好的春天里，前往峡谷李花园不仅可徜徉于白色的花海，还有壮观的大峡谷以及峡谷瀑布，更有惊险万分，让人惊叹不已的峡谷高空杂技。

等　　级：三级
基本类型：040203 物候景象
是否开发：是
行政位置：韶关市乳源瑶族自治县大布镇埕头村

太傅庙

- 等　　级：三级
- 基本类型：050107 宗教与祭祀活动场所
- 是否开发：是
- 行政位置：韶关市浈江区风采街道办峰前路居委

资源简介

太傅庙始建于东晋咸和初年（326年），也称忠惠庙，俗称津头庙，是道教南五祖发源地之一，由"太傅府"和"黎母宫"两部分组成。太傅庙是韶关市区重要的道教场所，对研究道教在韶关市区传播、发展及市区古建形制等方面有重要的历史价值。

韶州公园——沙湖公园

- 等　　级：三级
- 基本类型：050110 城市公园
- 是否开发：是
- 行政位置：韶关市武江区惠民街道韶州公园内

资源简介

沙湖公园是韶州公园的一部分，整体是一个旅游休闲的公园景区，被誉为"闹市中的桃花源"，园内风景优美，是个天然大氧吧。不同的季节有梅花、落羽杉、荷花、樱花等，变着法吸引你。

九龄园——张九龄家族墓

- 等　　级：三级
- 基本类型：050210 陵墓
- 是否开发：是
- 行政位置：韶关市武江区西河镇田心村

资源简介

九龄园是广东省重点文物保护单位。张九龄家族墓为土堆砖墓，属古葬墓，均有墓碑。墓地范围内有张九龄墓、张九皋墓、张九章墓、张宏愈墓、襄阳郡夫人墓、桂阳郡夫人墓。

武江区博物馆

资源简介

　　武江区博物馆前身为韶关市矿山博物馆，2015年正式对外开放。武江区博物馆主体建筑面积1 845米^2，共两层，馆内分为3个展区。

等　　级：三级
基本类型：050105 文化体育活动场所
是否开发：是
行政位置：韶关市武江区新华街道红玫路18号

韶州公园——蘭桂轩

资源简介

　　蘭桂轩全称韶关市花客厅兰桂轩，位于韶州公园内，是一个观赏兰花的展厅。仙鹤锦、北江牡丹、仁化白、锦旗、金嘴、大唐盛世……各个品种的兰花摆满展厅，花香满满。兰桂轩是以风度书房的格局为主体，融入兰花元素建设而成的展厅，与韶州公园的张九龄相呼应。

等　　级：三级
基本类型：050203 独立厅、室、馆
是否开发：是
行政位置：韶关市武江区惠民街道韶州公园内

曹溪讲坛

资源简介

　　曹溪讲坛是为了纪念六祖慧能大师涅槃1 300周年而建。其主要功能是讲解、弘扬《六祖坛经》的智慧。因其坐落在曹溪，故名曹溪讲坛。曹溪讲坛于2011年7月奠基，2013年9月，曹溪讲坛正式落成开光。

等　　级：三级
基本类型：050107 宗教与祭祀活动场所
是否开发：是
行政位置：韶关市曲江区马坝镇南华村委南华寺旁

禅农谷

等　　级：三级
基本类型：050106 康体游乐休闲度假地
是否开发：是
行政位置：韶关市曲江区枫湾镇大笋村村委会

资源简介

禅农谷是以韶关禅文化、岭南药膳文化为核心，集禅修、农耕、药膳、养生和度假于一体的岭南药膳文化庄园。禅农谷建于山林间，庄园房屋被山林环绕、古树林立，枫湾大笋河在旁边流淌，庄园内有岭南药膳养生园、山油茶基地、荷塘景观、古香樟林睡眠区等景点，是促进商贸社交与旅游高度融合的典范。

华家班赛车公园

等　　级：三级
基本类型：050111 主题公园
是否开发：是
行政位置：韶关市曲江区沙溪镇东华村委

资源简介

华家班赛车公园内有多元化赛车场、赛车和老爷车展览馆、赛车培训学校、赛车主题酒店、赛车改装和特技表演场、赛车主题公园、现代农业田园综合体、生态旅游观光、空中观景长廊、特色民宿等项目。华家班赛车公园致力打造华南地区唯一一个既可举行国际和国内的顶级赛车比赛，又可开展休闲体验、健康养生活动的特色旅游胜地。

乐昌碧桂园凤凰酒店

等　　级：三级
基本类型：050217 民宿与特色酒店
是否开发：是
行政位置：韶关市乐昌市乐城街道梅乐桥头

资源简介

乐昌凤凰酒店属于特色酒店，是碧桂园在乐昌地区首家以五星级标准建造的酒店。酒店的康体娱乐、中西餐厅、商务会议等配套设施一应俱全。酒店拥有先进完善的设施，集客房、餐饮、会务、娱乐、休闲等项目于一体，风格各异的客房尽显尊贵。

三影塔广场

资源简介

三影塔广场位于南雄城区中心，因始建于北宋、现列为国家重点文物保护单位的千年宝塔——三影塔而冠名。三影塔广场以三影塔为中心景观，南始于出入口标志牌楼，北止于新建博物馆，是一个古典风格与现代建筑艺术完美结合的现代城市广场。广场南部是由标志牌楼、风土柱列等构成的娱乐休闲空间；广场中部由下沉式演艺场、大型音乐喷泉等构成集会演出空间；广场北部由亭台廊榭、假山水景等组合成中国传统园林空间，把三影塔衬托得更加熠熠生辉。

等　　级：三级
基本类型：050105 文化体育活动场所
是否开发：是
行政位置：韶关市南雄市雄州街道青云东路 145 号附近

百顺溪头梯田

资源简介

百顺溪头梯田曾被评为广东省十大最美梯田，依山而造，主要分布在海拔 500~1 200 米。层层蓄水的梯田恍如明镜，老农与老牛点缀，炊烟与农舍相衬，先辈们靠原始工具雕凿而成的工程到如今成了都市人眼中的一处绝美风景。春季的梯田晨雾缭绕，倒映着茫茫竹海，恍如仙境；芒种时节往梯田里灌水之时，水面如一块块银镜，好似一幅水墨画；秋分时节水稻成熟的时下，在太阳的照耀下稻穗吐着金光，金光灿烂，胜似金色的油彩画。

等　　级：三级
基本类型：050211 景观农田
是否开发：是
行政位置：韶关市南雄市百顺镇溪头村

丹霞山索道

资源简介

丹霞山索道属于观景点型旅游资源，是丹霞山观景点，乘坐索道约 5 分钟可以到达山顶，观赏丹霞山的丹霞地貌，感受大自然的鬼斧神工，也可以感受丹霞山空中之美。从高处俯瞰锦江碧波蜿蜒，远眺丹霞山群峰，近观赤壁丹崖，丹霞美景尽收眼底。

等　　级：三级
基本类型：050302 观景点
是否开发：是
行政位置：韶关市仁化县丹霞街道黄屋村

红城林场

等　　级：三级
基本类型：050213 景观林场
是否开发：是
行政位置：韶关市仁化县城口镇城群村

资源简介

红城林场以"森林绿、基地红"和"粤北城口、康养红城"为基调，建成了"一带、一心、多路径"的森林康养基地和生态示范园，是一个以绿色生态体验为主题，以森林生态文化体验与展示、森林生态系统健康维护、森林景观效果提升为特色的森林康养基地。2020年被广东省林业局认定为广东省生态康养基地（试点），2021年被广东省林业局认定为森林生态综合示范园。

上奉禅寺

等　　级：三级
基本类型：050107 宗教与祭祀活动场所
是否开发：是
行政位置：韶关市始兴县太平镇东湖坪村

资源简介

上奉禅寺，是唐朝皇帝李世民登基第四年，即贞观四年（630年）特敕封兴建的，故取名"上封寺"。现由僧释法星募捐重建，为体现佛教"敬奉"之宗风和弘扬奉献之精神，故改名"上奉禅寺"。寺庙四面依山而建，山上竹木苍翠、瀑布流泉、生机盎然；南向广阔平川、四畴阡陌、炊烟袅袅、景象万千，实为风水宝地。现已兴建了大雄宝殿、祖师殿、观音殿、伽蓝殿、法堂、三圣殿、地藏殿、藏经阁、客堂、寮房、天王殿、钟楼、鼓楼、奶娘阁。

瑶族风情一条街

等　　级：三级
基本类型：050201 特色街区
是否开发：是
行政位置：韶关市始兴县深渡水瑶族乡深渡水村

资源简介

瑶族风情一条街总长600米，沿着流淌了千年的清化河打造，因地设景，因水添韵，一排排吊脚楼列于河岸，展现了浓厚的瑶族色彩。瑶族风情一条街中有风度驿站，设置了蜂蜜及农特产品展示区、瑶族服饰区、瑶药展示区、头饰银饰区、母婴区等，将瑶族风情糅合进设计中，发掘当地特色，展示本土特产，实现文化与旅游的结合，推动了当地旅游发展。

翁源县蚕桑省级现代农业产业园

资源简介

翁源县蚕桑省级现代农业产业园是省重点项目，总投资约3.3亿元。一期项目投资约6 000万元，建设内容主要是6栋厂房和1座污水处理厂，包括生丝生产车间、打棉车间、复摇车间、原材料仓库、成品仓库、混选剥车间、自动煮茧车间等。

等　　级：三级
基本类型：050104 建设工程与生产地
是否开发：是
行政位置：韶关市翁源县龙仙镇河口村

冷泉滩农业生态旅游度假区

资源简介

冷泉滩农业生态旅游度假区占地面积860万余米^2，是国内第一家对外开放的大型原生态冷泉浴场，是翁源县大型的农业生态旅游园。度假区内"山峦云雾氤氲，荷塘白鹭翻飞"，有陶渊明笔下的"桃花源"之美、之静、之悠。

等　　级：三级
基本类型：050106 康体游乐休闲度假地
是否开发：是
行政位置：韶关市翁源县龙仙镇马墩村

万艺兰花展示厅

资源简介

万艺兰花展示厅是集电商、销售于一体的兰花市场展厅，成立于2017年，是翁源县国家现代农业园专注兰花新零售运营服务的电子商务平台之一，主要经营兰花种植批发及电商销售，同时提供兰花电商人才孵化、项目规划、校企合作、农产品精准销售。

等　　级：三级
基本类型：050203 独立厅、室、馆
是否开发：是
行政位置：韶关市翁源县江尾镇松岗村

黄洞村红色教育展馆

等　　级：三级
基本类型：050203 独立厅、室、馆
是否开发：是
行政位置：韶关市翁源县江尾镇黄洞村

资源简介

　　黄洞村红色教育展馆是广东省红色党建示范工程建设单位、广东省第二批30个重点建设的"红色村"党建示范点之一，翁源县唯一的省定党建示范工程。展馆为一栋两层建筑，面积400多米^2。

永初公祠

等　　级：三级
基本类型：050107 宗教与祭祀活动场所
是否开发：是
行政位置：韶关市翁源县江尾镇南塘村

资源简介

　　永初公祠始建于明正统年间，为五进四合院式建筑，硬山顶，以阴阳板瓦覆盖，梁架为穿斗与抬梁相结合。正门石匾，镌刻"长安围"三字。三间五进式，面盖小板瓦，青砖墙。总面阔12.5米，总进深49米，每进的左右为厢房（设二间房），对称均衡。

湖心坝村

等　　级：三级
基本类型：050113 特色镇村
是否开发：是
行政位置：韶关市翁源县江尾镇南塘村

资源简介

　　湖心坝村为第三批广东省历史文化名村。始建于明正统年间（1436—1449年），明天顺年间（1457—1464年）进行大规模扩建。在明、清时期是翁北地区的重要商埠，商船穿梭如织，商贸繁荣。村中地势平坦，土肥水足，历史上素有"江尾粮仓"之称。清末至中华民国初年，湖心坝民居群有名可查的古围楼（屋）共59座。

中国兰花博览中心

资源简介

中国兰花博览中心为第28届中国（翁源）兰花博览举办会场。主要分为展馆部分、会议中心和休闲广场以及兰花文化、品种技术研发交流中心三部分，是一个集兰花展览、会议、兰花文化体验和高标准兰花品种繁育、组织及生产销售、市民休闲、健身于一体的综合性博览园。总占地面积5万多米^2，总建筑面积2万多米^2，总投资1.69亿元。

等　　级：三级
基本类型：050105 文化体育活动场所
是否开发：是
行政位置：韶关市翁源县龙仙镇碧桂园旁

望仙楼

资源简介

望仙楼高5层，造型模仿武汉的黄鹤楼。因站在此楼上可以望尽整个翁源县城，即龙仙镇，故而得名。"龙辟灵池，仙开翁水"，龙仙之谓，仙人已逝，仙迹仅存，后人建楼寄焉，故谓"望仙楼"也。登上"望仙楼"俯瞰龙仙城全景——高楼林立、街道纵横、绿树成荫，美丽的东华山风景尽收眼底。

等　　级：三级
基本类型：050303 亭、台、楼、阁
是否开发：是
行政位置：韶关市翁源县龙仙镇岭头村

江下村

资源简介

江下村是抗日战争、解放战争红色革命根据地，是东纵北江支队奋斗过的地方，也是粤赣湘边纵队北江第一支队的成立地。江下村还是一个革命历史悠久、红色气息浓郁、文化底蕴深厚的美丽村庄，也是新丰县唯一一个市级"红色村"。

等　　级：三级
基本类型：050113 特色镇村
是否开发：是
行政位置：韶关市新丰县遥田镇江下村

大洞雁塔

等　　级：三级
基本类型：050309 塔形建筑
是否开发：是
行政位置：韶关市新丰县丰城街道大洞村四组

资源简介

大洞雁塔是新丰县城著名的明、清文物旅游景点和游览胜地。大洞雁塔色彩绚丽，构造精巧玲珑，明显地继承了明塔遗风。1984年县政府将雁塔列为县级文物保护单位；2002年被列为广东省文物保护单位。

风车山营地

等　　级：三级
基本类型：050106 康体游乐休闲度假地
是否开发：是
行政位置：韶关市新丰县沙田镇金青村风力发电站

资源简介

风车营地是金青村具有一定自然风光的，占有一定面积，安全性有保障的娱乐休闲小型社区。可供人们使用自备露营设施如帐篷、房车或营地租借的帐篷、小木屋、移动别墅等进行短时间旅行或长时间居住、生活，同时配有运动游乐设备及娱乐活动、演出节目等。

大陂村

等　　级：三级
基本类型：050113 特色镇村
是否开发：是
行政位置：韶关市新丰县马头镇大陂村

资源简介

大陂村位于新丰县马头镇，是广东省文化和旅游特色村。大陂村已一步步成为乡村振兴的富裕村、旅游打卡的网红村、内外兼修的卫生文明村，2019年被评为广东省卫生村、韶关市文明村。2020年12月，大陂村被中共广东省委、广东省人民政府评为"第六届广东省文明村镇"，也是被广东省委、省政府确认的新丰县36个革命老区村之一。

 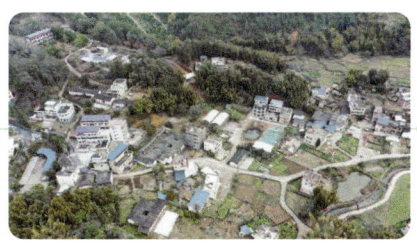

科罗村

资源简介

科罗村是革命老区村、新丰江水库库区移民村。该村处在滔滔的新丰江畔，山清水秀，景色优美，除红色文化和移民文化外，该村还有400多年历史的璟公祠客家围屋、始建于明末的"三列公"神庙、东坑太平天国军队冶铸兵器及白银的铁墩、科罗水上码头和两水峡一壁传说等旧址遗址、文物和故事传说。

等　　级：	三级
基本类型：	050113 特色镇村
是否开发：	是
行政位置：	韶关市新丰县马头镇科罗村

新丰松景温泉度假山庄

资源简介

松景温泉度假山庄是韶关市四星级乡村旅游民宿，是一个以健康休闲养生为主题的度假胜地，生态环境优良。山庄接待设施齐全，安全管理到位，环境保护措施得力，服务要求顾客至上，主题特色鲜明。

等　　级：	三级
基本类型：	050106 康体游乐休闲度假地
是否开发：	是
行政位置：	韶关市新丰县梅坑镇梅东村暗径

韶关丹霞机场

资源简介

韶关丹霞机场是用于管理和控制飞行运营、并为航空公司和其他飞行者提供便捷飞行服务的地面站场，为4C级军民合用国内旅游支线机场。韶关丹霞机场建成通航，标志着韶关"八高三铁两航"综合交通骨架网已基本建成，初步形成了"水陆空"立体化的综合交通运输体系，为广大人民群众出行带来便利。

等　　级：	三级
基本类型：	050108 交通运输站场
是否开发：	是
行政位置：	韶关市乳源瑶族自治县桂头镇凰村

浈江区文化馆

等　　级：三级
基本类型：050105 文化体育活动场所
是否开发：是
行政位置：韶关市浈江区田螺冲安置区

资源简介

浈江区文化馆成立于1996年，2022年荣获国家一级文化馆称号。文化馆设有非遗陈列展览室，多功能室（含会议室、合唱排练室、培训室）、舞蹈室、美术室、电子阅览室、声乐辅导室、器乐排练室、摄影室、娱乐室、创作辅导室、道德讲堂等10余间活动室等公共文化设施，全年向广大市民免费开放。

三江六岸

等　　级：三级
基本类型：050105 文化体育活动场所
是否开发：是
行政位置：韶关市浈江区

资源简介

浈、武二水汇合至北江，合称三江，市区内10余座大桥连接起三江六岸。城区四周被群山环抱，山水交融、景致秀丽。人们常用"山水城市"来赞誉韶关，是因为韶关市区坐落在一个"东莲花、西芙蓉、北黄岗"及"东浈江、西武江、南北江"的"三江六岸，山水环抱"的优美环境中。

水口无动力水上运动基地

等　　级：三级
基本类型：050105 文化体育活动场所
是否开发：是
行政位置：韶关市武江区重阳镇水口

资源简介

水口无动力水上运动基地进一步带动了西河-重阳精品线的发展，完善城镇承载服务功能，提升区域对外形象，塑造文旅品牌并成功地举办了2021年"龙舟赛"和2022年"武江区端午体育文化旅游节"。对重阳水口龙舟这类乡村优秀传统文化的培育和活化有利于提升乡村文化内涵建设，在培育乡村文化新功能、新效应、新面貌方面将发挥重要的作用。

韶关市

拈花笑处

资源简介

拈花笑处是为纪念六祖惠能"拈花笑处"典故二修建的祖师殿。在2007年9月13日（阴历八月初三），即禅宗祖师六祖慧能涅槃的纪念日，南华禅寺为新落成的祖师殿"拈花笑处"举行了开光仪式。

等　　级：三级
基本类型：050107 宗教与祭祀活动场所
是否开发：是
行政位置：韶关市曲江区马坝镇南华村委南华寺旁

百林湾生态园

资源简介

百林湾生态园是韶关市重点建设项目之一，是集产、销、观、教、学、游、住于一体的农业旅游生态园。其管理公司经过几年的建设与发展，其管理公司已成为韶关市重点农业龙头企业。同时，百林湾生态园获得中国管理科学研究院绿色生态康养创新示范基地、韶关市科普教育基地、韶关市中小学研学实践教育基地、韶关市盆景协会会长单位等多个荣誉称号，并于2020年被授予国家3A级景区。

等　　级：三级
基本类型：050106 康体游乐休闲度假地
是否开发：是
行政位置：韶关市曲江区大塘镇火山106国道塘口桥旁

九福兰花公园

资源简介

乐昌市九福兰花公园位于"广东北大门"乐昌市北乡镇，处于乐昌最具发展潜力的旅游黄金线路的门户位置，九福兰花公园项目是省级现代农业"五位一体"示范基地，及"三产融合"示范点，是一个集休闲、养生、观光的好地方。

等　　级：三级
基本类型：050106 康体游乐休闲度假地
是否开发：是
行政位置：韶关市乐昌市北乡镇前村

断石村

等　　级：三级
基本类型：050113 特色镇村
是否开发：是
行政位置：韶关市仁化县丹霞街道黄屋村

资源简介

断石村是仁化县丹霞街道黄屋村委会下辖的村小组，是丹霞山景区的旅游新村，也是特色民宿集群村、广东名村。2007年12月，该村被韶关市爱卫办评为韶关市卫生村。同年，被广东省爱卫办评为广东省卫生村。

周田张屋古村

等　　级：三级
基本类型：050113 特色镇村
是否开发：否
行政位置：韶关市仁化县周田镇周田村

资源简介

周田张屋古村有众多门楼、古巷、牌匾、楹联、文物古迹等，"九龄文化"在古村有着本固根深的历史渊源。2016年10月，张屋古村被评定为广东省古村落，2020年9月3日，张屋古村宗祠及门楼被韶关市人民政府公布定为韶关市第七批文物保护单位。

半岛生态茶园

等　　级：三级
基本类型：050104 建设工程与生产地
是否开发：是
行政位置：韶关市仁化县红山镇鱼皇村

资源简介

半岛生态茶园是红山镇主要的观光茶园之一，位于高坪水库边，呈半岛形，地理位置优越，具有独特的茶园小气候，与高坪水库相互映衬，风景优美。2018年6月，半岛生态茶园被授予为仁化县"最美茶园"称号。

清化诗月

资源简介

清化诗月是以纪念张九龄为主，串联四周旅游资源的资源综合体。资源综合体构成包括张九龄故里祠堂、张氏祠堂、桂山书院、绍芬围、回龙庙、黄鹤楼桥、井下温泉等，为新时代始兴十景之一。其中清化诗月主要建筑物为张九龄故里祠堂。张九龄故里祠堂分前、中后厅，建筑面积100多米^2，整体形似庙宇，为青砖瓦木结构，四水归堂的四合院式。大门左右各有对联，分别为"圣代忠臣第，唐朝宰相家"，门楣上悬挂着"张文献公祠"的匾额。

等　　级：三级
基本类型：050113 特色镇村
是否开发：是
行政位置：韶关市始兴县隘子镇湖湾村石头塘

开心农场

资源简介

开心农场主要由草地、养殖场、餐厅、种植场等构成，是集种植、养殖、旅游、科教研于一体的现代生态农场，景区内重点打造了多种旅游项目，包括农业科普研学、九曲彩虹桥、动物乐园、珍稀花卉观赏、游乐场、农庄特色美食、野外露营等等。被授予"农业教育实训基地""广东省休闲农业与乡村旅游示范点""3星级乡村旅游民宿""广东省重点农业龙头企业""韶关市教育科普基地""广东省森林旅游新兴品牌地"等称号。

等　　级：三级
基本类型：050106 康体游乐休闲度假地
是否开发：是
行政位置：韶关市始兴县顿岗镇围下村

仁川社学

资源简介

始建于（清乾隆年间）1785年，建筑面积约2 400米^2，又名文昌楼，因为建在仁川河边，所以称为"仁川社学"。为传统中轴线四合院落式布局，具有典型的客家祠堂式建筑风格，分前堂、中堂、后栋。

等　　级：三级
基本类型：050105 文化体育活动场所
是否开发：是
行政位置：韶关市翁源县江尾镇南塘村

龙湖广场

等　　级：三级
基本类型：050110 城市公园
是否开发：是
行政位置：韶关市翁源县龙仙镇滨河东路9号

资源简介

龙湖广场是集文艺演出、文体活动、集会、健身、休闲于一体的多功能广场。占地13万米^2，附近有30层超高层住宅，是翁源地标所在。龙湖绿道上起龙仙镇江下桥，下至翁中桥，沿龙仙河东西两岸设置，单边长约3.6千米，合计约7.2千米，是市民休闲、娱乐、骑行的好去处。

青云村

等　　级：三级
基本类型：050113 特色镇村
是否开发：是
行政位置：韶关市翁源县龙仙镇青云村

资源简介

青云村是美丽乡村建设的示范点，村内山林资源丰富，内有翁源第一名山、第二高山美誉的青云山。来到青云村，清新的山色映入眼帘，宽阔洁净的村道蜿蜒而去，两旁鲜花盛开，四周绿树环绕。村里房屋排列整齐，白墙灰瓦错落有致，文体广场内设施齐全……优美宜人的田园风光扑面而来。

雪山国际度假区

等　　级：三级
基本类型：050106 康体游乐休闲度假地
是否开发：是
行政位置：韶关市新丰县丰城街道

资源简介

雪山国际度假区以优越的自然山水和田园生态环境为依托，以高品质的休闲度假设备为配套，打造集农家体验、野外拓展、徒步露营、休闲娱乐、运动健身、清静养心及直升机低空旅游于一体的高品质山地旅游度假基地。

万里碧道（梅坑段）

资源简介

碧道类型主要为乡村型碧道。碧道建设内容主要包括水环境治理、水生态保护与修复、水安全提升、景观与特色营造、游憩系统构建五方面。项目规划分为三段，分别是：梅坑镇梅南村梅南桥至梅坑镇龙皇宫段、梅坑镇龙皇宫至梅坑镇张田村屯子坝段、梅坑镇张田村屯子坝至丰城街道龙文村龙文陂头段。

等　　级：三级
基本类型：050310 景观步道、甬道、碧道、绿道
是否开发：是
行政位置：韶关市新丰县梅坑镇

乳桂公路

资源简介

乳桂公路是起于乳源县城、止于桂头镇，贯通"乳桂经济走廊"的主干道，是县城通往丹霞机场的必经之路，沿线涉及乳城、一六、游溪、桂头、必背等5个镇区及其下辖村落，串联田园综合体、农家乐建设，发挥景区廊道美丽乡村风貌建设示范作用。沿线种植朴树、银杏、蓝花楹、紫玉兰、洋紫荆、香樟等共14种乔木，其中云门山风景区沿线1.3千米的黄花风铃木580株，是韶关地区黄花风铃木集中开花最长的一段。

等　　级：三级
基本类型：050218 景观公路
是否开发：否
行政位置：韶关市乳源瑶族自治县桂头镇桂头社区

韶关丹霞机场航站楼

资源简介

韶关丹霞机场航站楼是旅客在乘飞机出发前和抵达后办理各种手续和作短暂休息等候的地面站场，是广东首个"花园机场"。航站楼外部墙体颜色为"丹霞红"，给人以庄重、宏伟、气派、辉煌的感觉。以"丹霞"为主题布置花卉绿植，从入口到航站楼打造四重景观门，为旅客呈现层层递进的山门景色，一楼出发大厅的天花板上为韶关市花"兰花"，而最后取韶关7景打造机场微缩7景，让旅客一下飞机就能感受到韶关的文化底蕴和秀水灵山。

等　　级：三级
基本类型：050108 交通运输站场
是否开发：是
行政位置：韶关市乳源瑶族自治县桂头镇凰村

游溪镇瑶客共生主题公园

等　　级：三级
基本类型：050111 主题公园
是否开发：是
行政位置：韶关市乳源瑶族自治县游溪镇中联村路佛高村

资源简介

游溪镇瑶客共生主题公园是由万科集团牵头设计打造，围绕瑶族迁移村与客家村长期混居共生的主题元素所创建的以"瑶客共生"为主题，集休闲、娱乐、文化、展览、科普、住宿餐饮、特色种植等于一体的旅游文化娱乐休闲场所，是韶关乳源瑶族自治县人民政府与万科集团合作共建的"瑶客共生乡村振兴示范带"代表性项目之一。公园的建设让民族村焕发新生，全面提升了人居环境和乡村风貌，成为粤北地区乡村振兴的典范。

韶关市润斛生态农业有限公司

等　　级：三级
基本类型：050104 建设工程与生产地
是否开发：是
行政位置：韶关市浈江区犁市镇梅村

资源简介

韶关市润斛生态农业有限公司于2013年开始建设，是浈江区唯一一家从事铁皮石斛产业化发展的企业，主要依托韶关地区石斛产业基础，利用良好的自然生态环境，培育具有韶关特色的优质铁皮石斛。

余靖陵墓

等　　级：三级
基本类型：050210 陵墓
是否开发：否
行政位置：韶关市武江区甘棠乡成家山

资源简介

余靖陵墓是第四批广东省文物保护单位。有半圆形封土堆，墓状庄严，墓碑署"宋尚书余襄公安道墓，北伐军总司令谭延闿题"。地面原设置的石雕已无存，1982年香港余氏宗亲会捐款修墓，并重刻欧阳修撰的神道碑竖在墓右侧。

韶州体育公园

资源简介

韶州体育公园总建筑面积3.78万米², 是广东省第十三届中学生运动会的主场馆, 也是该届省中运会开、闭幕式场地。韶州体育公园包括一座可容纳6 000人的甲级体育馆, 含2 000座临时看台、400米环形跑道、1个足球场、6个网球场、5个篮球场以及跳远沙坑等在内的运动场和地下停车场等。

等　　级：三级
基本类型：050105 文化体育活动场所
是否开发：是
行政位置：韶关市武江区西河镇大村村西侧2千米韶州大桥旁

武江区博物馆——岩石矿展

资源简介

韶关素有"矿都"之称, 有12种矿产的储量居全国前十位, 其中铅居全国第二位, 银和锌居第三位, 誉为"有色金属之乡"。该展馆展出了大量韶关地区发现的金属矿矿石和非金属矿矿物标本, 充分展示了韶关"有色金属之乡"和"矿冶之都"的风采。

等　　级：三级
基本类型：050105 文化体育活动场所
是否开发：否
行政位置：韶关市武江区新华街道红玫路18号

中心坝村

资源简介

中心坝村是一个革命老区村。2020年中心坝村被评为"广东省第二批文化和旅游特色村""广东省森林乡村"。2021年9月, 广东省农业农村厅公布第二批广东省"一村一品、一镇一业"专业村名单, 中心坝村榜上有名。

等　　级：三级
基本类型：050113 特色镇村
是否开发：是
行政位置：韶关市曲江区罗坑镇中心坝村委

无尽庵

等　　级：三级
基本类型：050107 宗教与祭祀活动场所
是否开发：是
行政位置：韶关市曲江区马坝镇南华禅寺内

资源简介

　　无尽庵是南华寺内的一座尼姑庵，始建于唐代。无尽庵正门上挂着已故中国佛教协会会长赵朴初题写的"古无尽庵"匾额，大殿后墙嵌有一块刻着无尽藏画像的石碑。今位于南华寺右侧，占地数千平方米，修持女众数十人，是省内最大的尼姑庵。

曲江上洞村

等　　级：三级
基本类型：050113 特色镇村
是否开发：是
行政位置：韶关市曲江区小坑镇上洞村委

资源简介

　　上洞村位于小坑镇东部小坑水库东面的小坑国家森林公园内，该村森林覆盖面积广，气候宜人，空气清新。有中国最美丽休闲乡村、广东省历史文化名村之称的曹角湾村是上洞村的一个自然村，该村文化底蕴深厚，人文风情独特。上洞村获评第三批"广东省文化和旅游特色村"。

西约白楼

等　　级：三级
基本类型：050202 特性屋舍
是否开发：否
行政位置：韶关市曲江区樟市镇西约村

资源简介

　　西约白楼属于不可移动文物，为西约村黄氏祖居，是曲江古围楼之一，因通体用白灰浆和卵石基，上青砖砌顶，呈苍白玉色，如冰川一样剔透，雄劲威武，故名白楼。其可视为客家文化、民俗风情的缩影。

万佛塔

资源简介

万佛塔根据唐、宋遗风，以花岗岩为基础，传统青砖塔身，采用传统建筑艺术结合现代技术建造。共13层，高108米，采用传统青砖、贝灰等材料修建，是广东省最高的佛塔。

等　　级：三级
基本类型：050309 塔形建筑
是否开发：是
行政位置：韶关市曲江区马坝镇南华村委南华寺旁

新钟围楼

资源简介

新钟围楼是一座清代建筑，属客家围垅屋，新钟围屋总体布局较完整，有鲜明的客家围龙屋风格，是曲江区现存不多的半圆形围龙之一，新钟围楼被列入曲江区第三次全国文物普查不可移动文物名录。

等　　级：三级
基本类型：050202 特性屋舍
是否开发：否
行政位置：韶关市曲江区樟市镇樟市村民委员会新中村

广东誉马葡萄酒庄园展示品鉴馆

资源简介

广东誉马葡萄酒庄园展示品鉴馆是由法式氛围的品酒区构成的独立厅、室、馆，庄园展示品鉴区可供游客详细了解庄园的整体规划、目前在售的酒类，品鉴葡萄酒。

等　　级：三级
基本类型：050203 独立厅、室、馆
是否开发：是
行政位置：韶关市乐昌市乐城街道月垱村

百臻山庄

等　　级：三级
基本类型：050217 民宿与特色酒店
是否开发：是
行政位置：韶关市乐昌市梅花镇深塘村苟塘村

资源简介

百臻山庄是集农业生产、观光休闲、康体养生于一体的民宿与特色酒店，其位于广东省乐昌市西部的梅花镇，隶属于百臻生态农业园项目，该项目是"乐昌市'十三五'规划重点实施项目"暨"国家级农村一二三产业融合发展重点县"建设项目之一。

上朔塔

等　　级：三级
基本类型：050309 塔形建筑
是否开发：否
行政位置：韶关市南雄市油山镇上朔村

资源简介

上朔塔原为宋塔，建于村顶村头坪，因地理先生说影响风水，于清初迁于村南五指石重建。该塔相传为镇妖压邪而建，居高可俯视全镇各村，可保佑村村平安。其建于山岭上，方圆十几里均能看到。上朔塔造型规整，塔身由下往上尺寸逐渐收敛，每层高度均匀递减，使外观显得稳重、美观，具有较高的古塔建筑工艺研究价值。上朔塔在1982年5月被公布为南雄县文物保护单位，2019年被列入第九批广东省文物保护单位。

城南森林公园

等　　级：三级
基本类型：050110 城市公园
是否开发：是
行政位置：韶关市仁化县丹霞街道城南村

资源简介

城南森林公园是一个公益开放类型森林公园，属于省级森林公园；2020年入选广东省自然教育基地。城南森林公园也是大中专院校植物学、动物学、生态学、植物保护等专业学生实习的宝地，森林公园内完善的科研监测设施，是科研院所开展科研科教的天然圣地。

大井村

资源简介

大井村是河富村的一个村小组，2019年河富村荣获"国家森林乡村"称号，大井村荣获"广东省十大魅力古树乡村"称号。大井村凭借古树独特的魅力，将大井村的古樟树群改造为"爱情主题公园"，其中两株樟树相邻相伴，树龄达400年以上，2020年入选"韶关十大樟树王"。

等　　级：三级
基本类型：050113 特色镇村
是否开发：是
行政位置：韶关市仁化县董塘镇河富村

铜鼓岭红军烈士纪念碑

资源简介

2011年4月21日，铜鼓岭红军烈士纪念碑被仁化县政府公布为仁化县文物保护单位。2016年，铜鼓岭红军烈士纪念碑代表广东入选《中国工农红军长征胜利80周年》纪念邮资明信片图片和"我心中的长征纪念地"，获省级国防教育基地、省级革命传统教育基地、省级中共党史教育基地、市级爱国主义教育基地称号。

等　　级：三级
基本类型：050306 碑碣、碑林、经幢
是否开发：是
行政位置：韶关市仁化县丹霞街道高联村

清凉山寺塔

资源简介

清凉山寺塔也称周所塔、前身塔，建于明万历年间，为县级文物保护单位。清凉山寺塔外观良好，但内部结构受损。因塔原建于清凉山寺院内得名，又因塔处清代周所墟市，俗称周所塔。清凉山寺塔为木板楼阁式七层六角叠檐砖塔，无顶。基层塔身边长3米，壁厚1.6米。塔身自下而上递减。每层以砖叠出双檐且均有砖砌角柱、斗栱、阑额、拱门、腰檐及平座。六面开设拱券门或假门，真门不设在同一直线上。

等　　级：三级
基本类型：050309 塔形建筑
是否开发：是
行政位置：韶关市始兴县城南镇周前村

澄江镇文化楼

等　　级：三级
基本类型：050105 文化体育活动场所
是否开发：是
行政位置：韶关市始兴县澄江镇文教路

资源简介

澄江镇文化楼是集书报刊阅读、宣传教育、文化娱乐、科普培训、体育健身等各类文化活动于一体的综合性文化大楼。澄江镇文化楼建筑面积达1 777米^2，分布6个楼层设有老年活动室、少儿阅览室、亲子活动室等9大功能室，并拓展延伸建设了风度书房、澄江文化展厅、新时代文明实践所、非遗展厅等。

水南村绿美古树公园

等　　级：三级
基本类型：050106 康体游乐休闲度假地
是否开发：是
行政位置：韶关市始兴县太平镇水南村

资源简介

水南村绿美古树公园为韶关市创建森林公园重点项目之一，是水南村地标式的生态公园。公园内有10多株挂牌保护的古樟树，其中一株"樟树王"树龄高达600年，参天的古树枝繁叶茂，也成为了水南村独一无二的标志。除此之外，公园内有着20万米^{2}的稻田，稻田平整连片，9月水稻金黄一片，形成独特的田园风光。公园绿意盎然，古樟树与稻田风光别具一格，是村民和游客休闲好去处。

心泉谷温泉旅游度假小镇（总甫温泉）

等　　级：三级
基本类型：050106 康体游乐休闲度假地
是否开发：是
行政位置：韶关市始兴县太平镇总甫村

资源简介

心泉谷温泉旅游度假小镇（总甫温泉）是韶关市重点项目，温泉旅游度假区。当地人称为"鸳鸯温泉"，水温达70 ℃，日均出水量约4 000米^3，一年四季水源充足。小镇用地约200万米^2，主要用于建设森林公园、露天温泉、园林景观等，为游客提供一个集温泉、度假、健康运动、乡村风情体验、居住于一体的国家级综合型温泉养生度假目的地。

珍珠村围楼

资源简介

珍珠村围楼包括坝仔六行堂和新楼仔围屋,为清末建筑风格,是研究当地清代客家民居建筑风格的重要实物资料。古围屋的平面呈"回"字形,大门开在正面北边,背面东边有一侧门,均为红砂岩条石门框。悬山顶,面铺小板瓦,外墙灰砂、石砌筑,面宽86米,纵深73米。

等　　级:三级
基本类型:050202 特性屋舍
是否开发:是
行政位置:韶关市翁源县坝仔镇珍珠村

黄洞红色村

资源简介

黄洞村被省委组织部确定为广东省第二批30个重点建设的"红色村"党建示范点之一,也是翁源县唯一的省定党建示范工程。2020年,黄洞村"广东省红色村党建工程示范点"正式挂牌。

等　　级:三级
基本类型:050113 特色镇村
是否开发:是
行政位置:韶关市翁源县江尾镇黄洞村

大岭儒林第

资源简介

大岭儒林第又称"潘氏儒林第""围龙屋",是独具清代客家建筑特点的建筑。该建筑侧重防御功能,外观宏伟,工艺讲究,对研究新丰地区清代客家建筑特点有一定的参考价值。

等　　级:三级
基本类型:050202 特性屋舍
是否开发:是
行政位置:韶关市新丰县梅坑镇大岭村塘陂岭

天空之镜观景点

等　　级：三级
基本类型：050302 观景点
是否开发：是
行政位置：韶关市新丰县黄磜镇茶峒村青云山脉

资源简介

　　天空之镜观景点是一个为了吸引游客而设立的网红打卡点，依托红叶世界的美景，在日落的照映下成为一道亮丽的风景线，是岭南红叶世界的人文景观台。踏上天空之镜，让人仿佛置身于天空中、云端里，与自然拥抱，被大自然治愈。

天井山自然科学馆

等　　级：三级
基本类型：050105 文化体育活动场所
是否开发：是
行政位置：韶关市乳源瑶族自治县洛阳镇田螺坑村

资源简介

　　天井山自然科学馆主要展示和解释与天井山森林公园有关的自然科学现象和知识，包括自然科学、森林生态等方面的知识，是广东首家以"森林"为主题，以探索森林生态奥秘，传播森林生态科普为设计理念，通过多媒体技术融合传统展示手法，生动再现了森林与人类、森林与家园关系的自然科学馆，致力于向公众传授科学知识和提高科学素养。天井山自然科学馆内部设有蝴蝶知识长廊、DIY活动区、《走进天井山》展区、森林的奥秘四大展区。

虚云老和尚纪念堂

等　　级：三级
基本类型：050109 纪念地与纪念活动场所
是否开发：是
行政位置：韶关市乳源瑶族自治县乳城镇云门村

资源简介

　　虚云老和尚纪念堂坐落于云门山大觉禅寺主体建筑群上方不远处的山坳里，是为纪念虚云老和尚而建的建筑场所，此处形若法座，四周花木扶疏，翠竹参天，显得格外肃穆和静谧。纪念堂皆由佛源老和尚发起修建。与云门寺其他主体建筑群一样，纪念堂也是黄墙绿瓦的两层建筑，占地面积118米^2，建筑面积236.8米^2。

韶关市博物馆——韶关工矿文化展馆

资源简介

展馆分为时代选择、峥嵘岁月、铸造辉煌、火红年代4个部分，突出了艰苦奋斗、甘于奉献、坚韧实干、追求卓越的韶关工矿精神，展览通过图文展板、实物、多媒体等展示手段，展示自中华人民共和国成立后，韶关作为广东省重工业城市为国家各项事业发展做出的突出贡献及根植于韶关的工矿精神。

等　　级：三级
基本类型：050105 文化体育活动场所
是否开发：是
行政位置：韶关市武江区工业西路90号

孟洲坝夜市

资源简介

孟洲坝夜市全长约1千米，是韶关目前最长、配套最齐全的夜市街。孟洲坝夜市地处孟洲坝至韶州体育公园之间，南临北江北靠芙蓉山，东望体育公园西接韶关新区，可远眺张九龄纪念公园，日出和日落时景色宜人。每晚进入孟洲坝摆摊的摊点大约在500档，平均每天消费者约有1万人次。

等　　级：三级
基本类型：050216 特色市场
是否开发：是
行政位置：韶关市武江区武江夜市（孟洲坝）西面停车场

灵照塔

资源简介

位于南华禅寺后庭藏经阁后、菩提树旁、祖师殿前。灵照塔为楼阁式八角五层砖塔。塔顶用生铁铸成"堵婆"式，铜铸宝瓶塔刹。灵照塔为后世弟子建造的禅宗六祖慧能衣钵塔，为南华寺现存最古老、最高的建筑。

等　　级：三级
基本类型：050309 塔形建筑
是否开发：是
行政位置：韶关市曲江区马坝镇南华禅寺内

广东誉马葡萄酒庄园酿酒与地窖区

等　　级：三级
基本类型：050203 独立厅、室、馆
是否开发：是
行政位置：韶关市乐昌市乐城街道月垱村

资源简介

广东誉马葡萄酒庄园位于广东省韶关市，是具有独特欧陆风情的全开放式葡萄酒庄园，也是广东省首家以全球顶级酒庄标准打造的集葡萄酒种植、葡萄酒酿造、葡萄酒文化旅游于一体的"三产融合"葡萄酒产业基地。其有透明的葡萄酒酿造生产车间、欧式地下酒窖，酿酒和地窖区极富庄园特色。

上东村欧阳氏宗祠

等　　级：三级
基本类型：050107 宗教与祭祀活动场所
是否开发：否
行政位置：韶关市乐昌市黄圃镇东村

资源简介

上东村欧阳氏宗祠原为"欧氏祖祠"，它是与乐昌二祠而言谓之三祠，所以称祖祠，始建于清嘉庆十二年（1807年）丁卯岁。该祠面积385米^2，主要建筑有门楼、厢房、主厅及两侧耳房，主厅为神间。欧阳氏宗祠的建筑特色是祠内的一对石麒麟、两面石侧鼓，更难得的是三副全青石柱，在粤北祠林是罕见的古建筑物。

大坪红色古村落

等　　级：三级
基本类型：050113 特色镇村
是否开发：否
行政位置：韶关市乐昌市梅花镇大坪村

资源简介

大坪红色古村落是具有观赏游览功能的乡村聚落。该村四面环山，村落不仅规模宏大，传统风貌也整体保存完好。传统建筑遗产璀璨，村中至今仍保存有清代宏伟的祠堂建筑群和连片的民居，凸显那个时代的文化品位、艺术追求和价值取向，有很高的历史研究价值，是一笔丰厚的历史文化遗产。

湖口镇张屋村

资源简介

湖口镇张屋村保留了较好的清代民居、祠堂、青石板街巷以及传统窗花雕饰等，以青砖青瓦的基调为主，整体建筑风貌协调，具有岭南村落的典型特征。张屋村崇文尚学，红色底蕴足，早期有很多革命前辈到外地求学，较早接触进步思想。如南方三年游击战争被誉为游击司令的赣粤边特委书记兼军分区司令员、政委曾昭秀，陈召南等一批杰出革命先辈中，就有很多来自湖口张屋村。

等　　级：三级
基本类型：050113 特色镇村
是否开发：否
行政位置：韶关市南雄市湖口镇湖口村

泷头村廉政步道

资源简介

泷头村廉政步道于2020年建成，廉政步道长度为400米，沿河流两边用青砖修建，廉政步道含有大棕石、竹林、小亭休息走廊等休闲宜居的设施配置。泷头村廉政步道以石头为载体，积极宣扬廉政文化，将《爱莲说》等著名文章附于石头上；警示领导干部时刻牢记勤政、廉政，对广大党员干部具有良好的教育意义。

等　　级：三级
基本类型：050310 景观步道、甬道、碧道、绿道
是否开发：是
行政位置：韶关市南雄市水口镇泷头村

水口村

资源简介

水口村红色文化色彩浓厚，被中共广东省组织部授牌为"广东省红色村党建工程示范点"。水口村是原中央苏区县南雄的一块红色热土，在这里发生的著名的中央苏区保卫战——水口战役，是中国近代革命史可歌可泣的辉煌篇章，具有重大的历史意义。水口战役沉重地打击了粤军，稳定了中央苏区南翼，为红军之后在北线作战创造了有利条件，也为1934年红军战略转移奠定了良好的基础。

等　　级：三级
基本类型：050113 特色镇村
是否开发：是
行政位置：韶关市南雄市水口镇水口村委会及周边

许村塔

等　　级：三级
基本类型：050309 塔形建筑
是否开发：否
行政位置：韶关市南雄市黄坑镇许村

资源简介

许村塔建于北宋，塔顶层有刻绍圣六年（1099年）纪年砖。许村塔高约为25米，塔基围21.6米，直径6.35米，墙厚2.3米，是一座平面六角五层楼阁式宋代砖塔。1982年5月，许村塔被列为南雄市文物保护单位。2019年4月，许村塔被列为第九批广东省文物保护单位。

泷头知青馆

等　　级：三级
基本类型：050105 文化体育活动场所
是否开发：是
行政位置：韶关市南雄市水口镇泷头村村委会旁

资源简介

泷头知青馆分为知青、红色、兰花、村史和农耕五大板块，分上下两层楼，楼下一层主要为兰花种植展陈，二楼主要以体现泷头村史、农耕文化、党建文化为主，整个馆坐落在泷头大森林里面，风景优美，景色秀丽，坐在馆内，兰花香味扑鼻而来，让人心旷神怡，休闲自然。

元宝石

等　　级：三级
基本类型：050314 堆石
是否开发：是
行政位置：韶关市南雄市珠玑镇梅关古道

资源简介

元宝石，又称扇布石、踩布石、飞雁石等，是古代染布作坊用于碾整染布成品的特有工具。元宝石摆放在梅岭的半山腰上，外形美观，如同元宝，厚约30厘米，高约70厘米，长约100厘米。其见证了中原文化在传承过程中经过梅关的重要节点，为说明织布业从中原传到岭南的历史事件提供了佐证材料，是中原与岭南文化传承、交融的有力见证。

高坪水库

资源简介

高坪水库是一宗以灌溉、发电为主，结合防洪、供水为一体的综合性水利枢纽工程，库区内有省级自然保护区。高坪水库水面如镜，清澈碧透，湖中岛屿6个，大小各异，形态万千，将湖面天然分隔，既有较为宽阔的水面，又有迂回曲折的港湾，湖光山色，相映成趣。水库大坝雄伟壮观，县道335线从坝顶通过，坝顶上视野开阔，既可远眺水库，也可以居高临下俯瞰坝后群山、峡谷。

等　　级：三级
基本类型：050207 堤坝段落
是否开发：是
行政位置：韶关市仁化县红山镇鱼皇村

贵庐

资源简介

贵庐是张发奎将军故居。1923年1月，张发奎任粤军第四军第一师独立团团长，参加了围剿陈炯明叛军和桂滇叛军的战斗。1923年10月，其二弟贵斌在河源战亡。1925年，任国民革命军第四军第十二师师长，次年在攻占汀泗桥、武昌城等作战中，因有战功升任被誉为铁军的第四军军长。其二弟贵斌的战亡令张发奎将军十分悲伤，后在家乡建楼时取名"贵庐"以作纪念。2012年10月20日，被广东省人民政府公布为第七批广东省文物保护单位。

等　　级：三级
基本类型：050109 纪念地与纪念活动场所
是否开发：是
行政位置：韶关市始兴县隘子镇风度村

司前刘屋村

资源简介

司前刘屋村是个传统客家古村落，坐北朝南，依山傍水，树木成荫，整座村庄坐落在青山绿水、一片鸟语花香之中，有"清林水乡"的美称。该村先后打造了水心坝、紫薇公园、下书房园林等工程，种植紫薇、黄花风铃、紫金花等名贵树种，为村民生活美丽宜居创造了良好的环境。该村先后获得"韶关市十大古村落""广东省卫生村""始兴县十大美丽乡村"等称号。

等　　级：三级
基本类型：050113 特色镇村
是否开发：是
行政位置：韶关市始兴县司前镇刘屋村

翁城乡土记忆旅游景区

等　　级：三级
基本类型：050105 文化体育活动场所
是否开发：是
行政位置：韶关市翁源县翁城镇翁城社区

资源简介

　　翁城乡土记忆旅游景区历史悠久，遗留大量珍贵遗址、建筑，积累了深厚的人文活动资源。景区包括翁城历史文化展览馆、1号粮仓、广肇会馆、文化公园、翁城八景及附属设施，拥有两个露天舞台，可用于表演和培训活动。景区分为三条旅游线路，路线一为老城记忆、路线二为农耕文化，路线三为乡土文化。

文安摄影艺术馆

等　　级：三级
基本类型：050105 文化体育活动场所
是否开发：是
行政位置：韶关市翁源县官渡镇六里街邮政路

资源简介

　　文安摄影艺术馆由涂文安先生亲自设计并出资建设，经过3年的施工，于2015年7月竣工；摄影艺术馆占地面积约3 000米^2，建筑面积共1 800米^2，分为3层。主要包括摄影作品展示馆、艺术交流中心、艺术家民宿等工社核心区建设项目。

八卦围

等　　级：三级
基本类型：050202 特性屋舍
是否开发：是
行政位置：韶关市翁源县江尾镇葸岭村

资源简介

　　八卦围为张九龄后裔所建，建于明弘治元年（1488年），是县级文物保护单位。围屋按周易阴阳八卦布局而建造，开有乾、巽、离、艮四门，用石灰、沙、石砌成，围屋的房室从外到内、由高到低排列。围屋以祖堂为中点，除正向外串以外，左右和后面都是按八卦阵层层加串，向外延，条条街巷都用鹅卵石铺砌，纵横交错。

连溪廉政教育基地

资源简介

连溪廉政教育基地是一个集廉政教育、农业观光、休闲、自然科普教育、农业新品种推广、农耕体验为一体的综合景区。连溪村打造了廉政教育展厅，树立了良好的民风、村风，提倡社会主义精神文明，促进了经济发展，创造了安居乐业的社会环境。连溪村获得"全国人居环境综合整治示范村、省社会主义新农村连片示范点"等荣誉称号。

等　　级：三级
基本类型：050203 独立厅、室、馆
是否开发：是
行政位置：韶关市翁源县江尾镇连溪村

桂竹村

资源简介

桂竹村2020年荣获"全国文明村"称号，2021年荣获"全国乡村治理示范村"。走进桂竹村，新时代乡村的闲适气息扑面而来，一条宽阔笔直的水泥路延伸到村委会和各村小组，途经桂竹村交通安全劝导站、文化服务中心、党群服务室、新时代文明实践站、村卫生站、绿道等，一幅美丽乡村景致映入眼帘。

等　　级：三级
基本类型：050113 特色镇村
是否开发：是
行政位置：韶关市翁源县龙仙镇桂竹村

翁源三华李基地

资源简介

三华李基地位于翁源县龙仙镇三华村，是广东省最大的三华李种植基地之一。直至如今，三华村种植面积已达到260万余米^2，三华李知名度已进一步扩大，在国家优质水果市场占一席之地。

等　　级：三级
基本类型：050104 建设工程与生产地
是否开发：是
行政位置：韶关市翁源县龙仙镇三华村

西莲山佛寺

等　　级：三级
基本类型：050107 宗教与祭祀活动场所
是否开发：是
行政位置：韶关市新丰县黄磜镇雪峒村

资源简介

西莲山佛寺是僧道主持和管理的佛教徒、道徒进行宗教活动的主要场所，是岭南地区少有的佛、道融为一体的寺庙。这里有海拔1 000米以上的高山草原、达摩头像石、白玉蟾炼丹泉等独特景观，自然生态资源和民俗文化资源丰富。寺四周群山环抱，环境优美，堪称远离尘俗的深山古寺。

丰正度假村

等　　级：三级
基本类型：050106 康体游乐休闲度假地
是否开发：是
行政位置：韶关市新丰县黄磜镇雪峒村旅游大道1号

资源简介

丰正度假村是集休息、游玩、娱乐等多方面因素构成的整体旅游区，是有专门人员从事度假经营活动的旅游地。丰正度假村环境优美，坐落在云髻山北面，四周环山，背靠千亩茶园，群山环绕，空气清新。

大桥古村

等　　级：三级
基本类型：050113 特色镇村
是否开发：是
行政位置：韶关市乳源瑶族自治县大桥镇大桥村

资源简介

大桥古村是许姓祖先迁来此地最初的居住地，是西京古道途中保存较完好的古老村落，已有600多年的历史。每年市级非遗"圣祖祭""契娭生日"文化旅游节活动都在大桥村举办。大桥村自古以来秉承着中原崇尚文化的优良传统，尊孔推儒，读书风气盛行。据《许氏族谱》记载"清代大桥村人才辈出，至清末，取得功名者150多人，其中七品以上的官员30多人。"2019年6月，被列入第五批中国传统村落名录。2019年9月，入选"广东省文化和旅游特色村"。

观澜书院

资源简介

观澜书院占地面积约1 500米², 建于清乾隆五十八年（1793年），由大桥十四世列贡生许景所建四进四合书院，被列为广东省文物保护单位。观澜书院内仍保存大量清代木匾、盆座石、石墩、石水盆等精细的木雕和石雕，书院各门的木牌对联保存完好。观澜书院包括拱秀门、观澜门、明德堂、资深堂和3个天井等几个部分。

等　　级：三级
基本类型：050203 独立厅、室、馆
是否开发：是
行政位置：韶关市乳源瑶族自治县大桥镇大桥村

南岭一峰科普生态园

资源简介

南岭一峰科普生态园是集农业种植、旅游观光、科普教育、休闲度假为一体的农旅基地，也是广东省境内海拔较高、生态保持较为完整的原生态农业观光园。原有的生态资源为科普工作建设提供了天然的场地。基地有超过2 000种的植物，有苔藓植物206种，蕨类植物188种，裸子植物29种1变种，被子植物2109种81变种。基地内挂牌植物及中药材多达100多种。2022年11月，南岭一峰科普生态园入选2021—2025年度第一批补充认定的全国科普教育基地。

等　　级：三级
基本类型：050103 教学科研实验场所
是否开发：是
行政位置：韶关市乳源瑶族自治县大桥镇红星村

深源古村

资源简介

深源古村建于明成化年间，因藏于深山，具有水源而得名，村内古道、古桥、古祠堂、古炮楼等古建筑，是典型的"山—水—田—村"客家农耕田园风貌。2018年深源村被住房城乡建设部列入"中国传统村落"名录；2021年，被广东省林业局认定为"2020年广东省森林乡村"；2021年，广东省爱卫会授予深源村2021年广东省卫生村荣誉称号。

等　　级：三级
基本类型：050113 特色镇村
是否开发：是
行政位置：韶关市乳源瑶族自治县大桥镇深源村

粤凰生态科技园

等　　级：三级
基本类型：050104 建设工程与生产地
是否开发：是
行政位置：韶关市乳源瑶族自治县洛阳镇阳升社区

资源简介

粤凰生态科技园是集森林旅游休闲度假、科学研究、科普教育、林下循环种养为一体的现代生态农业科技园。粤凰生态科技园历史悠久，有着悠久的人文背景和发展历程，且具有独立的生产通道，修建了8千米森林观光步行游道、瑶族药用植物园、有机蔬果种植、家禽养殖、昆虫养殖、露营地等游览场所。

乳源非遗文创孵化基地

等　　级：三级
基本类型：050204 独立场、所
是否开发：是
行政位置：韶关市乳源瑶族自治县乳城镇大群村

资源简介

乳源非遗文创孵化基地是乳源瑶族自治县对外宣传、展示非遗保护工作及成果、集非遗体验、对外交流、文创开发等多功能为一体的综合性基地，是粤北地区首个非遗文创孵化基地和首个文旅达人创新基地，是全市首家以非遗文创为亮点的新型文创产业空间、文旅达人创新空间。2022年12月19日，乳源非遗文创孵化基地揭牌仪式顺利举行，标志着粤北地区首个非遗文创孵化基地和首个文旅达人创新基地正式落地运营。

云门山景观玻璃桥

等　　级：三级
基本类型：050205 桥梁
是否开发：是
行政位置：韶关市乳源瑶族自治县乳城镇云门村委会坝背村

资源简介

云门山景观玻璃桥是跨越山谷修筑的、供游客步行观景赏美、体验刺激游乐的全透明高空玻璃架空通道，是广东省首座也是规模最大的全透明高空玻璃桥。玻璃桥为一座景观桥梁，位于云门山自然风景区内，悬于望君台直通对面山峰，两峰地势险峻，桥面全部采用透明玻璃铺设，像一幅天幕悬于望君台，一直通到对面高耸的山峰，两座山峰之间地势险峻，中间有长长的峡谷横穿。

通天塔

资源简介

建于明嘉靖二十五年（1546年），万历三十一年（1603年）重建，位于江心小岛上，坐北向南。塔基面积87米^2，为八角形，红砂岩石块构筑，在塔基西南方向的地下出土大量的素砖、瓦片和砖制构件，共有13个种类160多件，这些砖构件基本上都是预制件，都是为通天塔特制的。

等　　级：三级
基本类型：050309 塔形建筑
是否开发：否
行政位置：韶关市浈江区风采街道办环园路居委北江江心小岛

隆盛酱园

资源简介

隆盛酱园的历史可追溯至清乾隆年间的佛山酱园，至今已有300年的历史，其酱油的制作工艺是韶关市市级非物质文化遗产。隆盛的酱油共有15道大工，107道小工序，每道工序的细腻程度和要求都很高。

等　　级：三级
基本类型：050104 建设工程与生产地
是否开发：是
行政位置：韶关市浈江区新韶镇府管村

山蕉村知青馆

资源简介

1973年，遵照毛主席"知识青年到农村去"的重要指示批示精神，建设"韶关市山蕉知青农场"，1973—1978年，共安置、培养知青约2 380名。知青馆占地约1 900米^2，内设有知青文化讲堂、农耕生活体验区、柴火烹饪区等功能区，为游客提供沉浸式体验，深度还原当年生活场景，展现了火红年代知青岁月的珍贵记忆。

等　　级：三级
基本类型：050203 独立厅、室、馆
是否开发：是
行政位置：韶关市武江区西河镇山蕉村

白石梯田

等　　级：三级
基本类型：050211 景观农田
是否开发：是
行政位置：韶关市武江区江湾镇胡屋村委白石村

资源简介

白石梯田是在坡地上分段沿等高线建造的阶梯式农田，共15万米^2，呈阶梯状，高低参差、错落有致，种植油菜花、水稻等。弯弯曲曲的梯田环绕着村庄，优美的线条甚是好看。

拾贝湖公园

等　　级：三级
基本类型：050110 城市公园
是否开发：是
行政位置：韶关市武江区旺湖路与拾贝南路交汇处

资源简介

拾贝湖公园，由芙蓉村的石背窝水库开发并更名为拾贝湖，环湖绿道总长度约2.2千米，是市民休闲娱乐的好去处。通过在环湖绿道、邻水浅滩种植"市树"樟树和垂柳、水杉等，点缀樱花、红苞木、黄花风铃等花色乔木，布设红花檵木、黄金叶、勒杜鹃等彩叶灌木球，着力打造"樟树公园""迎曦草坪""芙蓉花海"等绿化景观亮点。

武江区图书馆

等　　级：三级
基本类型：050105 文化体育活动场所
是否开发：是
行政位置：韶关市武江区新华街道福林路38号

资源简介

武江区图书馆按国家二级图书馆建设标准，于2019年12月开放试运行。图书馆共5层建筑、建筑面积3 160米^2。馆内设有：藏书库、文化交流区、少儿期刊杂志区、少儿藏阅区、亲子阅读区、期刊杂志区、成人藏阅区、自修室、地方文献室、书法室及特藏阅览室等11个功能阅读区。

曲江人民公园

资源简介

曲江人民公园位于韶关市曲江区人民政府东面约1千米处，在曲江区马坝镇管辖区内。曲江人民公园植被覆盖率高，空气清新。2014年曲江区人民政府修建马鞍山绿道，绿道十分宽阔，两旁树木茂盛，是周围市民锻炼身体、休闲娱乐的场所。

等　　级：三级
基本类型：050110 城市公园
是否开发：是
行政位置：韶关市曲江区府前中路1号

曹溪门

资源简介

曹溪门是南华寺原来的第一山门，始建年代不详，原址在今门之西大樟树下，历代均有重建，如今所见曹溪门为1986年按旧门格式改为钢筋混凝土结构重建。门楣木匾的"南华禅寺"4个楷体金字，是原中国佛教协会主席、著名书法家赵朴初先生视察南华寺时所书。匾下两旁有副对联："庾岭继东山法脉，曹溪开洙泗禅门。"

等　　级：三级
基本类型：050301 形象标志物
是否开发：是
行政位置：韶关市曲江区马坝镇南华村委国道124线旁

乐昌市博物馆

资源简介

博物馆馆藏文物5 575件，其中国家一级文物5件，二级文物41件，三级文物276件。2004年乐昌市博物馆被韶关市政府公布为"爱国主义教育基地"。

等　　级：三级
基本类型：050105 文化体育活动场所
是否开发：否
行政位置：韶关市乐昌市乐城街道城南社区

云峰山生态旅游区

等　　级：三级
基本类型：050106 康体游乐休闲度假地
是否开发：是
行政位置：韶关市南雄市江头镇武岭村云峰山

资源简介

云峰山生态旅游区位于南雄市江头镇武岭村，海拔近800米，环境优美，水土、空气质量优良，负氧离子含量较高，山顶土地平旷，景观视野优美，是韶关市级森林公园。旅游区总规划面积约1 200万米^2，其中水域面积33万米^2，建成后将成为目前华南地区最大的蓝莓种植基地，最大的红枫、银杏观赏基地。

新龙塔

等　　级：三级
基本类型：050309 塔形建筑
是否开发：否
行政位置：韶关市南雄市坪田镇新龙村

资源简介

新龙塔，也称龙口宋塔，位于南雄市坪田镇龙口村，建于宋代，平面六角形，为楼阁式五层空心砖塔，原塔刹已毁。塔残高18米，基围19.2米，底层直径5.6米，用长34厘米，宽15厘米，厚5厘米的青砖筑成，砖缝为不定错开，缝用黄泥浆黏合。塔身砖砌阑额、依角柱、施斗拱。各层以菱角砖和拔檐砖叠涩出檐，置假平座，每层六面均开一圭形门。1982年5月列为南雄县文物保护单位。2015年被列入第八批广东省级文物保护单位。

莲开净寺

等　　级：三级
基本类型：050107 宗教与祭祀活动场所
是否开发：是
行政位置：韶关市南雄市雄州街道新运大道浈江南岸

资源简介

莲开净寺至今有300多年的历史，原名莲社庵，被称为"莲花涵佛性，开口念弥陀。"是粤北较大的尼众丛林之一。莲开净寺是由念纯大师创建于明朝，随着历史的变迁，该寺院衰于民末；抗战时期，殿堂只剩残垣断壁。改革开放以来，各地政府积极落实宗教政策，1994年由南雄市政府礼请当代禅宗大师本焕老和尚发起重建，至1999年12月全面落成。于2001年10月举行佛像开光大典。

犁牛坪风电场

资源简介

　　犁牛坪风电场坐落于南雄市邓坊镇和油山镇境内，海拔高度为500~860米，是南雄市重点打造的集新能源发电和旅游观光于一体的综合性产业。犁牛坪风电享有"蓝天白煤"的美誉，是南雄重点打造的一个"既是新能源开发又是旅游观光"的综合性项目，为南雄北片旅游又添一景，同时将为南雄市工业强市开启工业旅游新篇章。

等　　级：三级
基本类型：050104 建设工程与生产地
是否开发：是
行政位置：韶关市南雄市油山镇、邓坊镇（846县道附近）

延村尚书第

资源简介

　　延村尚书第位于油山镇延村，相传为纪念宋代端平年间兵部尚书冯迁而建于清乾隆二十年（1755年）。1987年重修，延村尚书第坐北向南，用青砖和泥砖筑成，葫芦刹，鳌吻；平面呈"凸"字形，通进深40米。头列为三间三楼式结构，中开大门，面宽8.5米，进深4米，门上匾额正面刻"尚书第"三字，背额刻"世宦名家"，均无落款。

等　　级：三级
基本类型：050307 牌坊牌楼、影壁
是否开发：否
行政位置：韶关市南雄市油山镇延村

虎踞桥

资源简介

　　虎踞桥始建于明代，造型奇特，结合了拱桥与梁桥两种结构形式，在长约57米的桥身上分布着3个圆拱形和4座船形桥墩，远远望去，就像两座不同风格的桥梁连接在一起一样。桥长约57米，宽约3.1米，高约2.4米。

等　　级：三级
基本类型：050205 桥梁
是否开发：是
行政位置：韶关市南雄市珠玑镇聪辈村

梅关古道饮马槽

等　　级：三级
基本类型：050314 堆石
是否开发：是
行政位置：韶关市南雄市珠玑镇梅关古道

资源简介

相传，此饮马槽始建于北宋年间，建在云封寺门前。自梅关古道开凿后，南北来往的官员、商贾和平民经此而过的人数日益增多，使之成为连接南北的主要交通要道；其中不乏许多骑马经过的人，然而马儿经过翻山越岭和长途跋涉，到达梅关顶上时早已饥渴难耐，驻足不前，急需补充水分，因此有了饮马槽。口渴的骡马一低头就能喝到水。从此以后，"转输不以告劳，高深为之失险"，南北交通大为改观。

洋湖村

等　　级：三级
基本类型：050113 特色镇村
是否开发：是
行政位置：韶关市南雄市珠玑镇洋湖村

资源简介

洋湖村物产丰富，山清水秀，地形地貌以丘陵为主，基础设施建设相对完善。随着脱贫攻坚的深入推进，洋湖村紧密结合珠玑特色文旅小镇建设，按照"一个中心、五个节点"建设理念，以"梅开五福"为设计元素，全力打造一个集民俗表演、旅游观光、生态休闲的民俗文化村。2021年洋湖村成功入选为第二批"广东省文化和旅游特色村"。

元升两岸花博生态园

等　　级：三级
基本类型：050213 景观林场
是否开发：是
行政位置：韶关市南雄市主田镇跃下村

资源简介

元升两岸花博生态园地处广东最北部，冬天的最低温度比广东大部分地区低5~7℃，形成了一个特殊的气候条件，非常适合种植多种亚热带偏温接近华中气候条件的特色植物。园区占地面积373万米^2，园内原生态山水秀丽，花木品种繁多，一年四季花期不断，集休闲、采摘、观光、体验于一体，致力打造3个世界之最"世界最大的樱花世界、最大的茶花博览园、最具特色的花木种植园"。

麦铁杖墓

资源简介

麦铁杖是南雄百顺人，生活于距今1 400多年前的陈朝和隋朝期间。陈朝太建年间，麦铁杖曾结伙为盗，被广州刺史捕获，罚为官府奴隶，为皇帝执掌御伞。后为隋朝大将军，随杨素征突厥立功，后战死在征讨高句丽的战役中。麦铁杖墓向北，依山而筑，墓坟为半圆形，用青石条和碎石块垒叠砌成，墓碑刻"隋宿国公麦铁杖之墓"，中上刻"山清水秀"，左刻"民国二十六年（1937年）重修"等字。

等　　级：三级
基本类型：050210 陵墓
是否开发：否
行政位置：韶关市南雄市百顺镇朱安村

雄州广州会馆

资源简介

在南雄城雄州街道胜利社区青云东路，有一座广州陈家祠式的古建筑，雕梁画栋，古雅精致，为广府（州）人所建的广州会馆。古代的南雄城，有广州、嘉应州、福建、江西等众多会馆，以广州会馆规模最大，建筑最宏伟，至今保留完整。雄州广州会馆坐北向南，建于高台之上，占地面积3 834米^2，为三进前低后高院落式建筑，其布局严谨，设计精巧，主次分明。

等　　级：三级
基本类型：050203 独立厅、室、馆
是否开发：是
行政位置：韶关市南雄市雄州街道青云东路123号

广府人家训馆

资源简介

南雄珠玑巷为广府人的发祥地，姓氏文化底蕴深厚。据考证，从珠玑巷南迁姓氏达185姓，广府人后裔7 000多万人，遍布珠三角及海外。2018年10月9日，南雄市历时半年多打造的传承和弘扬优秀传统文化的新名片——珠玑巷广府人家训馆正式开馆，这标志着南雄加强家风建设、弘扬传统文化有了新阵地，广大珠玑巷后裔、南雄本地干部群众传承优秀家风家训、践行社会主义核心价值观有了新平台。2020年广府人家训馆被评为广东省首批家教家风实践基地。

等　　级：三级
基本类型：050204 独立场、所
是否开发：是
行政位置：韶关市南雄市珠玑镇珠玑古巷景区

城口人民礼堂

等　　级：三级
基本类型：050105 文化体育活动场所
是否开发：是
行政位置：韶关市仁化县城口镇城群村

资源简介
　　城口人民礼堂的设计理念是还原红军长征时期人民会议室的场景，展现红军长征历史主题，同时融入习近平新时代中国特色社会主义思想元素。如今已成为城口红色小镇固定打卡点，成为全市红色文化教育现场教学点，成为当地群众精神文化生活新需要的重要载体，成为传播新思想、核心价值和红色文化的主流思想文化平台。

丹霞山韶音台

等　　级：三级
基本类型：050303 亭、台、楼、阁
是否开发：是
行政位置：韶关市仁化县丹霞街道

资源简介
　　丹霞山韶音台为广泛流传的舜韶文化的载体，历史悠久。它是在长老峰索道建成后，在宝珠峰东侧新建的观景平台，是观赏日出和晚霞的绝佳场所。站在韶音台，向东南方向可以远观僧帽峰、宝塔峰、玉屏峰，向南可以远望羊州寨、天柱石、穿窿岩等丹霞地貌景观。

丹霞碧道

等　　级：三级
基本类型：050310 景观步道、甬道、碧道、绿道
是否开发：是
行政位置：韶关市仁化县丹霞街道

资源简介
　　丹霞碧道从2014年开始筹建，是仁化县第一条"丹霞—仁化联动发展、生态—人文多元展示、慢城休闲—运动养生紧密结合"的和谐、生态、人文、优美的城市生态景观绿道。建成的绿道是仁化县实施城市扩容提质、打造休闲旅游"慢城"的标志性工程，也是满足人民群众日益提升的生活品位的需要。

丹霞山云崖栈道

资源简介

云崖栈道其义是常在云中，紧依悬崖。位于阳元山南坡的紫云崖，是景区内最险要的登山路段之一，也是世界上最长、最高的栈道之一。它不仅有着壮丽的自然风光，还蕴含着深厚的文化底蕴，是中国传统文化和自然美学完美融合的代表作品。

等　　级：三级
基本类型：050310 景观步道、甬道、碧道、绿道
是否开发：是
行政位置：韶关市仁化县丹霞街道

丹霞山老山门

资源简介

丹霞山老山门是南方典型的门洞式标志坊，是用于进入长老峰景区的重要通道，也是丹霞山旅游开发的重要实物见证资料。老山门基座红砂岩构砌，琉璃黄色瓦面。左右墙分别为"丹霞旭日"和"丹霞拥翠"瓷画；后面左右分别为"雾隐群峰现，胜景明阳开"和"锦江似银带，丹山若蓬莱"瓷画。现已列入韶关市不可移动文物。

等　　级：三级
基本类型：050301 形象标志物
是否开发：是
行政位置：韶关市仁化县丹霞街道车湾村

丹霞山新山门

资源简介

丹霞山新山门又名丹霞山外山门，是丹霞山中新建的一具有丹霞山特色的红色石门。门楼充分利用了建筑空间，采用了内空结构。为了突出丹霞地貌的形态特征，外山门采用了自然主义的表现手法，取丹霞地貌的"赤城千仞""万古金城"之基本特征，浓缩为一个仿自然建筑实体。

等　　级：三级
基本类型：050301 形象标志物
是否开发：是
行政位置：韶关市仁化县丹霞街道车湾村

城南村

等　　级：三级
基本类型：050113 特色镇村
是否开发：是
行政位置：韶关市仁化县丹霞街道城南村

资源简介

城南村是丹霞街道办的一个山美、水美、景秀的美丽生态宜居村庄。近年来，城南村认真落实管护责任，全面加强古树名木保护，制定并落实了一系列的乡村景观林带提升建设规划，建设了山美、水美、景秀的美丽生态宜居家园。2019年12月25日，城南村被评为国家森林乡村。

韶州印象精品文化酒店

等　　级：三级
基本类型：050217 民宿与特色酒店
是否开发：是
行政位置：韶关市仁化县丹霞街道黄屋村

资源简介

韶州印象精品文化酒店成立以来先后被市场监督管理局和仁化县食药监局评为"守合同重信用"企业，获得餐饮服务食品安全等级A级、韶关放心餐馆等荣誉称号。2017年被评为韶关市五星级乡村旅游民宿。2021年12月22日，韶州印象精品文化酒店被广东省旅游星级饭店评定委员会批准为银鼎级文化主题旅游饭店。

中国白毛茶原种园

等　　级：三级
基本类型：050104 建设工程与生产地
是否开发：是
行政位置：韶关市仁化县红山镇新山村

资源简介

中国白毛茶原种园是仁化县最大的茶树品资源圃和良种繁育试验基地，是仁化县茶叶品种的"博物馆"。其中丹霞1号和丹霞2号被广东省农作物品种审定委员会2012年审定为省级茶树良种。白毛茶原种园不仅是本地品种的展示窗口，也是仁化县与华南农业大学、广东省农业科学院茶叶研究所的科研合作基地。此外，茶园还具备加工工艺的研究功能，是仁化县茶叶生产技术的重要对外交流平台和科普基地，是集采茶、品茶、休闲观光为一体的茶叶主题公园。

蚂蚁公社

资源简介

蚂蚁公社总体定位为生态、教育、旅游相结合的生态乐园和教育营地，为社会大众尤其是中小学生提供原生态、无动力、人文化的产品，园区内涵盖生态农业、科普教育、亲子游乐、休闲度假四大板块，以"弘扬革命传统，传承农耕文化"为宗旨，是"红色旅游体验+农耕文化体验"相结合的一站式研学亲子旅游目的地。现为韶关市市级研学基地。

等　　级：三级
基本类型：050106 康体游乐休闲度假地
是否开发：是
行政位置：韶关市仁化县石塘镇石塘村

灵溪趣营地

资源简介

灵溪趣营地是集露营、烧烤、户外活动的私人休闲憩息场所。趣营地背靠森林和灵溪河，享有天然原始自然风光。景区内提供露营帐篷、烧烤美食、团建游戏、亲子互动、露天电影，组织开放不同主题露营活动，提供不同方式的露营行程计划，景区内有湖泊景观，提供专门自助扎营区。

等　　级：三级
基本类型：050106 康体游乐休闲度假地
是否开发：是
行政位置：韶关市仁化县周田镇下洞村

灵溪彩虹索道

资源简介

灵溪彩虹索道位于国家3A级景区丹霞灵溪森林度假景区的核心区，是灵溪景区的旅游体验点，属于峡谷观光索道，是粤西北地区最长的索道之一。灵溪彩虹索道设有双向来回，复线式架空索道，缆车车厢为七彩颜色，乘坐彩色的小缆车可在空中尽情地观赏灵溪河大峡谷的风景；亦可俯瞰峡谷下刺激动感的灵溪河漂流和激流潭瀑布的醉人佳境。

等　　级：三级
基本类型：050302 观景点
是否开发：是
行政位置：韶关市仁化县周田镇下洞村

沈所塔

等　　级：三级
基本类型：050309 塔形建筑
是否开发：是
行政位置：韶关市始兴县沈所镇沈北村

资源简介

沈所塔是进入始兴盆地最令人瞩目、雄伟壮观的标志性建筑物，是古人祈求始兴之地文风兴盛、人才辈出的"五星聚奎"文塔。沈所塔坐西向东，为平面六角九层楼阁式砖塔，高30米，以斗拱菱角牙砖和挑檐砖出檐，底层边长3.95米，厚2.45米，塔身由下至上逐层缩小。1990年7月，始兴县人民政府公布始兴沈所塔为县级文物保护单位。

红梨村竹苞松茂围楼

等　　级：三级
基本类型：050202 特性屋舍
是否开发：是
行政位置：韶关市始兴县马市镇红梨大安坪村

资源简介

红梨村竹苞松茂围楼为清代围楼，为马市镇红梨3A级旅游景区重要文旅资源，省级文物保护单位，不可移动文物。竹苞松茂围楼是方形大围，属清代砖石结构的四合院式围楼，由青砖、河石、瓦木等构筑，5层结构。2010年11月公布为县级文物保护单位。

学宫大成殿

等　　级：三级
基本类型：050204 独立场、所
是否开发：是
行政位置：韶关市始兴县太平镇白石坪村

资源简介

学宫大成殿始建于宋嘉定年间，清乾隆四十六年（1781年）拆旧建新。学宫大成殿屋脊两端，黄色琉璃龙戏中心绿珠，屋顶为卷棚重檐，瓦面琉璃滴水。四根朱红色圆木檐柱，置于上为鼓形凹边，下为方面束腰之石柱基础之上，柱高6米，直径为0.33米。殿内空间宽敞，八角藻井彩绘与透雕相辉映，四根圆形柱直指藻井，四边各柱顶端均设3层抹角斗拱负重，整个建筑古朴、雅典、庄严，是县内古代最具规模之殿堂。

始兴文昌阁

资源简介

始兴文昌阁坐东北向西南，整座建筑砖木构筑，为重檐歇山顶，盖青瓦，梁架穿斗式和抬梁式相结合，四角飞檐翘角，右侧墙壁上存有八方重修时的碑记，清楚详细地记载了文昌阁的建筑年代和重修历史，该阁始建于明代，历经多次重修，现存为清朝嘉庆十四年（1809年）重修的建筑。面阔15米、进深15米、二层高9米，建筑面积200米^2。1990年7月，始兴县人民政府公布其为县级文物保护单位，现为广东省文物保护单位，对研究清代建筑具有较高价值。

等　　级：三级
基本类型：050303 亭、台、楼、阁
是否开发：否
行政位置：韶关市始兴县太平镇城北社区

东湖坪客家民俗文化村

资源简介

东湖坪客家民俗文化村自然旅游资源和人文旅游资源集聚，旅游资源种类多。有数百年历史文化积淀所形成的众多古迹、民风民俗，如曾氏宗祠是由孔子的学生曾参的后裔在二百年前集资兴建。目前，村内保留有九栋十八厅曾氏祠堂、永成保障等重要建筑。结构独特，建造坚固，反映着当年客家文化的丰硕和经济富庶，更是岭南建筑文明的代表。2023年1月成功入围新时代始兴十景之一。

等　　级：三级
基本类型：050113 特色镇村
是否开发：是
行政位置：韶关市始兴县太平镇东湖坪村

水南村中古坑生态园区

资源简介

水南村中古坑生态园区依山而建，结合原始生态自然风光，依托始兴县独特的资源优势、区位优势及产业基础，划分为一廊、双心、两带、四区，通过大力发展生态体验、山地运动、康体健身等业态，并引入部分养生养老研发、培训机构，构建三养三生产业集群，成为大丹霞区域生态健康特色功能板块，已打造成为"始兴健康谷，丹霞会客厅"，成为韶关城市新名片和文旅休闲目的地。

等　　级：三级
基本类型：050106 康体游乐休闲度假地
是否开发：是
行政位置：韶关市始兴县太平镇水南村

崇益堂围楼

等　　级：三级
基本类型：050202 特性屋舍
是否开发：否
行政位置：韶关市始兴县太平镇瑶村村上邓组

资源简介

崇益堂围楼由瑶村邓纯杰、邓纯周兄弟俩于1931年兴建，1934年建成。崇益堂围楼整体布局为中间祖堂，两侧民居，天井较大，民居两厅两房组合。民居后有两座小型客家围楼，犹如双星并立，在客家围楼建筑中别具一格，具有独特风格。2012年10月公布为广东省文物保护单位。

中国第一颗（空投）原子弹模型

等　　级：三级
基本类型：050305 雕塑
是否开发：是
行政位置：韶关市翁源县坝仔镇半溪村

资源简介

中国第一颗（空投）原子弹模型为我国研制的第一颗空投型原子弹2:1仿制的。1965年5月14日，中国第一颗空投型原子弹在新疆罗布泊核试验场内的靶标上空爆炸试验成功。原子弹"空爆"成功，标志着中国彻底打破了西方大国的核垄断，使原子弹具备实战能力，具有了真正意义上的核威慑。

马牯塘村

等　　级：三级
基本类型：050113 特色镇村
是否开发：是
行政位置：韶关市翁源县龙仙镇马牯塘

资源简介

马牯塘村是美丽乡村建设点，主要种植马牯塘莲、蔬菜、稻谷等经济作物。总面积3千米^2，每逢节庆都有舞狮表演，有着避邪的寓意，寓意生活安康、顺应自然。同时家家都有祭祖的传统，每逢有女出嫁，村民会在村内一同聚餐，表演节目。

韶关市

森涞大丰茶叶庄园（大丰观光休闲农场）

资源简介

森涞大丰茶叶庄园是将休闲观光旅游与农业结合在一起的一个旅游活动农场。庄园可体验采茶、炒茶等制茶过程，感受生动形象的茶文化等。设有游客大厅、土特产中心、餐厅、观光工厂、茶文化展示中心、茶叶DIY中心、茶园观景客房及观光茶园等，可满足游客多元化的需求，是休闲旅游观光学习的胜地。

等　　级：三级
基本类型：050104 建设工程与生产地
是否开发：是
行政位置：韶关市新丰县黄礤镇茶峒村

竹林古寺

资源简介

竹林古寺是一座远离尘俗的深山古寺，是新丰佛教发祥地，也是度假、游览观光的胜地，在当地具有一定的知名度。对研究新丰地区佛寺建筑艺术和建筑风格有一定的参考价值。

等　　级：三级
基本类型：050107 宗教与祭祀活动场所
是否开发：是
行政位置：韶关市新丰县遥田镇大埔村丹桂山下

新丰香樟公园

资源简介

香樟公园是樟树主题公园，是乡村振兴、新农村建设的成果，也是新丰县"创森"的亮点工程，通过建设以保护古树为主题的古树公园，实现科学、有效、可持续利用古树景观资源，为人们创建一个以生态休闲为主、设施完善的古树公园，丰富村民们的精神文化生活。

等　　级：三级
基本类型：050105 文化体育活动场所
是否开发：是
行政位置：韶关市新丰县遥田镇江下村

遥江莲种植基地

等　　级：三级
基本类型：050211 景观农田
是否开发：是
行政位置：韶关市新丰县遥田镇江下村

资源简介

遥江莲种植基地是江下特色产业，也是观光农业，是家喻户晓的旅游景点之一，也是江下村的致富密码。形成了"藕尖+莲花观赏+莲子+莲藕+荷花鱼+荷塘鸭"的立体化生态循环种养模式，形成"合作社+农户+基地"的经营模式，带动长期就业的村民30余人，成为了全镇产业兴旺的"新样板"。

潘家寨原生态农业种植观光园

等　　级：三级
基本类型：050104 建设工程与生产地
是否开发：是
行政位置：韶关市新丰县梅坑镇茶坑村

资源简介

潘家寨原生态农业种植观光园是一种新型的"农业+旅游业"性质的生态农业模式庄园。生态农业观光园区分两区即核心区和示范区。在四季宜人的观光园内，平时难得一见的动植物也能触手可及。观光园由水晶梨园、竹川园、野牛茶菇园、香菇园、鹰嘴桃园等多园组成，养殖跑川鸡、箭猪、黑山羊，以及包括鲤鱼、鲩鱼等在内的原生态鱼类。在这里，还能见到灵芝、土茯苓等珍稀药材。

云髻山温泉大酒店

等　　级：三级
基本类型：050217 民宿与特色酒店
是否开发：是
行政位置：韶关市新丰县丰城大道西紫城188号

资源简介

云髻山温泉大酒店是一家由广州白天鹅酒店管理公司管理，集豪华客房、大型宴会、高端会议、特色温泉等于一体的旅游度假酒店。酒店整体装修恢宏大气。酒店的外观采用青砖白墙的徽派风格，简约低调之中不缺威凛。在云髻山温泉大酒店，不论是包间还是大厅，优质的服务和干净整洁的环境，都在给予每位顾客舒心的就餐体验。

仙堂山生态茶场观光体验园

资源简介

仙堂山生态茶场观光体验园是按照生态学原理和生态规划建立起来的多成分、多层次、多功能、结构稳定、系统平衡和具有稳定持久的经济、生态、社会三大效益的茶园体验场所。主要产品为有机绿茶、红茶、乌龙茶、高山茶。仙堂山茶园已建成徒步观光步道，特色民宿，茶园加工观光场，是观光旅游、品茶、观星、体验特色民宿和手工炒茶的好去处。

等　　级：三级
基本类型：050106 康体游乐休闲度假地
是否开发：是
行政位置：韶关市新丰县黄礤镇茶峒村

益盛楼

资源简介

益盛楼是新丰县马头镇秀田村内的一座特性屋舍，具有观赏游览的功能。整个建筑保存较完好，是研究新丰地区清代民居较好的实物资料。2012年被新丰县人民政府列为新丰县不可移动文物。

等　　级：三级
基本类型：050202 特性屋舍
是否开发：否
行政位置：韶关市新丰县马头镇秀田村

梅坑镇温泉山庄集群

资源简介

以温泉、住宿、农庄等服务行业为主的温泉旅馆共有数十家。每到周末时分，温泉小镇处处停满了外地小汽车，游人如织。温泉山庄集群有84间温泉经营户，其中新丰江源温泉是国家3A级景区，如耀庄是韶关市五星级民宿，祥发温泉和松景泉是韶关市四星级民宿。当地围绕温泉产业，建成本地风味农家乐餐馆20多间，每年全村接待人流量可达60多万人次。

等　　级：三级
基本类型：050106 康体游乐休闲度假地
是否开发：是
行政位置：韶关市新丰县梅坑镇梅东村沙塘下

丰衣足食农家大院

等　　级：三级
基本类型：050106 康体游乐休闲度假地
是否开发：是
行政位置：韶关市新丰县丰城街道横江村下坝

资源简介

丰衣足食农家大院是新丰县目前规模较大的融山水景色、田园风光、农家风情、地方美食、休闲娱乐等于一体的农家乐山庄。农家大院本着"回归自然，以人为本"的宗旨，坚持自产自食，生态有机。农庄极富田园之美、河塘之鲜、山野之根，为每一位食客提供健康美味及山野之趣。

新丰后山公园

等　　级：三级
基本类型：050110 城市公园
是否开发：是
行政位置：韶关市新丰县丰城街道后山公园

资源简介

新丰后山公园属于城市公园旅游资源，是集运动、休闲、娱乐等功能于一体的地标公园。随处可见"文明"的画面。文明指示牌、精致的社会主义核心价值观宣传造型设计等元素巧妙融入环境，让市民在游园之余接受"润物细无声"般熏陶。

枫溪谷度假村

等　　级：三级
基本类型：050106 康体游乐休闲度假地
是否开发：是
行政位置：韶关市新丰县丰城街道黄陂村茨菇坑九里香石锅鱼庄河对面李子园

资源简介

枫溪谷度假村是集住宿、游泳、唱K、爬山、烧烤、泡温泉于一体的综合性度假村。度假村外墙装潢以橙色色调为主，度假村内有免费停车场、水上乐园、游泳池、温泉泡池、茶室、餐厅，场内有客栈民宿、温泉木屋别墅等多元化的住宿环境可供选择。

新丰县体育馆

资源简介

新丰县体育馆是新丰县的标志性建筑。其为椭圆形结构，馆内设有嘉宾休息室，运动员休息室，可举办省、市一级的乒乓球、羽毛球、排球、篮球、体操等项目的比赛和大型的歌舞会。此外，还建有露天灯光球场、门球场、乒乓球场，以及设置大批体育健身器材等，成为县城开展群众体育、竞技体育活动的中心。

等　　级：三级
基本类型：050105 文化体育活动场所
是否开发：是
行政位置：韶关市新丰县丰城街道黄陂路青少年宫东 70 米

沙田油菜花种植基地

资源简介

沙田油菜花种植基地是一个专门种植油菜花的基地。在峰林间、田野里、农舍前，一蓬蓬、一簇簇油菜花迎着风绽放，似一片片金色的海洋，在阳光下泛起层层波澜。油菜花开放，花粉中的花蜜，引来彩蝶和蜜蜂在花丛间飞舞。

等　　级：三级
基本类型：050211 景观农田
是否开发：否
行政位置：韶关市新丰县沙田镇咸水村

花竹泉温泉养生酒店

资源简介

花竹泉温泉养生酒店是以养生为主题的新丰首家禅文化主体温泉养生酒店。整个酒店被群山叠抱，翠竹环绕，村居山前。酒店的整体设计朴而不素，采用中国传统禅修风格，白色外墙与素黑的瓦顶，与群山和农庄相连，仿佛一处淡然宁静、惬意静谧的世外桃源。

等　　级：三级
基本类型：050217 民宿与特色酒店
是否开发：是
行政位置：韶关市新丰县沙田镇咸水村

蓝山源岭南东方酒店

等　　级：三级
基本类型：050217 民宿与特色酒店
是否开发：是
行政位置：韶关市乳源瑶族自治县大桥镇岩口村

资源简介

蓝山源岭南东方酒店是岭南酒店的高端品牌，酒店的建筑风格呈现亚洲东方特色，装潢布置体现现代舒适，富有地方特色的文化氛围，为宾客缔造尊贵完美的服务体验。景区客房楼群由6个区域组成，以南岭山脉的南麓葱郁林海为画布，将精心设计的客房布局于绵延青山绿水中；贯彻生态度假村的设计理念，让建筑与环境和谐共处，倾心刻画归心自然、诗意栖居的旅行体验。

丽宫餐厅

等　　级：三级
基本类型：050215 特色店铺
是否开发：是
行政位置：韶关市乳源瑶族自治县乳城镇健民村

资源简介

丽宫餐厅是供游客购买当地特产、享用当地特色菜肴、观光休憩的场所，2022年主打丽宫陈皮、瑶家特色、云门斋菜三大特色菜系，2023年推出了极具养生价值的原生态"粤北花菇王宴"，深受食客们青睐与赞赏。餐厅大堂气势磅礴的中式大堂彰显瑶族风情，以"中国乳源过山瑶刺绣图纹"作为吉祥富贵的图腾文化，再现了古代瑶族人民刀耕火种、祭祀礼拜等生活生产的场面，使游客品味现代时尚之余置身瑶家风情中，可承接各类酒席宴会。

云门寺南汉碑

等　　级：三级
基本类型：050306 碑碣、碑林、经幢
是否开发：是
行政位置：韶关市乳源瑶族自治县乳城镇云门村

资源简介

云门寺南汉碑是云门寺藏经阁旁矗立的大汉韶州云门山光泰禅院匡真大师实性碑，为省级文物保护单位。云门寺南汉碑高约1.6米，正面刻有汉字，字体端庄秀丽，现存《匡真大师实性碑》和《匡圣弘明大师碑》两块南汉石碑，虽然规模不大，但是它的历史价值和文化意义极高，是广东省内知名的历史文物之一。

伍家村供港蔬菜基地

资源简介

伍家村供港蔬菜示范基地总规划1 000万米^2，目前已种植草珊瑚约133万米^2。基地建成后，实现了花坪镇伍家村小组集体经济从"0"到"1"的突破。农户借助供港蔬菜示范基地平台，依托广东润丰农业发展集团有限公司在蔬菜种植技术、品牌建设、市场营销等方面的优势，破解蔬菜种植难题，打造特色蔬菜品牌，打开一、二线城市市场，有效实现增收致富。

等　　级：三级
基本类型：050104 建设工程与生产地
是否开发：否
行政位置：韶关市浈江区花坪镇伍屋村

大村展馆

资源简介

华南教育历史研学基地（大村）是抗日战争时期岭南大学、东吴大学、岭南大学附属中学等知名学校内迁粤北办学的校址所在地，是极具历史价值与文化价值的抗战时期华南教育遗址。大村展馆记录了这一时期各学校在该地的重要历史事迹，是挖掘办学历史、追忆华南教育的摇篮。

等　　级：三级
基本类型：050109 纪念地与纪念活动场所
是否开发：是
行政位置：韶关市浈江区犁市镇大村村委会铁路林场（华南教育历史研学基地内）

自在天

资源简介

自在天内有翡翠雕刻而成的翡翠观音像，其原石重110吨，经陆路三年半送至北京，由40位国家级顶尖雕刻工艺大师用心雕刻10年完成，是迄今为止世界上最大的翡翠观音造像。自在天是禅思、静坐和观想的绝佳之地。站在这里，佛音禅乐响起，恍若进入佛国圣地，内心的烦忧随着时间一点一点消散。

等　　级：三级
基本类型：050203 独立厅、室、馆
是否开发：否
行政位置：韶关市曲江区小坑镇汤湖村委

南雄稻虾养殖基地

等　　级：三级
基本类型：050214 景观养殖场
是否开发：否
行政位置：韶关市南雄市古市镇丰源村

资源简介

南雄市古市镇碧桂园南雄稻虾基地是由村级党组织领头创办的经营主体，在千亩村集体土地资源打造而成。该基地利用临近浈江、凌江的区位优势，以及适宜小龙虾养殖的生态环境，通过基地示范带动当地养殖能手、创业大户等农户及贫困户参与养殖，以基地、合作社为主导对接市场形成产业链，以"公司＋合作社＋基地＋贫困户"的产业化经营模式，将其打造成了一个集现代农业综合开发、观光旅游、垂钓于一体的综合性龙虾养殖基地。

雄州廊桥

等　　级：三级
基本类型：050205 桥梁
是否开发：是
行政位置：韶关市南雄市利民路172号附近

资源简介

雄州廊桥的前身为河南桥，位于城南河南街，横跨浈江河，该桥原是南雄最早的石砌拱桥，始建于南宋开禧二年（1206年），称万寿桥，后改称太平桥，又称南门桥。近年来，南雄市对河南桥危桥进行拆除并升级改造，新建一座多功能人车通行的综合景观廊桥——雄州廊桥，于2020年10月2日成功竣工通车，标志着南雄市城镇提升工作取得了又一阶段性成果。

X344 落羽杉风景线

等　　级：三级
基本类型：050218 景观公路
是否开发：是
行政位置：韶关市始兴县城南镇河南村

资源简介

X344落羽杉风景线是集生态养生、文化创意、乡村旅游、运动健身为一体的景观公路。依托X344线两侧进行落羽杉的整体栽种，并进行人居环境整治，打造以X344生态资源为载体，以"山水书画，慢行乐游"为主题特色的旅游地，已成为始兴具有独特魅力的旅游名片。

车八岭伯乐珍稀植物苗圃园

资源简介

车八岭伯乐珍稀植物苗圃园栽种的植物均为人工培植保育的车八岭珍稀物种，是本区优良树种、特有树种的种苗繁育、就地保护、极小种群研究的实践基地，也是培育国家重点保护植物的原生树种园。目前培育的品种有国家一级重点保护植物伯乐树及香樟、闽楠、红椿、野茶树、半枫荷等60余种珍稀植物，并建立珍稀植物回归基地供科普参观，是科研监测和科普教育的理想之地。

等　　级：三级
基本类型：050103 教学科研实验场所
是否开发：是
行政位置：韶关市始兴县罗坝镇大水村

荔竹坝古村落

资源简介

荔竹坝古村，始建于明朝万历年间，周边生态景观优美，村内以宗祠为中心，呈弧形布局。荔竹坝村是依山坡就势而建的，几十栋南方常见的黛瓦白墙屋错落而建，上为旧村落，下是新农村，国道220从村庄中间穿行而过。村庄四周绿树掩映，青竹摇曳，翠盖蔽空，蔚为奇观。荔竹坝村老村场至今有已几百年历史，老屋围绕着大厅成"U"形建筑，建筑风格独具特色。

等　　级：三级
基本类型：050113 特色镇村
是否开发：是
行政位置：韶关市始兴县深渡水瑶族乡坪田村荔竹坝组

永成保障围楼

资源简介

永成保障围楼由砖石、瓦和木构筑。该围楼坐北向南，平面呈长方形，面阔19.12米，进深20米，4层高约11米。顶层四面出檐，四角稍高稍凸出。河石砌墙到顶，红砂岩石砌拱门，青砖砌围角和窗，底层外墙厚1.3米。围内有天井，二楼以上四面出靠栏（走廊）。天井内有水井一口，红砂岩石凿成圆形井圈，直径0.92米。门楣"永成保障"，上款：大清光绪二十一年（1895年）冬，镜川兄弟权侄造，下款：仙嵒张之洞书。

等　　级：三级
基本类型：050202 特性屋舍
是否开发：否
行政位置：韶关市始兴县太平镇东湖坪村

岩庄八角庙

等　　级：三级
基本类型：050309 塔形建筑
是否开发：是
行政位置：韶关市翁源县坝仔镇岩庄一心村

资源简介

岩庄八角庙是翁源县第一批文物保护单位。共五层八角，高26.7米，原设有木质上下阶梯（已毁），门额上方灰塑"八角庙"3个大字。寺庙为楼阁式砖塔，平面呈八角形，塔体首层为砂石砌结，其余用灰砂、青砖砌结，塔顶系辘筒瓦面，顶端置一葫芦式塔刹，通高26.7米，底层边长3.1米。

康公塔

等　　级：三级
基本类型：050309 塔形建筑
是否开发：是
行政位置：韶关市翁源县龙仙镇蓝青村

资源简介

康公塔坐西北朝东南，属楼阁式砖石结构，各层设额，有拱门，檐下饰菱角牙子装点。塔墙以灰砂、砖石砌结，塔身部分残缺，层层有拱门，外塔以菱角砖叠涩出檐，并涂朱砂颜色，三层用青砖砌结三道线条置檐塔顶用瓦覆盖，顶部饰葫芦塔刹。康公塔占地面积5米^2，高12米，塔基边长2.3米，平面呈六角形，攒尖顶楼阁式，共3层。

龙仙公园

等　　级：三级
基本类型：050110 城市公园
是否开发：是
行政位置：韶关市翁源县龙仙镇岭头村、城南社区

资源简介

龙仙公园是林、园结合，兼具时代特征和地域文化的森林公园。主要由环山绿道、休息亭、小广场以及比较有标志性意义的望仙楼组成。龙仙公园建设总面积55万米^2，是翁源县城老城区的重要景观之一。

翁源三华李观光园

资源简介

翁源历届县委、县政府都高度重视水果生产，积极引导群众种植三华李，直至如今，新尧村种植面积已达到173万米^2，年产量500万斤（1斤=500克）。三华李知名度已经进一步扩大，在国家优质水果市场占一席之地。三华李观光园已开展了农业观光、花果采摘、农家乐等活动。

等　　级：三级
基本类型：050104 建设工程与生产地
是否开发：是
行政位置：韶关市翁源县龙仙镇新尧村

新丰维也纳酒店

资源简介

维也纳酒店是一家豪华装修的精品商务型酒店，主要经营住宿。维也纳酒店以高贵为主色调的空间感，极具设计感，辨识度高，尽显精选的大气内敛之态；在设计上融入"音乐艺术主题酒店小维也纳的设计创意"，装饰上面镶嵌各种乐器或者乐谱，让人产生一种与音乐相拥之感。

等　　级：三级
基本类型：050217 民宿与特色酒店
是否开发：是
行政位置：韶关市新丰县丰城街道横江村大广高速出口维也纳酒店新丰店

高灵仙庙

资源简介

高灵仙庙位于乳源瑶族自治县大桥镇大桥村麒麟山中的岩洞内，供奉着南岭观音，占地面积约5 000米^2，建筑面积为2 000米^2，是大桥村村民开展祭祀、传统民俗文化活动的场所。高灵仙庙整个庙宇分为前殿、中殿、后殿以及左右侧殿，其中主殿为三进式的建筑，梁架表面和柱子都有许多精美的浮雕。如今高灵仙庙已是一座规模宏大、历史悠久的文化遗产，广受游客和信众的瞩目和赞誉。

等　　级：三级
基本类型：050107 宗教与祭祀活动场所
是否开发：是
行政位置：韶关市乳源瑶族自治县大桥镇大桥村

华瑶茶叶深洞基地

等　　级：三级
基本类型：050104 建设工程与生产地
是否开发：是
行政位置：韶关市乳源瑶族自治县洛阳镇深洞村

资源简介

华瑶茶叶深洞基地是以成片的茶园梯田为基础发展而成的、集茶业生产、农业观光、休闲旅游等为一体的综合性生态农业园。茶园根据地形特色营造了大片梯田景观，便于管理和收割，同时也营造出观赏美感。2019年，华瑶白毛茶获得"广东省名牌产品认证书"、荣获广东省第十三届"粤茶杯"茶叶质量竞赛特等金奖。

瑶山王茶仙谷

等　　级：三级
基本类型：050104 建设工程与生产地
是否开发：是
行政位置：韶关市乳源瑶族自治县洛阳镇深洞村委会岭下村

资源简介

瑶山王茶仙谷茶树种植基地——瑶山王茶仙谷是著名的茶叶产区，周边有大面积的茶树种植园，这些茶园为当地茶叶生产提供了丰富的原材料。茶仙谷内有一处空军雷达站，这个历史遗迹见证了抗战时期中国军队的英勇战斗。其附近有多家温泉度假村，游客可以在此享受温泉浸泡、按摩舒缓和饮食住宿等服务。瑶山王茶仙谷所在的洛阳镇是瑶族聚居区，当地有浓郁的瑶族文化氛围，包括瑶族民居、服饰、音乐、舞蹈等。

乳源农旅特色小镇

等　　级：三级
基本类型：050201 特色街区
是否开发：是
行政位置：韶关市乳源瑶族自治县乳城镇大群村

资源简介

乳源农旅特色小镇是依托乳源当地特色产业和特色环境因素，打造的具有明确产业定位、文化内涵、旅游特征和社区功能的综合开发项目——农旅商贸特色小镇。乳源农旅特色小镇是一个具有浓郁岭南瑶族风情的小镇。小镇建筑多数采用传统瑶族符号建筑风格，古朴典雅，以红色为主色调，与周围的自然环境相协调，是一个具有岭南特色的传统小镇，有着丰富的历史文化和优美的自然环境。

宋田文塔

资源简介

宋田文塔是一座修筑于明朝的单塔式古建筑，曾是宋田先民供奉文昌帝君的道家传统建筑，是宣扬文化、崇尚文学、提高文化素养、祈求读书功名的象征，具有较重要历史文化价值，被列入乳源瑶族自治县文物保护单位名录。

等　　级：三级
基本类型：050309 塔形建筑
是否开发：是
行政位置：韶关市乳源瑶族自治县乳城镇共和村委宋田村

云门山飞行营地

资源简介

云门山飞行营地是云门山生态文化旅游区高空赏景、体能挑战、游玩体验的专门场所，地势平坦开阔，暑期晴空万里，风景优美。营地划分为动力伞区和热气球区。动力伞主体是滑翔伞加发动机，一次飞行承载2人，一位飞行员一位游客，感受高空凉爽的风，欣赏一下触手可及的云彩，眺望远方。热气球的动力就是燃烧器，没有方向舵，自由随风而行，可俯瞰飞行营地全景地貌。

等　　级：三级
基本类型：050204 独立场、所
是否开发：是
行政位置：韶关市乳源瑶族自治县乳城镇云门村委会坝背村

乳源蔬菜产业园

资源简介

乳源蔬菜产业园是集特色蔬菜科技研发、种植、加工、物流、旅游观光为一体的综合性现代化农业园区。产业园主要由蔬菜大棚、冷库、水肥一体化、有机肥厂、玻璃大棚构成，园区种植蔬菜丰富多样，园内安装了现代化的园林灌溉设施，使蔬菜种植效益更佳。通过政府、协会、企业通力合作，形成了"龙头企业＋专业合作组织＋产业基地＋农户＋科研单位""五位一体"的产业模式，为产业园发展提供了有力的科技支撑。

等　　级：三级
基本类型：050112 特色产业园区
是否开发：是
行政位置：韶关市乳源瑶族自治县一六镇团结村

山城水都现代农业种植园

等　　级：三级
基本类型：050112 特色产业园区
是否开发：是
行政位置：韶关市乳源瑶族自治县一六镇团结村

资源简介

山城水都现代农业种植园是充分利用自然景观、自然生态及环境资源所开发的集中草药如石斛种植，水果、蔬菜以及食用农产品的研发、检验、种植与批发、零售，农业休闲观光活动策划、游览景区管理，体验式拓展活动及策划，露营地服务等于一体的农业产业园区。目前已建成韶关市农业科技示范园，是国家3A级旅游景区"乳源山城水都阳光湖农旅公园"重要的农业资源载体。

武江区文化馆

等　　级：三级
基本类型：050105 文化体育活动场所
是否开发：是
行政位置：韶关市武江区新华街道红玫路28号

资源简介

武江区文化馆于2019年10月正式对外开放，馆内面积3 460米^2，内设非遗工作室、文艺创作室、书法室、美术室、音乐室、舞蹈室、电子阅览室、演艺厅、展览厅、多功能室和培训厅等共11间功能室，并设立了文化长廊、少儿活动区和老年活动区等公共开放场所。

芦溪瑶族村

等　　级：三级
基本类型：050113 特色镇村
是否开发：是
行政位置：韶关市曲江区樟市镇芦溪瑶族村委

资源简介

芦溪瑶族村群山迭起，满山青翠，铺满鹅卵石的山涧溪水潺潺，一栋栋独具风情的瑶式洋楼矗立在半山腰水泥路两旁，红红的灯笼点缀在洋楼间，嘹亮的山歌声回荡在山间。芦溪瑶族村依托当地优美的生态环境和独特的文化资源，大力发展"生态+旅游""文化+旅游"，乡村旅游取得长足发展，走出了一条乡村美、产业兴、村民富的发展之路。

悦城度假山庄

资源简介

悦城山庄有集观光、农业科普、旅游等于一体的生态杨梅种植基地，以杨梅节为宣传爆点，开展"农户＋合作社"经营模式，带动周边农民致富。以蔬果采摘、农家美食、亲子自然教育为主导功能，面向家庭近郊休闲市场，发展亲子乡村休闲游。于2017年被评为广东省休闲农业与乡村旅游示范点。

等　　级：三级
基本类型：050106 康体游乐休闲度假地
是否开发：是
行政位置：韶关市曲江区马坝镇小坑村委官陂塘村

经律论国际酒店

资源简介

经律论国际酒店是集健康管理、温泉养生、休闲度假为一体的五星级酒店。酒店整体建筑外观气势恢宏，是简约雅致的东南亚地区设计风格。酒店充分利用优质的地理位置以及合理开发利用地热温泉资源，集禅修、温泉、度假、养生为一体，以禅修、休闲度假、旅游服务为主营业，诠释了可动可静，既可谈禅、论道、打坐、静修，又可领略大自然之美。

等　　级：三级
基本类型：050217 民宿与特色酒店
是否开发：是
行政位置：韶关市曲江区小坑镇汤湖村委

华南教育历史研学基地国立中山大学农学院演习林场

资源简介

华南教育历史研学基地位于景区尽头牌坊至山脚，全长13千米，该基地采用高规格设计、严标准施工，选用优质材料，安全性能高。乐昌林场自然教育基地是省林业局2020年认定的30个自然教育基地之一。对帮助人们，特别是中小学生了解自然、热爱自然、开阔眼界、增长知识，提高其知识层面、开发创新精神和动手实践能力具有重要意义。

等　　级：三级
基本类型：050103 教学科研实验场所
是否开发：是
行政位置：韶关市乐昌市乐城街道大昌社区

743矿场

等　　级：三级
基本类型：050104 建设工程与生产地
是否开发：否
行政位置：韶关市南雄市澜河镇澜河村

资源简介

1955年，毛主席在中南海主持召开会议，会上决定立即组建找铀队伍，为研制核武器提供急需的铀资源。广东地质局组建勘察队勘察，发现南雄县澜河镇境内花岗岩层中的矽头矿点，为743矿的建设与发展奠定了基础。在743矿建设与发展过程中，留下了大量矿区遗迹、历史人文底蕴，曾有众多骨干力量、矿内职工、矿外民工为新中国的核工业发展、核武器制造作出贡献。743矿场成为新时代工业旅游、红色旅游发展的宝贵资源，是红色革命教育体验区。

里东戏台

等　　级：三级
基本类型：050303 亭、台、楼、阁
是否开发：是
行政位置：韶关市南雄市珠玑镇里东村

资源简介

里东戏台建于清乾隆四年（1739年），重修时，整座建筑盖当地常用的灰色筒瓦。坐东南朝西北，建筑为三进，内双天井连接。首进及门廊地面铺青砖，二进、三进为泥地，首进与二进间的天井地面铺鹅卵石。里东戏台占地面积376米^2，建筑面积353米^2。辅台与侧台楼板只有2~2.5厘米厚，楼面比表演区高45厘米，前廊进深2.8米，进深为6.4米。

梅关古道半山亭

等　　级：三级
基本类型：050303 亭、台、楼、阁
是否开发：是
行政位置：韶关市南雄市珠玑镇梅关古道

资源简介

在南雄梅岭南坡的"来雁亭"至梅关关楼的中段，建有一处凉亭，名为半山亭，是供游人休息的地方。始建于宋代，清光绪十三年（1887年）南安知府周浩重建时更为今名。梅关古道半山亭面积为27米^2，边长1.85米，亭高7.44米。以鹅卵石堆砌地基，亭棚顶及地面均嵌有梅花图案，轻巧秀美。亭内石刻一副百字长联，系广东梅县人、清朝"岭南第一才子"宋湘所作。亭子前对陈毅元帅《梅岭三章》诗碑廊，后靠红梅丛林，环境优美且富有文化气息。

珠玑六祖寺

资源简介

相传六祖惠能得到五祖的衣钵后,为逃离北宗神秀追杀,奋力南逃,至梅岭时,早已筋疲力尽、口渴难耐,于是用锡杖一敲,甘泉喷涌。此时,神秀追兵已赶至梅岭。只见一武夫和尚追杀过来,惠能急中生智,把袈裟披在一块大石头上,自己躲在一旁。和尚慑于佛法未敢取动衣钵,向惠能跪拜:"我非为衣钵而来,为法而来。"后人感顽石之灵,名之曰"衣钵石";叹锡杖之妙,把那股清泉名曰"锡杖泉";念佛法无边,便在梅岭建"六祖寺",纪念六祖。

等　　级:三级
基本类型:050107 宗教与祭祀活动场所
是否开发:是
行政位置:韶关市南雄市珠玑镇梅岭村(梅关古道关楼以南150米处)

丹霞山雪岩寺

资源简介

丹霞山雪岩寺位于丹霞山长老峰景区海螺峰东侧基部,坐西北朝向东南,雪岩寺是研究丹霞山宗教文化、历史发展的重要实物资料。2011年4月21日经仁化县人民政府公布为文物保护单位。雪岩寺旁有一眼同样建于明末的石乳泉,二者同列为第九批广东省文物保护单位。

等　　级:三级
基本类型:050107 宗教与祭祀活动场所
是否开发:是
行政位置:韶关市仁化县丹霞街道

丹霞山丹梯铁索

资源简介

丹霞山丹梯铁索为长老峰锁钥,是通向观日亭的必经路之一。站在御风亭山顶望去,两纵依山而凿的楼梯近70°,丹梯上端是霞关,旧称海山门。近处的姐妹峰、远处的巴寨、茶壶峰与锦江构成了一幅无与伦比的自然风景。

等　　级:三级
基本类型:050310 景观步道、甬道、碧道、绿道
是否开发:是
行政位置:韶关市仁化县丹霞街道

青湖塘村

等　　级：三级
基本类型：050113 特色镇村
是否开发：是
行政位置：韶关市仁化县丹霞街道黄屋村

资源简介

青湖塘村是丹霞山东北门外的一个旅游新村。村内有青湖塘自然教育基地协会，还种植了3.3万米²的荷花观光园。村中自然教育基地与教育、亲子机构联合举办户外拓展、农耕体验、亲子活动、艺术课程等，同时与丹霞山整体打包成一条线路进行整体推广，形成"文化＋旅游＋教育"的发展模式。

牛鼻村

等　　级：三级
基本类型：050113 特色镇村
是否开发：是
行政位置：韶关市仁化县丹霞街道夏富村

资源简介

牛鼻村是丹山锦水360°环绕的原生态村落，为锦江游线末站、观音送子景点最佳观看地。它集自然生态、田园景观于一体，是生态旅游、观光农业的理想地；它融乡土民俗、历史文化于一身，是吃住游乐、休闲度假的好地方。在2018年"环丹霞山十大景点"评选中荣获第三名。

张屋古村"风度流芳"门楼

等　　级：三级
基本类型：050307 牌坊牌楼、影壁
是否开发：否
行政位置：韶关市仁化县周田镇周田村

资源简介

张屋古村"风度流芳"门楼具有明、清建筑的特有风采，对研究唐代名相张九龄故里的人文历史有一定价值，现已被韶关市人民政府公布定为韶关市第七批文物保护单位。

周前圩戏台

资源简介

周前圩戏台建于清光绪年间,乃周所墟的商家为活跃当地文化、凝聚人气、拓展商机,集资兴建的三面开口伸出式的古戏台。戏台南北两侧分别为卵石铺巷道,是交易场所。每年元宵及阴历三月二十五日飞云庙菩萨生日,商家们便要轮流请湖南戏班、江西戏班等登台演戏,连演几天,远近乡民都赶来观看,热闹非常。现在有兴趣的游客,还可以上台一展歌喉,过一把戏瘾。

等　　级:三级
基本类型:050303 亭、台、楼、阁
是否开发:是
行政位置:韶关市始兴县城南镇周前村

坪田乡村旅游示范基地

资源简介

坪田村地处清化河流域及其冲积的司前盆地腹部——坪田山间盆地,西靠重峦叠嶂的猴子石东麓,东傍滔滔北去的清化河,南、北有小溪注入清化河。村内有一株古树被评为"全国最美树王"之一的"米椎王"。坪田村是广东省级"一村一品、一镇一业"(蜂蜜)专业村、始兴谢氏的发源地、广东省第六批古村落。

等　　级:三级
基本类型:050113 特色镇村
是否开发:是
行政位置:韶关市始兴县深渡水瑶族乡坪田村

汇川别墅围

资源简介

汇川别墅围为楼砖、石、瓦和木构筑,坐东北向西南,平面呈长方形,面阔18米,进深20.8米,5层高15米。顶层四面出檐,四角稍凸出成炮角。围墙牢固结实,底层外墙厚1米。底层竖一字形窗,二层以上梅花形窗。正门楣"汇川别墅",民国十年(1921年)学源立,围的左面开侧门,侧门楣"凤起平阳"。围内有水井一口,有木梯可登楼。二层以上天井出靠栏(走廊)。2015年12月被评为第八批广东省文物保护单位。

等　　级:三级
基本类型:050202 特性屋舍
是否开发:否
行政位置:韶关市始兴县太平镇城郊村

始兴广州会馆

等　　级：三级
基本类型：050203 独立厅、室、馆
是否开发：是
行政位置：韶关市始兴县太平镇城中社区

资源简介

始兴广州会馆位于始兴县墨江河畔边的一条街巷内，会馆总面阔12米、进深25米、高8.9米，建筑总面积有268.8米^2。整座建筑选用水磨青砖砌成清水墙，古朴典雅。会馆铺面正屋宽约一丈三尺，右为侧屋，面宽一丈。正屋门面凹进两尺，中间大门宽四尺、高七尺，以水泥石米批搪，上面砌一块横石板，刻"广州会馆"四个大字，下刻有"咸丰丁巳"一行小字，虽在"文革"中被毁，但仍模糊可辨。1990年，被始兴县人民政府列为"县级文物保护单位"。

坝仔滨河绿道

等　　级：三级
基本类型：050310 景观步道、甬道、碧道、绿道
是否开发：是
行政位置：韶关市翁源县坝仔镇坝仔居委会

资源简介

坝仔滨河绿道是整个河滨公园的重要组成部分，它的设计建设以优化城乡生态环境为理念，挖掘和突出地方人文特色，串联历史建筑和传统村落等文化元素，依山傍水，并适当配套服务、休憩、标识系统、照明等设施，提升居民休闲场所环境品质。滨河绿道全长1.6千米。

中国核工业"开业之石"模型

等　　级：三级
基本类型：050305 雕塑
是否开发：是
行政位置：韶关市翁源县坝仔镇半溪村

资源简介

中国核工业的"开业之石"是国务院国有资产监督委员会首批发布的核工业行业12项工业文化遗产之一。是一块带有美丽黄色花纹的灰黄相间的铀矿石，1:1比例复制品。

外翰第

资源简介

建于清光绪前期,为广东省第六批文物保护单位,是湖心坝民居群的重要名片之一。外翰第平面呈不规则的曲尺形,纵横最大宽距均约40米,是村内规模较大,保存较完整的一座古围屋。围屋墙体为砂石夯土墙基,上以青砖砌结或夯土砖砌,木屋架坡顶瓦屋面。占地面积约1 090米^2,总建筑面积712米^2。

等　　级:三级
基本类型:050202 特性屋舍
是否开发:是
行政位置:韶关市翁源县江尾镇南塘村

陈璘公园

资源简介

陈璘公园是集旅游观光、休闲游憩、文化展示为一体的城市公园,由陈璘雕像、古色古香的牌楼、太子太保亭、高耸的龙柱等组成,其中威风凛凛的陈璘将军塑像是代表性建筑物,让人一睹一代名将的风采,营造了颇具历史价值的翁源文化氛围。石碑上的陈璘诗向我们传达着陈璘将军的那一份英勇杀敌、爱国抗倭精神。

等　　级:三级
基本类型:050110 城市公园
是否开发:是
行政位置:韶关市翁源县龙仙镇滨河东路

明星村

资源简介

明星村于2018年被评为省级卫生村,2019年被评为翁源县美丽庭院示范村,2021年获评韶关市综合治理民主法治村、市级文明村、翁源县党建示范村。当前,明星村正在积极创建省级文明村,着力擦亮文明村的名片。

等　　级:三级
基本类型:050113 特色镇村
是否开发:是
行政位置:韶关市翁源县翁城镇明星村

礤下祝泰寺

等　　级：三级
基本类型：050107 宗教与祭祀活动场所
是否开发：是
行政位置：韶关市翁源县周陂镇礤下村

资源简介

祝泰寺始建于明洪武三年（1370年），是周边几个村的村民主要祭祀活动场所。祝泰寺内供有铁佛二尊、铜佛二十四尊、山门铁金刚二尊。祝泰寺占地面积400米²，里面的佛像高2米，宽1米。

新丰县上强农业生态园

等　　级：三级
基本类型：050104 建设工程与生产地
是否开发：是
行政位置：韶关市新丰县丰城街道高桥村

资源简介

上强农业生态园为私营企业，主要建设高端水果种植示范园，是生态农林体验展示基地、农耕文化旅居基地、森林休闲康养基地、户外研学教育基地、户外体育运动基地、中草药种植基地。是集农产品加工厂房、农产品电商示范园、农业科普展厅、特色民宿、餐饮等于一体的农业绿色生态园。

水云净舍精品民宿

等　　级：三级
基本类型：050217 民宿与特色酒店
是否开发：是
行政位置：韶关市新丰县梅坑镇梅东村佛子岭13号

资源简介

水云净舍精品民宿是集度假、旅游、观光、温泉、聚会、禅修为一体的新兴温泉民宿。水云净舍是一家徽派建筑的温泉民宿，民宿整体建筑采用"新中式"，青灰白墙，整体幽雅整洁，店内采用岭南园林特色，最大限度地采用绿化和水的灵动结合。

韶关市
优良级旅游资源图鉴

佛源老和尚纪念堂

资源简介

佛源老和尚纪念堂坐落于云门山大觉禅寺主体建筑群上方2~3千米处的山坳里,为纪念佛源老和尚而建。纪念堂占地约3 000米^2,是以石木结构为主体、以灰白和灰蓝为主色调的仿古建筑。佛源老和尚舍利塔位于纪念堂右前方,舍利塔上方搭建了一个六方亭,使舍利塔免受太阳照晒和雨水淋湿。佛源老和尚纪念堂坐落于云门寺静谧山林中,周围环境幽雅,空气清新,是休闲度假和寻访历史文化的好去处。

等　　级:三级
基本类型:050109 纪念地与纪念活动场所
是否开发:是
行政位置:韶关市乳源瑶族自治县乳城镇云门村

游溪镇瑶客共生油菜花公园

资源简介

游溪镇瑶客共生油菜花公园是环绕国家一级、韶关市十大名树之一的樟榕合抱古树所规划、设计的,可供种植、采摘、体验油菜花花海的生产地与田园综合体。每年的2—4月为最佳赏花期,盛花期为每年的3月中旬。因为统一种植数量大,开出的花呈现黄色,形成一片金灿灿的花海,十分鲜艳漂亮,一眼望去此起彼伏,既具独特自然风光,更是一个天然氧吧。

等　　级:三级
基本类型:050104 建设工程与生产地
是否开发:是
行政位置:韶关市乳源瑶族自治县游溪镇中联村路佛高村

百年东街

资源简介

百年东街是韶关市新开发的商业步行街,曾是华南历史上最繁荣的商贸街之一。东街两边的建筑多为南洋骑楼的建筑风格,有多个特色商业组团,其中包括瀑布酒店、文化广场、特色餐饮、品牌服装、绿色长廊、购物商场等,占地面积约9万米^2,配有地下停车场。

等　　级:三级
基本类型:050101 社会与商贸活动场所
是否开发:是
行政位置:韶关市浈江区风采街道东堤路

山外山文旅园

等　　级：三级
基本类型：050106 康体游乐休闲度假地
是否开发：是
行政位置：韶关市浈江区犁市镇黄竹村委会牛栏前村小组

资源简介

山外山文旅园是集"产、学、研"于一体的综合性基地，景区结合当地生态旅游条件，因地制宜，充分利用各种资源，合理开发，科学布局，力求将园区打造为集休闲度假、娱乐康养、产、学、研、团建于一体的景区。

沙园乡村生态休闲示范点

等　　级：三级
基本类型：050106 康体游乐休闲度假地
是否开发：是
行政位置：韶关市浈江区犁市镇沙园村

资源简介

沙园乡村生态休闲示范点主要以稻渔综合种养模式为主，结合当地环境特色发展生态农业，促进当地乡村休闲观光旅游发展。目前已建成集农业科普、工业量产和旅游业观光三大产业链于一体的田园综合体，将进一步推动"农业＋旅游"乡村休闲新业态发展。

双塘印雪印章公园

等　　级：三级
基本类型：051111 主题公园
是否开发：是
行政位置：韶关市武江区天子岭莞韶园双塘印雪内

资源简介

双塘印章公园以梅为题，篆印千枚。遍邀名家，精雕细刻，勒于石上，集印成山；借山石之景表现篆刻艺术，此举乃国内首创。印章错落，坚韧挺拔，而又不失温润可人。景区以 2 500 枚以梅为主题的印章，将自然景观与人文景观完美融合，给游人带来惊喜。

双塘印雪两塘书院

资源简介

两塘书院位于双塘印雪内，书院共4层，地面两层，地下两层，目前最高层为观景台，中间两层为展区部分，有3个展区，分6个部分介绍，这里的作品是从2 000多个作品中挑选出来的印章作品。

等　　级：三级
基本类型：050105 文化体育活动场所
是否开发：是
行政位置：韶关市武江区西联镇莞韶园双塘印雪内

山水静苑民宿

资源简介

山水静苑民宿是南华寺周边代表性民宿，是韶关市四星级民宿、花园式民宿。民宿背靠青山，面朝园景，院中戏山水，庭中品好茶。山水静苑整体风格古朴禅意，无论是院子、客厅走廊或是居住的房间，处处是民宿主人禅意的装饰。

等　　级：三级
基本类型：050217 民宿与特色酒店
是否开发：是
行政位置：韶关市曲江区马坝镇南华村委会下丘村21栋

鱼鲜花林古寺

资源简介

鱼鲜花林古寺已有1 500多年历史，为江广两省古代岭南名胜古刹之一。花林古寺在广东境内是历史最早的寺院，被称为岭南山脉中的古佛圣地和古刹奇观。历代以来都有高僧主持，虚云长老也曾在这里弘过法。1949年北江第二支队与国民党63军激战于南亩墟，花林古寺当时是红军的指挥部。

等　　级：三级
基本类型：050107 宗教与祭祀活动场所
是否开发：否
行政位置：韶关市南雄市南亩镇鱼鲜村

城口文化健身广场

等　　级：三级
基本类型：050105 文化体育活动场所
是否开发：是
行政位置：韶关市仁化县城口镇城群村

资源简介

城口文化健身广场位于仁化县城口镇南边东、西两河汇合处的萝卜坝，又称萝卜坝广场、城口红军纪念广场。2019年9月，城口文化健身广场被列入城口红色革命遗址群，被中共广东省党史研究室公布为广东省中共党史教育基地。

梦觉关摩崖石刻

等　　级：三级
基本类型：050304 书画作
是否开发：是
行政位置：韶关市仁化县丹霞街道

资源简介

梦觉关摩崖石刻是全国重点文物保护单位丹霞山摩崖石刻的一部分。摩崖石刻篆刻在大型蜂窝状洞穴中，在洞穴内壁上，粒状、鳞片状风化剥落十分常见。主洞左侧和右侧分别可见数个小型洞穴，说明主洞受到持续的风化作用影响，由多个小洞贯通扩大而形成。

通天峡摩崖石刻群

等　　级：三级
基本类型：050304 书画作
是否开发：是
行政位置：韶关市仁化县丹霞街道

资源简介

通天峡摩崖石刻群位于长老峰景区上层，是全国重点文物保护单位丹霞山摩崖石刻的一部分。在丹梯铁索、御风亭两侧部分，包括"呼吸通天""竿头进步""通天峡""宜若登天""洗心处"等。通天峡处有清代摩崖石刻5幅，两幅摩崖石刻年代不详；丹梯铁索左侧陡壁上刻有"别有天"三字，阴刻，幅高、宽分别为3.56米、10.9米，是目前丹霞山发现的最大幅的摩崖石刻。

东坑生态茶园

资源简介

东坑生态茶园始建于1986年，是仁化县最早建立的农户高产示范园，曾创连片单产140千克纪录。该示范园建于高坪水库东面，自然环境和茶园小气候条件优越，采收时间明显长于周边茶园。茶园环境优美，历来是仁化县茶园观光首选地。

等　　级：三级
基本类型：050104 建设工程与生产地
是否开发：是
行政位置：韶关市仁化县红山镇鱼皇村

张屋古村张氏宗祠"金鉴流芳"祠堂

资源简介

张屋古村张氏宗祠"金鉴流芳"是村中最大、最雄伟，也是目前保存得最好的宗祠。2020年9月3日，周田村张氏宗祠及门楼被韶关市人民政府公布定为韶关市第七批文物保护单位。

等　　级：三级
基本类型：050107 宗教与祭祀活动场所
是否开发：否
行政位置：韶关市仁化县周田镇周田村

周前古骑楼

资源简介

周前古骑楼两层结构，整体高约10米，占地约200米^2。结构共分3段：下段为宽约为4米的走廊列柱、中段为楼层、上段为檐口或山花；沿街的一面在各层窗台以下的墙面或檐口窗楣处大多都有丰富的装饰花纹或浅浮雕。

等　　级：三级
基本类型：050308 门廊、廊道
是否开发：是
行政位置：韶关市始兴县城南镇周前村

翁源县坝仔胜龙名茶生产基地

等　　级：三级
基本类型：050104 建设工程与生产地
是否开发：是
行政位置：韶关市翁源县坝仔镇蓝河村

资源简介

坝仔胜龙名茶生产基地是广东省标准化生产示范园，也是省农科院茶叶研究基地，2007年获得了中农质量认证中心（中国农业科学院茶叶研究所有机茶研究与发展中心）认证的"珠江源"有机茶认证。2022年2月被评为广东省农业龙头企业，是广东省韶关市国家生态产品生产基地，是岭南最美茶园之一。

珍珠村

等　　级：三级
基本类型：050113 特色镇村
是否开发：是
行政位置：韶关市翁源县坝仔镇珍珠村

资源简介

珍珠村是翁源县重点打造的兰乡古韵坝仔镇示范片的核心点之一。珍珠村有丰富的围楼文化，现有六行堂古围楼和新楼仔围屋，已有百余年历史。据传很久以前珍珠村被南北两河（南面河流即现今公路位置）夹在中间，形如河蚌，加之河中有一凸起大圆石，形如珍珠，整个珍珠村状如河蚌吐珠，故名珍珠村。

瑞丰葡萄园

等　　级：三级
基本类型：050104 建设工程与生产地
是否开发：是
行政位置：韶关市翁源县官渡镇利龙村旁

资源简介

瑞丰葡萄园是一家集葡萄示范种植、农事体验、果蔬采摘为一体的观光葡萄园。按照标准化种植、精细化管理，冬季施用农家有机肥，严格控制产量。葡萄自然着色，自然成熟，一切源于自然。

铁龙瑶族村寨

资源简介

瑶族村寨被山水农田环绕，每到一处，都有"林间深处有人家，依山傍水远繁华"之感。瑶族村寨气候独特，森林覆盖率达95%以上，风景秀丽，是一个"世外桃源"般的自然村寨。

等　　级：三级
基本类型：050113 特色镇村
是否开发：是
行政位置：韶关市翁源县铁龙镇龙化村

军二村文化公园

资源简介

军二村文化公园建有多处特色文化点如网红鸟巢椅、复古圆盘风车、地面艺术彩绘、彩虹喷泉、壁式水景等公园配套设施。在路面上也画上了桃花，体现出军二村鹰嘴桃的产业。公园远处有山，近处有池，四周环境干净优美，村民民风淳朴，是个很好的休闲玩乐的地方，可以让大人带孩子离开手机，离开城市喧嚣好好放松休闲。

等　　级：三级
基本类型：050105 文化体育活动场所
是否开发：是
行政位置：韶关市新丰县马头镇军二村

科罗围屋（瑢公祠客家围屋）

资源简介

科罗围屋位于新丰县科罗村瑢公祠旁，始建于明朝末年，开创人是谭氏"晟公"。科罗围屋为土木结构，160多间泥砖房连接起来形成"花台式"形状结构的两环围屋，其内部有祠堂、堂间、横屋、围屋、炮楼、天街、天井、化胎、禾坪、月池等。

等　　级：三级
基本类型：050202 特性屋舍
是否开发：是
行政位置：韶关市新丰县马头镇科罗村

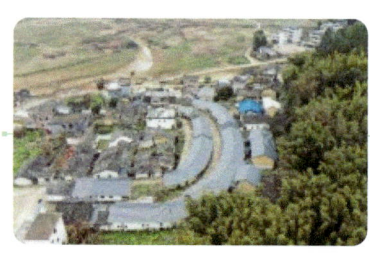

盘良安名家工作室

等　　级：三级
基本类型：050204 独立场、所
是否开发：是
行政位置：韶关市乳源瑶族自治县必背镇桂坑尾村

资源简介

盘良安名家工作室是国家级非物质文化遗产项目瑶族盘王节的技艺传授阵地、文化宣传展示场所。盘良安主要主持举办的法事仪式有拜盘王、度身、挂灯、祭祖和丧葬等；是乳源必背镇唯一能够全面掌握主持"拜盘王"仪式的总祭师，从事"拜盘王"活动已近70年。盘良安作为国家级非遗项目瑶族盘王节的代表性传承人，以名家工作室为主要传承阵地，传授弟子"拜盘王"的相关仪式。

冯氏生态园

等　　级：三级
基本类型：050214 景观养殖场
是否开发：否
行政位置：韶关市浈江区花坪镇奎塘村

资源简介

冯氏生态庄园，以"自然、绿色、生态、环保"为主题，可提供生态娱乐，动植物观赏等活动项目。在庄园内，可品尝自种自养的有机绿色农家菜肴及各种名优水果。这里拥有300万米^{2}的天然森林群山环抱，远离都市喧嚣，山清水秀，空气清新，景色迷人，是社会团体、企业事业单位及家庭亲朋好友活动聚会、休闲度假的理想之地。

光明巷

等　　级：三级
基本类型：050201 特色街区
是否开发：是
行政位置：韶关市武江区工业西路18号西河镇向阳村

资源简介

光明巷主巷全长280米，曾有旧名"菜圩街"。这条小巷铭刻着武江区的红色历史，承载了数代武江人的记忆。1927年12月，朱德部队计划南下参加广州起义时曾暂驻在该巷的西河天主教堂。这条小巷里还走出过闻名韶关的巾帼英雄——邓如兰。

芙蓉古刹

资源简介

芙蓉古刹，也称芙蓉禅寺、容山古刹等，禅寺以佛教文化为底色，以自然环境为依托、以生态保护为理念，复兴"芙蓉留胜境，古刹列名山"的意境。芙蓉山寺占地面积1 200多米^2，建筑面积800米^2，分前殿、正殿、后殿、左右厢房共8间。2019年12月被列为韶关市武江区不可移动文物。

等　　级：三级
基本类型：050107 宗教与祭祀活动场所
是否开发：是
行政位置：韶关市武江区红玫路18号

西联保利广场

资源简介

西联保利广场定位为顶级韶关端公园式情景体验综合体，以"构建新型智能商业空间，追溯绿色生活生态本源"为愿景，以"城市自然生态共同体"为项目文化内核与设计基调。开创性地将逐层梯田式的立体花园以及海洋元素巧妙引入商业设计中，致力打造沉浸式都市欢聚目的地，给在城市核心区的消费者带来自然的景观购物体验，为消费者构建全新好玩的品质生活领地。

等　　级：三级
基本类型：050101 社会与商贸活动场所
是否开发：是
行政位置：韶关市武江区西联镇

重阳南岸村

资源简介

坐西南朝东北的南岸村，始建于清朝乾隆初年（约1738年），以莫、郑、黄三姓为主。作为革命老区的南岸村，在大革命时期，建立"犁头会"，参加人数80多人。1927年底，该村10多人参加欧日章领导的"西水暴动"。南岸村从清咸丰十年（1860年）至清光绪二十年（1894年）间，人文蔚起，考取县庠生（秀才）13名。

等　　级：三级
基本类型：050113 特色镇村
是否开发：否
行政位置：韶关市武江区重阳镇黄岸村

龙岗红色文化展览馆

等　　级：三级
基本类型：050109 纪念地与纪念活动场所
是否开发：否
行政位置：韶关市曲江区马坝镇龙岗村委会

资源简介

龙岗红色文化展览馆创建于2020年。龙岗村分别在塔下地下交通站旧址、红色文化展览馆和红色文化广场3个场地布展了红色文化。总建筑面积552米^2，分为上下两层，布展内容主要包括星星之火、抗日浪潮、解放马坝、红色印记四大板块，并充分运用了场景还原、图文解说、视频讲解等方式，再现了龙岗的红色历史文化。

五香亭

等　　级：三级
基本类型：050303 亭、台、楼、阁
是否开发：是
行政位置：韶关市曲江区马坝镇南华村委国道106线旁

资源简介

五香即佛教中的戒香、定香、慧香、解脱香和解脱知见香。建五香亭是佛教中"行五香、受五戒"之意。建于1936年，原为木结构，1963年重修时改为钢筋混凝土结构。五香亭八角形八角攒尖顶，绿琉璃瓦面葫芦刹，与放生池和放生桥成一池一桥一亭三位一体建筑，属韶关独有。

宝林门

等　　级：三级
基本类型：050301 形象标志物
是否开发：是
行政位置：韶关市曲江区马坝镇南华村委国道107线旁

资源简介

宝林门始建于504年，1984年重修。门楣上"宝林道场"4个大字匾额是原国民党主席林森于1936年所题。门边有一对联："东粤第一宝刹，禅宗不二法门"，表明南华寺的地位。

丹霞谷温泉中心

资源简介

丹霞谷温泉中心是丹霞丰源温泉度假村的一部分，丹霞谷温泉中心设有特色主题区、中华文化区、徽派印象区、琴瑟和鸣区4个区域，大小、功能各异的露天温泉池共有28个，近百种养生功效的温泉汤池分布于公共温泉中心，充分体现了当地温泉资源和深厚的文化底蕴。

等　　级：三级
基本类型：050106 康体游乐休闲度假地
是否开发：是
行政位置：韶关市仁化县城口镇城口社区

丰源温泉威尼斯泳道

资源简介

丰源温泉威尼斯泳道位于韶关丹霞丰源温泉度假村内，威尼斯泳道以青砖黛瓦马头墙的徽派建筑风格为特色，24米错落高差的恢宏叠级景观水系泳道环绕徽派山水院墅间，在每栋别墅的生活私密基础上，可带来时刻亲水的畅游体验。

等　　级：三级
基本类型：050106 康体游乐休闲度假地
是否开发：是
行政位置：韶关市仁化县城口镇城口社区

丹霞彩虹营地

资源简介

丹霞彩虹营地是集露营、垂钓、美食于一体的户外营地，是韶关新开发的露营烧烤野餐的风水宝地。这里是假期避开外界嘈杂喧嚣的山水宝地。这里面临锦江，背朝观音山，四周可观丹霞地貌；这里环境优美，山清水秀、静谧舒畅，连空气都混着青草的芳香。

等　　级：三级
基本类型：050106 康体游乐休闲度假地
是否开发：是
行政位置：韶关市仁化县丹霞街道

丹霞印象—艺术家店

等　　级：三级
基本类型：050217 民宿与特色酒店
是否开发：是
行政位置：韶关市仁化县丹霞街道黄屋村

资源简介

丹霞印象—艺术家店是一家以艺术为主题的全国乙级乡村旅游民宿，是青年画家陈景涛建立的绘画艺术交流空间。这里的装修、布置都是陈景涛亲手完成，艺术范十足，已成为当地卓有名气的文艺青年汇聚之地。2016年荣获"仁化县最受欢迎客栈民宿"称号。2021年，被广东省文化和旅游厅评为100家广东省乡村民宿示范点。

董塘万里碧道

等　　级：三级
基本类型：050310 景观步道、甬道、碧道、绿道
是否开发：是
行政位置：韶关市仁化县董塘镇董联村

资源简介

董塘万里碧道建设项目位于仁化县董塘河（"大丹霞"景区的北部位置），为乡村型碧道，万里碧道为人民群众提供亲水游憩、健身休闲的好去处；为游客提供具有乡野生活气息的住宿体验、创意文旅、田园采摘及生态农业主体活动。

爱树·丹霞山苑

等　　级：三级
基本类型：050217 民宿与特色酒店
是否开发：是
行政位置：韶关市仁化县董塘镇河富村

资源简介

爱树·丹霞山苑是韶关市四星级乡村旅游民宿，是目前广东省知名乡村山野旅游精品品牌民宿，它坐落在远离城市的山苑一隅，包容而开放。它既是大井村欢迎远朋的靓丽名片，也是村民交往停留的美妙空间。

蛇离梯田

资源简介

蛇离梯田享有"广东最美梯田"美誉，隐于青山绿水之间。大片且不规则的醉美梯田曲线、错落有致的土房、远处的竹海及湛蓝的天空，构成了一幅唯美的山水画卷，成就了蛇离如诗如画世外桃源般的田园梯田。千万块形状不一的梯田如同千万面镜子，错落有致地镶嵌在翠绿群山的环抱中，古朴的村落炊烟袅袅，勤劳的村民在田间或把犁、或荷锄、或插秧，形成"天人合一"的梯田美景。

等　　级：三级
基本类型：050211 景观农田
是否开发：是
行政位置：韶关市仁化县扶溪镇蛇离村

黄岭嶂茶园

资源简介

黄岭嶂中有一大片茶芽粗壮的白毛茶，以山峰为名，称作黄岭嶂茶园。茶园山高雾漫，气候湿润，蒸腾量小，昼夜温差大，空气异常清新，特别适合芳香型茶树生长，所生产的白毛茶茶芽粗壮，密披银色毫米，经加工的茶芽毫毛银白如雪，茶汤清澈持久。茶园所在的仁化县烟竹村黄岭嶂茶叶农民合作社被授予"广东省林业专业合作社示范社"称号。

等　　级：三级
基本类型：050104 建设工程与生产地
是否开发：是
行政位置：韶关市仁化县红山镇烟竹村

南庄古村

资源简介

南庄古村是黄坑镇范围内集古屋、古巷、古风、古韵于一体，历史文化底蕴最深厚、古建筑群最大、保存最完好的一个古村落；也是韶关市现存规模较大、历史悠久、保存较完好的具代表性的一个客家古村落。2016年2月南庄村被广东省文学艺术界联合会、广东省民间文艺家协会评为第五批广东省古村落。

等　　级：三级
基本类型：050113 特色镇村
是否开发：是
行政位置：韶关市仁化县黄坑镇黄坑村

竹苞松茂围（周所）

等　　级：三级
基本类型：050202 特性屋舍
是否开发：否
行政位置：韶关市始兴县顿岗镇周所选陂村

资源简介

竹苞松茂围楼始建于约清咸丰三年（1853年），为选陂开村基祖张富盛所建，是方形大围，属清代砖石结构的四合院式围楼，由青砖、河石、瓦木等构筑，青砖红墙，二层结构。该围楼坐东北向西南，面阔25.8米，进深17米，四层（四角五层）高约13米。围的四周有护围墙，高3.5米。围楼顶层四角稍高有炮角。2010年11月竹苞松茂围楼被公布为县级文物保护单位。同年，升格为省级文物保护单位，不可移动文物。

高桥村

等　　级：三级
基本类型：050113 特色镇村
是否开发：是
行政位置：韶关市新丰县丰城街道高桥村

资源简介

高桥村修建有彩虹公路，许多的果园、农园，道路两旁绿树成荫、鲜花盛开，楼房风格清新，老屋修旧如旧，文化广场宽敞平坦。如今的高桥村，是名副其实的美丽乡村，交通方便、风景秀美，农业生产种植和农村生态观光旅游等不断发展。现成为新丰县的网红打卡村。

新丰县博物馆

等　　级：三级
基本类型：050105 文化体育活动场所
是否开发：是
行政位置：韶关市新丰县丰城街道任予广场文博中心大楼

资源简介

新丰县博物馆是为社会服务的非营利性机构，主要研究、收藏、保护、阐释和展示新丰物质与非物质遗产。新丰县博物馆现有两个固定陈列展厅（新丰县革命历史展厅、新丰县民俗展厅），一个临时展厅。现有藏品1379件（套）、珍贵文物104件（套）。

美景生态观光园

资源简介

美景生态观光园是集休闲、娱乐、服务于一体的环保生态农园。园内拥有绿色蔬菜、生态果园、草地拓展区、休闲烧烤区、DIY手工、有机农家饭等项目；主要开展的活动有自然生态游、亲子游、观光采摘园等。

等　　级：三级
基本类型：050104 建设工程与生产地
是否开发：是
行政位置：韶关市新丰县丰城街道岳城村美景生态观光园

雪山林苑

资源简介

雪山林苑是新丰县内规模较大的集餐饮、游乐、民宿、休闲于一体的农家乐山庄。2014年1月，雪山林苑以总分第一（644.75分）被评为新丰县首个"三星级农家乐"。

等　　级：三级
基本类型：050106 康体游乐休闲度假地
是否开发：是
行政位置：韶关市新丰县丰城街道朱洞村雪山林场

皇茶埔有机茶茶园

资源简介

皇茶埔有机茶茶园是一家以茶叶种植、加工、生产、销售为主要业务的合作社。茶园作为三产融合的最佳载体，通过体验采摘、观光旅游、文化展示、休闲度假一体式综合开发，展现出非常大的发展潜力。

等　　级：三级
基本类型：050104 建设工程与生产地
是否开发：是
行政位置：韶关市新丰县黄礤镇营盘村

杨杨农场

等　　级：三级
基本类型：050104 建设工程与生产地
是否开发：是
行政位置：韶关市新丰县沙田镇下埔村

资源简介

杨杨农场是新丰县首个认购式生态耕种农场。这里主要是吸引会员认租，自耕，体验式经营。网格化田地分管，一块块田地种着自己喜欢的作物，并可雇用当地农民进行管理，等到成熟后，各种作物五彩缤纷，体会收获的喜悦。杨杨农场现成为了"公益实践基地"。

凤岗祠

等　　级：三级
基本类型：050107 宗教与祭祀活动场所
是否开发：否
行政位置：韶关市新丰县遥田镇江下村塘滩小组

资源简介

凤岗祠是江下村赖姓村民的祖祠堂，亦是开展革命活动和相关会议的一个联络点。凤岗祠据传距今已有几百年历史。祠堂门口现有篮球、乒乓球场地，用作周边村民活动场地，门口的水塘加了护栏。2012年被新丰县人民政府列为新丰县不可移动文物。

大村古村落

等　　级：三级
基本类型：050113 特色镇村
是否开发：是
行政位置：韶关市乳源瑶族自治县必背镇必背村

资源简介

大村古村落占地面积约86.6万米^2，分为上、中、下3个村庄，是过山瑶系瑶族的代表性聚落，历史悠久。整个村落建筑风格独特，以明清时期的建筑为主，包括传统的木结构、石板路、青瓦砖墙等，古朴典雅。村落内还保存有许多明清时期的文物和古老的习俗，如祭祀、婚嫁、葬礼等，至今传承着瑶族语言、瑶族服饰和瑶族传统习俗，有着浓厚的文化底蕴及独特的文化价值。

韶关市
优良级旅游资源图鉴

广东大峡谷最佳观赏点

资源简介

广东大峡谷最佳观赏点位于生态步道的中段，是大峡谷内最具观赏价值的平台之一，更是摄影爱好者最佳拍摄点。此处是峡谷的汇聚点，因此又叫天烛会景，因其在悬崖间蜿蜒伸出孤立在两山之间形似烛台而得名。峡谷最佳观赏点占地面积约20米^2，站在台上可观赏大峡谷最大的腾龙瀑布、通天梯、千米游廊等景点。其左对面是群象出谷，远远望去，悠闲自在、和谐祥瑞。

等　　级：三级
基本类型：050302 观景点
是否开发：是
行政位置：韶关市乳源瑶族自治县大布镇埕头村

蓝山源中、西餐厅

资源简介

蓝山源中、西餐厅位于蓝山源国际温泉度假区内，可为广大游客提供舒适、轻松、雅致的休憩场所，以满足游客日常餐饮、观光游览、购买享用当地特产、开展社会交往活动的需要。中餐厅主打特色地方菜，严选当季新鲜的上乘食材，同时精心提供各式潮州菜、客家菜以及瑶乡特色美食。西餐厅以西式自助餐、环球美食为主，融汇时尚与经典，是品味异国风情、美食的最佳场所。

等　　级：三级
基本类型：050215 特色店铺
是否开发：是
行政位置：韶关市乳源瑶族自治县大桥镇岩口村

瑶味山庄

资源简介

瑶味山庄位于云门山生态文化旅游区大门旁，是集瑶族特色美食、特色长桌宴、篝火晚会、客家美食于一体的过山瑶风情餐厅。建筑主体为仿古瑶族风情建筑风格，建筑结构为框架结构、钢结构。主要建筑有主楼、长桌宴、宴会厅。主楼由一栋朝东的一层建筑和一栋朝南的两层建筑组成；长桌宴由一栋朝北的一层建筑组成，沿河边布置；宴会厅由一栋朝东的一层建筑组成。

等　　级：三级
基本类型：050217 民宿与特色酒店
是否开发：是
行政位置：韶关市乳源瑶族自治县乳城镇云门村

水源宫八一瑶族新村

等　　级：三级
基本类型：050113 特色镇村
是否开发：否
行政位置：韶关市乳源瑶族自治县游溪镇大寮坑村委会八一瑶族新村

资源简介

2009年，广东省军区对口帮扶援建八一瑶族新村，统一规划设计，建设了88套高两层每户148米²砖混结构的瑶族特色吊脚楼，同时不断完善新村绿化、排水排污等建设，并制定了卫生公约等村规民约，破败的村容村貌焕然一新，整个村洋房成排、整洁有序。2014年，国家民族事务委员会发布《关于命名首批中国少数民族特色村寨的通知》，八一瑶族新村成为首批"中国少数民族特色村寨"。

韶关学院

等　　级：三级
基本类型：050103 教学科研实验场所
是否开发：否
行政位置：韶关市浈江区大学路288号

资源简介

韶关学院是一所经教育部批准设立的集理学、工学、农学、医学、文学、法学、历史学、经济学、管理学、教育学、艺术学十一大学科于一体的全日制普通本科院校，属综合性应用型本科院校、地方院校教育国际化综合改革试点单位、中华文化传承基地。

玉清书舍

等　　级：三级
基本类型：050109 纪念地与纪念活动场所
是否开发：是
行政位置：韶关市浈江区犁市镇大村村委会铁路林场

资源简介

玉清书舍整体为一层的单一楼栋，高约4.5米，基底面积约48米²，有冼玉清先生的汉白玉石像。冼玉清是著名的文献学家，岭南第一位女博学家，历任岭南大学国文系教授，中山大学文学系教授，兼任岭南大学博物馆馆长达25年，被誉为"不栉进士""岭南才女"。

丹霞山南门

资源简介

丹霞山南门高15.1米，宽17米，因坐落于丹霞自然保护区的最南端，也是阅丹公路的南起点，因而命名为丹霞山南门。丹霞山南门整体形制为冲天式的三间四柱牌坊，中间门洞可通行机动车，两侧门洞为人行通道。

等　　级：三级
基本类型：050308 门廊、廊道
是否开发：是
行政位置：韶关市浈江区犁市镇黄竹村委会

安村老屋

资源简介

安村老屋以"绿色、红色、碧色"3种美丽乡村为底色，以"产业、生态、文化"绿富美为重点内容，发展植物工厂等富民产业，建设百里碧道等生态长廊，保护传承明代安民祠、清代照壁、老屋抗日遗址等历史文化遗产。

等　　级：三级
基本类型：050113 特色镇村
是否开发：否
行政位置：韶关市武江区龙归镇龙安村委安村老屋

展如红色文化公园

资源简介

展如红色文化公园是韶关市第一个村级红色文化主题公园。2018年展如红色文化主题公园被曲江区认定为区级中共党史教育基地，2019年被韶关市认定为市级中共党史教育基地。

等　　级：三级
基本类型：050105 文化体育活动场所
是否开发：是
行政位置：韶关市曲江区乌石镇展如村

乐昌市水晶角七零一一军事遗址

等　　级：三级
基本类型：050102 军事遗址与古战场
是否开发：是
行政位置：韶关市乐昌市坪石镇金鸡村

资源简介

水晶角七零一一管理处是当年林彪耗资亿元秘密修建的军事据点，是一座依山而建的地下堡垒工程，被称为岭南神宫，代号"7011"，分为对外防御、作战指挥、能源供给与辅助设施三大系统，具有极高的研究与人文价值。景区分基地游览区、文物展览区、天泉山庄等部分。进入景区入口右侧为天泉山庄，山庄重新升级改造，提供农家特色餐饮，采用纯天然食材，环境幽雅，是商务旅游、休闲度假、亲朋聚会用餐首选之地。

云岩水库

等　　级：三级
基本类型：050207 堤坝段落
是否开发：否
行政位置：韶关市乐昌市云岩镇出水岩村

资源简介

云岩水库兴建于1958年，竣工于1975年，是一座以灌溉为主，结合防洪、发电等综合利用的小型水库。水库尚未开发，在夏、秋季节会有钓鱼爱好者前来钓鱼和游玩。

溪头塔

等　　级：三级
基本类型：050309 塔形建筑
是否开发：是
行政位置：韶关市南雄市百顺镇溪头老村

资源简介

溪头塔始建于宋代，残高14米，基围11.34米，底层直径3.4米。用长32厘米，宽14厘米，厚4厘米的青砖筑成。塔为楼阁式五层六角形砖塔，塔刹已毁，花岗岩基，一、二层有塔心室，其余三层均为实心，塔身每面以柱隔为3间，阑额上施柱承普柏枋、枋上施斗拱，以菱角砖和拔檐砖叠涩出檐，并置假平座。塔基用花岗岩石加固。2012年10月，被列为第七批广东省文物保护单位。

赤石井

资源简介

赤石井为天然形成的水井，至今有300多年。赤石井深度约10米，底面面积为100多米^2，井口露出地表部分约40厘米，口径约65厘米。原露出地表部分高度约40厘米，后经修缮，露出地表部分增高至1.3米，并增设了电力抽水设备。2012年3月16日，赤石井被南雄市人民政府列为南雄市不可移动文物。

等　　级：三级
基本类型：050312 水井
是否开发：否
行政位置：韶关市南雄市邓坊镇赤石村委会赤石村

云峰山蓝莓庄园

资源简介

云峰山蓝莓生产基地是集采摘、观光、旅游、休闲度假、蓝莓文化体验于一体的蓝莓生态庄园。云峰山蓝莓庄园位于海拔700米以上的云峰山脉，其森林覆盖率达90%。方圆20千米无任务工业项目，山区无污染水源，沙壤土，透水性好，有利于蓝莓对养分的吸收。基地昼夜温差大，有利于糖分的积累。种植出的蓝莓个大饱满，细腻软嫩，甜酸适口。2020年，云峰山蓝莓成功入选农业农村部农产品质量安全中心公布的第三批全国名特优新农产品名录。

等　　级：三级
基本类型：050213 景观林场
是否开发：是
行政位置：韶关市南雄市江头镇武岭村

雄州蓝氏宗祠

资源简介

雄州蓝氏宗祠是具有畲族文化的客式古建筑，是南雄市区唯一一座保存完好的老祠堂，于2018年被列为市级文物保护单位。雄州蓝氏宗祠坐北向南，宽10.85米，进深37.1米，总面积901米^2。硬山顶盖灰瓦、青砖墙，为三栋布局砖木结构，天井相隔，首进为祠门、门额上石匾刻"蓝氏宗祠"四字。后堂设神祖台，巷门额石刻"蓝家巷"，祠堂内供有蓝姓始祖蓝昌奇等。

等　　级：三级
基本类型：050109 纪念地与纪念活动场所
是否开发：否
行政位置：韶关市南雄市雄州街道青云东路63号

平林惜字塔

等　　级：三级
基本类型：050309 塔形建筑
是否开发：是
行政位置：韶关市南雄市油山镇平林村西半千米处

资源简介

平林惜字塔建于明永乐二年（1404年），塔高7.4米，基围7.2米，底层直径2.9米。此塔造型精巧，为六角三层楼阁式空心砖塔，塔基用花岗石筑，塔身用青砖平卧顺砌。塔首层用线砖砌叠出檐，第二层塔身各面开一梅花形扇，菱角砖和拔檐砖相间；第三层塔身每面各开一圆形窗，塔顶覆盖灰色筒瓦和板瓦，塔刹为葫芦形。有的塔砖上打印着"孔伯道公祠碑"戳记。

大桥村

等　　级：三级
基本类型：050113 特色镇村
是否开发：是
行政位置：韶关市仁化县大桥镇大桥村

资源简介

大桥村林木覆盖率83.26%，高出本省森林覆盖率或林木覆盖率42.06%，庭院绿化户数比例为65%。大桥村以水稻种植为主，以花生、柑橘等经济作物种植为辅，部分村民外出务工维持日常生活。扶贫产业有大桥镇仁爱驿蔬果种植专业合作社（大桥镇榕树里农场）。大桥村被评为广东省文化和旅游特色村。

丹霞山悬棺岩墓

等　　级：三级
基本类型：050210 陵墓
是否开发：否
行政位置：韶关市仁化县丹霞街道

资源简介

古代悬棺岩墓代表着古老的墓葬风俗，使之蒙上了一层神秘的色彩，为研究丹霞山的历史文化及民风民俗提供了难得的素材。丹霞山神奇的古山寨、古岩庙和岩棺葬，为一种已消逝的文明或文化传统提供了独特的见证；作为传统的人类居住地或使用地的杰出范例，代表了一种特殊的文化，展示了人类历史上重要的阶段。

水上丹霞断石村码头

资源简介

水上丹霞断石村码头是水上丹霞游览区的上游码头,也称"阳元码头"。断石村码头配备各种观光游船共19艘,办公及游客休闲场所近3 500米², 码头总面积13 000余米²。水上丹霞断石村码头是丹霞山新开发的一处新型游乐项目。

等　　级:三级
基本类型:050208 港口、渡口与码头
是否开发:是
行政位置:韶关市仁化县丹霞街道黄屋村

广东凡口国家矿山公园博物馆

资源简介

博物馆位于矿山公园的中心位置,已经成为凡口国家矿山公园的一个重要标志,对传播矿山丰富的科学文化价值具有重要意义,为喜欢矿业的社会各界人士提供了一个学习和研究的平台,也是矿区人们休闲散步的地方。

等　　级:三级
基本类型:050105 文化体育活动场所
是否开发:是
行政位置:韶关市仁化县董塘镇凡口社区

下徐村

资源简介

下徐村与南雄市百顺镇、扶溪镇左龙村交界,乡道贯穿全村。全村总面积1 660万米², 其中山林面积1 255万米², 林木绿化面积1 014.4万米², 绿化率为80.83%, 其中生态公益林面积为437.3万米², 主产业毛竹种植面积为610万米²。主要经济产业有毛竹、水稻、贡柑等。主要旅游资源有华林寺、华林寺塔、闻韶盐埠遗址等。

等　　级:三级
基本类型:050113 特色镇村
是否开发:是
行政位置:韶关市仁化县闻韶镇下徐村

万时山三省界碑

等　　级：三级
基本类型：050306 碑碣、碑林、经幢
是否开发：否
行政位置：韶关市仁化县长江镇

资源简介

万时山三省界碑底座由层层同心圆水泥阶梯构成，界碑本身是三角柱形状，水泥批荡，三面侧面正中间偏上位置分别用雕刻红色文字"广东""湖南""江西"，侧面下方则刻有"国务院2021"的字眼，其周围有围栏环绕，是观赏万时山自然现象及风光的好地方。

千家营陈家祠

等　　级：三级
基本类型：050109 纪念地与纪念活动场所
是否开发：是
行政位置：韶关市始兴县顿岗镇千净村大屋家村

资源简介

陈氏祠堂始建于清乾隆二十五年（1760年），重修于清光绪十一年（1885年）。祠堂系砖瓦木结构，坐北向南，面阔17米，进深26.5米，总面积458.45米^2。该祠堂大门门楣镶嵌一块匾额文字为"陈氏宗祠乾隆二十五年"。里面各种雕刻艺术保存较好，是始兴县境内石匾额有纪年记载的为数不多的一座早期民间宗祠建筑。陈氏祠堂还是一座具有革命斗争历史的祠堂，是陈竹君与张光第等人从事革命活动的地方。2010年6月8日陈家祠列为县级文物保护单位。

车八岭茶园

等　　级：三级
基本类型：050104 建设工程与生产地
是否开发：是
行政位置：韶关市始兴县罗坝镇大水村

资源简介

车八岭茶园面积已发展至112万米^2，位于海拔1 256米的天平架山脉，山上云雾缭绕，每到初春采茶时节，茶在半山中，人在茶丛中，显得缥缈虚幻，如登仙境。车八岭茶叶先后获得"广东省名牌产品（绿茶与红茶）""广东省'粤茶杯'第十二届茶叶质量竞赛金奖、"中国文化国际推广工程入选礼茶"等荣誉。

廖屋古堡围

资源简介

廖屋古堡围是清代围楼、始兴县唯一带有瓮城巡视走马廊的石筑围楼。围楼建于清末时期，坐北朝南，顶层有卫生间和炮楼角。围墙采用石头砌筑，围内楼板和走廊则用高品质的木板铺设。围楼既有江南庭院的温婉细腻，又注重与自然的和谐相处，历经百年，是客家人重要的文化符号。围楼内有不少石桌、石椅、石磨等石制品，整个村庄地基、街道、广场均为石头堆砌，被人称为"石头城"。

等　　级：三级
基本类型：050202 特性屋舍
是否开发：是
行政位置：韶关市始兴县罗坝镇田心村

沁福康养园

资源简介

始兴县沁福康养园是在罗坝镇田心村热水塘老学堂旧址基础上，通过改建客房、洗浴等功能场所，已打造成集休闲、住宿为一体的四合院民宿。始兴县沁福康养园占地面积430米^2，建筑面积680米^2，现有客房12间，停车场220米^2，有户外温泉池，通水、通电情况良好。沁福康养园最大亮点就是有纯天然温泉，是集休闲娱乐、餐饮、品茗、书法、住宿于一体的客家民宿。

等　　级：三级
基本类型：050217 民宿与特色酒店
是否开发：是
行政位置：韶关市始兴县罗坝镇田心村

横岭村

资源简介

横岭村位于深渡水瑶族乡北部，几个村小组犹如一个个星斗陈列在绿水青山之间，其间有古朴典雅的围楼，有秀气朴实的南方小屋，有曲曲弯弯的石阶小路。据考证，古时横岭是在现天菊大桥附近，过去流传这样一句话："横岭横过头，天菊出诸侯，横岭横得住，天菊过江渡。"横岭因此而得名。

等　　级：三级
基本类型：050113 特色镇村
是否开发：是
行政位置：韶关市始兴县深渡水瑶族乡横岭村

石下晴岚

等　　级：三级
基本类型：050113 特色镇村
是否开发：是
行政位置：韶关市始兴县沈所镇石下村、石内村等

资源简介

　　石下晴岚以石下古村落为主，包括李氏宗祠、栋护晴围楼、鹅公嘴、石书房等景点，是始兴新十景之一。石下村是一个充满文化韵味的古村，是始兴县保存最完整的古村落，距今已有450多年历史，被评为"广东省古村落"。石下村主要传统建筑类型包括李氏宗祠、各族公厅、民居围屋、私塾及围楼。其中，李氏宗祠、贞胜公围屋群、晴岚围楼、三德公厅已被定为县级文物保护单位。

始兴县博物馆

等　　级：三级
基本类型：050105 文化体育活动场所
是否开发：是
行政位置：韶关市始兴县太平镇城西社区

资源简介

　　始兴县博物馆是一个以地方史为主的综合性博物馆，周边环境优美，展馆占地面积约5 000米^2，展区面积约2 000米^2，有6个展厅，其中5个为固定展览内容，1个为经常变换的临时展览内容。始兴县博物馆一共2层，一楼是大堂，也是始兴围楼的建筑风格展示厅，其他的展览是从二楼开始。始兴县博物馆陈列展览主要展现始兴县悠久的历史和人文特色。该馆成功申报2022年度"广东省科普教育基地"。

一心村

等　　级：三级
基本类型：050113 特色镇村
是否开发：是
行政位置：韶关市翁源县坝仔镇岩庄一心村

资源简介

　　一心村为县文物保护单位，有叶氏祠堂、叶屋古井、八角庙、得月楼等建筑遗迹。共有16个自然村，520户，户籍人口2 382人，主村在河唇自然村，人口较多的姓氏有叶姓、何姓、沈姓、朱姓。

大夫第

资源简介

大夫第建于清朝期间,省级文物保护单位,建筑面积为2 600米^2。整体平面呈"回"字形,分为前院和主体两部分,前院两边房屋与围墙连接,围墙开有院门,房屋外墙以青砖砌结,悬山顶,檐下起菱牙砖。院内以河卵石铺砌地面,有一口水井,井筒以整石板砌成方形。

等　　级:三级
基本类型:050202 特性屋舍
是否开发:是
行政位置:韶关市翁源县江尾镇南塘村

三门楼

资源简介

三门楼建于清朝期间,广东省第六批文物保护单位。围楼平面呈正方形,悬山顶,面铺小板瓦,外墙正面底部灰砂、石夯墙,上部青砖砌结,其余房屋及外墙均为砂石夯墙基,上部土坯砖砌结墙身,侧门和房门上方均灰砂砌为弧形。占地面积约1 000米^2。围楼最大面阔32米,总进深31米。

等　　级:三级
基本类型:050202 特性屋舍
是否开发:是
行政位置:韶关市翁源县江尾镇南塘村

翁城文化公园

资源简介

翁城文化公园建于1958年,前身为翁城老电影院,是翁城历史文化的一个重要印记,是放映电影的地方,也曾是1958年人民公社举办会议的地方,曾被大家称为"礼堂"。

等　　级:三级
基本类型:050110 城市公园
是否开发:是
行政位置:韶关市翁源县翁城镇翁城社区

广肇会馆

等　　级：三级
基本类型：050203 独立厅、室、馆
是否开发：是
行政位置：韶关市翁源县翁城镇中大街27号

资源简介

广肇会馆坐西北向东南，建筑面积约240米²。建于明末清初，清光绪十九年（1893年）重修。平面为长方形，悬山顶，面铺小板瓦，灰砂、石砌墙。面阔12米，进深20米。2019年4月17日被公布为县级文物保护单位。

白马三郎桥

等　　级：三级
基本类型：050205 桥梁
是否开发：否
行政位置：韶关市新丰县黄磜镇雪梅村

资源简介

白马三郎桥属于桥梁旅游资源，对研究新丰地区明代石拱桥建筑工艺有一定的价值。桥梁建于明代。该桥曾是雪梅、雪洞村群众通往马头、龙街的唯一人行道，1976年修建金马电站时，曾承受20多辆车通过，至今没有任何损坏，可见当时造桥技术的先进程度。

广东大峡谷丽宫果园度假酒店

等　　级：三级
基本类型：050217 民宿与特色酒店
是否开发：是
行政位置：韶关市乳源瑶族自治县大布镇埕头村

资源简介

广东大峡谷丽宫果园度假酒店是由香港江裕集团投资开发的主打简欧现代化建筑风格的生态木屋别墅，是集商务会议、住宿餐饮、生态康养、休闲度假等于一体的特色酒店。酒店占地6.7万米²，设有客家粤菜为主题的餐厅、多功能宴会厅、篝火烧烤园、奇石展览馆、夏令营帐篷等；拥有轻钢吊脚楼新概念木屋别墅客房83套。

雕子塘村

资源简介

雕子塘村是东坪镇新村村委内的一个纯瑶族村寨，是广东省实施人居环境整治工程第一批示范项目——五彩瑶乡省级新农村示范片之一，也是乳桂经济走廊的一个重要节点。2015年雕子塘村启动了村庄环境整治提升工程，配套完善了基础建设，安装了健身器材和太阳能路灯、灯笼等设施，编绘了表现瑶族同胞生产生活场景和社会主义核心价值观的图文及浮雕景墙。

等　　级：三级
基本类型：050113 特色镇村
是否开发：是
行政位置：韶关市乳源瑶族自治县东坪镇新村村

山城水都稻草人无动力游乐园

资源简介

山城水都稻草人无动力游乐园是结合乳源瑶客文化、自然环境所打造的、以稻草人为主题、配设丰富多样的无动力游乐项目的综合娱乐场所。其游乐项目占地面积约2万米^2、可同时容纳约2 000人同时游玩，配套有小火车营地、大型充气式水上乐园，阿基米德原理水池可供儿童游玩时学习项目知识，是国家3A级旅游景区"乳源山城水都阳光湖农旅公园"重要的娱乐设施类资源。

等　　级：三级
基本类型：050111 主题公园
是否开发：是
行政位置：韶关市乳源瑶族自治县一六镇团结村

下社村民宿

资源简介

下社村民宿被称为"鲜花盛开的村庄"，是集山水、田园、村落风光于一体的农文旅相结合的特色民宿，被评为韶关市3星级乡村旅游民宿，是省级休闲农业与乡村旅游示范点。民宿客房为典型的粤北客家排屋，外墙保留农家原生态的泥砖土墙，内装新型环保材料，冬暖夏凉，舒适温馨。观光农园，旅游接待中心、农产品展销厅、乡野原味餐厅、文化楼、舞台露天影院等一应俱全。

等　　级：三级
基本类型：050217 民宿与特色酒店
是否开发：是
行政位置：韶关市乳源瑶族自治县一六镇团结村下社村

怀士堂

等　　级：三级
基本类型：050109 纪念地与纪念活动场所
是否开发：是
行政位置：韶关市浈江区犁市镇大村村委会铁路林场

资源简介

怀士堂位于大村的中心，建筑坐北向南，是举办各项活动的主要场所，其是当年岭南大学复校还原的第一栋建筑。原怀士堂为岭大校园礼堂，学校集会、活动大多在此举办。建筑样式以西方教堂为参考，结合本土功能所用而设计。

浈江区图书馆

等　　级：三级
基本类型：050105 文化体育活动场所
是否开发：是
行政位置：韶关市浈江区田螺冲安置区

资源简介

浈江区图书馆室内面积800米^2，室内实际面积600多米^2，藏书3万册，电子阅读终端25台。在全国第六次图书馆评估定级工作中，被评估专家组评为"全省最小、资源最少、最美、最感动人的图书馆"，并被省图书馆学会作为成功案例向全省推广。

韶关剧院

等　　级：三级
基本类型：050105 文化体育活动场所
是否开发：是
行政位置：韶关市武江区工业东路30号

资源简介

韶关剧院大门为三角形顶部建筑，偏欧式的风格建筑让整个剧院在20世纪成为武江区代表性建筑，整个剧院建筑层高非常高，内部有大型舞台和座位，可容纳较多人同时观看大型节目。由韶关市委宣传部主办，广州交响乐团承办的2020韶关新年音乐会的序幕在韶关剧院举行。

仙桥古渡

资源简介

仙桥古渡是呈现韶关历史的一处景点，位于韶关市武江区武江北路西河桥段，在韶州府志里，这里就是西河（遇仙桥、仙桥古渡）的地方，步长有3.82千米，属于开放式沿河休闲道路，亲水平台，交通方便，位于主干道武江大道北侧。

等　　级：三级
基本类型：050310 景观步道、甬道、碧道、绿道
是否开发：是
行政位置：韶关市武江区武江大道北水厂附近

韶关市气象台

资源简介

韶关市气象台始建于1950年，创建时称为"粤北军区曲江气象站"，站址位于原曲江县（今韶关市浈江区东河坝福音村山顶）。气象台主要业务为大气探测、天气预报、防雷减灾管理等。

等　　级：三级
基本类型：050103 教学科研实验场所
是否开发：是
行政位置：韶关市武江区新华街道工业西路73号

 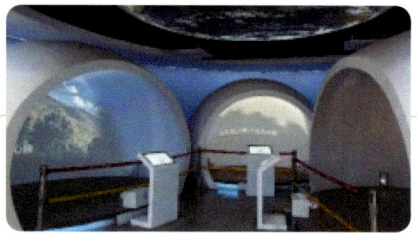

六祖公园

资源简介

六祖公园是曲江区政府为民办实事项目之一。公园内有六祖避难石，在六祖避难石附近建设有曹溪香水观景平台，在此可以纵观禅宗祖庭南华禅寺、曹溪文化小镇、曹溪讲坛、曹溪河，充分感受古时"曹溪香水"的文化氛围。公园的建设为市民、游客打造了一个感受文化、健身休闲、登高望远的好去处。

等　　级：三级
基本类型：050110 城市公园
是否开发：是
行政位置：韶关市曲江区马坝镇东南面的大旺岭

张九龄纪念馆

等　　级：三级
基本类型：050109 纪念地与纪念活动场所
是否开发：是
行政位置：韶关市曲江区马坝镇马坝人遗址景区内

资源简介

张九龄纪念馆位于韶关市曲江区马坝人遗址景区内，为韶关唯一的一座张九龄纪念馆。馆内收藏有张九龄家族族谱，布置有纪念张九龄书法、摄影作品展览，门前塑有张九龄雕塑像。

乐昌文峰塔

等　　级：三级
基本类型：050309 塔形建筑
是否开发：是
行政位置：韶关市乐昌市乐城街道办事处河南村

资源简介

文峰塔于1987年12月17日经乐昌市人民政府批准被公布为第二批文物保护单位。1999年因遭雷击、局部塔体条石被损坏。2001年广东省文化厅、乐昌市政府拨款维修。该塔对研究明代古石塔建筑具有较高的价值。

多稼桥

等　　级：三级
基本类型：050205 桥梁
是否开发：是
行政位置：韶关市南雄市雄洲街道郊区村委会田边水村

资源简介

多稼桥又名接龙桥，濒临凌江。总长60米，桥面宽3.6米，8拱，拱宽7米，拱高2米多，桥面用137块长3.5米、宽0.44米的青石铺砌而成。1997年，多稼桥被列为南雄市文物保护单位。据《直隶南雄州志》记载："多稼桥旧名接龙，城北2里。明成化元年（1465年）南雄新千户谭以总建，久圮。道光三年（1823年）南雄知州戴锡纶倡捐重修今名"。

斜周竹稻农业生态园

资源简介

竹稻农业生态园主要分为丰竹源温泉森林公园、中华稻作农耕博物馆、竹稻研究推广培训中心、农耕亲子时光户外活动基地、水上休闲运动区5个功能区，形成仁化品牌特色竹稻饭。营地有竹稻农耕美食（糍粑、爆米花）和酿酒文化展示，还有丛林电影、民俗表演等活动和天然温泉、山泉泳池等休闲配套。已列入国家级农业示范区项目、广东省休闲农业与乡村旅游示范点。

等　　级：三级
基本类型：050106 康体游乐休闲度假地
是否开发：是
行政位置：韶关市仁化县扶溪镇斜周村

玉粟酒坊

资源简介

玉粟酒坊占地面积约500米^2，设有酿酒车间、品酒区、堆花米酒酿造历史展览馆等，可同时接待游客200余人。每天最大生产加工粮食500余斤。目前酒坊主要生产堆花酒和糯米甜酒等。

等　　级：三级
基本类型：050215 特色店铺
是否开发：否
行政位置：韶关市仁化县石塘镇石塘村

风度村

资源简介

风度村是抗战时期始兴县委机关和抗日指挥中心所在地，是始兴近代史上的"粤北革命"摇篮，广东省第一批"红色村党建示范点"。村内有风度学校、红色教育基地革命历史事迹陈列馆、风度村红色文化党建主题广场、两江纵队会师地旧址、中共始兴县委旧址等遗址。自2021年党史学习教育开展以来，各地的党员干部纷纷来到始兴县省级"红色村"隘子镇风度村参观学习，观摩革命历史主题图片及各类革命文物。

等　　级：三级
基本类型：050113 特色镇村
是否开发：是
行政位置：韶关市始兴县隘子镇风度村

始兴瑶乡文化长廊

等　　级：三级
基本类型：050308 门廊、廊道
是否开发：是
行政位置：韶关市始兴县深渡水瑶族乡深渡水村

资源简介

始兴瑶乡文化长廊长1.535千米，宽约2米。沿着流淌了千年的清化河打造，因地设景，因水添韵。路面由红色的透水性混凝土铺成，防护栏建筑成腰鼓状，色彩与造型都带着浓厚的瑶族风情。路中间印有蓝、橙、红3种条带，形似彩虹，故又称彩虹路，给始兴瑶乡文化长廊抹上鲜艳的一笔。

丹凤山公园

等　　级：三级
基本类型：050110 城市公园
是否开发：是
行政位置：韶关市始兴县太平镇城北社区

资源简介

公园因丹凤山山形似凤，相传有许多凤翔集此山石中，故名。园内主道、环山道、游览道全部铺成水泥硬道，四座凉亭耸立山顶，还有雄伟壮观的公园大门及附属设施，内有公园管理所办公室和始兴县革命烈士墓。经过建设，公园的林种从单一松林变为多种林。松、竹、草并茂，绿景迷人，游客络绎不绝，丹凤山公园已经成为始兴县城人民享受大自然风光的好地方。

兰韵公园

等　　级：三级
基本类型：050110 城市公园
是否开发：是
行政位置：韶关市翁源县龙仙镇万隆花园对面

资源简介

兰韵公园总占地面积约140 000米^2。设计以"兰花"为主题、是集生态、休闲、健康、艺术为一体的综合性公园。公园内生态环境良好，景色宜人。

茗溪家庭农场茶园

资源简介

茗溪家庭农场茶园种植茶叶面积15万米^2，是集茶叶种植、家禽畜牧、农业技术加工、民宿餐饮、休闲观光等资源于一体的综合性新型农业生产地。茶园主产红茶、绿茶、白茶等，处于深山溪谷交汇地带，树林密布，昼夜温差大，云雾缭绕，茶叶品质好、口感厚实承重，苦涩味却较低，回甘迅速，已获批"必背""必背瑶山"线上线下商标、茶叶加工许可证、无公害农产品认证。

等　　级：三级
基本类型：050104 建设工程与生产地
是否开发：是
行政位置：韶关市乳源瑶族自治县必背镇桂坑村

丽宫国际休闲俱乐部

资源简介

丽宫国际休闲俱乐部是韶关丽宫国际旅游度假区内集沐足按摩、棋牌、健身美容、SPA水疗、乒乓球室、桌球室、健身房等于一体的休闲活动场所。

等　　级：三级
基本类型：050106 康体游乐休闲度假地
是否开发：是
行政位置：韶关市乳源瑶族自治县乳城镇健民村

云门寺大雄宝殿

资源简介

大雄宝殿是云门寺僧人最重要的宗教活动所在处，是云门寺核心建筑、僧众朝暮集中修持的场所。大雄宝殿中主要供奉释迦牟尼像，殿内三面壁上是用陶瓷烧成的大型彩瓷佛画，长24米、高4米，是我国当前佛寺中独一无二的巨型彩色陶瓷壁画。它生动地刻画十八罗汉、二十四诸天42个人物，画面下层是十八罗汉，上层是二十四诸天像。

等　　级：三级
基本类型：050107 宗教与祭祀活动场所
是否开发：是
行政位置：韶关市乳源瑶族自治县乳城镇云门村

遇见·过山瑶主题酒店

等　　级：三级
基本类型：050217 民宿与特色酒店
是否开发：是
行政位置：韶关市乳源瑶族自治县乳城镇云门村委会坝背村

资源简介

　　遇见·过山瑶酒店是乳源云门山旅游景区开发有限公司直营品牌，位于云门山生态文化旅游区世界瑶乡商业街内，是集景区、住宿、餐饮、会务、休闲、娱乐于一体的综合型旅游度假酒店。酒店是仿古建筑风格，建筑结构有框架结构，拥有众多不同设计、不同格调的少数民族特色河景客房、景观客房、娱乐棋牌客房、家庭棋牌套房、行政商务套房。

乐夫村

等　　级：三级
基本类型：050113 特色镇村
是否开发：是
行政位置：韶关市乳源瑶族自治县一六镇团结村

资源简介

　　乐夫村又名乐富村，有近600年的历史，1958年该村被列为广东省第一批革命老区。其靠近乳桂经济走廊，在一六镇"红色田园"乡村振兴示范带节点上，距离县城约16千米，村里生态环境较好，已完成人居环境整治。乐夫村是西水农民运动最活跃的红色乡村之一，在土地革命战争时期，乐夫农军和广大农民积极参加西水农民暴动。乐夫与西水人民的革命斗争，为中国革命作出了积极贡献。

山城水都霍比特人小屋

等　　级：三级
基本类型：050204 独立场、所
是否开发：是
行政位置：韶关市乳源瑶族自治县一六镇团结村

资源简介

　　山城水都霍比特人小屋是集流行文创、观光休闲于一体的童话式体验场所。小屋最大的特点是田园化的空间，无限贴近自然，童话中的霍比特人是小矮人，因此霍比特人房屋矮小精致。霍比特人小屋依托绿地公园草地资源，建有西式教堂、飞行小屋、山顶小木屋、轻奢帐篷、湖边围栏等观光体验打卡点，是国家3A级旅游景区"乳源山城水都阳光湖农旅公园"重要的人文景观建筑资源。

乌石岭民宿

资源简介

乌石岭民宿又名云门印象民宿，是一六镇政府按照"政府搭台＋农民出房＋企业运营"思路，利用团结村乌石岭闲置的破败房屋资源，进行整村拆旧建新而成的具有岭南客家特色的新民宿。乌石岭民宿已建成集岭南客家民宿、休闲度假、健身养生于一体的乡村旅游综合体，成为领航乡村振兴的示范村，是韶关市四星级乡村旅游民宿。

等　　级：三级
基本类型：050217 民宿与特色酒店
是否开发：是
行政位置：韶关市乳源瑶族自治县一六镇团结村

东堤天主堂

资源简介

东堤天主堂建于中华民国时期，坐北向南，由天主堂、婴德堂、圣物室三部分组成，为中西结合砖木结构，天主堂面阔6.53米，内深17.7米，面积约115.58米^2，婴德堂面阔15.9米。内深10.35米，面积约164.5米^2，建筑总面积约307.1米^2。

等　　级：三级
基本类型：050107 宗教与祭祀活动场所
是否开发：否
行政位置：韶关市浈江区风采街道办老东门居委东堤中路

四姑医务室

资源简介

四姑医务室整体为一层的单一楼栋，高度为4.06米，占地面积约为36米^2，顶部为青瓦覆盖，房屋主体为青砖（青灰色），整体呈现青灰色风格。原医务室位于岭大旧址校园校道旁，医务室对来看病的村民及士兵不收取任何费用。

等　　级：三级
基本类型：050109 纪念地与纪念活动场所
是否开发：是
行政位置：韶关市浈江区犁市镇大村村委会铁路林场

启明健身广场

等　　级：三级
基本类型：050105 文化体育活动场所
是否开发：是
行政位置：韶关市浈江区启明北路 9 号

资源简介

启明健身广场于 2005 年 6 月建成，是韶关市体育公园的一个主要组成部分，分为 3 个不同的功能区。从低往高构成了独特的空间分布形态与视觉效果，寓意韶关的发展蒸蒸日上。"奥运五环"音乐喷泉广场属于第一个阶梯部分，集观赏、休闲、嬉戏之功能；居中为健身广场，宽阔平坦，可为市民健身，步行、歌舞以及大型户外演出提供场所。

韶关书城

等　　级：三级
基本类型：050105 文化体育活动场所
是否开发：是
行政位置：韶关市武江区芙蓉北一路 7 号

资源简介

韶关书城建筑面积 4 600 余米^2，其中图书、文体、文创约 3 600 米^2，主要分为书籍陈列区、文创礼品区、咖啡休闲区和文化交流区等四大功能区。现书城有各类图书、文体用品、电教产品、益智产品、时尚精品、文创产品等文化产品约 10 万种，30 万余册。

基督教循道会西教士住所

等　　级：三级
基本类型：050107 宗教与祭祀活动场所
是否开发：是
行政位置：韶关市武江区惠民南路粤北医院放疗科旁

资源简介

基督教循道会西教士住所建于 1905 年，是当时英国基督教循道会西教士的住所，为曲江循道医院目前唯一的遗留建筑，由主、副两幢二层楼房构成，砖木瓦结构，建筑面积 400 多米^2。2006 年辟为医院历史陈列馆，现为韶关市文物保护单位。

韶州大桥

资源简介

韶州大桥2021年建成通车。全长1 027米,桥面宽44.5米,主塔高109.5米,桩基长102米。主桥为钢混合梁斜拉桥,主塔为多曲面圆拱形独塔结构。韶州大桥为韶关市地标性建筑,是韶州大道的一段。

等　　级：三级
基本类型：050205 桥梁
是否开发：否
行政位置：韶关市武江区西河镇

武江区体育馆

资源简介

武江区体育馆共3层建筑,外观为长方形结构,占地面积1 900米^2,建筑面积3 829米^2,馆内设有篮球、跆拳道、乒乓球、羽毛球、棋类协会培训等设施;是集体育健身休闲、体育专项训练、体育比赛表演、体育文艺演出、大型庆祝集会于一体的多项目、高标准、能满足不同层次健身需求的大型综合性体育馆。

等　　级：三级
基本类型：050105 文化体育活动场所
是否开发：是
行政位置：韶关市武江区新华街道吉祥路35号

仙人塔

资源简介

仙人塔属于楼阁式砖檐塔,穿壁绕平座登塔方式,八角,现存6层。塔顶早无,塔身中空,全塔均用青砖黄泥浆砌缝。每面有叠涩式拱门,平座内均有壁龛。该塔为研究宋代建筑技术、风格、艺术提供了珍贵的实物资料。仙人塔为不可移动文物,1979年12月被公布为广东省文物保护单位。

等　　级：三级
基本类型：050309 塔形建筑
是否开发：否
行政位置：韶关市曲江区大塘镇新桥村委会上新塘村南约1000米

依云伴山水

等　　级：三级
基本类型：050217 民宿与特色酒店
是否开发：是
行政位置：韶关市曲江区罗坑镇罗坑村民委员会张屋坝村民小组

资源简介

依云伴山水充分尊重原有生态，充分结合当地特点进行设计，分区主要有现代有机农业示范区、特色民宿酒店区、户外运动营地区三大区域，形成集特色产品供应平台、旅游度假休闲、文化展示、商务会议研讨四大功能于一体的多元化、复合化、生态化的田园山水风情乡。依云伴山水被列入广东省首批南粤森林人家。

广东雪花岩茶业有限公司

等　　级：三级
基本类型：050104 建设工程与生产地
是否开发：是
行政位置：韶关市曲江区罗坑镇新塘村委

资源简介

广东雪花岩茶业有限公司坐落在粤北美丽的山区小镇罗坑，是一家集茶叶种植、收购、加工和销售于一体茶业企业。公司成立于2011年3月，采用"基地＋农户"的生产经营模式，有基地茶园160万米^2，现是广东省重点农业龙头企业。

时光隧道樟树林

等　　级：三级
基本类型：050104 建设工程与生产地
是否开发：否
行政位置：韶关市曲江区马坝镇马坝村

资源简介

时光隧道樟树林是韶关大宝山铁路的一条支线，铁轨两旁郁郁葱葱的香樟树和点缀的红枫遮盖形成一个翠绿色的拱形门廊，当阳光透过空隙，洒下星星点点的光斑，走在铁轨上，望向远方，一望到尽头，但又似没尽头，如进入梦境般，就像进入了一条时光隧道。近年来，其独特的风貌通过网络传播，逐渐被知晓，成为了一处有名的旅游打卡点。

招隐寺

资源简介

招隐寺主洞分上下两层，沿洞塑十八罗汉，下层岩洞为观音殿，再往下的岩洞为"十八层地狱"。曲江县委、县政府在筹建狮子岩旅游区时，把恢复招隐寺纳入规划之中，于1986年拨出专款重建招隐寺，重塑六祖像，并修建了上山石级、大殿等。

等　　级：三级
基本类型：050107 宗教与祭祀活动场所
是否开发：是
行政位置：韶关市曲江区马坝镇狮子岩上

曲江樱花谷生态园

资源简介

曲江樱花谷生态园基本保持原生态自然环境，空气清新，樱花开放时节尤为惊艳。园内以打造生态旅游观光为主旨，主要种植中国红樱花树，有大红、红色、粉红和粉色4个品种；少量种植杨梅、板栗、柠檬等水果。共种植樱花、水果树木等12 000多棵，可供广大市民观光赏花，丰富了市民的文化生活，成为了曲江区旅游观光"打卡"的新亮点。

等　　级：三级
基本类型：050106 康体游乐休闲度假地
是否开发：是
行政位置：韶关市曲江区马坝镇演山村委会（106国道边）

曲江革命烈士纪念碑

资源简介

曲江革命烈士纪念碑坐东向西，为方尖碑，碑顶竖一颗五角星，水洗石为饰面，通高3.5米。碑身正面直行阳刻"革命烈士纪念碑"。碑座正面有黑色大理石刻碑文，记载曲江县革命历史。背面是革命烈士英名录，有33位烈士。于2012年3月被列入《广东省韶关市曲江区第三次全国文物普查不可移动文物名录》，于2013年被评为区级爱国主义教育基地。

等　　级：三级
基本类型：050306 碑碣、碑林、经幢
是否开发：是
行政位置：韶关市曲江区马坝镇安山居委陵园路1号

南塔森林公园

等　　级：三级
基本类型：050110 城市公园
是否开发：是
行政位置：韶关市乐昌市乐城街道河南村

资源简介

风景点总面积28.3米^2，是市民休闲游和散心的好去处。水泥阶梯在小树林里延伸向上，适合一家老小闲暇同游，从山脚到山顶要10分钟左右。到了山顶，在新建好的观景台可以观乐昌市区的景色。下山时途经小凉亭，稍作休息，清风徐来，清凉舒适。

麦铁杖将军庙

等　　级：三级
基本类型：050109 纪念地与纪念活动场所
是否开发：否
行政位置：韶关市南雄市百顺镇百顺村

资源简介

麦铁杖，南雄百顺人，生活于陈朝和隋朝期间。麦铁杖将军庙由百顺外姓和本家姓于20世纪90年代重新修建，由三房一墙围成，占地面积20米^2，为砖墙结构的瓦屋，屋顶为砖红色的瓦片所盖，放置麦铁杖将军像的房间较周围高，向阳敞亮。每年初七铁杖公生辰，由麦村和麦营村举行的麦铁杖庙会锣鼓喧天，热闹非凡，方圆几十里的百姓都前来拜祭，以求麦铁杖公福庇。

溪塘古村落

等　　级：三级
基本类型：050113 特色镇村
是否开发：否
行政位置：韶关市南雄市黄坑镇溪塘村（四五四乡道）

资源简介

溪塘古村落坐东北向东南，以新大厅、常德堂等为核心，屋皆向南顺龙势呈东西弧形布列。青砖砌二面坡硬山顶，三级马头墙，灰瓦建筑，红砂岩檐柱、撑柱，木质横梁，红砂岩雕椒图抱鼓石宗祠。村内屋宇栉比，巷道纵横，大小宗祠数栋，石匾石柱题刻犹存。宋末广南东路安抚使陈福基致仕后，自珠玑巷迁居溪塘，子孙繁衍，终成"雄州第一城"，广东省古村落——溪塘村。

水口篛过古村

资源简介

水口篛过古村始建于南宋皇佑元年（1253年），是一个典型的客家村落。古村是南雄著名革命老区、水口战役重要战场。2002年，水口镇人民政府建水口战役纪念公园。2004年，该公园被南雄市委、市人民政府命名为爱国主义教育基地。2014年，经过一年多的普查、认定、编纂等抢救性工作，水口镇篛过古村，被广东省文联认定为"第四批广东省古村落（客家地区）"。

等　　级：三级
基本类型：050113 特色镇村
是否开发：是
行政位置：韶关市南雄市水口镇篛过村

红城林场康养植物体验园

资源简介

在红城林场康养植物体验园中，可以通过对不同植物的选择和运用，将康养体验融入其中，从视觉效果和嗅觉效果出发，打造一个令人身心愉悦的植物康养体验角；也可为游客提供休憩、健身、养生、认知、体验等多种类别的森林康养产品。

等　　级：三级
基本类型：050105 文化体育活动场所
是否开发：是
行政位置：韶关市仁化县城口镇城群村

恩村古祠堂群

资源简介

恩村古祠堂群共有7个祠堂，恩村古祠堂群集中在恩村，呈现一条狭长带，南北向长，东西向窄，背靠后龙山，主要是从事宗教与祭祀的活动场所，并且具有一定历史意义，其中，恩村世科祠为恩村现存四座祠堂中艺术价值最为突出的祠堂，现被列为韶关市文物保护单位；而恩村德志祠被列为仁化县文物保护单位。

等　　级：三级
基本类型：050107 宗教与祭祀活动场所
是否开发：是
行政位置：韶关市仁化县城口镇恩村

上寨古村

等　　级：三级
基本类型：050113 特色镇村
是否开发：是
行政位置：韶关市仁化县城口镇上寨村

资源简介

上寨古村建于清朝乾隆年间，是仁化县典型的青砖筒瓦排列整齐的古村落，历史悠久，保存完好，它的开发利用有利于研究岭南文化，促进乡村旅游业的发展。2009年11月被广东省文学艺术界联合会、广东省民间文艺家协会评为广东省古村落；曾获得文明村、平安村等称号。

燕子呢喃依山民宿

等　　级：三级
基本类型：050217 民宿与特色酒店
是否开发：是
行政位置：韶关市仁化县丹霞街道黄屋村

资源简介

丹霞山燕子呢喃依山民宿由3位职场妈妈联合创办，是一家充满爱和小清新风格的特色民宿。2017荣获仁化扬帆计划青创赛三等奖；2018年被评为韶关市四星级乡村旅游民宿。2019荣获丹霞杯创业创富大赛银奖。

桂山书院

等　　级：三级
基本类型：050203 独立厅、室、馆
是否开发：否
行政位置：韶关市始兴县隘子镇建国村

资源简介

桂山书院修建于清道光十九年（1839年），由华氏群英公华焗灼倡建，因依桂花飘香的桂山建造而得名。清化当地和周边市县的很多读书人都来此上学，学生在读人数最多时达数百人。桂山书院先后培养出了一大批杰出人才，为当地的文化事业和发展作出了杰出奉献，抗日爱国将领华振中为其中的代表人物。1990年，始兴县人民政府公布桂山书院为"县级文物保护单位"。

八一村

资源简介

八一村村居民舍错落有致，田园风光秀美。村内有风景秀丽的铜钟寨景区，有著名红色旅游景点，如中共广东省委粤北省委地下交通站日新小学、中共广东省委粤北省委地下交通站革命历史陈列馆、八一烈士陵园、外营保卫战遗址等，还有市级非遗文化外营草席。八一村被广东省政府认定为"抗日革命根据地"，先后被评为广东省文化和旅游特色村、广东省乡村研学旅行特色村。

等　　级：三级
基本类型：050113 特色镇村
是否开发：是
行政位置：韶关市始兴县沈所镇八一村

品碗轩

资源简介

品碗轩原是一家学校，经过改造后，已成为集吃饭、体验、住宿于一体的沈所镇文旅企业、市级星级民宿。品碗轩具有深厚的历史文化背景，主体建筑建于明代万历年间，距今已有400多年的历史，此前是宏伟宽敞的邓氏书院。现在原址的基础上改造，前是古香古色的旧建筑，后是新建的住宿建筑，形成建筑面积3 000米^{2}的四合院建筑，是有庭院景观和花园的市级星宿。

等　　级：三级
基本类型：050217 民宿与特色酒店
是否开发：是
行政位置：韶关市始兴县沈所镇沈北村

联群村老屋

资源简介

联群村老屋，又名石子下，建于清朝时期，是当地有名的美丽乡村。龙仙河和县城绿道绕村而过，田野四时瓜果飘香，自然风光优美。村内有古遗迹、碉楼、石巷、天井、图书室、健身广场，是韶关首届"中国农民丰收节"暨首届生态农业博览会·翁源分会场的旅游景点之一。

等　　级：三级
基本类型：050105 文化体育活动场所
是否开发：是
行政位置：韶关市翁源县龙仙镇联群村

过山瑶民俗文化陈列馆

等　　级：三级
基本类型：050105 文化体育活动场所
是否开发：是
行政位置：韶关市乳源瑶族自治县必背镇必背村

资源简介

过山瑶民俗文化陈列馆位于必背镇区，是一座集瑶族文化、历史、民俗、生态为一体的综合性博物馆。陈列馆建筑面积约 8 000 米^2，外观是一栋白色墙体、黑色铁丝窗户的建筑物，周围有大量的树木环绕，冬暖夏凉。其建设有三层楼高，每层分别陈列不同主题的瑶族物品。展区内分为瑶族历史文化展区、生态环境展区、民俗文化展区、九节瑶节庆文化展区和多功能会议展览区。

云锦山庄

等　　级：三级
基本类型：050217 民宿与特色酒店
是否开发：是
行政位置：韶关市乳源瑶族自治县洛阳镇田螺坑村

资源简介

云锦山庄坐落在海拔 700 多米的广东天井山国家森林公园服务休息区内，是一家集餐饮、住宿、休闲度假和会务接待于一体的国家三星级酒店。自然简约的设计与周围的绿色景观和谐呼应带来返璞归真、平静清新的质感。因其天井山主峰生长着"中华奇观"云锦杜鹃，故取名云锦山庄。

乳源瑶族自治县体育馆

等　　级：三级
基本类型：050105 文化体育活动场所
是否开发：是
行政位置：韶关市乳源瑶族自治县乳城镇源峰社区

资源简介

乳源瑶族自治县体育馆是广大人民群众开展体育比赛、体育锻炼或演艺活动的文化体育活动场所，隶属于乳源瑶族自治县文化广电旅游体育局，是乳源瑶族自治县事业单位管理局登记的公益性事业单位。承办过广东省第七届少数民族传统体育运动会（2022年）、广东省自由式轮滑锦标赛（2022年）、韶关市第十二届运动会开闭幕式、广东民族艺术团"相约乳源"大型民族歌舞晚会（2011年）等赛事和演出。

龙归水岸碧道

资源简介

龙归水岸位于南水河冲下段，是韶关市万里碧道市级试点，是韶关新晋的"网红"公园，水岸风景优美。这里春夏百花齐放，秋冬绿树成荫，河边的樟树林、河道、码头等拍照打卡点众多，还有利用泥砖房拆除后的石板、石磨设置的景观小品，让游客在田园中感受淳朴的乡村气息。

等　　级：三级
基本类型：050310 景观步道、甬道、碧道、绿道
是否开发：是
行政位置：韶关市武江区

摩尔城商业广场润方冰雪小镇

资源简介

润方冰雪小镇是韶关标志性冰雪小镇，其将文化、商业、旅游的不同业态完美融合，是集吃、游、娱于一体的大型旅游游乐园。为粤北目前最大的冰雪体验小镇，占地2 300多米^2，有超长滑道、儿童乐园区、旋转滑雪区、冰屋、玩雪地区等场所。

等　　级：三级
基本类型：050105 文化体育活动场所
是否开发：是
行政位置：韶关市武江区芙蓉北路34号

四点金村

资源简介

四点金村建于清代，武江区不可移动文物。四点金村围屋呈长方形，三路，四进，宽57.75米，进深43.75米，面积3 255米^2。共有6排房屋，其中4排横屋位于中间，两排纵屋位于两侧，四个角上各有一个3层高的炮楼。约30米有一堵照壁。围屋正面有3个门，其中，中门门当前半截为花瓣形，正面阳刻八卦，后半截为六边形，每面均有雕花。

等　　级：三级
基本类型：050202 特性屋舍
是否开发：否
行政位置：韶关市武江区龙归镇盘村

韶关站

等　　级：三级
基本类型：050108 交通运输站场
是否开发：是
行政位置：韶关市武江区西联镇

资源简介

韶关站外观形似古雄关，宛如古代的城门，具有岭南建筑特色，给人庄重的感觉，车站外墙主色调为韶关著名的"丹霞红"。站房为全钢架结构的现代化建筑，由出站通道、售票厅、候车厅等组成，其中二层为站台层和候车厅，由线路、站台和线侧的基本站台、候车厅组成。

莞韶园

等　　级：三级
基本类型：050112 特色产业园区
是否开发：是
行政位置：韶关市武江区西联镇沐溪大道168号

资源简介

莞韶园为东莞（韶关）产业转移工业园。2008年底，在原韶关工业园区的基础上，整合中山三角（浈江）产业转移工业园、武江工业园和曲江经济开发区而成。园区位于韶关市中心区北、西南近郊，自北向南包括浈江、沐溪—阳山、甘棠和曲江4个片区；2011年入选广东省十大重点产业园区。

白土码头群

等　　级：三级
基本类型：050208 港口、渡口与码头
是否开发：否
行政位置：韶关市曲江区白土镇白土居委会河边街01号

资源简介

白土码头群为清代码头，坐西向东。按河堤坡度阶梯状铺砌，每级台阶表面都凿有菱形的小槽（防滑）。它由公昌码头、衡昌码头、关帝码头、李屋码头4个码头组成。古有"八大码头"之称，为北江沿线码头数量之最。白土码头群对研究曲江古代水运交通及商贸具有一定的参考价值。

楼下古村

资源简介

楼下古村有1 400多年历史，文化底蕴深厚，是廊田境内最早建立的村庄，有"乐昌第一村"之称。村内历史建筑大多数为一层的砖木结构建筑，质量较高，细部精美，但绝大部分有不同程度的损毁。楼下村还保留着大量明、清古建筑群，有相当高的历史文化价值，部分古建筑被认定为不可移动文物。

等　　级：三级
基本类型：050113 特色镇村
是否开发：是
行政位置：韶关市乐昌市廊田镇楼下村

茶子山庄

资源简介

茶子山庄是梅花镇第二间民宿，也是梅花镇乡村振兴的新兴产业。有湖水、假山、小型公园、客房等，民宿客房结合现代乡村振兴元素。自2021年茶子山庄成立后，逐渐成为岭南寻根游的中心地，每年来寻根的游客数量达千人之多。

等　　级：三级
基本类型：050217 民宿与特色酒店
是否开发：是
行政位置：韶关市乐昌市梅花镇大富村

管埠国立中山大学师范学院历史陈列馆

资源简介

陈列馆展览面积约200米^2。展览分3部分，第一部分为管埠，构筑中国抗战艺术高地；第二部分为国家危难时的召唤和坚守——山村里的"管埠中师"；第三部分为尾声，以及当年在管埠的诗歌作品及一年级小学生的日常生活程序等。展览通过档案和报刊再现当年管埠国立中山大学师范学院（管埠中师）尘封的教育文化遗产，管埠中师的学术历史轨迹，及"坪石先生"在民族存亡时期为中国未来不懈努力的精神。

等　　级：三级
基本类型：050109 纪念地与纪念活动场所
是否开发：是
行政位置：韶关市乐昌市坪石镇河丰村

定友图书馆

等　　级：三级
基本类型：050109 纪念地与纪念活动场所
是否开发：是
行政位置：韶关市乐昌市坪石镇老街社区

资源简介

定友图书馆是华南教育历史研学基地之一，杜定友先生毕生为图书馆服务，为纪念杜定友先生，政府特别设立了"定友图书馆"，以此致敬这位中国图书馆界一代宗师在国难时期对传承华南教育火种所作的贡献，图书馆于2020年9月3日正式面向公众开放。

南雄油菜花田

等　　级：三级
基本类型：050211 景观农田
是否开发：是
行政位置：韶关市南雄市农业科学研究所（323国道旁）、珠玑镇角湾村、梅岭镇中站村

资源简介

南雄油菜花田冬种面积为6 000万米^2，多在春节期间开放，花期将持续到3月上旬。在阳光的照耀下，南雄油菜花田如一块金黄色地毯铺向远方。油菜花海与白墙灰瓦的徽派建筑构成了一幅绝美的山水画。南雄油菜花田把单一的农业产业变为旅游休闲和观光农业的有机结合，实现农旅一体化发展，带动当地旅游发展，让更多游客走进南雄田间地头，徜徉在金色花海，感受春日的美好。

金喆园科普馆

等　　级：三级
基本类型：050103 教学科研实验场所
是否开发：是
行政位置：韶关市仁化县大桥镇长坝村

资源简介

金喆园科普馆是金喆园用于进行科普活动的场所，金喆园的科普活动主要以"有机绿色食品安全""有机种植""柚子科普"等为主题，科普教学环节丰富，设立科普馆参观、科普宣传册、专人科普讲解、科普视频观看、现场种植体验、科普动手小实验等科普内容；让市民在丰富的互动环节中学习科学、体验科学，提高利用科学知识解决日常生活问题的能力，逐步提高科学素质。

五马寨特产展示厅

资源简介

　　五马寨特产展示厅具有明确的表达主题性,具有对公众开放展示陈列品的功能,是为大众提供商品展示和商品售卖的公共服务场所,同时也是五马寨生态园展示自身品牌形象的重要场所。五马寨特产展示厅整体为一个长方体建筑,包括墙面、天花和地板,其中进门处设有一个四面商品展示台,三侧与天花交界处设有商品展示台。

等　　级：三级
基本类型：050203 独立厅、室、馆
是否开发：是
行政位置：韶关市仁化县大桥镇长坝村

水上丹霞喜头村码头

资源简介

　　喜头村码头是水上丹霞游览区的下游码头。它以"生态养生""喜文化""休闲度假"和"茶博园"为主体,是综合喜文化创意、创作写生、健康体验和休闲度假的高端生态文化园。它坐落于姐妹峰下,是东部丹山碧水与西部仙山琼阁结合点。同时也是岭南画院与丹霞山锦江画院合作建立的"岭南画院丹霞山美术创作基地"。

等　　级：三级
基本类型：050208 港口、渡口与码头
是否开发：是
行政位置：韶关市仁化县丹霞街道黄屋村

丹霞印象—禅语店

资源简介

　　丹霞印象—禅语店是一间集住宿、餐饮、非遗文化传承展示等项目于一体的乡村旅游民宿,也是韶关市四星级乡村旅游民宿。2021年被广东省文化和旅游厅评为100家广东省乡村民宿示范点。

等　　级：三级
基本类型：050217 民宿与特色酒店
是否开发：是
行政位置：韶关市仁化县丹霞街道黄屋村

乐曙归然客栈

等　　级：三级
基本类型：050217 民宿与特色酒店
是否开发：是
行政位置：韶关市仁化县丹霞街道黄屋村

资源简介

　　乐曙归然客栈拥有特色中餐厅、饮品吧台；有26间特色客房，多功能会议室2个。房间装修高级环保、防潮。2019年乐曙归然客栈被评为韶关市四星级乡村旅游民宿。

仁化文峰塔

等　　级：三级
基本类型：050309 塔形建筑
是否开发：是
行政位置：韶关市仁化县丹霞街道水南社区

资源简介

　　仁化文峰塔为仁化县境内最高大雄伟的宝塔，原称水南塔、报恩塔，坐落在锦江河畔。仁化文峰塔于1960年列入市级文物保护单位。2008年，韶关仁化文峰塔被列为第五批广东省重点文物保护单位。

古夏尚忠门

等　　级：三级
基本类型：050308 门廊、廊道
是否开发：否
行政位置：韶关市仁化县扶溪镇古夏村

资源简介

　　古夏尚忠门为古时楼阁形状，两边的墙呈"几"字之状，金红色的琉璃瓦面在阳光下熠熠生辉。屋顶正中有隶书"尚忠门"，三字紧凑、墨泽光润、浑然一体。三字之上雕刻着双龙戏珠图，栩栩如生。两侧各有角檐，屋檐下二尺余间有门楣之檐。整座建筑飞檐斗拱，巧夺天工。

高坪自然保护区宣教馆

资源简介

宣教馆遵循生物进化的主线，重点展示生物多样性和生态环境多样性之间的相互关系，体现高坪自然保护区生物资源的优势和特色，科研宣教厅的建设为高坪自然保护区可持续性生态保护的工作、宣传和发展奠定了良好的基础，也为自然保护区对外展示、宣传生态建设、生态文明提供了重要窗口。同时，该宣教厅为中小学生科普教育实践活动提供了良好基地。

等　　级：三级
基本类型：050105 文化体育活动场所
是否开发：是
行政位置：韶关市仁化县红山镇鱼皇村

田螺塘旅游度假村

资源简介

田螺塘旅游度假村是一个依山傍水、风景秀丽、美不胜收的休闲娱乐度假地，是集文旅服务和休闲康养的生态茶叶产区。田螺塘旅游度假村依托其特色乡村景观、自然风景，比如茶园、水库、竹林等，打造了以休闲度假为主要形态的民宿社区。

等　　级：三级
基本类型：050106 康体游乐休闲度假地
是否开发：是
行政位置：韶关市仁化县红山镇鱼皇村

大围古村石笔石砚台

资源简介

大围古村石笔石砚台位于省级文物保护单位大围古村的东北角。大围村人崇尚书香，为鼓励子孙读书，在围内修建私塾，并在村东北角雕刻巨型石笔、石砚台，是书香大围的实证。

等　　级：三级
基本类型：050305 雕塑
是否开发：否
行政位置：韶关市仁化县周田镇灵溪村

安岗初心园

等　　级：三级
基本类型：050109 纪念地与纪念活动场所
是否开发：是
行政位置：韶关市仁化县董塘镇安岗村

资源简介

安岗初心园是为纪念阮啸仙等在仁化革命斗争的光辉历程而建。沿石径小路盘旋而上，进入大花坛，展馆用仿青砖、青瓦砌成，共2层。一楼有3个展厅，用防潮红砖铺就，大门左侧一个卫生间。二楼展厅亦用防潮红砖铺就。

清凉山寺

等　　级：三级
基本类型：050107 宗教与祭祀活动场所
是否开发：是
行政位置：韶关市始兴县城南镇周前村

资源简介

清凉山寺位于周所城西北面，外观良好，内部结构受损，古寺周长20.1米，高6.5米，约20米，大门内有一块40米长的映院，映院内西墙中部开门，宽80厘米，高2米，占地面积800米^2，卵石砌基，主楼瓦木结构，偏殿4间，厢房15间，大殿、中殿为坐西向东，小殿则与大殿、中殿分别相对，中间由天井相隔。从东面坐南向北的映门进入，其大门朝北，门高2米有余，长1.6米，分两扇木门"八"字开，每扇门中间安有大钱门环。

万古观光围楼

等　　级：三级
基本类型：050202 特性屋舍
是否开发：否
行政位置：韶关市始兴县顿岗镇七北村斗塘村

资源简介

万古观光围楼是清代围楼，省级文物保护单位，不可移动文物。整座围楼由砖、石、瓦和木构筑。该围楼坐东北向西南，建于清代。面阔18.4米，进深16.6米，4层高约12米，占地面积305.44米^2。万古观光围楼是客家人聚族而居的场所，楼内4层之间的每一层均有瞭望孔，二到三层有若干房间，还设有厅堂，供议事和会餐之用。每层的楼板上铺就青砖，底层用来圈养家畜。

罗坝"世外桃源"旅游开发区

资源简介

"世外桃源"旅游开发区位于罗坝镇桃源村,是集旅游开发、休闲农业、餐饮与民宿服务、农副产品的种植加工及销售、园林绿化服务等于一体的民营独资企业旅游开发区。"世外桃源"旅游开发区目前建有客房、客服中心、会议室、图书室、家庭影院、农场景区、杨梅基地、林下食用菌培植基地等,其中农场景区饲养有黄牛112头、种植东魁杨梅1万株。

等　　级：三级
基本类型：050106 康体游乐休闲度假地
是否开发：是
行政位置：韶关市始兴县罗坝镇桃源村

沈所旅游公路

资源简介

沈所旅游公路是2022年始兴县十大民生实事项目之一,是集农村道路、旅游道路、碧道等功能的滨河旅游公路。沈所旅游公路是依托沈所镇"红、古、绿、奇、瑶"的旅游资源特点,沈所旅游公路沿沈所河南岸从沈所镇宝塔山脚下至沈所镇黄所村,长6.5千米,宽15米。沿线布局有公共厕所、休憩长凳、亲水平台和叠水河滩和驿站等。

等　　级：三级
基本类型：050218 景观公路
是否开发：是
行政位置：韶关市始兴县沈所镇沈南村、群丰村和黄所村

翁源城隍庙

资源简介

翁城城隍庙占地面积500米²。始建于明天顺八年(1464年),明朝末年毁于战火,重建于清康熙年间。寺庙的平面呈长方形,设二进,悬山顶,面铺小板瓦,砖木结构,面阔10.5米,进深22米。

等　　级：三级
基本类型：050107 宗教与祭祀活动场所
是否开发：是
行政位置：韶关市翁源县翁城镇五一村

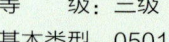

志成围

等　　级：三级
基本类型：050202 特性屋舍
是否开发：是
行政位置：韶关市翁源县新江双石村

资源简介

建于清代的志成围，东、南、西、北分别被水源岭、大沥山、横坑山、龙陉洞紧密包围，总体坐西北朝东南，靠山雄厚，前映阔绰池塘，东南角掘卵石筑沿井（仍用），侧伫二对花岗岩功名石，西有清泉顺流。平面呈"回"字形，高约9米，面宽52米，纵深43米，建筑面积约2 236米^2。

任予广场

等　　级：三级
基本类型：050105 文化体育活动场所
是否开发：是
行政位置：韶关市新丰县丰城街道南区社区

资源简介

任予广场是中共新丰县委、县政府为纪念新丰籍红军早期领导人李任予烈士，将南门塘广场命名为任予广场，并设立李任予烈士塑像。其具有纪念功能、集会功能、景观功能，方便后人前来瞻仰。

新丰恒胜客家大院

等　　级：三级
基本类型：050217 民宿与特色酒店
是否开发：是
行政位置：韶关市新丰县丰城街道新龙路17号

资源简介

恒胜客家大院是一家以健康、养生的食材为主的酒店，主要经营餐饮和住宿。其位于新丰县中心繁华的商业和旅游区内，建筑气势恢宏，拥有豪华装潢和现代化设施，营造出舒适、时尚的住宿体验。在这里，旅客们能够感受到城市的活力和热情，可享受高品质的服务和便利的交通，是商务和休闲旅行的理想下榻之所。

乐萄萄生态农业采摘园

资源简介

乐萄萄农业生态农业采摘园坚持有机种植路线，果蔬无农药添加，自然生长。园内果蔬品类丰富，已种植葡萄、番石榴、水晶火龙果、水果玉米、香瓜、麒麟西瓜、冰淇淋番薯、草莓、有机蔬菜等十几种果蔬，是集亲子、旅游于一体的创新型农业生态园，是"2021年度省级休闲农业与乡村旅游示范点"。

等　　级：三级
基本类型：050104 建设工程与生产地
是否开发：是
行政位置：韶关市新丰县梅坑镇利坑村李屋组 3 号

必背瑶寨

资源简介

必背瑶寨沿河道而建，寨前有大型水轮车和瑶寨桥，寨中房屋屋顶呈斜坡，窗户上均有特色瑶族纹路，全屋木质结构。长实木为吊脚，建立在河道边。在必背瑶寨接待大楼，游客可饱尝瑶族风味，畅饮瑶胞自制的苦爽酒，也能欣赏到瑶家小伙子和瑶族姑娘表演的瑶族竹杠舞、顶杠、丰收舞和瑶族婚嫁等民族节目。在必背瑶寨既可欣赏美丽的瑶山风光，又可领略古老而奇特的瑶族风情。

等　　级：三级
基本类型：050113 特色镇村
是否开发：是
行政位置：韶关市乳源瑶族自治县必背镇半岭村

茗溪家庭农场民宿

资源简介

茗溪家庭农场民宿是当地瑶族文化展示和传承的重要载体，被评为韶关市三星级乡村旅游民宿。茗溪家庭农场占地约200万米^2，建筑面积约8 400米^2。整个农场布局合理，设施完善，建筑物采用当地瑶族特色建筑风格，融入自然环境之中。

等　　级：三级
基本类型：050217 民宿与特色酒店
是否开发：是
行政位置：韶关市乳源瑶族自治县必背镇桂坑村

侯安都纪念公园

等　　级：三级
基本类型：050109 纪念地与纪念活动场所
是否开发：是
行政位置：韶关市乳源瑶族自治县桂头镇阳陂村

资源简介

侯安都纪念公园是纪念侯安都及其历史功绩的综合性场地，占地面积约 1 万米^2，由侯安都墓、侯安都纪念馆（上司庙）、侯安都诞辰庆典、侯安都森林公园等资源组成。其中侯安都墓是陈司空征北将军侯公安都先烈坟墓，规模较小，保存完好，是一座明代墓葬，具有重要历史、文化和艺术价值，为国家级文物保护单位。

天井山红花荷自然教育径

等　　级：三级
基本类型：050310 景观步道、甬道、碧道、绿道
是否开发：是
行政位置：韶关市乳源瑶族自治县洛阳镇田螺坑村

资源简介

红花荷自然教育径在天井山国家森林公园内，以"红花荷的一生"为主题、沿途科普宣传介绍自然风光、自然资源和动植物等科学知识、集游乐、健身、教育于一体的自然风格步道。现园内主要设有天井山青少年拓展基地、林业科技示范园、红花荷自然教育径等宣教场所，积极开展各类科普教育活动。

天井山生态长廊

等　　级：三级
基本类型：050310 景观步道、甬道、碧道、绿道
是否开发：是
行政位置：韶关市乳源瑶族自治县洛阳镇田螺坑村

资源简介

天井山生态长廊是天井山国家森林公园一处集旅游休闲、森林康养和自然教育等多功能于一体的生态景观步道长廊。生态长廊全长约 4.5 千米，保存着典型的中亚热带常绿阔叶林系统，是生物多样性特丰之地。生态长廊内有桫椤、"豹纹石"地质遗迹群、瀑布画廊、落羽杉林及福建柏林等生态景观，还有森林美育馆、水电科普站等人文场馆，是进行山林绿色生态科普宣传的主要场地。

乳源瑶族自治县青少年宫

资源简介

乳源瑶族自治县青少年宫是乳源瑶族自治县专门面向各族青少年开展集艺术、文化、科技、体育及公共服务于一体的实践教育、社会教育和校外活动的综合性公共文化服务场所，是服务青少年的重要平台，在引导青少年树立理想信念、培养法治意识、促进体质健康、实现全面发展等方面发挥重要作用，是全县唯一公办的青少年校外教育公益活动场所，是乳源瑶族自治县新时代文明实践点。

等　　级：三级
基本类型：050103 教学科研实验场所
是否开发：否
行政位置：韶关市乳源瑶族自治县乳城镇鹰峰社区

乳源气象科普教育基地

资源简介

广东省乳源瑶族自治县气象局是集气象科普、科学研究、研学旅游于一体的教学科研实验场所，2019年被评为韶关市科普教育基地。近年来，乳源县气象局依托"气象观测平台、人工影响天气展示平台、气象文化长廊、突发事件预警信息发布中心、科教体验中心"建设科普基地，构建科普教育制度，打造乳源县中小学生自然知识课外实习基地、科普教育示范基地和韶关学院实习基地。

等　　级：三级
基本类型：050103 教学科研实验场所
是否开发：是
行政位置：韶关市乳源瑶族自治县乳城镇鹰峰社区

乌石岭新村

资源简介

乌石岭新村是一六镇团结村委下辖的富有岭南客家风情特色的村小组。乌石岭新村三面环林，连绵叠翠，风景迷人。因村后山岗有一巨石，色泽朱红乌润，宛若红石墨宝，得名乌石岭。新村房屋建设整齐划一，清一色的泛徽客家建筑风格，简单清新中透着华丽。新村由一栋栋双拼式别墅楼组成，每套住宅为两层斜屋面"别墅型"建筑，淡淡乡村怀旧风，给游客带来舒适的乡情体验。

等　　级：三级
基本类型：050113 特色镇村
是否开发：是
行政位置：韶关市乳源瑶族自治县一六镇团结村

下社村

等　　级：三级
基本类型：050113 特色镇村
是否开发：是
行政位置：韶关市乳源瑶族自治县一六镇团结村

资源简介

　　下社村因村庄中央有大片的花池，一年四季都会盛开大量鲜花，被人们称为"鲜花盛开的村庄"。2016年下社村开始整治村庄环境，如今的村庄旧貌换新颜，变得十分美丽。下社村的华丽变身处处洋溢着好村风、好家风、好民风，"农业强、农村美、农民富"的美丽新农村逐渐成形，被评为中国美丽休闲乡村、省级休闲农业与乡村旅游示范点、乳桂经济走廊沿线美丽示范村建设项目之一。

摩尔城

等　　级：三级
基本类型：050101 社会与商贸活动场所
是否开发：是
行政位置：韶关市武江区芙蓉北路34号

资源简介

　　摩尔城是将文化、商业、旅游的不同业态完美融合，集吃、住、行、游、购、娱全产业链于一体的大型综合体。摩尔城秉承"用建筑创意生活"开发理念，进行"多项目、多业态"综合开发，成功开发摩尔城购物中心、摩尔城商业中心、叠翠新峰、鹏达花园、河岸轩等各具特色的产品，涉及购物中心、商业群、写字楼、商用物业、居民住宅等多种类别，展示出强大的综合实力。

村上人家客栈

等　　级：三级
基本类型：050217 民宿与特色酒店
是否开发：是
行政位置：韶关市武江区江湾镇蔬菜队彩虹桥旁

资源简介

　　村上人家客栈是集吃、住、娱于一体的特色民宿，客栈占地210米^2，建筑面积730米^2，高12米，框架结构；共8个房间，18个床位。有石斛炖鸡，石斛花蒸蛋等特色菜。

印雪酒店

资源简介

印雪酒店填补了韶关中心城区温矿泉精品酒店的空白,酒店依据中国传统依山就势,相地构屋的哲学思考,尽可能保持现状地势地貌,巧妙利用地形高差。占地约5.2万米^2,建筑面积约2.56万米^2,设院落式与集中式客房共168间,其中78间客房设有温矿泉泡池,配套悦雅轩餐厅、茶室、大堂吧、清吧、多功能厅、宴会厅、瑜伽健身中心、景观艺术长廊等设施。

等　　级:三级
基本类型:050217 民宿与特色酒店
是否开发:是
行政位置:韶关市武江区沐阳大道59号

孟洲坝国际飞盘场

资源简介

孟洲坝国际飞盘场位于孟洲坝文旅综合体南侧,球场占地面积约5 100米^2,是目前已知的最具国际标准的飞盘场。飞盘场还配套服务中心及足球俱乐部、街舞俱乐部和飞盘俱乐部等体育俱乐部,是现代年轻人竞技娱乐休闲的好去处。

等　　级:三级
基本类型:050106 康体游乐休闲度假地
是否开发:是
行政位置:韶关市武江区韶州大道孟洲坝

麦屋码头公园

资源简介

麦屋码头公园是集旅游观光、绿地效应、休闲休憩于一体的景点公园,是武江区西河镇北片村美丽乡村建设项目一期——什石园糖寮示范带的重要组成部分。放眼过去,武江河畔,古树、绿草、凉亭、渡口、碧道……春光明媚,绿意盎然,一幅生机勃勃的山水春景图尽收眼底。

等　　级:三级
基本类型:050106 康体游乐休闲度假地
是否开发:是
行政位置:韶关市武江区西河镇糖寮村委麦屋小组

盆景山公园

等　　级：三级
基本类型：050110 城市公园
是否开发：否
行政位置：韶关市武江区西联镇

资源简介

盆景山公园总面积20.5万米^2，分A、B两区，其中A区占地面积约17万米^2，B区地块面积3万多米^2。以现有18万米^{2}盆景山为依托，利用原始植被营造质朴自然的景观，公园设置了鸟塔、植物迷宫、银杏廊园等主题活动空间，将当代建构与传统营造巧妙结合，彰显韶关地域特色。

炼铁路花海

等　　级：三级
基本类型：050311 花草坪
是否开发：是
行政位置：韶关市曲江区松山街道韶钢集团

资源简介

炼铁路花海位于原2号高炉旧址，花海东面是原1号高炉旧址。为响应国家"三去一降一补"政策，1号、2号高炉于2015年拆除，后进行环境绿化提升改造。炼铁路花海每年进行2~3季花卉播种，主要种植的花卉品种有格桑花、波斯菊、硫华菊、百日草、柳叶马鞭草、醉蝶花等，已成为游客重要的打卡点。

流坑村香樟公园

等　　级：三级
基本类型：050111 主题公园
是否开发：是
行政位置：韶关市曲江区樟市镇流坑村委胡屋村小组

资源简介

流坑村香樟公园占地面积6 666.7米^2，是前辈留给后人的宝贵财富，在流坑村党支部引领下，胡屋村理事会带领胡屋村民积极捐资，投工投劳，把杂草丛生的荒地打造成环境优美的休闲公园。现有15株樟树，其中3株已有近300年树龄，1株有400多年树龄。公园将美丽乡村建设和精神文明建设相结合，内外兼修，旧貌换新颜，形成了路敞、地洁、景美的宜居新村。

下界滩村古树公园

资源简介

下界滩村古树公园是基于下界滩村古樟树，结合曲江区白土镇、樟市镇樟树资源丰富的特点，打造的樟树公园。古樟树树龄达1 000年，被评为韶关市"十大樟树王"之一，于2019年被评为"广东十大最美古树"。

等　　级：三级
基本类型：050111 主题公园
是否开发：是
行政位置：韶关市曲江区白土镇界滩村

曹溪香水观景台

资源简介

曹溪香水观景台作为视野的延伸，融自然、集人文于一体，在自然景观里留下了点睛之笔。由当地热心企业家林年昌捐资300余万元建设平台和绿道。2021年10月平台建成后，成为一道新的风景线，不少游客慕名来"打卡"。

等　　级：三级
基本类型：050302 观景点
是否开发：是
行政位置：韶关市曲江区马坝镇南华村

曹溪佛学堂

资源简介

曹溪佛学堂前身历史悠久，闻名于世，其始创于20世纪40年代，由虚云老和尚创办，后因资金原因几番停歇，直至距今约20年前，由传正法师恢复学院正常办学。曹溪佛学堂教学楼由3层对称、坐东朝西、占地面积2 700多米^{2}的楼阁古建筑组成，院门口两尊石狮雕像驻守左右，学院正门前有由巨石堆砌的清池。

等　　级：三级
基本类型：050103 教学科研实验场所
是否开发：否
行政位置：韶关市曲江区马坝镇南华村委国道119线旁

石下石山

等　　级：三级
基本类型：050314 堆石
是否开发：否
行政位置：韶关市曲江区马坝镇石堡石下村

资源简介

石下石山属于堆石旅游资源，为园林景观。石堡村村委石下村后面两座石山与马坝人遗址中的狮子岩遥遥相对，共同构成形如嬉戏的小狮子。石山尚未开发完成，目前正在完善之中。

韶钢历史图文展

等　　级：三级
基本类型：050105 文化体育活动场所
是否开发：是
行政位置：韶关市曲江区松山街道韶钢集团

资源简介

韶钢历史图文展以图文并茂的展板等形式，展示韶钢从诞生到现在所经历各个阶段的重要历史事件，分为4个篇章：党旗高扬启征程、锐意改革沐春风、不忘初心担使命、继往开来再出发。

小坑国家良种油茶繁育基地

等　　级：三级
基本类型：050103 教学科研实验场所
是否开发：是
行政位置：韶关市曲江区小坑镇

资源简介

小坑国家良种油茶繁育基地是集良种收集、选育、试验、示范、生产和推广应用于一体的国家重点林木良种基地。基地始建于1960年，是广东省开展林木良种选育工作较早的国有林场，为广东省林业种苗建设发挥了积极作用，为新时期林场转型升级、建设生态科技型林场打下了基础。

狂人国际路亚基地

资源简介

狂人国际路亚基地是集休闲、娱乐、餐饮为一体的休闲度假场所。基地依"龙湖"而建，突出以禅文化为特色的核心理念。禅宗的静态应对了路亚的灵动，同时禅文化又与路亚文化中所推崇的"环保路亚、低碳路亚、绿色路亚、生态路亚、健康路亚"的钓作理念相辅相成，是广东省休闲渔业示范基地。

等　　级：三级
基本类型：050106 康体游乐休闲度假地
是否开发：是
行政位置：韶关市曲江区小坑镇小坑居委

乐昌峡水利工程枢纽

资源简介

乐昌峡水利工程枢纽位于韶关市乐昌大源镇北江支流武江乐昌峡河段内，以防洪、发电为主，兼顾航运和灌溉、旅游等功能。是广东省城乡水利防灾减灾重点建设项目、"十大民心工程"之一。

等　　级：三级
基本类型：050207 堤坝段落
是否开发：是
行政位置：韶关市乐昌市大源镇大长滩村

甘棠镇村天申公祠

资源简介

甘棠镇村天申公祠始建于清代，曾作修葺，是甘棠镇村白氏族人为祀奉开基祖白天申而建。甘棠镇村天申公祠坐东北向西南，砖木结构，面阔一间6米，进深一间11.8米，面积70.8米^2。硬山顶风火式山墙，墙头立麒麟（狮）兽。檐下拱圈式门面，额首砖框灰底楷书"天申公祠"，对研究甘棠镇历史文化颇有帮助。

等　　级：三级
基本类型：050107 宗教与祭祀活动场所
是否开发：否
行政位置：韶关市乐昌市黄圃镇紫溪村

九峰花果园

等　　级：三级
基本类型：050104 建设工程与生产地
是否开发：是
行政位置：韶关市乐昌市九峰镇九峰路上

资源简介

九峰花果园位于粤北高寒山区，平均海拔1 000米，昼夜温差大，特殊的气候条件造就了九峰山优美的自然生态，是天然绿色水果的优良产区。花果园中的"农家乐"依山傍水、古木参天、竹林曲径、林果环绕，漫步其中自乐怡然。园内一年四季景致万千，春日赏花、夏天尝果、秋看红枫、冬观雪景。

廊田农业文化康养项目

等　　级：三级
基本类型：050106 康体游乐休闲度假地
是否开发：是
行政位置：韶关市乐昌市廊田镇新寮村

资源简介

廊田农业文化康养项目通过"生态＋农禅文化＋温泉"的全时代智慧融合，通过体验式、参与式的现代精神消费需求空间，满足人们渴望回归自然、回归生活的情感和健康需求，创建一个一站式健康理想生活地。

广东省誉马葡萄酒庄园葡萄采摘园

等　　级：三级
基本类型：050112 特色产业园区
是否开发：是
行政位置：韶关市乐昌市乐城街道月丘村

资源简介

广东誉马葡萄酒庄园采摘区种植刺葡萄，面积约有13万米^2，刺葡萄为木质藤本，枝蔓表皮上密被皮刺，因而得名"刺葡萄"。葡萄成熟期可供游客采摘。

古佛洞天喀斯特地貌科普馆

资源简介

古佛洞天喀斯特地貌科普馆内详细介绍了古佛洞天典型的地下喀斯特岩溶地貌。馆内占地面积80米²，陈设了相关地质科研单位、学校组织中小学生进行实验，以及溶洞景象、有关化石的形成过程与介绍等图片资料。

等　　级：三级
基本类型：050204 独立场、所
是否开发：是
行政位置：韶关市乐昌市乐城街道月丘村

粤北大佛

资源简介

粤北大佛于1996年冬建成，佛像为金色，佛像基座2.8米，高6米，总高8.8米，坐西朝东。远近的山丘如七珍八宝，长年供奉于他，金身如来佛祖相貌慈悲庄严，保佑芸芸众生，消灾解难，国泰民安。是粤北地区最大的露天大佛。

等　　级：三级
基本类型：050305 雕塑
是否开发：否
行政位置：韶关市乐昌市乐城街道月坵村

金鸡岭人心天里摩崖石刻

资源简介

金鸡岭人心天里摩崖石刻属于古时的石头雕刻，具有极大的历史、文化和观赏价值。在金鸡岭西门半山腰左侧的"瑞霄泉"红砂岩石壁上，留有明代丁卯年（1627年）师姑罗瑞霄的摩崖石刻"丁卯明罗瑞霄人心天理"字样。1987年12月17日，经乐昌市人民政府批准被公布为第二批文物保护单位。

等　　级：三级
基本类型：050304 书画作
是否开发：是
行政位置：韶关市乐昌市坪石镇劳动路社区

韶州一号(广东)农业科技有限公司

等　　级：三级
基本类型：050104 建设工程与生产地
是否开发：是
行政位置：韶关市乐昌市沙坪镇柘洞村

资源简介

韶州一号(广东)农业科技有限公司是一家集油茶种植、油茶深加工产品研发、品牌推广、新媒体兴趣电商运营为一体的现代农业科技公司。通过种植油茶，充分盘活利用了荒山荒地，不但改善了当地的生态环境，还有较好的经济价值，带动沙坪镇的农户走上了致富的道路。

界址赵氏宗祠

等　　级：三级
基本类型：050109 纪念地与纪念活动场所
是否开发：否
行政位置：韶关市南雄市界址镇综合市场（342县道南）

资源简介

界址赵氏宗祠墙体由青砖砌成，宗祠气势恢宏，装饰富丽堂皇而又不失庄严。界址赵氏宗祠供奉的太祖赵匡胤是我国古代北宋赵氏王朝的开国皇帝，太公赵万荣是北宋皇帝赵匡胤的第十四世孙。公元1275年，时居南雄的赵万荣一家就在这里开基创业，繁衍生息。积累了大量财富的赵氏家族，时刻不忘自己的根脉、不忘自家先祖创业之艰难。在赵万荣开基创业200年后，村里建起了规模宏大的赵氏宗祠，用来祭祀、感恩先祖，教育子孙后代饮水思源，勿忘根本。

青青生态旅游度假区

等　　级：三级
基本类型：050106 康体游乐休闲度假地
是否开发：是
行政位置：韶关市南雄市坪田镇老宅村

资源简介

青青生态旅游度假区风景秀丽，空气清新，负氧离子含量极高，有"天然氧吧、粤北小巴马"之美誉。以保护原生态为理念，度假区的建筑物依势而建，设施因水而造，是人文与自然的完美结合。青青生态旅游度假区地处水源源头，周边30千米内无工厂。内养有100多头黄牛，同时还养有鸡、鸭、鹅、猪、羊、茶山野兔、鱼等餐桌肉类动物，为度假区提供生态的、有机的、绿色的餐桌原材料。

棉土窝矿山

资源简介

棉土窝钨矿于1918年被发现，黑钨矿曾由"南信公司""石人峰钨矿南雄钨砂管理站"收购。自1959年1月1日后，棉土窝钨矿全部收归国营，由韶关地区冶金局管理，后冶金和有色分家后，由中国有色金属工业广州公司管理。2000年有色总公司撤销，将中央企业下放到地方。2002年广东广晟有色金属集团有限公司成立，企业划归给广东广晟有色金属集团有限公司管理。

等　　级：三级
基本类型：050104 建设工程与生产地
是否开发：否
行政位置：韶关市南雄市主田镇棉土窝矿

石塘堆花米酒展览馆

资源简介

石塘堆花米酒展览馆是为介绍石塘堆花米酒及其酿造技艺所建。博物馆建筑外形整体呈砖红色，内部包括工艺传承区、制酒用具展示区、产品展示区、鉴赏体验区等分区。2014年，仁化县政府在石塘镇建设了这座堆花米酒展览馆，以保护好这项宝贵的非物质文化遗产。

等　　级：三级
基本类型：050105 文化体育活动场所
是否开发：是
行政位置：韶关市仁化县石塘镇石塘村

 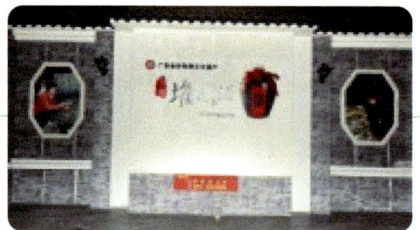

风度革命历史陈列馆

资源简介

风度革命历史陈列馆为具有民国建筑风格的小礼堂，为泥砖结构，建筑顶层有丰富的木质结构作为支撑。大门处八一勋章位于"风度革命历史陈列馆"大字上方。风度革命历史陈列馆主要展示始兴人民在新民主主义革命时期的光辉历程和风度村发生的抗日历史事迹，既有旧物展示，也有图片、文字、油画等，还有电子显示屏播放视频及电子查询系统，通过各种方式介绍了星星之火、抗日烽火、解放始兴、党史人物、历史回声等内容。

等　　级：三级
基本类型：050109 纪念地与纪念活动场所
是否开发：是
行政位置：韶关市始兴县隘子镇风度村

方洞村天主教堂

等　　级：三级
基本类型：050107 宗教与祭祀活动场所
是否开发：是
行政位置：韶关市始兴县澄江镇方洞村

资源简介

方洞村天主教堂是始兴县天主教传播最早的地方，为始兴县不可移动文物之一，占地面积约150米^2，有两层楼高。天主教堂为一层砖木结构，室内张灯结彩，墙壁上挂满了劝善语录和照片，地上摆满了整齐的长椅，厅的正中墙上绘着一幅天主画像，画像下有"万有真原"4个大字与大大的十字架。教堂设立后，先后有德国、法国、波兰和意大利等国的外籍神父坐堂传教。

选陂古村落

等　　级：三级
基本类型：050113 特色镇村
是否开发：是
行政位置：韶关市始兴县顿岗镇周所选陂村

资源简介

选陂古村落始建于公元1833年，始建时呈长方形，南北长，东西窄，祖堂及房舍坐东向西。村内有规模较大、保留较完好的六栋古建筑群、雄伟壮观的"竹苞松茂"围楼及"雄文书室"。围楼宏伟坚固，麻石叠砌墙体，底座厚有1米有余，青砖到顶，质朴粗犷，反映了选陂人追求家族兴旺发达、生活美满幸福的精神世界。2010年11月围楼被公布为县级文物保护单位。

黄塘古村

等　　级：三级
基本类型：050113 特色镇村
是否开发：是
行政位置：韶关市始兴县马市镇高水黄塘古村

资源简介

黄塘古村布局按船形设计，村前村后东西走向各建了一条街，3米多宽，用鹅卵石铺砌，两条街两端都稍向内弯，就像木船的船沿，包围着整个村庄。村头村尾各筑有水塘一口，似船的固锚孔。村庄北面临街核心建筑有赖氏宗祠、公祠，东面是上官祖堂、西边是下官祖堂、武馆和天后宫，都是明、清时期古建筑。2014年被列为"广东省传统村落"。

马市镇红梨村游览区

资源简介

马市镇红梨村游览区为韶关市文化旅游融合发展示范区、韶关市旅游名村、广东省文化和旅游特色村、国家3A级旅游景区。旅游景区内包含围楼、宗祠与田园风光等特色景观，拥有广东省古村落大安坪古村、省级文物保护单位红梨渡槽、广东最大规模的六进祠堂赖氏祖堂松阳堂、竹苞松茂围楼、于万斯年围楼等文化旅游资源。

等　　级：三级
基本类型：050113 特色镇村
是否开发：是
行政位置：韶关市始兴县马市镇红梨村

华京户外营地

资源简介

华京户外营地主营户外体验教育，户外拓展及休闲娱乐，客户群体以7~15岁青少年为主。2019年被评为韶关市旅游驿站、三星级旅游民宿，2018年获得韶关市丹霞杯返乡创新创业大赛三等奖。营地内分布山地露营区、亲子拓展区、手工体验区、无动力运动区、童趣水拓展区、营地住宿区、餐饮区等多个分区。

等　　级：三级
基本类型：050106 康体游乐休闲度假地
是否开发：是
行政位置：韶关市翁源县坝仔镇半溪村

翁源上洞村

资源简介

2019年9月，上洞村上榜2018年广东省"民主法治示范村（社区）"创建单位名单；为广东省文化和旅游特色村。主要由刘屋村和许屋村两大片区构成。辖区总面积18千米^2；总耕地面积137万多米^2，其中水田117万多米^2，旱田20万米^2；山林面积2 585.14米^2。

等　　级：三级
基本类型：050113 特色镇村
是否开发：是
行政位置：韶关市翁源县坝仔镇上洞村

南塘村

等　　级：三级
基本类型：050113 特色镇村
是否开发：是
行政位置：韶关市翁源县江尾镇南塘村

资源简介

南塘村是韶关市首批5个"旅游名村"建设示范点之一。2012年，南塘村的湖心坝客家民居群被评为"广东省古村落""广东省历史文化名村""广东省文化和旅游特色村"。

修本楼

等　　级：三级
基本类型：050202 特性屋舍
是否开发：是
行政位置：韶关市翁源县江尾镇南塘村

资源简介

修本楼又称四方楼，县级文物保护单位。修本楼为湖心坝民居群最漂亮的围楼之一，外形壮观，内部陈设精美，保存完好，布局和谐，错落有致。悬山顶，面铺小板瓦，灰砂、石夯墙，面宽、进深均约42.5米。中央为公祠，四角有3层角楼，四周以高约8米的围墙与角楼连接。

青松庙

等　　级：三级
基本类型：050107 宗教与祭祀活动场所
是否开发：是
行政位置：韶关市翁源县翁城镇墨岭村

资源简介

青松庙建于清代，1994年重修。属硬山式矮檐结构，设一进。瓦面用板瓦阴阳覆盖，分为高低2层，坡度向东西两边倾斜。屋脊砂灰砌砖压瓦，高约0.5米，中间置一葫芦，南北两边各灰塑一条红色鲤鱼。庙宇的墙体原用青砖砌结（重修时部分改用红砖），砂灰批荡。正面呈"凹"字形，背面墙角呈圆形，面阔11.7米，进深12.7米。

新江革命纪念亭

资源简介

新江革命纪念亭为一座四角亭，位于新江镇太坪村。太坪人民在中国共产党领导下，为翁源的解放事业作出了重要贡献。抗日战争时期，太坪人民参加了抗日救亡运动。日寇投降前夕，东江纵队、珠江纵队、清远抗日同盟军，途经太坪，北上粤赣湘边区，迎接王震大军，得到太坪人民的大力帮助。

等　　级：三级
基本类型：050109 纪念地与纪念活动场所
是否开发：是
行政位置：韶关市翁源县新江镇太坪村

新丰万亩果园

资源简介

万亩果园是集农业观光、科普教育、休闲度假、农家乐、购物于一体的果园，园内种植了多种名优蔬果，占地近万亩，建园16年，园内保存了天然的自然生态环境。万亩果园被评定为省级现代农业园区和广东省生态示范园。

等　　级：三级
基本类型：050104 建设工程与生产地
是否开发：是
行政位置：韶关市新丰县丰城街道双良村

新丰云髻书院酒店

资源简介

新丰云髻书院酒店是省内少有的以书院为主题的特色酒店，是游客前往云髻山风景区的必经之地。新丰云髻书院酒店的客房采用落地窗设计，将山野景色整个映进屋中，风格简约、自然温馨，有超大大堂、休闲书吧、空中花园、禅修室、棋牌空间、多功能会议室、花园露天烧烤，可满足客人的不同需求。

等　　级：三级
基本类型：050217 民宿与特色酒店
是否开发：是
行政位置：韶关市新丰县丰城街道云髻山省级自然保护区

北一支纪念广场

等　　级：三级
基本类型：050105 文化体育活动场所
是否开发：是
行政位置：韶关市新丰县遥田镇江下村

资源简介

北一支纪念广场是遥田城乡居民休闲健身、缅怀先烈的红色教育基地，广场旁建设有思源亭、思廉池、红色宣传栏、石碑、先烈的铜像等，是江下村闪亮的名片。

桂坑尾梯田

等　　级：三级
基本类型：050211 景观农田
是否开发：是
行政位置：韶关市乳源瑶族自治县必背镇桂坑村

资源简介

桂坑尾梯田地处大瑶山腹地，面积约9.3万米^2，分布在海拔300~500米的坡面，错落有致、层次分明地"长"在桂坑尾的半山沟里。漫步在桂坑尾村，一片片生机盎然的美景映入眼帘。层层连片的梯田里生长着绿油油的秧苗，微风轻轻吹过，泛起千层翠绿的波浪。在秋收时节，黄绿相间的千层梯田，伴着浓雾或沐浴阳光时，犹如丹青绘彩，景观绚丽，无数游人慕名前往赏景"打卡"，一睹"广东最美乡村"的金色梯田风貌。

乳源蓝山舍民宿

等　　级：三级
基本类型：050217 民宿与特色酒店
是否开发：是
行政位置：韶关市乳源瑶族自治县大桥镇太平村

资源简介

乳源蓝山舍民宿是一座拥有前三层后两层的四合院式民宿，是家庭出游、休闲娱乐、亲子活动、疗养身心的极佳去处。民宿周边群山环绕，花木繁盛，风光优美，精心打造2 500米^{2}兼具园艺休闲风采和民族风情的接待空间，采用棕褐色、白色和黑色等自然色系，结合木质和钢铁等材料，增添个性化的元素来提高建筑的美观度，中式优雅清新装饰点缀其中，整体颇具南岭特色，与当地环境浑然一体、相得益彰。2022年获评韶关市三星级乡村旅游民宿。

乳源南岭印象见山民宿

资源简介

乳源南岭印象见山民宿是一家提供住宿、餐饮、生态康养、家庭出游、休闲娱乐、亲子活动于一体的韶关市三星级民宿，为独栋，6层楼房，每套100米²，20间房。线条简洁、设计简约，采用棕褐色、白色或黑色等自然色系，结合木质或钢铁等材料，增添个性化的元素来提高建筑的美观度。

等　　级：三级
基本类型：050217 民宿与特色酒店
是否开发：是
行政位置：韶关市乳源瑶族自治县大桥镇五指山

龙德生态农场

资源简介

龙德生态农场是一座以生态农业为主题、集农业、畜牧业、林业、渔业等多产业发展，汇集农业种植、畜牧养殖、林业资源、渔业资源、自然生态资源、旅游观光等多种功能于一体的现代农业园区。农场多采用木质结构、绿色植物覆盖等手法，融入周围山水，营造出自然、清新的氛围。获评广东省林业龙头企业、韶关市农业龙头企业、广东省休闲农业与乡村旅游示范点等称号。

等　　级：三级
基本类型：050104 建设工程与生产地
是否开发：是
行政位置：韶关市乳源瑶族自治县洛阳镇白竹村

乳源瑶族自治县老年大学

资源简介

乳源瑶族自治县老年大学与老干部大学合署办学，为乳源各族老干部、老龄人提供更新知识的课堂、健身养心的场所、开心娱乐的园地、广交朋友的平台和智力开发的基地。乳源瑶族自治县老年大学是隶属于县委组织部（老干部局）管理的公益一类事业单位，亦是乳源瑶族自治县新时代文明实践点。可高效满足老同志老有所学、老有所教、老有所为、老有所乐的需求，丰富其精神文化生活，提升其晚年生活的获得感和幸福感。

等　　级：三级
基本类型：050103 教学科研实验场所
是否开发：否
行政位置：韶关市乳源瑶族自治县乳城镇鹰峰社区

韶关学院大学生创新创业孵化基地

等　　级：三级
基本类型：050103 教学科研实验场所
是否开发：是
行政位置：韶关市浈江区大学路288号

资源简介

近年来，韶关学院大学生创业孵化基地投入2 100余万元建设，基地硬件设备资产总值1 400余万元。建筑总面积近8 000米^2，共5个园区，有54间创业孵化室，另有1个创新创业综合实训平台、2个共1.9万米^{2}的生产基地。

江畔历史文化雕塑景观带

等　　级：三级
基本类型：050310 景观步道、甬道、
　　　　　碧道、绿道
是否开发：是
行政位置：韶关市浈江区乐园镇北江
　　　　　中路

资源简介

江畔历史文化雕塑景观带是韶关市城市建设的一大亮点。分别建设了"文明曙光"（马坝人围猎）、石峡人耜耕稻作、天地同和（韶乐文化）、一花五叶（禅宗文化）、宰相风度、余靖从政六箴、瑶山长鼓舞、珠玑寻根8组历史文化雕像，与河畔风景和谐地融为一体。

文化小舞台

等　　级：三级
基本类型：050105 文化体育活动场所
是否开发：是
行政位置：韶关市浈江区犁市镇大村
　　　　　村委会铁路林场（华南教
　　　　　育历史研学基地内）

资源简介

文化小舞台位于岭南大学旧址南部下坡处，舞台背景刻有"铭记烽火历史，传承红色基因"的标语，小舞台后方有大村饭堂。舞台高0.5米，青砖材质，外观为青灰色，舞台下空间开阔，有6行3列间隔1.5米的长石凳供观众使用。

十里江湾驿站

资源简介

十里江湾驿站为约10米高的独栋楼,内镂空,有攀爬梯,面积4米^2,外表挂着红色的"十里江湾"4字,外层下3米用鹅卵石铺砌,以上为黄色外漆。是十里江湾驿站的起始点,距离江湾镇政府10千米,故命名为"十里江湾驿站"。十里江湾原生态环境好,森林覆盖率达90%以上,负氧离子浓度高达7 000个/厘米^3,远超出世界卫生组织界定的清新空气的标准。

等　　级:三级
基本类型:050301 形象标志物
是否开发:是
行政位置:韶关市武江区

韶州公园儿童游乐区

资源简介

韶州公园儿童游乐区内滑滑梯、爬架、沙池应有尽有,孩子们在这里感受最原始、简单的快乐。沙池停靠着一艘海盗船,海盗船上有一条用绳子编织成的封闭通道。儿童乐园区还有冬季奥运会最具热度的"冰墩墩""雪容融"雕塑,以敦厚乖巧、萌态可掬的形象亮相韶州公园北广场。

等　　级:三级
基本类型:050106 康体游乐休闲度假地
是否开发:是
行政位置:韶关市武江区惠民街道韶州公园内

奇石山庄

资源简介

奇石山庄总体建筑为徽派建筑,白墙灰瓦马头墙,呈现出秀美的江南气韵,主楼前面是一层平楼建筑,后面是2~3层的民宿空间。奇石山庄拥有民宿、果园等,其中民宿有几十间;果园有十几万米^2。在合适的季节,可以进行果园采摘等活动。

等　　级:三级
基本类型:050217 民宿与特色酒店
是否开发:是
行政位置:韶关市武江区龙归镇奇石村

碧桂园太阳城凤凰酒店

等　　级：三级
基本类型：050217 民宿与特色酒店
是否开发：是
行政位置：韶关市武江区西联镇丹霞大道中 18 号

资源简介

碧桂园太阳城凤凰酒店是韶关芙蓉新城首家地区标志性五星级标准酒店。酒店延续了碧桂园凤凰国际酒店的独特理念，建筑糅合东西方文化精粹，尽显高贵典雅气派。酒店客房总数为137间，床位总数231个，二楼的怡景西餐厅可同时容纳100~130人用餐。网球场、健身房、KTV、风度书吧、露天园林泳池等娱乐设施一应俱全。

黄沙坪公园

等　　级：三级
基本类型：050111 主题公园
是否开发：是
行政位置：韶关市武江区西联镇阳山村委黄沙坪村

资源简介

黄沙坪公园面积约100万米^2，绿道有2~3千米，水库、鱼塘约33万米^2。可以容纳1 000~2 000人游玩。公园内山、水、树完美融合在一起。公路两旁印章石头多见，印章象征着权威和庄严，这是公园最大的特色，也彰显了韶关文化底蕴的深厚。

世纪购物广场

等　　级：三级
基本类型：050101 社会与商贸活动场所
是否开发：是
行政位置：韶关市武江区新华街道

资源简介

一至三楼为大型百货商业广场，卖场总面积达38 000米^2，卖场内现代化设施完善，电梯、中央空调，安全便民系统配套齐全，环境整洁、布局合理。其中二层大型地下停车场达25 000米^2，能同时提供500多个停车位，满足购物顾客的停车需求。

中环天地

资源简介

中环天地是一个集时尚购物、餐饮、娱乐、生活服务为一体的城市商业综合体。占地约5万米^2，商场内进驻了周大福、鄂尔多斯、百丽、百朗旗下等多个国内外知名品牌，聚集了零售、餐饮、金融、娱乐、健康和生活配套等多种业态。

等　　级：三级
基本类型：050101 社会与商贸活动场所
是否开发：是
行政位置：韶关市武江区新华街道

天池山庄

资源简介

天池山庄坐落在素有"小黄山"之称的樟市镇芦溪瑶族村委。天池山庄的山顶民宿，环境优美，卫生干净。站在天池山庄远望风景特别美丽，此起彼伏的山群，非常壮观。可进行挖野菜、购土特产、露营等活动，是亲身体验"野外生活"的理想去处。

等　　级：三级
基本类型：050106 康体游乐休闲度假地
是否开发：是
行政位置：韶关市曲江区樟市镇芦溪村芦溪角

和溪太庙

资源简介

和溪太庙于清咸丰十年（1860年）重修（据庙内残碑载）。据当地群众介绍，抗日战争时期，当地民众在该庙组织抗日自卫队，抗击日寇。因此，现庙内设有"水村革命历史陈列室"。该庙是不可移动文物，为研究古代建筑及当地革命历史提供了重要史料。

等　　级：三级
基本类型：050107 宗教与祭祀活动场所
是否开发：否
行政位置：韶关市曲江区大塘镇新桥村委会新桥小学旁

左村将军庙

等　　级：三级
基本类型：050107 宗教与祭祀活动场所
是否开发：是
行政位置：韶关市曲江区大塘镇左村村委会

资源简介

左村将军庙建于清道光十年（1830年），庙宇坐北向南，面阔，三开面，进深二进间，东西有两庑。现留有清道光十年的香炉一个，民国二十九年（1940年）重修左村将军庙功德残碑一通，从建筑形制来看与和溪太庙一样。现供奉的是三国时期"刘、关、张"神像，名为三品将军。

水背绿美古树乡村

等　　级：三级
基本类型：050113 特色镇村
是否开发：是
行政位置：韶关市曲江区罗坑镇新塘村委

资源简介

水背村位于罗坑镇新塘村委联合片区，依新塘水而建，村内古树和风水林资源丰富，水背村风水林与古树位于同一林地，树种以樟树、枫香、竹子等为主，面积约为3.3万米^2，现有28株古树已录入广东省古树名木信息管理系统，其中，香樟26株，枫香2株，古树树龄最大约250年。

山居小院

等　　级：三级
基本类型：050217 民宿与特色酒店
是否开发：是
行政位置：韶关市曲江区罗坑镇中心坝村委黄屋村31号

资源简介

山居小院位于韶关市曲江区罗坑鳄蜥国家级自然保护区、罗坑水库大草原旁，自然环境十分优越，建筑保持原有粤北山区泥砖瓦房风貌，具有浓厚的当地民居特色，厚厚的土墙及瓦片盖的屋顶让房内冬暖夏凉。于2018年被评为韶关市三星级民宿。

罗坑朝昌苑

资源简介

朝昌苑民宿以新中式三合院两层半建筑风格设计为特色。在这里，可听树林中的鸟鸣声，看远处袅袅炊烟，享受村内的潺潺溪流声和自然风景。罗坑朝昌苑为四星级民宿、广东省"第一批南粤森林人家"。

等　　级：三级
基本类型：050217 民宿与特色酒店
是否开发：是
行政位置：韶关市曲江区罗坑镇中心坝村委会夹背村

曲江科技馆

资源简介

曲江科技馆内设办公区和展馆区，展馆区包括航天馆、天文馆、中国古典益智玩具馆、基础科学馆和地震科普知识馆5个展厅。2006年、2008年和2011年，成功举办了中国科协支援中小科技馆常设展品巡回展。2007年，曲江区科技馆被命名为"广东省青少年科技教育基地"。2010年，又被命名为"广东省防震减灾科普教育基地"。

等　　级：三级
基本类型：050105 文化体育活动场所
是否开发：是
行政位置：韶关市曲江区马坝镇狮岩三路

韶关市国有曲江林场

资源简介

韶关市曲江林场为市林业局管理的正科级公益一类事业单位，负责保护、培育和合理利用森林资源，保持森林物种的多样性；负责森林公园建设和管理，适度发展森林生态旅游和林下经济；负责森林防火、林业有害生物防治、生态公益林管理、区域良种示范、种质资源保存与创新、生态监测、科技示范等；开展林业科普、宣传工作。

等　　级：三级
基本类型：050104 建设工程与生产地
是否开发：是
行政位置：韶关市曲江区马坝镇沿堤一路

樱花大道

等　　级：三级
基本类型：050310 景观步道、甬道、碧道、绿道
是否开发：是
行政位置：韶关市曲江区松山街道韶钢集团

资源简介

樱花大道是韶钢工业园区内一条道路两旁种植可观赏樱花的道路。韶钢现有广州樱约800株，五彩樱约480株。每年春季花开时节，游客可在此赏樱，为韶钢工业园区增添一抹亮色。

韶钢3号门前花海

等　　级：三级
基本类型：050311 花草坪
是否开发：是
行政位置：韶关市曲江区松山街道韶钢集团

资源简介

韶钢3号门前有粉色樱花、黄色风铃花，路边有木棉花、玉兰花、洋彩雀。走进韶钢厂区，一座花园钢厂，豁然于眼前，在春风里靓丽绽放，装扮十里韶钢。花卉造型、钢味十足的小花园是游客、网红热门打卡的景点。

月华寺

等　　级：三级
基本类型：050107 宗教与祭祀活动场所
是否开发：是
行政位置：韶关市曲江区乌石镇濛浬村委会濛浬水电站大坝北岸

资源简介

月华寺为不可移动文物。据《曲江县志》清光绪版记载，月华寺是南梁时期天竺高僧智药三藏创建，是曲江始建时间最早的佛教寺院之一。该遗址对研究曲江当地佛教发展历史具有一定的参考价值。

上洞曹水湾民宿

资源简介

上洞曹水湾民宿的建设风格古朴，与曹角湾古村落的整体风貌保持一致，具有浓烈的本地特色。大门朱漆，建筑灰墙灰瓦朱栏，二楼后花园小径通幽，又与村场连通，空间得到巧妙利用，同时极富农村特色。

等　　级：三级
基本类型：050217 民宿与特色酒店
是否开发：是
行政位置：韶关市曲江区小坑镇上洞村委

曲江区国有小坑林场

资源简介

小坑林场始建于1960年，是广东省开展林木良种选育工作较早的国有林场。2012年2月被国家林业局批准为第二批"国家重点林木良种基地"，为新时期林场转型升级、建设生态科技型林场打下了基础。经过多年的努力建设，小坑林场已初步建成为集良种收集、选育、试验、示范、生产和推广应用于一体的现代化林木良种基地，为广东林业发展作出了重要贡献。

等　　级：三级
基本类型：050104 建设工程与生产地
是否开发：否
行政位置：韶关市曲江区小坑镇小坑街湖滨路38号

兰花客栈

资源简介

兰花客栈的建筑风格沿用乐昌当地乡村的建筑风格，其具有夯土白墙加瓦片坡度屋顶的特点，呈现小而紧凑的方正格局，视觉上简洁明快。客栈采用充满浓厚中国文化气息的四合院结构，古色古香的整体装修风格，远离喧哗的城市，是一个让人仿佛置身于仙境一般惬意、忘记烦恼的地方。

等　　级：三级
基本类型：050217 民宿与特色酒店
是否开发：否
行政位置：韶关市乐昌市北乡镇前村村

应山村富禧公祠堂

等　　级：三级
基本类型：050107 宗教与祭祀活动场所
是否开发：否
行政位置：韶关市乐昌市黄圃镇应山村

资源简介

应山村富禧公祠堂其始建于清代,是应山村开村始祖白壁公十四世子孙富禧的祠堂。富禧公祠堂坐东向西。由青砖、木、瓦砌筑,平面呈方形,面阔11.4米,进深11米,高约9米,面积125米²。

桃缘山居

等　　级：三级
基本类型：050217 民宿与特色酒店
是否开发：是
行政位置：韶关市乐昌市九峰镇大廊村

资源简介

桃缘山居是由传统客家泥砖房改建而成的建筑,保留了原有的客家人建筑文化,是一个采用现代玻璃和钢架搭建的、能让游客充分感受阳光的玻璃房体,意在充分突出通透的体验感受,为游客提供可静观花海、远眺远山的独特视觉体验。桃缘山居被评为韶关市三星级旅游特色民宿。

乐城人民公园

等　　级：三级
基本类型：050110 城市公园
是否开发：是
行政位置：韶关市乐昌市乐城街道红岭社区

资源简介

乐城人民公园建于1958年,为纪念在乐昌牺牲的革命烈士而建。陵园前面有一块200米²的水泥坪,坪内有台阶,宽约20米。旁边有一对石狮,通高2米。1984年,烈士陵园改为乐昌市人民公园。2011年5月17日,经乐昌市人民政府批准被公布为第四批文物保护单位。

乐城森林滑道

资源简介

乐城森林滑道位于古佛岩景区半山牌坊至山脚，全长380米，该滑道集高空极限挑战、悠闲娱乐和代步于一体，是中国首创灯光滑道。游客在滑道滑行，靠重力自然下滑，还可以自己掌控滑行速度，仿佛整个人悬空在树林里穿梭。

等　　级：三级
基本类型：050310 景观步道、甬道、碧道、绿道
是否开发：是
行政位置：韶关市乐昌市乐城街道月垅村

坪石《资本论》与中国经济学教育历史陈列馆

资源简介

《资本论》与中国经济学教育历史陈列馆是一处关于《资本论》中文译者之一王亚南的纪念地与纪念活动场所。2020年7月1日，位于广东韶关乐昌坪石镇武阳司村的《资本论》与中国经济学教育历史陈列馆揭幕开放。

等　　级：三级
基本类型：050109 纪念地与纪念活动场所
是否开发：是
行政位置：韶关市乐昌市坪石镇武阳司村

户昌山古村落

资源简介

户昌山古村属于特色镇村，其位于广东韶关乐昌市庆云镇东北部，与黄圃镇毗邻，坐落于千年古道——宜乐古道旁，约有750年历史，具有很高的历史文化价值。

等　　级：三级
基本类型：050113 特色镇村
是否开发：否
行政位置：韶关市乐昌市庆云镇永乐村

大赛民宿

等　　级：三级
基本类型：050217 民宿与特色酒店
是否开发：是
行政位置：韶关市乐昌市长来镇大赛村

资源简介

大赛民宿位于长来镇辖区内，是乐昌地区首家以星级标准建造的民宿。民宿内有奇石馆、文化书屋、小酒馆、古樟树、玻璃栈道等，可供参观游玩的项目。既带有历史人文气息，又与现代构造相融合，形成了其独特的气质。房间可临窗欣赏青山绿水的美丽乡村景色，清新舒适。

谭氏宗祠

等　　级：三级
基本类型：050107 宗教与祭祀活动场所
是否开发：是
行政位置：韶关市乐昌市长来镇和村五汪组

资源简介

谭氏宗祠是为纪念北宋紫金光禄大夫谭必而建造，是现存乐昌市民间较有特色的宗祠建筑之一，对研究清代宗祠建筑具有一定的价值。2011年5月17日，经乐昌市人民政府批准被公布为第四批文物保护单位。2012年10月20日，经广东省人民政府批准，被公布为第七批省级文物保护单位。

回龙寺塔

等　　级：三级
基本类型：050309 塔形建筑
是否开发：否
行政位置：韶关市南雄市湖口镇新湖村委会下罗田村

资源简介

回龙寺塔建于宋代，历史悠久，建筑工艺精湛，现存4层仍保存较完好，具有较高的宋塔建筑研究价值。回龙寺塔残高16米，底层直径5.65米。为平面六角仿楼阁式7层空心砖塔，塔身均置砖砌斗拱、倚角柱、阑额和普柏枋，各层用菱角砖和拨檐砖叠涩出檐。

映云公祠

资源简介

映云公祠是客家古建筑中的瑰宝，散落于粤北大地上的明珠。映云公祠建筑面积约为210米²，高3米。其集山川风水之灵气，融客家民俗文化之精华。风格独特，结构严谨，雕镂精湛，飞檐翘角。映云公祠对研究明清时期的客家民俗文化，建筑工艺形态，社会经济发展，都有极高的历史研究与艺术保留价值。

等　　级：三级
基本类型：050109 纪念地与纪念活动场所
是否开发：否
行政位置：韶关市南雄市黄坑镇社前村

小竹塔

资源简介

小竹塔建于宋代，基围10.8米，直径3.2米，座高1米，边长3.85米，首层边长1.8米，厚壁1.2米。为平面六角形五层楼阁式砖塔，现仅存3层，塔用青砖筑成，内腔空虚，塔第一层开一真门，其余各面开一圭形假门，二、三层每面均开一圭形假门，塔心室置藻井。塔身用青砖砌阑额、普柏枋、依角柱、斗拱，各层用菱角砖和拨檐砖叠涩出檐。形态平和，浩气犹存，方整硬实，志气可嘉。

等　　级：三级
基本类型：050309 塔形建筑
是否开发：否
行政位置：韶关市南雄市江头镇小竹村荒丘

水西桥

资源简介

水西桥为南雄最长的古桥，建于明万历年间。水西桥为七墩八孔石筑平桥，桥墩均砌分水尖状，桥上置石栏杆，高50厘米。桥长104米，宽4.3米，高约5米。整座桥为红色岩石砌成，东西向，现为水泥钢筋结构。1986年水西村民李云高倡导，村民捐款重修。2020年10月，水西桥修缮工程启动。2006年被列为南雄市文物保护单位，2015年公布为第八批广东省文物保护单位。

等　　级：三级
基本类型：050205 桥梁
是否开发：是
行政位置：韶关市南雄市凌江路附近

乌迳西晋墓

等　　级：三级
基本类型：050210 陵墓
是否开发：否
行政位置：韶关市南雄市乌迳镇新田村甘埠山

资源简介

乌迳西晋墓于1984年10月文物普查时被发现。墓向180°，为券顶单室墓，平面"凸"字形。墓长10.1米，宽3米，残存高1.5米。出土铜、铁、陶等器物32件。以灰色硬陶为主，也有少数红陶，纹饰有弦纹，少数方格纹，釉彩有褐色、黄白色，铜器有带钩、铜泡，铁器有环首刀、铁削等器。

乌迳新田汉墓

等　　级：三级
基本类型：050210 陵墓
是否开发：否
行政位置：韶关市南雄市乌迳镇新田村龙口山与甘埠山周围

资源简介

乌迳新田汉墓于1982年10月先后被发现，共有3座。龙口山M1墓为东汉墓，平面是"凸"字形，单室券顶砖墓，墓室结构完好。出土遗物有铜、铁、陶器等。龙口山M2墓为东汉墓，为单室券顶砖墓，平面呈长方形。出土器物有青铜双龙神兽镜和八乳尚方规矩镜各1件、陶罐1件和陶片10多件。龙口山M3墓为西汉墓，为土坑墓，出土大量方格纹陶片，其中一部分为方格纹附加拓印。

南雄府城大成殿

等　　级：三级
基本类型：050109 纪念地与纪念活动场所
是否开发：是
行政位置：韶关市南雄市雄州街道（市政府大院内）

资源简介

南雄府城大成殿原为南雄学宫内的一座建筑，屋顶为歇山顶盖琉璃瓦，为明代木结构建筑，占地面积234米²，殿堂面宽5间18米，进深13米。南雄府城大成殿是大革命时期国民党南雄县党部旧址，中华人民共和国成立后，曾作为县府办公室、会议室。1995年被南雄市人民政府公布为南雄市文物保护单位。2011年，全面修复大成殿，并在殿内重立孔子塑像。2012年被公布为广东省文物保护单位。

南雄市电商中心

资源简介

南雄市电商中心建筑面积共5 432米^2，含办公孵化区、仓储物流区、人才培训区、产品展示区、公共服务区五大功能，从平台服务、培训服务、物流服务、人才服务、软件服务、金融、管理和咨询服务等各个层面来构建农村电子商务产业生态集群。2019年，电商中心已建成镇级服务站28个，全面覆盖68个省定贫困村，形成了"一店带一村""一店带多户"的电商发展模式。

等　　级：三级
基本类型：050101 社会与商贸活动场所
是否开发：是
行政位置：韶关市南雄市雄州街道东方大润发广场西南面首层

雄丰火龙果种植基地

资源简介

雄丰火龙果种植基地主要生产和加工粤北高寒火龙果产品及蔬菜制品。基地恪守现代经营理念，以品牌为载体，以农产品的效益为目标，以增强产品的市场竞争力为核心，充分利用当地良好的生态环境和气候优势，按"合作社+示范基地+科技+互联网+旅游"的经营模式，注册"雄州丰"等多个国家注册商标。基地有3 790米^{2}的生活区、5.3万米^{2}示范基地、21万米^{2}社员农户种植区。

等　　级：三级
基本类型：050104 建设工程与生产地
是否开发：是
行政位置：韶关市南雄市雄州街道荆岗村

昆明园温泉

资源简介

昆明园温泉长流不息数百年，于2010年建成南雄昆明园温泉度假村，占地面积约8万米^2。昆明园温泉富含多种对人体有益的元素，属一种多成分"复合型"温泉。其中硫化氢（俗称硫黄泉）对人体皮肤具有良好的清洁与消毒作用。其丰富的偏硅酸则对增强人体血管壁的弹性十分有益，水中含量适中的碳酸氢钠对人体新陈代谢更具益处。

等　　级：三级
基本类型：050106 康体游乐休闲度假地
是否开发：是
行政位置：韶关市南雄市雄州街道下坪村

油山平林孔林书院

等　　级：三级
基本类型：050204 独立场、所
是否开发：否
行政位置：韶关市南雄市油山镇平林村

资源简介

　　油山平林孔林书院创办于北宋建隆三年（962年），创办者是孔子第四十一代孙孔闰。他是广东唐代38名进士之一，也是浈昌县（今南雄市）进士第一人。书院的创办成了中原文化南播的一个亮点，在岭南树起了一面办学育才的旗帜，是南雄州的第一所书院，也是岭南第一所书院。孔林书院为三进，后进为大成殿，内供孔子塑像，有东西两庑，中进为大成门，前进为书院的大门，四周有围墙。

丹霞山塔墓群

等　　级：三级
基本类型：050210 陵墓
是否开发：是
行政位置：韶关市仁化县丹霞街道黄屋村

资源简介

　　丹霞山塔墓群是中国传统文化的珍贵遗产之一，具有深厚的历史和文化价值。这些塔墓形态各异、造型精美，是中国古代建筑艺术的杰出代表。同时，这里还保存着许多古代石刻、壁画等文化遗产，为人类文明的发展作出了重要贡献。

澌溪寺塔

等　　级：三级
基本类型：050309 塔形建筑
是否开发：是
行政位置：韶关市仁化县董塘镇瑶族村

资源简介

　　澌溪寺塔原名"秀宝塔"。据澌溪寺塔《碑记》记载，建于北宋年间。此塔坐西向东，青砖砌成；平面四角七层，斗拱檐，平座楼阁式，可旋层而上至塔顶；各层设腰檐平座及砌一真门三假门，并砌阑额、倚柱等。近年维修，表面石灰脱落。澌溪寺塔于1979年被列为省级文物保护单位，对研究中国佛教及唐末宋初的建筑艺术有一定价值。

双水塔（白塔）

资源简介

双水塔，又称白塔，塔为八角七层，楼阁式砖塔，高24米。第一层门楣有红砂岩石刻横匾一块，楷体横刻"文光辉映"4个字。塔内设穿墙、螺旋形步梯，可通至顶层。该塔造型美观、外表独特，是一座研究明代建筑艺术的宝贵实物。双水塔被列为省级重点文物保护单位。

等　　级：三级
基本类型：050309 塔形建筑
是否开发：是
行政位置：韶关市仁化县扶溪镇水口村

华林寺塔

资源简介

华林寺塔为六角形7层，门拱檐平座楼阁式砖构塔，塔为实心塔，但设有砖梯，可绕平座折转而上顶层。青砖墙，各层楼板是杉木。华林寺塔风格独特，构造精湛。被评为广东省第三批省级文物保护单位、仁化县第一批县级文物保护单位。

等　　级：三级
基本类型：050309 塔形建筑
是否开发：是
行政位置：韶关市仁化县闻韶镇下徐村

古塘秋月山庄

资源简介

古塘秋月山庄是始兴县远近闻名的生态、休闲、观光旅游场所，山庄占地面积约15万米^2，集种植、养殖、餐饮、住宿、会务、亲子乐园、拓展训练、标准游泳训练场于一体。山庄内古色古香，小桥流水，长廊高亭，环境幽雅，特色饭菜常供常新，可同时容纳1 000多人用餐，100人住宿。具有迷人的田园风光、独特的饮食风味，院内清新幽静、冬暖夏凉，彰显休闲功能。

等　　级：三级
基本类型：050106 康体游乐休闲度
　　　　　假地
是否开发：是
行政位置：韶关市始兴县城南镇新村

周前古渡口

等　　级：三级
基本类型：050208 港口、渡口与码头
是否开发：是
行政位置：韶关市始兴县城南镇周前村

资源简介

周前古渡口位于城南镇周前村清化河岸，旧时为商贾云集、楼船往来的渡口码头，有着重要的科考价值。目前利用古渡口旧址，始兴县规划建成了渡口亲水平台、亲水廊道、水车等游玩体验设施，建有停车场、渡口广场等配套设施，与周前古村其他景点相辅相成，打造周前古村旅游综合体。

宝溪李花基地

等　　级：三级
基本类型：050104 建设工程与生产地
是否开发：是
行政位置：韶关市始兴县顿岗镇宝溪村

资源简介

宝溪李花基地属于当地特色李子种植基地，每年春天，宝溪李花基地漫山遍野的李花竞相绽放，顺着山势次第生长，铺满连绵的山坡，远远望去，就像白雪点缀在山间。宝溪李花基地现已开发为种植、赏花、采摘等休闲旅游于一体的乡村旅游综合体，基地种植销售和休闲观光旅游相结合，着力于打造地方特色品牌。

水榭温泉度假村

等　　级：三级
基本类型：050106 康体游乐休闲度假地
是否开发：是
行政位置：韶关市始兴县顿岗镇周所村上张村

资源简介

水榭温泉度假村是集温泉、餐饮于一体的现代化住宿观光旅游民宿（度假村）。建设有特色民宿、田园餐厅、水上世界、烧烤宿营场、温泉浴场等旅游项目。酒店设有特色四合院，有二房一厅，一房一厅、双床房3种，除一房一厅为联排外，其他都是单栋别墅式建筑。二期建有水上乐园、公共泡池、私享独立泡池、烧烤乐园，钓鱼区等，另外建有70间带私立泡池豪华客房。

亚历亨茶园

资源简介

　　亚历亨茶园地处群山环抱之中，四周山峦叠翠，终年云雾缭绕，空气纯洁，自然生长着大片老茶树，生态环境得天独厚。亚历亨茶园目前有茶园80万米^2，主要种植青心乌龙茶、金观音、瑞香、皇冠4个品种。茶树栽培十分讲究，用花生麸饼作料，土壤中磷、钾等养分充足。专业的人工栽培和独特的有机肥料，不施加除草剂，遵循自然，展现出一派生而不息，枯又逢春的景象。

等　　级：三级
基本类型：050104 建设工程与生产地
是否开发：是
行政位置：韶关市始兴县罗坝镇大水村

水城村古村落

资源简介

　　水城村古村落依山傍水，竹木苍郁，生态环境优越，村内有颇具客家风格的房屋、古街道、围楼，是典型的生态传统民宿村。漫步村中，可以感受到迷人的自然风光，古建筑散发的历史气息扑面而来；夜宿水城，登临亭台，可见江水沦涟，与月上下；犬吠虫鸣，隐隐可闻；静听清风拂过山岗，俨然羲皇上人。村内有一座建于民国期间（1918年）的客家围屋，至今保存有2门完好的清代青铜古炮。

等　　级：三级
基本类型：050113 特色镇村
是否开发：是
行政位置：韶关市始兴县罗坝镇东二村

刚健中正围楼

资源简介

　　刚健中正围楼是始兴县不可移动文物，整座围楼由青砖、瓦和木构成。坐东向西，面阔约19.4米，进深约18.4米，4层高约15米。围墙牢固结实，底层外墙厚1.2米。刚健中正围楼围内天井四周出靠栏（走廊），花岗岩石砌成的拱门，有铁皮门和木门两扇门。铁皮门上的圆形环扣底部还有铁制花纹。围楼的墙体上有岩石凿成的竖一字形和梅花形窗。围楼四周田野风光秀丽，美不胜收。

等　　级：三级
基本类型：050202 特性屋舍
是否开发：否
行政位置：韶关市始兴县罗坝镇角田村

忠厚传家围楼

等　　级：三级
基本类型：050202 特性屋舍
是否开发：否
行政位置：韶关市始兴县罗坝镇燎原村

资源简介

忠厚传家围楼是民国期间建成的围楼。整座围楼砖石、瓦和木构筑，该围楼坐西北向东南，面阔21米，进深15.8米，高约14米，共4层。顶层四角稍凸出，竖一字形或方形窗，围墙牢固结实，底层外墙厚1.2米。围内天井四周出靠栏（走廊），有木梯可登楼。围内有水井一口，河石砌圆形井圈。门楣"忠厚传家"，民国九年（1920年）仲冬月建。

仁让生辉围楼

等　　级：三级
基本类型：050202 特性屋舍
是否开发：否
行政位置：韶关市始兴县罗坝镇燎原村

资源简介

仁让生辉围楼由曾氏先人建于民国年间，坐北向南，围楼呈长方形，4层，高16米，面阔21米，进深15.5米，占地面积325.5米^2。卵石砌墙2米高基础，青砖砌墙、窗、角楼（红砂岩底），瓦合木构造。庑殿顶黛瓦，三重鼓钉纹檐，雪团滴水，翘角犀利。仁让生辉围楼现为县级保护文物。

刘家山温泉生态旅游休闲度假区

等　　级：三级
基本类型：050106 康体游乐休闲度假地
是否开发：是
行政位置：韶关市始兴县罗坝镇上营村、田心村

资源简介

刘家山温泉生态旅游休闲度假区由田心村廖屋温泉民宿度假村、子归古堡民宿温泉旅游度假村、昌松（始兴）客家民宿文化度假村等几个度假村构成，村内有客家传统古民居群、围楼、古树、温泉等资源，其中廖屋围楼已开发为始兴县首家围楼民宿。度假区内山清水秀，温泉资源丰富。温泉水温均在70 ℃以上。泉水富含微量元素，可健肤，是人们健身保暖的天然理想澡堂。

大树坪畲族文化村

资源简介

畲族在始兴县少数民族中，人口仅次于瑶族，其中大树坪村是畲族最为聚集的村落之一。"十二五"期间被列入全国少数民族特色村寨保护与发展名录。大树坪畲族文化村由围楼、古村落、古树构成，畲族文化特色主要体现在畲族居住房屋、畲族服装、畲族彩带、畲族刺绣等。依托畲族独具特色的房屋、服装、生活习俗等文化资源的开发，大树坪村已成为全国少数民族特色村寨。

等　　级：三级
基本类型：050113 特色镇村
是否开发：是
行政位置：韶关市始兴县马市镇涝洲水大树坪村

石下古村落

资源简介

石下古村落是一个充满客家文化韵味的古村。在始兴县沈所镇南面有一"鹅公嘴"石山，村子恰好位于石山之下，因此而得名"石下村"。村子的建筑布局多为每户两厅六房或四厅两房组合，每栋建筑之间的檐街宽阔笔直，每条檐街中间是排水沟，用长条红砂岩砌成，村里檐街纵横贯穿，四通八达，使村与村、栋与栋的建筑巧妙结合，给人以一种棋盘般的整洁之美，充盈着浓浓的文化韵味。

等　　级：三级
基本类型：050113 特色镇村
是否开发：是
行政位置：韶关市始兴县沈所镇石下村

司前李屋村

资源简介

司前李屋村拥有丰富的历史文化和民俗文化，是司前地区政治、经济、文化、医疗和教育的中心。李屋温泉名气大。清化地区有"七崋八洞九汤湖"自然景观，而"九汤湖"之首，说的就是司前李屋温泉。李屋村也是司前唯一一个既有围楼，也有土堡的村。

等　　级：三级
基本类型：050113 特色镇村
是否开发：否
行政位置：韶关市始兴县司前镇李屋村

曾氏宗祠

等　　级：三级
基本类型：050107 宗教与祭祀活动场所
是否开发：是
行政位置：韶关市始兴县太平镇东湖坪村

资源简介

　　曾氏宗祠为民间宗祠。宗祠的布局包括一口池塘，一个大门坪地和前、中、后处及左右各带跨院的四合院式建筑，为砖、木、石结构，东西面阔26.2米，南北进深79.3米，占地面积2 133.33米^2。

龙船角浮桥

等　　级：三级
基本类型：050205 桥梁
是否开发：否
行政位置：韶关市翁源县官渡镇龙船村龙船角

资源简介

　　龙船角浮桥是一座横亘在滃江河上历史久远的浮桥，建于20世纪70年代，现已经成为附近小有名气的"网红打卡点"。浮桥全长约80米，宽不到2米，桥身由20只小铁船组成，桥面的两端铺着杉木板，中间铺着铁皮。桥板用铁链相连，十分坚固。浮桥之下，滃江水缓缓流淌，浮桥之上，摩托车、行人南来北往。

三塘琴书

等　　级：三级
基本类型：050203 独立厅、室、馆
是否开发：是
行政位置：韶关市翁源县翁城镇明星村

资源简介

　　三塘琴书原为杨氏祠堂，现在保留祠堂传统功能的基础上，拓展成为新时代文明实践站，乡村文化中心，集多种功能于一身。三塘琴书是翁城八景之一，琴书阁由著名吟诵音乐人杨一利用村中旧祠堂改建而成，古朴厚重，与三口水塘及翁城大腊岭形成一道美丽的风景，现也作为明星村新时代文明实践站，经常开展音乐沙龙和客家话吟诵教育培训等活动。

宗圣衍传楼

资源简介

宗圣衍传楼建于道光年间，2007年重修。围楼的平面呈"回"字形，悬山顶，屋面铺小板瓦，外墙底部为砂灰、石夯筑，上部砌青砖，中间用瓦檐砌成线条图案分隔，宽30.8米，纵深33.3米，建筑面积约1 000米^2。楼内中央为公祠，正面两角有3层角楼，后面枕屋中间设一座3层望楼，四周以高约8米的外墙与角楼及望楼连接。

等　　级：三级
基本类型：050202 特性屋舍
是否开发：是
行政位置：韶关市翁源县翁城镇胜利村第七自然村

李氏书室

资源简介

李氏书室建于明朝末年，清代年间和1997年两次重修。坐东南向西北，建筑面积约400米^2。平面呈"日"字形，硬山顶，面铺小板瓦，灰砂、青砖砌墙，通宽15.8米，纵深25米。

等　　级：三级
基本类型：050107 宗教与祭祀活动场所
是否开发：是
行政位置：韶关市翁源县翁城镇五一村

沾坑村

资源简介

沾坑村位于翁源县翁城镇东部，离翁城镇4.3千米，是解放战争期间的革命老区。沾坑村以种植业为主，近年来，沾坑村践行绿水青山就是金山银山扶贫开发建设新模式，将美丽乡村建设结合农耕文化、乡土文化，全力建设社会主义新农村。

等　　级：三级
基本类型：050113 特色镇村
是否开发：是
行政位置：韶关市翁源县翁城镇沾坑村

大袁屋围楼

等　　级：三级
基本类型：050202 特性屋舍
是否开发：是
行政位置：韶关市翁源县新江太坪村

资源简介

大袁屋围楼始建于清嘉庆癸亥年，是翁源县"第五批文物保护单位"。坐东向西，建筑面积约2 000米^2。围楼的设计讲究风水寓意，是研究清代客家围楼建筑的宝贵实物资料。

云髻山温泉度假山庄

等　　级：三级
基本类型：050217 民宿与特色酒店
是否开发：是
行政位置：韶关市新丰县丰城街道云髻山省级自然保护区

资源简介

云髻山温泉度假山庄是新丰县人民政府和省人民政府批准的大陆和台商合资企业，是一座集住宿、饮食、露天温泉、休闲娱乐、商务会议于一体的旅游度假山庄，也是广东省最具特色的高山天然园林式温泉景区。

八角楼

等　　级：三级
基本类型：050202 特性屋舍
是否开发：否
行政位置：韶关市新丰县回龙镇楼下村欧屋

资源简介

八角楼为清代时期由泥砖、青砖等材料砌成的建筑。建筑形制独特，规模较大，是客家的民居，八角楼对研究新丰地区清代客家民居建筑形式和建筑艺术有较大参考价值。2012年被新丰县人民政府列为新丰县不可移动文物。

积庆新楼

资源简介

积庆新楼是具有中外结合建筑风格的客家建筑。整屋为五进二串四点金围屋，大门外加左右拦水串屋的完整建筑，是一个规模较大的客家居民点，整屋结构对称，街道宽敞，装修别致，三座大门及中厅进门上方均筑有俄式风格的浮雕。四座角楼如同同出一炉的艺术品，形制大体相仿，外观基本完好，对研究当地民国时期民宅有一定参考价值。

等　　级：三级
基本类型：050202 特性屋舍
是否开发：否
行政位置：韶关市新丰县回龙镇塘村

高塘博围屋

资源简介

高塘博围屋是位于新丰县马头镇秀坑村二组的特性屋舍，是具有观赏游览功能的客家房屋。该围屋规模较大，对研究新丰地区清代客家民居建筑形制及其建筑艺术有一定的参考价值。2012年被新丰县人民政府列为新丰县不可移动文物。

等　　级：三级
基本类型：050202 特性屋舍
是否开发：是
行政位置：韶关市新丰县马头镇秀坑村

秀田油菜花田

资源简介

在秀田古树的周围，种植有金色的油菜花海，在古树的映衬下，一幅秀丽的田园风光。这里油画般的油菜花海热烈与奔放，甚是让人陶醉。春天，秀田古村的油菜花田悄然盛开，泥土的清香和菜花的香味弥漫于此。绿油油、黄澄澄的油菜花，生机勃勃，充满了春天的气息。油菜花与农舍、古屋融为一体，构成一幅乡村春景图。

等　　级：三级
基本类型：050211 景观农田
是否开发：是
行政位置：韶关市新丰县马头镇秀田村

梅东白塔

等　　级：三级
基本类型：050309 塔形建筑
是否开发：否
行政位置：韶关市新丰县梅坑镇梅东村横岭

资源简介

梅东白塔建于清道光年间，历史悠久，风貌古朴。梅东白塔不仅是佛教寺庙的重要建筑，还是当地历史文化的重要遗产。该塔对研究新丰地区清代塔的建筑风格有一定的参考价值。1984年新丰县人民政府公布其为县级文物保护单位。

荷咏农业种植基地

等　　级：三级
基本类型：050104 建设工程与生产地
是否开发：是
行政位置：韶关市新丰县梅坑镇梅西村

资源简介

荷咏农业种植基地是位于梅坑镇的一个特色产业种植园区。该基地进行多种项目经营，包括水果种植以及水果批发、蔬菜种植以及批发、食用农产品初加工、水产品批发和零售。荷花产业相关旅游配套设施完善，发展以荷花为主题的生态观光模式，打造"旅游＋农业"乡村旅游新格局，激活了特色休闲旅游资源。

风度书房桂头镇分馆

等　　级：三级
基本类型：050204 独立场、所
是否开发：是
行政位置：韶关市乳源瑶族自治县桂头镇桂头社区

资源简介

风度书房桂头镇分馆是桂头镇政府为广大群众提供阅读、学习和文化交流等服务的公益性空间场所，是粤北地区首个以航空为主题的新型公共阅读空间。风度书房桂头镇分馆建筑面积289米^2，阅览座位60座，藏书11 700册，可满足广大读者的需求。风度书房作为韶关市公共文化服务的一张亮丽名片，成为了市民和游客可学习、可参观、可休闲的城市公共文化空间。

云门·五季文旅小镇

资源简介

云门·五季文旅小镇是以生态农业为基础，打造集田园观光、度假旅游、教育培训、禅修康养等于一体的康体游乐休闲度假地。云门·五季文旅小镇整体规划建设澳斯特精选酒店、云·茶及云·动室内活动中心、自然研学基地等主体建筑，配设户外露营、休闲活动、采摘乐园等主题活动，是乳源"十四五"规划实施的重点项目，是乳源发展全域旅游、高端旅游产业的重要战略节点。

等　　级：三级
基本类型：050106 康体游乐休闲度假地
是否开发：是
行政位置：韶关市乳源瑶族自治县一六镇东粉村

韶关市博物馆—馆藏陶瓷陈列

资源简介

韶关市博物馆—馆藏陶瓷陈列属于物质类文化遗存型旅游资源。内有一级文物如西晋酱褐釉陶犁耙田模型、东晋酱褐釉陶水田作业模型、东汉俑座陶灯等。

等　　级：三级
基本类型：060102 可移动文物
是否开发：是
行政位置：韶关市武江区工业西路90号

九峰山歌

资源简介

九峰山歌属劳动人民自由抒发情感的民歌种类，兴起于宋朝末年，分布于乐昌市的九峰、五山、大源、北乡、两江等山区乡镇，但在九峰一带传唱最盛。2007年，九峰山歌列入广东省第二批非物质文化遗产名录项目。

等　　级：三级
基本类型：060204 传统演艺
是否开发：是
行政位置：韶关市乐昌市九峰镇茶料村

麦铁杖庙会

等　　级：三级
基本类型：060202 地方习俗
是否开发：否
行政位置：韶关市南雄市百顺镇朱安村

资源简介

麦铁杖，始兴人（始兴郡百顺里，今南雄百顺镇人）。麦杖公重信义，敢于在困境中突破现状，积极进取。从贫民到国公，不管是麦铁杖发迹前还是发迹后，人们对其评价都极高。为了纪念麦铁杖的丰功伟绩，建造了麦铁杖将军庙，如今百顺百家姓都前来将军庙祭拜麦铁杖将军，因此便催生了麦铁杖庙会这一节日。每年正月初七铁杖公生辰，麦村（原名三角丘村）和麦营村会举行麦铁杖庙会。

八一小学——中共广东省委地下交通站旧址

等　　级：三级
基本类型：060105 革命与红色文化遗存
是否开发：是
行政位置：韶关市始兴县沈所镇八一村

资源简介

八一小学——中共广东省委地下交通站旧址，建于清晚期，被授予"广东省党员教育基地"，是始兴县县级文物保护单位。2010年5月，始兴县人民政府对八一小学进行了修缮，开办了中共广东省委地下交通站旧址——中共广东省委机关史料陈列室。2019年11月，沈所镇人民政府对八一小学再次进行了全面修缮。2020年6月12日，该革命历史陈列馆正式开馆。

黄洞革命烈士纪念碑

等　　级：三级
基本类型：060105 革命与红色文化遗存
是否开发：是
行政位置：韶关市翁源县江尾镇黄洞村

资源简介

黄洞革命烈士纪念碑1966年建造，为县级文物保护单位，是缅怀先烈、教育后人的重要爱国主义教育基地。纪念碑坐东向西，平面呈"回"字形，砖石水泥结构，通高5.25米，碑体分3层。

李任予故居

资源简介

李任予故居是红军早期领导人李任予出生地,是一座典型的客家民居。该民居始建于清朝嘉庆年间,距今已有200多年的历史,是一处具有悠久历史的文物建筑,与中国现代文化和政治发展有着紧密的联系。李任予故居是李任予一生中最重要的居所之一,是开展革命活动、接待各方人士、讨论重大决策的重要场所。

等　　级:三级
基本类型:060105 革命与红色文化遗存
是否开发:否
行政位置:韶关市新丰县丰城街道城东村车田围

张田饼印

资源简介

张田饼印是新丰县梅坑镇张田村村民的传统手工艺品。饼印雕刻形态多样,题材广泛,内涵丰富,雕刻刀法简练,刚劲有力,体现了劳动人民祈求吉祥、平安、团圆、富足的价值观,具有浓厚的乡土气息和地方特色。2007年,张田饼印被列入广东省第二批非物质文化遗产名录。

等　　级:三级
基本类型:060207 传统工艺
是否开发:是
行政位置:韶关市新丰县梅坑镇张田村

江下村特色民俗活动——担丁酒

资源简介

江下村特色民俗活动——担丁酒是该村赖姓族人庆祝新添男丁的合族祭告祖先的一项传统礼仪性民俗活动,流传已久的"担丁酒",是人生礼俗"诞生礼",也是向祖先还愿的仪式。现已纳入韶关市非物质文化遗产名录项目。

等　　级:三级
基本类型:060202 地方习俗
是否开发:是
行政位置:韶关市新丰县遥田镇江下村

韶关市博物馆—馆藏集萃陈列

等　　级：三级
基本类型：060102 可移动文物
是否开发：是
行政位置：韶关市武江区工业西路 90 号

资源简介

韶关市博物馆—馆藏集萃陈列属于可移动文物系列。馆藏集萃陈列为韶关市博物馆精选的不同种类文物藏品，其中展出文物藏品的种类包括青铜武器、印章、石雕、陶塑人偶、小型佛像、木质匾额、建筑木构件、建筑石构件等，不少为韶关本地出土或征集的文物，具有浓厚的本地气息。

向阳唱纸马

等　　级：三级
基本类型：060204 传统演艺
是否开发：否
行政位置：韶关市武江区西河镇向阳村

资源简介

在韶关武江区，有一个"西群剧团"，剧团的主打节目是民间传统歌舞剧《纸马舞》。《纸马舞》的主题曲《十送郎》的乐谱是"采茶调"，演唱却是用曲江地道的客家话，听起来别有独特的风韵。2019年，武江区将向阳唱纸马列为区级非物质文化遗产名录项目。

广同会馆

等　　级：三级
基本类型：060101 建筑遗迹
是否开发：是
行政位置：韶关市乐昌市坪石镇老街社区

资源简介

广同会馆为硬山顶风火式建筑，面积为25米^2。在1940—1945年，广同会馆用作抗战时期国立中山大学研究生院办学之用。2004年，乐昌市文化广电新闻出版局将其登记公布为不可移动文物。广同会馆对研究中国会馆的建制发展具有较高的学术价值。

武阳司宜乐古道

资源简介

武阳司宜乐古道是古时人们用于传递文书、运输物资、人员往来的通路。宜乐古道对研究乐昌秦汉时期湖广两省古代的交通和经济贸易往来具有较高的价值。2011年被乐昌市人民政府评为不可移动文物，2018年被乐昌市人民政府评为第七批文物保护单位。

等　　级：三级
基本类型：060104 古驿道
是否开发：是
行政位置：韶关市乐昌市坪石镇武阳司村

板灯龙

资源简介

板灯龙在当地又叫"板桥灯"，始于清代（1643年），是一种和亲睦族的文明活动，其主要活动范围以南雄市乌迳镇为中心，辐射到附近乡镇，如油山、坪田、黄坑、南亩等。板灯龙游拜的时候，龙身花盆中的蜡烛都会点着，此时的板灯龙便成为一条五颜六色、活灵活现的"神龙"，在村里的各家各户行游。板灯龙已被列入南雄市县级第二批非物质文化遗产项目。

等　　级：三级
基本类型：060204 传统演艺
是否开发：是
行政位置：韶关市南雄市乌迳镇杜屋村

始兴瑶药浴

资源简介

瑶族药浴即瑶族同胞采集新鲜草药，分别捆成小把，放入大口锅中煎煮半小时左右。趁热倒入高70厘米、直径60厘米左右的大桶中，加冷水适量，保持水温在38℃左右，进行洗浴。瑶药浴有很多程序，即采药、浸泡、蒸煮、沐浴，是瑶族人民独特的保健方式和治疗方法，具有民族性、实用性、方便性、全面性等特点。瑶药浴入选韶关市第八批非物质文化遗产名录项目，始兴县第六批非物质文化遗产名录项目。

等　　级：三级
基本类型：060205 传统医药
是否开发：是
行政位置：韶关市始兴县深渡水瑶族乡长梅村

翁源县烈士陵园

等　　级：三级
基本类型：060105 革命与红色文
　　　　　化遗存
是否开发：是
行政位置：韶关市翁源县龙仙镇

资源简介

　　翁源县烈士陵园是韶关市爱国主义教育基地、省第二批重点烈士纪念建筑物保护单位，是翁源县精神文明建设的重要窗口，是教育后人、激人奋进的阵地。烈士陵园由门楼、纪念碑、烈士墓冢、纪念亭4部分组成，占地面积约15 000米^2。

龙归粮仓美术馆

等　　级：三级
基本类型：060101 建筑遗迹
是否开发：是
行政位置：韶关市武江区龙归镇冲下村

资源简介

　　龙归粮仓美术馆位于龙归粮仓内，馆内展览了许多优秀的画作和木雕，其中有李成桥老师的木雕作品《每个人生都有福》，荣获韶关市第三届民间工艺作（藏）品民间工艺类银奖、第四届间工艺作（藏）品木雕类一等奖。

龙归粮仓摄影馆

等　　级：三级
基本类型：060101 建筑遗迹
是否开发：是
行政位置：韶关市武江区龙归镇冲下村

资源简介

　　龙归粮仓摄影馆位于龙归粮仓内，馆内展示的是以"疫散花开，因为有你"为主题的2022年武江区抗疫专题的摄影展，展示了武江人民新时代的新担当、新作为，尤其是奋战在抗疫一线的"大白"们，他们是最可爱的人。

韶关市
优良级旅游资源图鉴

曹角湾古建筑群

资源简介

曹角湾古建筑群较完整地保存了清乾隆至民国时期的建筑30余栋（座），建筑类别多样、建筑之间的石砌巷道相对完整，少有拆建、迁建的现象。2016年7月被韶关市人民政府公布为第六批文物保护单位。

等　　级：三级
基本类型：060101 建筑遗迹
是否开发：是
行政位置：韶关市曲江区小坑镇上洞村委会

乐昌市梅花红七军革命烈士纪念园

资源简介

乐昌市梅花红七军革命烈士纪念园面积1 120米^2，可同时容纳1 000多人，是广大群众缅怀先烈的场所。现已被列为韶关市爱国主义教育基地。

等　　级：三级
基本类型：060105 革命与红色文化遗存
是否开发：是
行政位置：韶关市乐昌市梅花镇梅花街社区

东江纵队驻扎地359旅（南下支队）夜宿村

资源简介

1933年，李乐天派游击队在帽子峰开辟了北山游击区。抗战后期，华南大片河山被日寇占领，党中央、毛主席派以359旅为主力的八路军南下支队从延安出发，万里远征开赴华南，拟创建华南抗日根据地。1945年8月南下支队离开江西右源村，向南翻越帽子峰山后，当晚夜宿洞头9个村。9月中旬，为接应南下支队，东江纵队千里北上到南雄。359旅到广东南雄这一重大事件，深刻地影响了南雄的历史进程，拉开了以南雄为中心的五岭武装革命斗争序幕。

等　　级：三级
基本类型：060101 建筑遗迹
是否开发：是
行政位置：韶关市南雄市帽子峰镇河背村

钟鼓岩陈毅与国民党代表谈判旧址

等　　级：三级
基本类型：060105 革命与红色文化遗存
是否开发：是
行政位置：韶关市南雄市珠玑镇梅岭村

资源简介

钟鼓岩谈判地，即陈毅与国民党代表谈判旧址。1982年5月，钟鼓岩被南雄县人民政府公布为南雄县文物保护单位。2017年5月9日，南雄市钟鼓岩洞真古观举行了重建陈毅元帅国共成功谈判旧址奠基典礼，再现国共谈判合作抗日历史，弘扬爱国主义精神，促进南雄红色旅游、宗教旅游文化发展。

 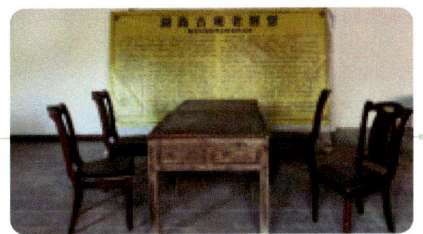

上武庙——红五军、红四军军部遗址

等　　级：三级
基本类型：060105 革命与红色文化遗存
是否开发：是
行政位置：韶关市南雄市雄州街道八一街

资源简介

1928年7月，彭德怀、滕代远领导湖南平江起义的部队整编为中国工农红军第五军。1929年夏，彭德怀率部队占领仁化城口。在得悉南雄没有国民党正规军后，决定奔袭南雄。6月1日，红五军占领南雄县城后，分别驻扎在上武庙、下武庙。1938—1940年，广东省青年抗日先锋队领导南雄青年进行抗日宣传，为动员群众抗日作出贡献。

灵潭恒丰村围楼

等　　级：三级
基本类型：060101 建筑遗迹
是否开发：是
行政位置：韶关市南雄市珠玑镇灵潭村委会附近

资源简介

灵潭恒丰村围楼是恒丰村的地标性建筑，建于清末。围楼坐南朝北，二面坡硬山顶，覆青瓦，出檐短促。外形如朝天直刺的铆钉。其为长方形，共4层。青砖砌墙至顶，缝线如切，轮廓清晰；活页形犀利纹重檐阁楼，翘角削利。墙密布各式枪眼窗。仅开北拱门，额饰扇形图案。

始兴瑶族舞蹈

资源简介

瑶族舞蹈是一种非常古朴、独具特色的民间舞蹈。瑶族传统舞蹈常常离不开狩猎、农事和祭祀等题材，这些题材的表现过程又常常是鼓之、歌之、舞之，集鼓、歌、舞于一体。瑶族舞主要有长鼓舞、铜鼓舞和陶鼓舞等。瑶族舞蹈突出地表现了瑶民所具有的文化特征，以舞蹈传播民族淳朴的道德观念和精神，是瑶族灿烂文化的一朵"奇葩"。

等　　级：三级
基本类型：060204 传统演艺
是否开发：是
行政位置：韶关市始兴县深渡水瑶族乡长梅村

始兴瑶医瑶药

资源简介

瑶医瑶药为始兴县第六批非物质文化遗产，深渡水过山瑶使用的青草药有近200种。1949年以前，绝大多数瑶族地区地理、生活环境恶劣，人们经常遭受病痛的侵袭。在长期与自然环境和疾病的斗争中，瑶族人民利用瑶山动植物药资源，积累了利用草药防病治病的丰富经验，形成了独具一格的瑶族医药。

等　　级：三级
基本类型：060205 传统医药
是否开发：是
行政位置：韶关市始兴县深渡水瑶族乡长梅村

始兴瑶歌

资源简介

瑶歌为始兴县第四批非物质文化遗产，分为"固定"和"即兴"两种。"固定"是指伴随着瑶族先民祭祀盘王而产生的历史长歌——《盘王歌》。"即兴"是指在不同的场合环境下，信口演唱的歌谣。瑶歌以朴素的民族语言、声调，对人类创世史、万物的起源以及生产生活进行描述和传播。

等　　级：三级
基本类型：060204 传统演艺
是否开发：是
行政位置：韶关市始兴县深渡水瑶族乡长梅村

始兴盘王文化

等　　级：三级
基本类型：060202 地方习俗
是否开发：是
行政位置：韶关市始兴县深渡水瑶族乡长梅村

资源简介

　　始兴盘王文化为瑶族传统文化习俗，第一批国家级非物质文化遗产。盘王文化节包括《盘王风》《顶杠舞》《竹杠舞》等节目，具有浓烈的民族文化色彩。其中包括"迎师爷""请神""拜神""挂灯""读瑶书唱瑶歌""饮丰收酒"6个部分的《盘王风》演出，取材于过山瑶民族风俗中的"拜盘王""跳王"，是瑶族同胞灿烂的历史文化，是瑶族文化的一朵奇葩。

翁源客家山歌

等　　级：三级
基本类型：060204 传统演艺
是否开发：是
行政位置：韶关市翁源县龙仙镇人民政府

资源简介

　　翁源客家山歌，以翁源客家话演唱。传承于翁源县各乡镇。"翁源客家山歌"曲调有两类：一类是龙仙山歌调，另一类是礤下山歌调。龙仙山歌高亢刚劲，音调较硬；礤下山歌调圆润柔软，音律上多见半音和装饰音。

翁城猫头狮

等　　级：三级
基本类型：060204 传统演艺
是否开发：是
行政位置：韶关市翁源县翁城镇胜利村

资源简介

　　翁城猫头狮是民间传统艺术的稀有品种，是"猫"态与"狮"形结合的一种舞蹈艺术。猫头狮形体模样是猫头狮身，舞蹈动作以马步、弓步、跪步、麒麟步、虚步、扑步互相配合，以腾扑、翻滚、游柱为造型，构成整套步法，动作滑稽、风趣，表情逼真、逗人喜爱。集娱乐、健身、观赏、民俗、表演、交流和竞技多种功能于一体，强身健体又能愉悦身心。

新丰舞春牛

资源简介

舞春牛又称春牛舞，是一种喜庆丰收和祈祝新的一年获得更好收成的传统舞蹈。为报答牛的功德，颂扬牛的勤奋，做一条牛的模型，以牛和人们农事活动为内容进行尽情歌舞的一种表演形式。作为韶关市新丰县马头镇的非物质文化遗产，其传承着客家民俗文化传统，对研究客家风情，有重要参考意义。

等　　级：三级
基本类型：060204 传统演艺
是否开发：否
行政位置：韶关市新丰县马头镇板岭下村

过山瑶民间传统舞蹈

资源简介

过山瑶民间传统舞蹈是乳源瑶民在长期生产劳动中创造的一种传统舞蹈艺术，其功能繁复多元、舞意简明深刻，被誉为乳源瑶族的"动态史书"。每逢重大的节庆娱乐、求神祭祀，当地过山瑶舞蹈队中的瑶民都会表演过山瑶传统舞蹈，它是瑶族人民文明的宝贵财富，是瑶族文化多样性的体现，是瑶族社会历史文化的沉淀；2018年10月被列入韶关市第七批非物质文化遗产代表性项目名录。

等　　级：三级
基本类型：060204 传统演艺
是否开发：是
行政位置：韶关市乳源瑶族自治县必背镇必背村

涂氏水车制作技艺

资源简介

涂氏研制的水车以斗子式阳水车为主，比引水车要高出20~30倍力量。世代传承的斗子式阳水车，是当地居民成功提取山区水资源的农具。"涂氏水车制作手艺"（传统技艺）是韶关市非物质文化遗产。

等　　级：三级
基本类型：060207 传统工艺
是否开发：是
行政位置：韶关市武江区江湾镇围坪村委涂屋村

武江区博物馆—清代民国瓷器陈列

等　　级：三级
基本类型：060102 可移动文物
是否开发：否
行政位置：韶关市武江区新华街道红玫路18号

资源简介

清代民国瓷器陈列展有众多陶瓷器，包括粉彩四季花卉纹碗、彩人物纹围碟、白釉双耳炉、青花山水纹罐等，记录了陶瓷器在清代到民国的发展过程。

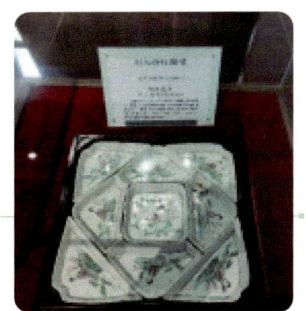

三界圩红军长征经过宿营地旧址

等　　级：三级
基本类型：060105 革命与红色文化遗存
是否开发：否
行政位置：韶关市乐昌市白石镇三界圩村

资源简介

三界圩红军长征经过宿营地旧址，保留青砖古楼、古屋、古建筑，石头砌成的双会亭等文物，附近有红军长征战壕、指挥所、城堡等建筑，具有红色文化特征。2022年10月韶关市委宣传部向广东省委申报红军长征经过宿营地旧址修缮工程，已立项。

中共五岭地委扩大会议上湖旧址

等　　级：三级
基本类型：060105 革命与红色文化遗存
是否开发：是
行政位置：韶关市南雄市邓坊镇上湖村

资源简介

中共五岭地委扩大会议旧址位于邓坊镇上湖村。该村下辖的杨屋、西坑、小东坑等自然村为第二次国内革命战争时期的游击区。五岭地委扩大会议旧址为当时游击战争的临时指挥部。1948年11月，五岭地委在上湖西坑召开扩大会议，总结工作经验和教训，确定了今后的斗争方针：继续发动群众反"三征"，有条件的地方实行减租减息，发展民兵武装，消灭敌人有生力量，配合正面战场作战，为迎接全国解放做好准备。2015年被列为南雄市爱国主义教育基地。

油山革命游击战旧址

资源简介

油山革命游击战旧址位于粤赣交界处，方圆百里，山高林密，村庄分散。土地革命战争时期，中共南雄县委就在油山率游击队创立革命根据地，点燃革命火种。为铭记革命先辈、革命先烈和油山人民的英雄业绩，政府在油山坪田坳建立油山革命纪念碑。先后被列入南雄市不可移动文物、韶关市爱国主义教育基地、韶关市党史教育基地。

等　　级：三级
基本类型：060101 建筑遗迹
是否开发：是
行政位置：韶关市南雄市油山镇坪田坳村（338 县道西）

梅岭古战壕群

资源简介

在梅关古道附近，有一条古战壕，壕沟每隔数米有一个散兵坑。沿壕沟前行，可环绕梅岭山顶一整周，到梅岭顶峰，有一处指挥所，是整座山防御工程的核心。梅岭古战壕群的发现，填补了梅岭"只闻有战史，不见其战场遗址"的空白，为著名的梅岭景区增添了旅游新亮点，具有较高的历史研究价值，是一笔难得的"旅游财富"。

等　　级：三级
基本类型：060101 建筑遗迹
是否开发：是
行政位置：韶关市南雄市珠玑镇梅岭村

新丰县革命烈士纪念碑

资源简介

新丰革命烈士纪念碑是为纪念为新丰解放以及社会主义建设事业牺牲的280多位英雄烈士所建的一块碑。新丰革命烈士纪念碑于1984年被新丰县人民政府公布为县级文物保护单位。1992年，被韶关市委、市政府公布为韶关市爱国主义教育基地。

等　　级：三级
基本类型：060105 革命与红色文化遗存
是否开发：是
行政位置：韶关市新丰县丰城街道东瓜坑社区新建路后山公园上

韶关市博物馆—韶关古代历史文化陈列

等　　级：三级
基本类型：060102 可移动文物
是否开发：是
行政位置：韶关市武江区工业西路90号

资源简介

韶关市博物馆—韶关古代历史文化陈列展馆以韶关古代历史发展为主线，分为"文明初现""岭南雄郡""人文高地""丝路重镇""善美故乡"5个部分，通过丰富的传世文物、文献资料，从政治、经济、文化、民俗等方面展示韶关不同历史时期的时代风貌和文化断面。

重阳舞逗牛

等　　级：三级
基本类型：060204 传统演艺
是否开发：是
行政位置：韶关市武江区重阳镇大夫前村

资源简介

每年春节后，大夫前村会组织重阳舞逗牛表演队到各村演出，旨在鼓励农人爱护耕牛，欣然迎接春耕生产。作为流传400多年的民间舞蹈，已经成为该村重要的传统文化集体记忆和韶关区域民间舞蹈的重要文化元素。

侯屋村炮楼——万侯村抗日战斗旧址

等　　级：三级
基本类型：060105 革命与红色文化遗存
是否开发：是
行政位置：韶关市武江区重阳镇万侯村委万侯自然村东边

资源简介

侯屋村炮楼长12.6米，宽11.3米，面积142.38米^2。炮楼为4层建筑，由青砖砌成。楼顶有一天台，天台四面均有枪眼。南、北、东侧墙上各有两个枪眼。东南角和西北角各有一个突出的枪台。炮楼正门由石灰岩石条砌成，内部分为一个大厅和两间房间，东侧靠墙处有木梯连通各个楼层。炮楼的西面和北面建有围墙，西侧围墙内侧写有"紫薇正照"四字。

万侯革命教育基地

资源简介

万侯革命教育基地具有文化活动、展览等功能。目前存在的古建筑物有炮楼、徐氏宗祠、村东民宅、石公寨、古驿道等。

等　　级：三级
基本类型：060101 建筑遗迹
是否开发：是
行政位置：韶关市武江区重阳镇万侯村

白马庙——中共广东省委党训班旧址

资源简介

白马庙属于不可移动文物，是中共广东省委党员干部训练班旧址，于2009年第三次全国文物普查时被列入《韶关市曲江区不可移动文物名录》，2016年7月被韶关市政府公布为第六批文物保护单位，2019年被韶关市曲江区史志办公布为县级中共党史教育基地。

等　　级：三级
基本类型：060101 建筑遗迹
是否开发：是
行政位置：韶关市曲江区马坝镇转溪村委铺子村

中共五岭地委和粤赣湘边人民解放总队机关旧址

资源简介

中共五岭地委和粤赣湘边人民解放总队机关旧址，位于南雄市帽子峰镇坪山村乾村。第三次国内革命战争爆发后，广东省委迁至香港，改为中共中央香港分局。1947年3月，中共中央香港分局根据斗争形势发展的需要，派张华来到南雄，准备建立中共五岭地委，大力开展武装斗争。中共五岭地委和粤赣湘边人民解放总队机关旧址入选南雄市爱国主义教育基地。

等　　级：三级
基本类型：060101 建筑遗迹
是否开发：是
行政位置：韶关市南雄市帽子峰镇乾村

灯舞（茶花灯）

等　　级：三级
基本类型：060204 传统演艺
是否开发：是
行政位置：韶关市南雄市南亩镇官田村

资源简介

灯舞（茶花灯）是一种舞蹈和演唱相结合的戏曲艺术，发源于南雄市南亩镇官田莲塘村，传承至今已有400多年的历史。据《中国戏曲志》记载，"上元喜簇花灯，作龙狮各种戏舞，唱采茶灯。"所唱传统茶花灯的曲目有《读书歌》《摘茶歌》《绣香包歌》。2017年，茶花灯被列入广东省第七批非物质文化遗产名录。

火龙、火狮、火凤、火虾

等　　级：三级
基本类型：060202 地方习俗
是否开发：否
行政位置：韶关市南雄市水口镇邓屋村

资源简介

元宵节期间舞火龙、火凤、火狮、火虾，是粤北南雄市水口镇水口村闹元宵的传统习俗。自清光绪十八年（1892年）传入水口，至今已有120多年历史。2015年5月，"火龙、火狮、火凤、火虾"被列入韶关市第五批市级非物质文化遗产名录。

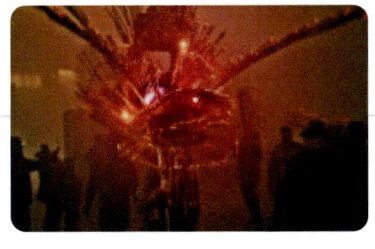 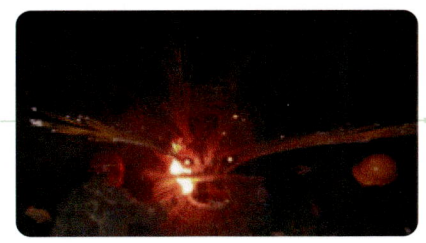

南雄咏春拳

等　　级：三级
基本类型：060206 传统体育、游艺与杂技
是否开发：是
行政位置：韶关市南雄市雄州街道青云东路与罗汉井路交叉路口往西约50米

资源简介

咏春拳系南雄地区特色拳种，据南雄市志考证在清道光年间，粤北南雄陈庄一带便有反清复明义士开馆授徒咏春拳，相传该拳为南少林五枚师太所创，之后传入南雄陈庄。该拳种独特，运用拳、掌、肘、肩、脚、髋、头等人体部位出击；要求步法沉稳、灵活、攻防兼备。因历史原因在南雄一度濒临失传。2020年2月被列入南雄市第六批县级非物质文化遗产代表性项目。

韶关市

上朔人民会堂——朔溪乡农民协会旧址

资源简介

上朔人民会堂原为上村的世德堂，俗称"十房祠堂"，是油山一带最堂皇、宏阔的祠堂。坐落于村西，坐西朝东，全部用花岗岩条石修成，建筑形制与南雄县城广州会馆相似。由礼部进士吴南陈和广东布政使胡心得分别题写"彭氏宗祠""岭南世家"匾额，门柱镌刻名人对联十多幅。1925年，上朔农协会在"十房祠堂"成立，会堂成为农协会、南雄苏维埃政府主要集会和活动场所。

等　　级：三级
基本类型：060105 革命与红色文化遗存
是否开发：是
行政位置：韶关市南雄市油山镇上朔村

南雄县苏维埃政府遗址

资源简介

南雄县苏维埃政府遗址为上朔彭家大院的一座围楼，民国初建，砖石基、夯土墙，平面似方形，共3层，占地面积为176米²，是南雄市文物保护单位、爱国主义教育基地。2018年，在油山镇的共同努力下，市老促会对上朔苏维埃政府洋楼进行了重建。

等　　级：三级
基本类型：060105 革命与红色文化遗存
是否开发：是
行政位置：韶关市南雄市油山镇上朔村

双龙舞双狮

资源简介

双龙舞双狮流传于南雄市珠玑镇里东及周边地区，至今已有100多年。早在清朝年间，百姓在欢度中秋节时，当地艺人吴庆龄就发起了舞狮头的表演，将单狮改为双狮，又将单龙增加为双龙。双狮双龙的表演使其表演内容更加繁复多变，龙与狮之间的互动，显得彼此之间更和谐，表演也更为扣人心弦。双龙舞双狮于2007年被列入韶关市非物质文化遗产。

等　　级：三级
基本类型：060204 传统演艺
是否开发：是
行政位置：韶关市南雄市珠玑镇里东村

九十九节龙

等　　级：三级
基本类型：060204 传统演艺
是否开发：否
行政位置：韶关市南雄市珠玑镇叟里元村

资源简介

早在周朝时期（至今3 000多年），叟里元人的祖先就曾齐心协力制作了九十九节巨龙。但有舞龙表演的文字记载约在700年前，每年的阴历七月初七，为叟里元的传统感恩文化节，意求祈福安康。有诗为证：叟里元人不怕穷，敢打九十九节龙，白天穿龙袍，晚上打灯笼。有碑为证：现有古石碑一块，记录宣统年间重修《聚龙古菴》的历史过程。九十九节龙入选南雄市第一批非物质文化遗产名录。

驷马桥

等　　级：三级
基本类型：060101 建筑遗迹
是否开发：是
行政位置：韶关市南雄市珠玑镇珠玑村珠玑巷

资源简介

珠玑巷驷马桥，又称沙水桥，坐落于珠玑巷南门楼的南向百余米处，至今已有800余年的历史。据明代《南雄府志》记载，该桥始建于宋代嘉定九年（1216年），曾重修过。现桥是1992年由南雄县政府拨款重建，为单拱砖混结构，长13.8米，宽5.4米，桥东西跨南山水，桥如银河下凡，壮丽清明，正如诗句形容："正爱湖光澄素练，却看人影度长虹。"驷马桥现在仍通行。

长江镇广州会馆——红三军团指挥部与红军被服加工厂旧址

等　　级：三级
基本类型：060105 革命与红色文化遗存
是否开发：是
行政位置：韶关市仁化县长江镇锦江村

资源简介

长江镇广州会馆坐落在上新街（东风街），为光绪十一年（1885年）冬广行30名商人集资所建。长江广州会馆的兴建，是古代长江经济发展的历史见证。这也是全县唯一的、建筑艺术精美的清朝古建筑。此外，长江广州会馆先后被列为仁化县文物保护单位、仁化县爱国主义教育基地。

翁源烟火戏

资源简介

《翁源烟火戏》是韶关市非物质文化遗产。广泛流传于翁源县周陂礤下这个古老村镇的"烟火戏",是翁源民间艺术的一朵奇葩。道具以竹篾扎制成型,主要有猫抓老鼠、老鹰捉蛇、关公骑马、蚌姑出壳、张公钓鱼、双龙戏珠、水仙花开等,都是纯手工制作,十分精美。

等　　级：三级
基本类型：060206 传统体育、游艺与杂技
是否开发：是
行政位置：韶关市翁源县周陂镇礤下村

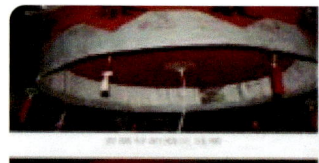

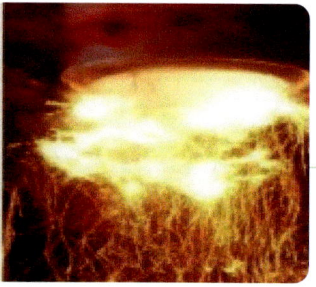

鲤鱼舞

资源简介

鲤鱼舞又称舞鲤鱼,是传统舞蹈的一种,是回龙镇丘姚村一项民间文化活动。鲤鱼舞传承民间艺术,具有浓厚的乡土气息和地方特色,有广泛的群众性和民间传承性。2016年,鲤鱼舞被列入韶关市第六批非物质文化遗产名录。

等　　级：三级
基本类型：060204 传统演艺
是否开发：是
行政位置：韶关市新丰县回龙镇丘姚村

新华第——红军早期领导人李任予故居

资源简介

新华第建于清朝年间,是红军早期领导人李任予的旧居,坐东向西,为砖木泥土瓦房结构,三栋、五串、四点金(角楼)围屋,屋舍中间为大门,大门横匾写有"新华第"。于2012年被新丰县人民政府公布为新丰县不可移动文物。

等　　级：三级
基本类型：060101 建筑遗迹
是否开发：否
行政位置：韶关市新丰县梅坑镇大岭村委塘坡岭村民小组

秀田古树的传说

等　　级：三级
基本类型：060201 民间文学艺术
是否开发：是
行政位置：韶关市新丰县马头镇秀田村

资源简介

秀田古树，据传种植于1554年，至今460多年历史。传说明朝嘉靖年间秀田黄氏先人华公正值少年时代，游历途经秀田村黄田心。感触此地山水秀雅，气候宜人，便定居于此，以养鸭为生。本地人也称此树为"白鹤树"。华公后人得益于秀田古树的灵气，人才辈出，历代共出进士2名，巡检官1名，国学生11名。周边村民常来树下许愿、求功名、求姻缘、求子祠。

雄州古城墙

等　　级：三级
基本类型：060101 建筑遗迹
是否开发：是
行政位置：韶关市南雄市雄州街道古城村

资源简介

雄州古城墙位于雄州街道。雄州古城墙设有五门，即小东门、大北门、大南门、小南门、西门。历代对古城墙都有修葺，并在烧制的城墙青砖戳印有不同年代的铭文记载。城墙因年代久远，屡遭风雨雷电和人为之摧残，迨至今日，大部分城墙已毁，只保留1 500多米沿河的城墙和几座水门。1995年，南雄市人民政府公布古城墙为文物保护单位。

南粤雄关与古道——陈毅隐蔽处、南下解放大军与北江第二支队会师旧址

等　　级：三级
基本类型：060105 革命与红色文化遗存
是否开发：是
行政位置：韶关市南雄市珠玑镇梅岭村梅关古道

资源简介

1949年7—8月，中国人民解放军在湖南、江西、福建发动了强大攻势，胜利向南推进。1949年9月23日，中国人民解放军第二野战军第四兵团第十五军四十五师所属部队的指战员们，浩浩荡荡地通过粤赣交界处的梅关关楼，同前来迎候的北江第二支队的同志们胜利会师。24日，解放军124团直扑南雄城，歼灭国民党军队及地方保安团1 300多人，夺取了岭南第一座县城，南雄全境解放。

镇溪祠古戏台

资源简介

镇溪祠古戏台是一方供人们欣赏戏曲艺术的文化展台，是由戏台、广场、后台、回廊以及祠堂等组成的二进四合院，是研究古代北方庙会南移以及南北文化交融的重要佐证和实物资料，极具历史、艺术研究价值，是乳源瑶族自治县境内目前发现保存最为完整的一座古戏台，被列为乳源瑶族自治县文物保护单位。

等　　级：三级
基本类型：060101 建筑遗迹
是否开发：是
行政位置：韶关市乳源瑶族自治县乳城镇共和村

传统美术"浈江张氏木雕艺术"

资源简介

浈江张氏木雕技艺包括浮雕、沉雕、透雕（镂空）、圆雕、镶嵌雕，以及线刻、阴刻、阳刻等技法。2021年，被列入韶关市第八批非物质文化遗产名录。木雕艺术具有经济、文化和艺术传承等重要价值。

等　　级：三级
基本类型：060207 传统工艺
是否开发：是
行政位置：韶关市浈江区乐园镇

西河天主堂——南昌起义军朱德、陈毅部队韶关驻地旧址

资源简介

西河天主堂始建于19世纪末，坐北向南，共有3层建筑，由礼拜堂和两间房子组成，西式建筑风格，深32.5米，宽14.1米。红砖墙，筒瓦，内有4根圆形水泥柱作为支撑柱，顶部有一个钟楼，为中西合璧建筑，为南昌起义军朱德、陈毅部队韶关驻地。

等　　级：三级
基本类型：060105 革命与红色文化遗存
是否开发：是
行政位置：韶关市武江区光明巷91号

重阳暖水村欧屋农民运动协会旧址

等　　级：三级
基本类型：060105 革命与红色文化遗存
是否开发：是
行政位置：韶关市武江区重阳镇暖水村欧屋

资源简介

重阳暖水村欧屋旧址坐西南向东北，青砖筑二面坡悬山顶，盖灰瓦，建筑占地面积60米^2，为粤北农民运动先驱、革命烈士欧日章曾经的居住地，亦为西水暴动策源地。

青暖爱国主义教育基地

等　　级：三级
基本类型：060101 建筑遗迹
是否开发：是
行政位置：韶关市武江区重阳镇青暖村

资源简介

青暖村是重阳镇老区村之一，地处重阳镇的西南部，辖区面积约20千米^2，青暖爱国主义教育基地主要包括青水塘农军炮楼旧址（2022年7月改名为西水暴动旧址）、重阳暖水村欧屋农民运动协会旧址。

小水岭高脚狮

等　　级：三级
基本类型：060204 传统演艺
是否开发：否
行政位置：韶关市南雄市全安镇小水岭村

资源简介

小水岭高脚狮是县级非遗项目传统舞蹈，为全安镇独特的民俗技艺。其历史源头可追溯到晚清。高脚狮由"高跷"与"戏狮"两部分组成，由3对高脚狮踩着高跷，披上"狮皮"，表演"戏狮"，通过狮子"喝水""嗒嘴""觅食"等生活动作，生动地表现狮子的各种情态和可爱的形象。2019年2月，"小水岭高脚狮"被列入南雄市第五批非物质文化遗产名录。

南雄姓氏节（新田村、孔塘、冯屋村、坳背村等）

资源简介

南雄姓氏节是南雄特有的一个节日，是以弘扬伏羲文化，增强民族凝聚力，促进中华民族伟大复兴为宗旨，以姓氏为纽带，以"寻根"为主题的节日。南雄姓氏节届时，由轮值首事牵头筹办，设坛祭祀，抬菩萨出行游村，请戏班日夜演戏，各户则广邀亲戚朋友前来作客，合家团圆，全族聚会，热闹非凡。一姓过节，百家联欢，把敬祖崇先、文化娱乐、情谊交流融于一体，团结各村人民。

等　　级：三级
基本类型：060202 地方习俗
是否开发：否
行政位置：韶关市南雄市乌迳镇

赣粤边红军独立师第三团团部旧址

资源简介

1935年3月，项英和陈毅率中央红军长征后留下的部队，突围到达紧邻江西赣州的南雄油山廖地村，与赣粤边军分区司令员李乐天会合，加强了对赣粤边武装斗争的领导。从此，在项英、陈毅的领导下，开展了艰苦卓绝的以油山为中心的赣粤边三年游击战争，从而有了赣粤边红军独立师第三团团部旧址。赣粤边红军独立师第三团团部旧址是南雄重要的红色革命旧址、省文物保护单位。

等　　级：三级
基本类型：060105 革命与红色文化遗存
是否开发：否
行政位置：韶关市南雄市乌迳镇孔江村委会枫坑村

南雄市烈士陵园

资源简介

南雄革命烈士陵园坐东向西，占地面积约30 000米^2。陵园中央建立有纪念碑，碑高26米，碑身塑"南雄人民革命烈士纪念碑"字样，碑顶站立一红军战士持枪塑像。整座陵园雄伟壮观，庄严肃穆，松柏翠绿，鲜花点缀。南雄革命烈士陵园是韶关市爱国主义教育基地、南雄市爱国主义教育基地、南雄市不可移动文物。

等　　级：三级
基本类型：060105 革命与红色文化遗存
是否开发：是
行政位置：韶关市南雄市雄州街道雄东路33号

梅岭北伐军出师处

等　　级：三级
基本类型：060101 建筑遗迹
是否开发：是
行政位置：韶关市南雄市珠玑镇梅岭村

资源简介

为了武装反抗军阀统治，维护革命成果，实现中国统一，1922—1926年，孙中山先生建立和领导的国民政府，先后发动了3次北伐战争，北伐军3次经过梅岭进入江西作战。2003年8月28日，陈毅元帅的次子、时任解放军总装备部科技委委员的陈丹淮少将视察梅岭时，在陪同的南雄市领导的请求下，欣然挥毫写下了"北伐军出师地"这幅题字。从此，"红色梅岭"又有了新的内涵。

正龙街——红军长征宿营地旧址

等　　级：三级
基本类型：060105 革命与红色文化遗存
是否开发：是
行政位置：韶关市仁化县城口镇城群村

资源简介

正龙街为红军在城口的露宿地。现正龙街被列入"城口红色革命遗址群"。2019年，该遗址群被中共广东省委党史研究室公布为省级中共党史教育基地。2020年被韶关市精神文明建设委员会、中共韶关市委宣传部公布为韶关市爱国主义教育基地。

调王舞

等　　级：三级
基本类型：060204 传统演艺
是否开发：是
行政位置：韶关市翁源县新江东方村

资源简介

2011年，调王舞被列入韶关市第三批非物质文化遗产名录。调王舞队伍由1位瑶王、1位打鼓者、2位祈福者以及12位舞蹈者组成，调王时，搭配其独特音乐、服饰、乐器。

乳源瑶族竹竿舞

资源简介

乳源瑶族竹竿舞是广东省乳源县瑶族的传统舞蹈之一。它以竹竿为器械，以轻快舞步、灵活的身体协调和音乐的配合为特点，在表现方式上非常富有创意和艺术性，其旋转、跳跃、翻滚等动作优美流畅，让观众感受到一种瑰丽的视觉和听觉享受。乳源瑶族竹竿舞源远流长，作为瑶族民间文化的重要组成部分，被广泛传承和演绎；同时还吸引了众多游客前来观赏，成为推动当地旅游经济发展的重要力量。

等　　级：三级
基本类型：060204 传统演艺
是否开发：是
行政位置：韶关市乳源瑶族自治县必背镇桂坑村

契娭生日

资源简介

"契娭"是根据"观音造就南岭，现身南岭，救苦救难"的传说演化而成，是富有浓郁南岭地方色彩和特殊意义的观音形象。"契娭生日"时举办丰富多彩的庆祝纪念活动，表演一系列升文祈福"善、和、安、康"相关的节目，民间舞狮队祈福助兴，现已列入第五批韶关市非物质文化遗产保护名录。

等　　级：三级
基本类型：060202 地方习俗
是否开发：是
行政位置：韶关市乳源瑶族自治县大桥镇大桥村

文武阁塔

资源简介

文武阁塔始建于清代，2006年列入韶关市文物保护单位，为韶关市武江区不可移动文物。文武阁塔为六角五层楼阁式空心塔，青砖结构，内外墙面均为石灰批荡，塔基距地面1.70米，塔正门向西，券顶，石灰岩条石砌筑。

等　　级：三级
基本类型：060101 建筑遗迹
是否开发：是
行政位置：韶关市武江区龙归镇方田村委大村

南派膏摩疗法

等　　级：三级
基本类型：060205 传统医药
是否开发：否
行政位置：韶关市乐昌市乐城街道府前社区

资源简介

南派膏摩疗法是一种古老而独特的治疗方法，是乐昌市第九批非物质文化遗产代表性项目，属祖国传统医学体系里的一部分。在治疗过程中以药膏作为介质，将药膏涂于体表的治疗部位上，再施以推拿、按摩等，借以发挥手法和药物的综合治疗效用，从而起到治病、防病、保健的作用。

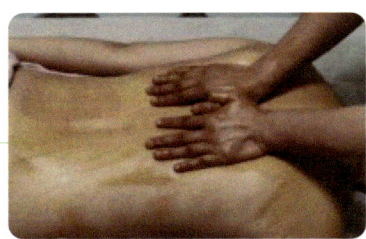
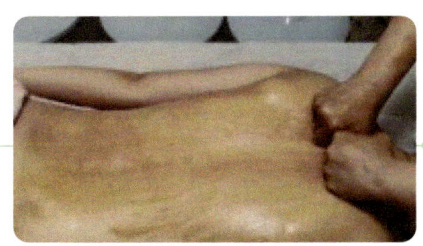

南雄府城正南门

等　　级：三级
基本类型：060101 建筑遗迹
是否开发：是
行政位置：韶关市南雄市雄州街道青云西路旁

资源简介

南雄府城正南门初名政平门，又称南熏楼门，是一座保存完好的城门楼。坐北朝南，东西宽20米，南北深18米，城楼通高16.26米，城墙高6.11米，平面呈"凹"字形。楼阁为三十四柱前后廊，全用木柱承重，梁架结构为穿斗式和抬梁式相结合，西侧设阶级登楼。城墙砌垛，正面两侧设阙，整座城门楼显得宏伟、庄重。南雄府城正南门先后被列为南雄县文物保护单位、广东省文物保护单位。

金星岩洞——陈毅藏身洞旧址

等　　级：三级
基本类型：060105 革命与红色文化遗存
是否开发：否
行政位置：韶关市南雄市油山镇大兰村委会李坑龙

资源简介

1935年，陈毅曾在南雄油山镇大兰村李坑垄的一个名叫金星岩洞中藏身隐蔽了一段时间，在这里指挥红军游击队的行动。金星岩洞位于深山的一处山腰中，由几块巨石自然错叠而成，巨石中间形成一个长方形洞，面积约15米^2，里面可容纳七八个人。洞外周围是茂密竹林，位置十分隐蔽，从未被敌人发现过。1993年，南雄市人民政府在金星岩岭脚立碑，予以纪念三年艰苦卓绝的游击战争。

灵潭鸳鸯围——南雄县农民暴动策源地旧址（含灵潭农民暴动策源地馆）

资源简介

灵潭鸳鸯围是一座双围合一的古围屋，建筑占地面积约7 500米^2。1928年2月1日，中共南雄县委作了调整充实，曾昭秀任书记，陈召南、彭显模、周群标、周序龙、陈德贵、张功弼、卢世英、曾昭慈等为委员。2012年3月16日，灵潭鸳鸯围被南雄市人民政府公布为南雄市不可移动文物。

等　　级：三级
基本类型：060105 革命与红色文化遗存
是否开发：是
行政位置：韶关市南雄市珠玑镇灵潭村

灵潭街革命暴动标语

资源简介

灵潭村是红色革命老区村，是红色英模钟蛟蟠的故乡，也是南雄农民暴动的策源地。1927年，革命的火种开始在这里传播。1928年，中共南雄县委在灵潭村鸳鸯围内召开会议，会议决定举行武装大暴动。灵潭村还留有红色遗址鸳鸯围——南雄农民大暴动的策源地，广东陆军总医院曾在此驻扎。目前南雄境内发现的最大一幅红军标语，位于珠玑镇灵潭恒丰村。标语内容为"欢迎白军士兵过来当红军"，总长33.5米，是不可多得的珍贵的革命历史见证物。

等　　级：三级
基本类型：060101 建筑遗迹
是否开发：否
行政位置：韶关市南雄市珠玑镇灵潭村委会灵潭街

广州会馆——红军长征宿营地遗址

资源简介

广州会馆原为两层青砖瓦房、内置花园的建筑，1958年建学校时被拆除，难以辨认原样。现该遗址周围为新建居民住宅区，周边是城口学校教学楼、教师宿舍楼和学生宿舍楼。

等　　级：三级
基本类型：060101 建筑遗迹
是否开发：是
行政位置：韶关市仁化县城口镇城群村

恩村古堡宗城

等　　级：三级
基本类型：060101 建筑遗迹
是否开发：否
行政位置：韶关市仁化县城口镇恩村

资源简介

恩村古堡宗城始建于宋末元初，由四世祖蒙英昂垒石筑堡，是恩村最大的公共建筑，原被用作恩溪巡检司衙署。恩村古堡宗城略呈长方形，南北略长，青砖砌筑，城门上置有炮楼，高大、坚实的城墙和护城河，保护着古恩村的安全。

仁化土法造纸技艺

等　　级：三级
基本类型：060207 传统工艺
是否开发：是
行政位置：韶关市仁化县长江镇沙坪村

资源简介

仁化土法造纸技艺是我国古代造纸术的发展和延伸，是传统手工纸的杰出代表，"仁化土法造纸技艺"在2009年被广东省人民政府列入第三批非物质文化遗产保护项目名录。

始兴瑶绣艺术

等　　级：三级
基本类型：060207 传统工艺
是否开发：是
行政位置：韶关市始兴县深渡水瑶族乡长梅村

资源简介

瑶族刺绣是国家级非物质文化遗产项目保护名录之一，是中华民族传统手工刺绣的一种，是我国刺绣文化的重要组成部分。瑶绣花纹图案的取材，主要有表现树木花草、飞禽走兽的，表现云霞水文和城堞齿轮的，也有表现几何形状和文字形以及人物形象的，名目繁多。目前，瑶绣规模逐渐扩大，有相关的文化园和相当规模经济效益的瑶绣产业。

沙田革命烈士纪念碑

资源简介

沙田革命烈士纪念碑是党和政府为"褒奖烈士、教育群众"而修建的永久性设施，是进行社会主义核心价值体系教育的重要载体，为县级文物保护单位。

等　　级：三级
基本类型：060105 革命与红色文化遗存
是否开发：是
行政位置：韶关市新丰县沙田镇龙潭村与咸水村交界的花岭岗顶

乌迳古道

资源简介

乌迳古道是一条贯通南北、连接江南而达闽西、水陆联运的交通要道。乌迳古道始开于东汉三国孙权时期，早于梅关古道，是沟通中原与岭南的重要古道之一，两晋南朝至隋唐时期曾修整。

等　　级：三级
基本类型：060104 古驿道
是否开发：否
行政位置：韶关市南雄市乌迳镇乌迳古道

福安围

资源简介

福安围始建于清道光年间，墙体层次分明，第一层全部用几百斤重的大块红石砌筑，第二层用砂石夯成约1米厚的墙。第三、第四层用坚硬的鹅卵石加石灰、黄泥、糯米浆砌成的约0.6米的墙，围墙高5.5米。围门为半圆拱形丹红条石门框，双开木门均外包防火、防刀枪的厚铁皮。二至四层周边各有5个突出墙2米，宽4.5米的嘹望台，三面有上、下两个垂直条形嘹望孔。2018年10月18日，福安围被南雄市政府认定为南雄市不可移动文物。

等　　级：三级
基本类型：060101 建筑遗迹
是否开发：否
行政位置：韶关市南雄市珠玑镇聪辈村

谭甫仁将军旧居

等　　级：三级
基本类型：060105 革命与红色文化遗存
是否开发：是
行政位置：韶关市仁化县城口镇城群村

资源简介

谭甫仁将军旧居是谭甫仁父亲谭显扬在民国初期建成的青砖瓦房，是仁化县重要保护的红色革命遗址之一，谭甫仁将军旧居是现代民房，属纪念性建筑。2015年12月，被仁化县人民政府列为仁化县爱国主义教育基地。2019年9月，谭甫仁将军旧居被列入"城口红色革命遗址群"，被中共广东省党史研究室公布为广东省中共党史教育基地。

中共龙仙支部成立旧址

等　　级：三级
基本类型：060105 革命与红色文化遗存
是否开发：是
行政位置：韶关市翁源县龙仙镇民主村

资源简介

中共龙仙支部成立旧址建于清代，又叫民主石楼，坐西南向东北，围楼的平面呈"回"字形状，悬山顶，面铺小板瓦，外墙砂石夯筑，中央为公祠，两边为住房。四角有3层角楼。四周以高约8米的围墙与角楼连接，外墙中央为正门，门额上书有"仁祥公祠"四字，北边有一侧门。

瑶族传统医药

等　　级：三级
基本类型：060205 传统医药
是否开发：是
行政位置：韶关市乳源瑶族自治县必背镇必背村

资源简介

乳源中草药资源丰富，被誉为"南岭明珠、物种宝库""广东天然药库"。在长期的医疗实践中，瑶族同胞创造了具有本民族特色的传统医药文化——瑶族医药学，成为祖国医药学宝库的重要组成部分，形成了独具特色的瑶族医药治疗方法。掌握治疗疾病方法和经验的人，被称为瑶医。瑶医用药达1 000余种，总结为"五虎""九牛""十八钻""七十二风"等104种常用药材。

乳源瑶山茶制作技艺

资源简介

瑶山茶制作技艺承载着瑶族人发现自然、利用自然以及对外商品交换的历史，对于研究瑶族传统经济走向现代经济发展的历史具有重要的研究价值。瑶山茶制作技艺作为韶关市"非遗"传统民间制茶技艺之一，生产方式以传统与现代相结合，但制作流程基本保持了传统核心技艺，即采青→萎凋→炒干→烘干。近年来瑶山茶规模化及品牌化发展，目前全县的种茶面积达660多万米^2。

等　　级：三级
基本类型：060207 传统工艺
是否开发：是
行政位置：韶关市乳源瑶族自治县必背镇桂坑村

西京古道乌桐岭段

资源简介

西京古道乌桐岭段位于韶关市乳源瑶族自治县大桥镇大桥村，是通过蔚岭的要道。始建于西汉建元六年（公元前135年），是汉武帝时期岭南各地通往京都的必经之道，是乳源瑶族自治县境内现存年代最早、保存较为完整的古驿道，也是南粤古驿道的重要组成部分。

等　　级：三级
基本类型：060104 古驿道
是否开发：是
行政位置：韶关市乳源瑶族自治县大桥镇大桥村

韶关龙舟赛

资源简介

韶关龙舟赛是由韶关市人民政府主办，广东省社会体育和训练竞赛中心指导，韶关市文化广电旅游体育局牵头，浈江区人民政府、武江区人民政府等单位配合承办的体育赛事活动，已连续成功举办了十几届，多年来一般在浈江河面北江桥至曲江桥水域举办。

等　　级：三级
基本类型：060206 传统体育、游艺与杂技
是否开发：是
行政位置：韶关市浈江区车站街道

帽子峰碉堡群（主峰碉堡、武城堡、定韶堡、巩北堡）

等　　级：三级
基本类型：060101 建筑遗迹
是否开发：否
行政位置：韶关市浈江区风采街道办升平路居委

资源简介

帽子峰碉堡群为时任广东西北区绥靖专员、粤军独立第三师师长李汉魂在帽子峰沿浈江东岸以钢筋混凝土构筑的军事堡垒。抗日战争时期，第四战区以原先碉堡群为基础，迅速扩充成为保护韶关市区、呼应粤汉铁路沿线驻军的防御体系。2017年被列为韶关市文物保护单位。

中共南方工作委员会南岸村交通站旧址

等　　级：三级
基本类型：060105 革命与红色文化遗存
是否开发：否
行政位置：韶关市武江区重阳镇黄岸村委南岸村

资源简介

中共南方工作委员会南岸村交通站旧址占地面积70米^2，保护范围面积150米^2。东门楼上方有"紫气东来"四字。中共南方工作委员会副书记张文彬（原任中共广东省委书记）在南岸村设立机关，粤北省委秘密联络站也设于此处。该交通站曾接待过司徒丙鹤、李大林、魏南金和胡绳夫妇等革命先辈。

李子园炮楼——重阳抗日自卫战旧址

等　　级：三级
基本类型：060105 革命与红色文化遗存
是否开发：否
行政位置：韶关市武江区重阳镇重阳村李子园自然村

资源简介

李子园炮楼建于民国。炮楼呈长方形，3层建筑，面阔11.4米，进深12.4米。炮楼以山石筑底，其上砌青砖，颇为坚固，硬山顶。正门额"庆余楼"，上联"庆祥永乐升平世"，下联"余福长留富贵春"。为韶关市市级文物保护单位。

城口古秦城

资源简介

城口古秦城坐落在广东仁化县城口圩镇老盐街。1982年列为县级文物保护单位,是广东省爱国主义教育基地。2019年9月,古秦城被列入"城口红色革命遗址群",被中共广东省党史研究室公布为广东省中共党史教育基地。

等　　级：三级
基本类型：060103 古遗址
是否开发：是
行政位置：韶关市仁化县城口镇城群村

广兴栈——红军长征宿营地旧址

资源简介

广兴栈——红军长征宿营地旧址是城口镇民国时期的邮政代办所,也是红军长征时期,毛泽东住宿地旧址。2019年9月,广兴栈被列入"城口红色革命遗址群",被中共广东省党史研究室公布为广东省中共党史教育基地。

等　　级：三级
基本类型：060105 革命与红色文化遗存
是否开发：是
行政位置：韶关市仁化县城口镇城群村

丹霞山细美寨

资源简介

丹霞山细美寨是一处明代乡绅修建的山寨,清代一度整修过。山寨三面都是悬崖峭壁,只有一面有石阶可以登临。寨内现在仍有两重砖石结构的寨门,右侧的峭壁上刻有"细美寨"3个楷体大字。第二道寨门是人工开凿的峡道,扼上山之咽喉,地势十分险要,可以说是一夫当关,万夫莫开之所。2019年,细美寨被列为第九批广东省文物保护单位。

等　　级：三级
基本类型：060101 建筑遗迹
是否开发：是
行政位置：韶关市仁化县丹霞街道

丹霞红豆饰品制作技艺

等　　级：三级
基本类型：060207 传统工艺
是否开发：是
行政位置：韶关市仁化县丹霞街道

资源简介

丹霞红豆饰品制作技艺是断石村当地的民间手工技艺，是丹霞山爱情文化的象征。2015年，丹霞红豆饰品制作技艺被列入第五批市级非物质文化遗产名录。

始兴舞阿妹

等　　级：三级
基本类型：060204 传统演艺
是否开发：是
行政位置：韶关市始兴县隘子镇满堂村

资源简介

舞阿妹是韶关市级非物质文化遗产，是隘子镇最有代表性和影响力的传统表演艺术。舞阿妹是一种配乐、说唱加伴舞组成的表演形式，是地方戏。它以一年中的24个节气为主线，把各个节气相应要做的当地农务工作通过说唱的方式表现出来，让大家熟知几时下耕、下肥、杀虫、收割等，一年的农务劳作都交代得一清二楚。以家乡客家话来表演，唱词通俗易懂，易于流传。

翁源姜糖制作技艺

等　　级：三级
基本类型：060207 传统工艺
是否开发：是
行政位置：韶关市翁源县坝仔镇礼岭村

资源简介

翁源姜糖制作技艺属于传统工艺类旅游资源。近年来，礼岭村山妹子姜糖代表翁源县参加省、市优秀青年返乡创业创新、丹霞杯、农业产品等评选大赛，获得了许多荣誉跟奖项。其中，2019年郑氏姜糖参加韶关市"丹霞杯"创业创新大赛之农村电商赛，荣获金奖；2021年再次获得团队金奖。

徐屋村炮楼——万侯村抗日战斗旧址

资源简介

徐屋村炮楼是武江区不可移动文物，建于1908年。楼坐东南向西北，4层，高8米，墙厚0.7米，长13.5米，宽9.6米，面积129.6米^2。青石基，余部糯米和黄糖青砖砌，配角楼，顶饰三角齿连檐。皆筑铁框棂方窗，近顶设4只枪眼。炮楼呈四方形，青砖砌成，四层建筑。顶有天台，四面均有枪眼。

等　　级：三级
基本类型：060105 革命与红色文化遗存
是否开发：是
行政位置：韶关市武江区重阳镇万侯村委徐屋村

重阳革命烈士纪念碑

资源简介

重阳革命烈士纪念碑建于1958年，碑身底宽1.85米、高3.5米，呈四面锥体。碑正面阳刻行书"革命烈士纪念碑"，顶为五角星。碑座正面嵌0.88米×0.58米的青石碑，阴刻楷书"永垂不朽"；碑座背面联0.81米×0.72米青石碑，阴刻楷书"千古流芳"。

等　　级：三级
基本类型：060105 革命与红色文化遗存
是否开发：是
行政位置：韶关市武江区重阳镇重阳村麻公坑岭边

柴烧陶艺

资源简介

柴烧陶艺是中国古老的一种烧制方法，以木材为主要的加热燃料。2017年柴烧陶艺列入曲江区第五批非物质文化遗产保护名录，2018年列入韶关市第七批非物质文化遗产保护名录。

等　　级：三级
基本类型：060207 传统工艺
是否开发：是
行政位置：韶关市曲江区

采茶歌舞表演

等　　级：三级
基本类型：060204 传统演艺
是否开发：是
行政位置：韶关市曲江区罗坑镇

资源简介

采茶歌舞表演是流传于粤北曲江的地方民间小戏。自江西传入，至今已有100多年的历史。2016年7月11日，韶关市曲江区人民政府已确定"曲江采茶戏"入选曲江第四批区级非物质文化遗产名录。

曲江区革命烈士陵园

等　　级：三级
基本类型：060105 革命与红色文化遗存
是否开发：是
行政位置：韶关市曲江区马坝大道4号

资源简介

曲江区革命烈士陵园是集烈士缅怀、红色教育、市民休闲于一体的园林式烈士纪念公园。陵园内松柏苍郁，肃穆庄严。纪念碑用汉白玉石块砌成，烈士陵园内清泉奇石，苍松翠柏，果树成林，风景秀丽。该陵园于1990年7月由中共韶关市曲江区委宣传部公布为县级爱国主义教育基地。2018年1月由中共韶关市委宣传部公布为韶关市爱国主义教育基地。

梁展如故居

等　　级：三级
基本类型：060105 革命与红色文化遗存
是否开发：是
行政位置：韶关市曲江区乌石镇展如村委梁屋村

资源简介

梁展如故居为一间平房，摆设一些梁展如生前的生活用品。梁展如故居为不可移动文物。它是中共曲江县农村第一个支部诞生地，具有双重纪念意义，是爱国主义教育和革命传统教育的重要场所。

青蛙狮龙舞

资源简介

青蛙狮，名为"瑞狮"，俗称"蟾蜍狮"，又名"神狮子"，是广东乃至全中国独具特色的拟兽舞蹈，是象征着勇敢和力量以及驱魔、避邪、保人平安、带来吉祥等民俗色彩的娱人娱神活动。2009年，狮舞（青蛙狮）被列入广东省第三批非物质文化遗产名录。

等　　级：三级
基本类型：060204 传统演艺
是否开发：否
行政位置：韶关市乐昌市三溪镇三溪村

古市镇修仁龙窑

资源简介

古市镇修仁龙窑建于民国期间，为南北走向，窑头向北，面积150米²，窑长50米、腰径3米。目前旧址已废弃，今有个体陶瓷专业户，是南雄唯一现存的陶瓷窑。苍边村有烧制陶瓷的传统技艺，烧制白瓷工艺始于清代，烧制的白瓷曾作为皇宫的贡品。

等　　级：三级
基本类型：060101 建筑遗迹
是否开发：否
行政位置：韶关市南雄市古市镇修仁村苍边村

中共南雄县委机关旧址（古坑、赤溪湖）

资源简介

1937年9月，中共南雄中心县委重组，县委机关设在湖口赤溪庙。1939年，省委书记张文彬与古大存来到南雄，传达中央六届六中全会精神，时间为晚上，地点在赤溪湖庙的楼上，题目是《论新阶段》。古坑村是抗日战争初期中共南雄中心县委所在地，当时县委经常在此开展活动。

等　　级：三级
基本类型：060101 建筑遗迹
是否开发：否
行政位置：韶关市南雄市湖口镇新迳村委会古坑村、新湖赤溪湖村

南雄舞春牛

等　　级：三级
基本类型：060204 传统演艺
是否开发：否
行政位置：韶关市南雄市珠玑镇洋湖村

资源简介

舞春牛距今已有300多年历史，据传清康熙年间已在粤北山区农村流传。舞春牛是用竹篾、铁丝扎成骨架，然后糊纸和绘形，内衬草席，外罩一层灰布或黑色被单，取一节短的弯木缠上棕丝系于臀后作牛尾，整个造型酷似一头威势的雄性水牛。表演时由9~13人组成表演队伍，表演时一人舞牛头，一人舞牛尾，一人拾耕手执牛鞭，肩挑水桶、花篮、手执彩扇、彩巾，相随在春牛的左右两侧，配合锣鼓弦伴奏的音乐节奏，出游各地拜年贺春。

丹霞山狮子岩庙遗址

等　　级：三级
基本类型：060103 古遗址
是否开发：是
行政位置：韶关市仁化县丹霞街道

资源简介

丹霞山狮子岩庙遗址位于丹霞山风景区境内，是研究丹霞山宗教发展和历史文化的重要实物资料。现仅存残垣断壁，地面散落供桌、柱础、门枕石、碑刻以及雕刻精美的石构件，有龙纹八棱柱、奔马图、鸟兽图等。2022年7月，入选第十批广东省文物保护单位名单。

鲶鱼转遗址

等　　级：三级
基本类型：060103 古遗址
是否开发：是
行政位置：韶关市仁化县周田镇周田村

资源简介

鲶鱼转遗址为夏、商时期遗址。遗址的东西为浈江河冲积形成的开阔地，西、北、南三面是连绵不断的低矮山岗。遗址主要分布在山顶的东部和中部，地表尚可采集到文化遗物。1962年7月被广东省人民政府列为省级文物保护单位。

韶关市
优良级旅游资源图鉴

岩庄革命烈士纪念碑

资源简介

始建于1995，纪念碑建筑包含革命烈士纪念碑、革命烈士墓园、纪念广场，共占地面积450米²。革命烈士纪念碑形状为方柱尖顶，柱体上塑有"革命烈士纪念碑"，碑文刻有革命烈士64人。

等　　级：三级
基本类型：060105 革命与红色文化遗存
是否开发：是
行政位置：韶关市翁源县坝仔镇鲁溪村

翁源鹤蚌舞

资源简介

翁源鹤蚌舞是韶关市非物质文化遗产。"鹤蚌舞"的道具都是以竹篾扎制成型。道具有仙鹤、神蚌、篓箕、鱼篓等，制作十分精美，都是纯手工制作，"仙鹤"和"神蚌"的主体架构由毛竹削篾制成，"仙鹤"的"尾巴"及"神蚌"的"壳衣"则是用绸布缝织，然后在其上面进行绘画，尽量让其形状、色彩等生活化，更为广大民众所接受。

等　　级：三级
基本类型：060204 传统演艺
是否开发：是
行政位置：韶关市翁源县周陂镇礤下村

犁市当铺——南昌起义部队韶关革命活动旧址

资源简介

犁市当铺为砖木结构的晚清古建筑群，分门楼、铺面、住宅、当楼4部分，是粤北地区目前仅存的一座保留较完整的传统商业建筑群，也是民国时期八一南昌起义军朱德旧部活动旧址。

等　　级：三级
基本类型：060105 革命与红色文化遗存
是否开发：是
行政位置：韶关市浈江区犁市镇人民路南

大夫前节气山歌

等　　级：三级
基本类型：060204 传统演艺
是否开发：否
行政位置：韶关市武江区重阳镇大夫前村

资源简介

大夫前节气山歌作为流传400多年的山歌，已经成为该村重要的传统文化集体记忆，韶关区域的山歌文化元素。无论是在社会民俗方面，或是在历史文化传承、生活习俗等方面，都有着不可替代的历史人文价值。

罗坑革命烈士纪念碑

等　　级：三级
基本类型：060105 革命与红色文化遗存
是否开发：是
行政位置：韶关市曲江区罗坑镇罗坑村委

资源简介

罗坑革命烈士纪念碑是为纪念为罗坑解放和人民政权的巩固而英勇牺牲的革命烈士建立的，其建于1980年，2007年重修。于2012年3月被列入广东省韶关市曲江区第三次全国文物普查不可移动文物名录，于2013年被评为区级爱国主义教育基地。

薛岳故居

等　　级：三级
基本类型：060101 建筑遗迹
是否开发：是
行政位置：韶关市乐昌市九峰镇坪石村

资源简介

薛岳故居是抗日名将薛岳的故居，在薛氏家祠后右侧，相距约50米。薛岳故居不但具有较高的历史、科学和艺术价值，更是一处不可多得的抗战教育基地。

大坪村古驿道

资源简介

大坪村→谭司村→鹧鸪塘村古驿道是1913年前广东境内用于传递文书、运输物资、人员往来的通路，属于古驿道。该段为陆路。2016年6月27日，经乐昌市人民政府批准将其补充公布为第六批文物保护单位。

等　　级：三级
基本类型：060104 古驿道
是否开发：是
行政位置：韶关市乐昌市梅花镇大坪村

紫阳书院

资源简介

紫阳书院有中西合璧及古朴端庄的建筑风格、精湛牢固的工艺技术，体现了民间建筑的精华，对研究乐昌市民国时期书院建筑具有较高的价值。2011年5月17日，经乐昌市人民政府批准被公布为第四批文物保护单位。2012年10月20日，经广东省人民政府批准，被公布为第七批省级文物保护单位。

等　　级：三级
基本类型：060101 建筑遗迹
是否开发：否
行政位置：韶关市乐昌市秀水镇秀水村

西京古道云岩段

资源简介

西京古道云岩段沿线的村落、地貌与特色遗存，见证了西京古道的历史与文化底色。村内树木众多，宁静而又古朴。2017年在乐昌市文广新局的高度重视下，由当地企业投资开发对西京古道云岩段进行修缮和周边的杂草清理。

等　　级：三级
基本类型：060104 古驿道
是否开发：是
行政位置：韶关市乐昌市云岩镇出水岩村

中共广东省委电台驻地遗址

等　　级：三级
基本类型：060105 革命与红色文化遗存
是否开发：否
行政位置：韶关市南雄市全安镇三四二省道

资源简介

1939年冬，中共广东省委机关从广州迁往粤北韶关。鉴于当时抗日形势和国民党反共逆流的高涨，省委在中共南雄中心县委的协助下，再迁到南雄雄州街道荆岗村瑶坑村。省委还带来一部电台，是省委与党中央联络的唯一通信工具。起初，省委电台设在南雄城北的莲塘村，因靠近县城，易被敌人发现，于是转移到北山密下水村谢地村何屋的地下党员何华彬家中。1941年迁往始兴县红围。

南雄舞青草狮

等　　级：三级
基本类型：060204 传统演艺
是否开发：否
行政位置：韶关市南雄市珠玑镇洋湖村

资源简介

青草狮起源于清朝顺治年间，由南雄市珠玑镇洋湖村开基祖寿湖公首创。青草狮顾名思义就是用青草扎成狮子，属于特大型狮类。青草狮的头部直径1米多，身长9米多，宽2米。与其他类型的狮子的最大区别是，青草狮有4条腿，由7人舞动，表演套路有"行光（过场）、走四门、醉睡、抓痒、擦眼"等。2007年5月，"青草狮"被列入南雄市第一批县级非物质文化遗产名录。

古夏舞狮队

等　　级：三级
基本类型：060204 传统演艺
是否开发：是
行政位置：韶关市仁化县扶溪镇古夏村

资源简介

古夏的舞狮起源于清末，兴盛于民国，已逾百年之久。舞狮有2种，一种白天舞的叫醒狮，另一种晚上舞的叫火狮。早在清康熙年间，古夏就有了狮头会（一种民间组织），逢年过节，醒狮挥舞，锣鼓喧天，古夏舞的醒狮十分生动，深受民众喜爱。

城南醒狮

资源简介

城南醒狮于2018年被列入始兴县非物质遗产传统演艺。杨公岭村青少年醒狮培训中心原为杨公岭村醒狮队，于1990年由杨公岭村玲珑文艺宣传队创建，至今已有30多年历史，聘请始兴县龙狮教练何庆发执教，主要为传统南狮，由最初2头醒狮发展到今天的12头醒狮，队员发展到45人，在始兴县有较高的知名度。近年来，表演艺术不断创新，有《醉狮》《过独木桥》《踏凳桩》等优秀节目。

等　　级：三级
基本类型：060204 传统演艺
是否开发：是
行政位置：韶关市始兴县城南镇杨公岭村

韶州府学宫大成殿——曲江农民自卫军大队、北江农军誓师地旧址

资源简介

韶州府学宫大成殿是韶州府学（孔庙）的正殿，是市区内仅存比较好的古代建筑，也是韶关市现存唯一的明代建筑，为第五批省文物保护单位。始建于北宋景德三年（1006年），明万历年间毁于火灾，随即重建。

等　　级：三级
基本类型：060105 革命与红色文化遗存
是否开发：是
行政位置：韶关市浈江区风采街道风采路

韶关市五里亭中共粤北省委旧址（中共广东省委粤北省委陈列馆）

资源简介

中共广东省委粤北省委陈列馆为两层结构的客家民俗风格建筑，占地面积3 000米^2，建筑面积1 860米^2，2010年7月1日正式对外开放。1938年10月，中共广东省委根据抗日战争形势发展，决定将省委机关由广州迁到韶关即此地，继而辗转迁至江西九渡水、南雄瑶坑村、始兴红围。

等　　级：三级
基本类型：060105 革命与红色文化遗存
是否开发：是
行政位置：韶关市浈江区十里亭镇五里亭村

韶关烈士陵园及革命烈士纪念碑

等　　级：三级
基本类型：060105 革命与红色文化遗存
是否开发：是
行政位置：韶关市浈江区新韶镇大德路

资源简介

韶关烈士陵园及革命烈士纪念碑是韶关市区重要的爱国主义教育基地。陵园门楼高约10米，宽15米。门楼的大门是一个圆拱门，圆拱上方刻有"韶关烈士陵园"的字样，门楼两侧摆设有一对石狮。园内绿树成荫，整个山坡种满了柏树和绿色绿化带。沿陵道阶梯拾级而上，是高高屹立于阶梯之巅的纪念碑。

青水塘农军炮楼旧址

等　　级：三级
基本类型：060105 革命与红色文化遗存
是否开发：是
行政位置：韶关市武江区重阳镇青暖村委青水塘村西南角

资源简介

青水塘农军炮楼旧址为省级红色革命文物遗址。炮楼共3层，外有砂灰批荡，呈黄褐色，高8米。炮楼面积47米^2。原为3层，现第一层仅剩残墙高2.2米，由灰砂浆砌块石而成，厚0.5米。四周墙上有长方形枪眼。第二、三层为土砖所砌，现已无存。

曲江区党员教育基地（张增应老党员家）

等　　级：三级
基本类型：060101 建筑遗迹
是否开发：是
行政位置：韶关市曲江区小坑镇汤湖村委

资源简介

曲江区党员教育基地是小坑镇汤湖村老党员张增应的家，也是各级党组织组织党员干部开展红色教育培训学习的活动场所。2022年5月12日，中共曲江区委常委、区委组织部部长、区委党校校长邓光冲率队到小坑镇老党员张增应家举行区委党校"红色教育现场教学点"挂牌仪式，标志着曲江区又新添一处红色教育现场教学点。

国立中山大学旧址（陈家坪铁岭文学院）

资源简介

国立中山大学旧址（陈家坪铁岭文学院）是抗战时期办学地址。原系粤汉铁路局所建，为2层砖木结构，面阔三间、进深两间，具有典型的中西合璧风格。在抗日战争最艰苦的岁月里，在中大文学院的推动下，坪石诞生了一所私立高校"中华文化学院"。

等　　级：三级
基本类型：060101 建筑遗迹
是否开发：是
行政位置：韶关市乐昌市坪石镇陈家坪村

国立中山大学工学院旧址

资源简介

国立中山大学工学院旧址是抗战时期的办学地址，据1941年2月统计数据显示，工学院在三星坪共新建了42座建筑，包括宿舍、厨房、膳厅、厕所、浴室、教职员宿舍、教室等。设在坪石镇上游的三星坪及其对岸新村，风景优美为各院之冠。

等　　级：三级
基本类型：060101 建筑遗迹
是否开发：是
行政位置：韶关市乐昌市坪石镇三星坪村

神步村四座红色岩洞

资源简介

神步村四座红色岩洞是乐昌革命先烈李光中、李家泉、李培臣、李有英，湘南特委书记王涛，宜乐县委书记谷子元，湘粤边赤色游击大队长李林等躲避国民党反动派追捕的栖身之所和练兵之处，留下了英雄们为国为民不畏千难万险、舍生忘死的不屈历史足迹，也见证了那段艰难困苦却又波澜壮阔的奋斗历程。

等　　级：三级
基本类型：060101 建筑遗迹
是否开发：否
行政位置：韶关市乐昌市坪石镇神步村

三溪花鼓戏

等　　级：三级
基本类型：060204 传统演艺
是否开发：是
行政位置：韶关市乐昌市三溪镇三溪村

资源简介

俗称"唱花鼓"或曰"调子戏"，是广东省传统民间小戏剧种，源于乐昌市圈地作场表演的民间歌舞踩矮台。流行于乐昌、仁化、曲江、乳源、连县及湘中武水中、上游一带，是当地民众喜闻乐见的一种民间小戏。乐昌花鼓戏成功入选广东省第四批省级非物质文化遗产名录。三溪镇为乐昌花鼓戏传承基地。

坪石老街国立中山大学校本部办学旧址

等　　级：三级
基本类型：060101 建筑遗迹
是否开发：是
行政位置：韶关市乐昌市坪石镇老街社区

资源简介

乐昌市坪石镇老街的国立中山大学校本部办学旧址广同会馆是抗战时期中山大学校本部所在地和研究院所在地，是华南教育历史研学基地之一。广同会馆重建于清道光二十七年（1847年），面阔三间、进深三间，门楼后为天井、戏台；建筑宏伟，面积仅次于楚南会馆。

东坑丰收节

等　　级：三级
基本类型：060202 地方习俗
是否开发：否
行政位置：韶关市南雄市百顺镇东坑村

资源简介

东坑丰收节是东坑村最重要的一个传统节日，节日已延续1 100多年。相传，唐开成五年（840年），南雄籍户部侍郎李金马曾路过百顺，借宿东坑。当晚盗寇四起，李金马率部击退，保全了东坑百姓的身家性命。自那年起，为了纪念李公，感谢李公恩德，以及庆祝丰收，祈求风调雨顺，东坑村便开始流传过丰收节的习俗。因为节庆重在纪念李公，所以丰收节又叫"李公庙会"。

江头大坵麻村炮楼

资源简介

江头大坵麻村炮楼是侯氏祖先建于清末的围楼，地处南雄盆地南隅，青嶂山北麓，江头水（长潭水）自其南面潺潺东奔。炮楼坐西南朝东北，呈长方形，3层，高8米，长6米，宽4米，墙厚0.65米，占地面积24米^2。由卵石及条石砌半墙、门，余部青砖粉砂砌。二面坡硬山顶，覆瓦，出檐短浅，牙砖叠涩重檐，仅开北拱门，额饰扇形图。2层东北设门。3层设2只窗，南墙开一方窗，墙体密布枪眼。

等　　级：三级
基本类型：060101 建筑遗迹
是否开发：否
行政位置：韶关市南雄市江头镇小竹村大坵麻村

乾村革命旧址——中共五岭地委和粤赣湘边人民解放总队机关旧址

资源简介

1947年，中共香港分局派张华来到粤赣湘边区，在仁化凌溪成立了五岭地委。会议决定以反"三征"为重点，广泛发动群众，扩大队伍，发展游击区，建立根据地。1925—1949年，粤赣湘边界的仁化和南雄成为五岭地区武装斗争的领导中心，成为南雄市爱国主义教育基地，2012年3月16日被南雄市人民政府公布为南雄市不可移动文物。

等　　级：三级
基本类型：060105 革命与红色文化遗存
是否开发：否
行政位置：韶关市南雄市帽子峰镇乾村

红军长征入粤第一仗遗址

资源简介

1934年10月，"左"倾错误导致第五次反"围剿"失败，中央红军被迫开始长征。10月27日拂晓，侦察连按时到达前沿阵地。敌人正在新田圩附近的山坡上挖战壕，被侦察连打了一个措手不及。此役歼敌20多人，是红一方面军进入广东的第一仗。红军入粤第一仗战斗遗址位于新田村南侧，当时战斗主要发生在山坡上，即天昊岭，该地也是重走长征路的重要节点。

等　　级：三级
基本类型：060105 革命与红色文化遗存
是否开发：否
行政位置：韶关市南雄市乌迳镇新田村天昊岭

始兴龟蚌舞

等　　级：三级
基本类型：060204 传统演艺
是否开发：是
行政位置：韶关市始兴县顿岗镇周所村上张村

资源简介

始兴龟蚌舞发源于顿岗镇上张村，流传于顿岗镇上张村、围下等地，反映渔猎场面的民间传统文艺、始兴历史文化发展的活化石。清乾隆二十年（1755年）修撰的《始兴县志》记载"元夕闹花灯演故事，少年子弟鲜衣炫服，擎龟舞蚌。"张氏六修族谱里有"元宵节花灯游村，龟精、蚌精相斗，通宵达旦。锣鼓喧天，爆竹声彻夜不断，热闹非凡"记载。2009年，龟蚌舞被列入韶关市第二批市级非物质文化遗产项目名录。

罗坝香火龙

等　　级：三级
基本类型：060204 传统演艺
是否开发：是
行政位置：韶关市始兴县罗坝镇角田村

资源简介

罗坝香火龙为岁时节令，罗坝镇村民闹元宵的传统节目。火龙一般由9节构成，意为久长。龙头、龙尾用竹扎稻草成型，以竹竿做龙骨、铁线做龙筋，草把上插满密集的香火。元宵举行火龙表演前，就把做好的火龙放置在"龙塘庙"内，在元宵前两晚开始表演，表演开始时，先用九男持龙，围庙内大厅柱梁舞之，然后出门，谓之"请龙出塘"。2021年被列入始兴县第八批县级非物质文化遗产项目名录。

北江革命干部学校遗址

等　　级：三级
基本类型：060105 革命与红色文化遗存
是否开发：是
行政位置：韶关市新丰县沙田镇天中村天中小学

资源简介

北江革命干部学校遗址能够反映解放战争时期的重要历史活动进程、思想和文化，是革命历史文化的见证者与承载者。于2021年8月被新丰县定为爱国主义教育基地。

北江第一支队成立大会旧址

资源简介

北江第一支队成立大会旧址是中国人民解放军成立新支队的一个根据地，是遥田城乡居民休闲健身、缅怀先烈的红色教育基地。2012年3月，该地被新丰县人民政府公布为新丰县不可移动文物。

等　　级：三级
基本类型：060105 革命与红色文化遗存
是否开发：是
行政位置：韶关市新丰县遥田镇江下村

圣祖祭

资源简介

"圣祖祭"的习俗主要在韶关市乳源瑶族自治县大桥镇大桥村举办，"圣祖祭"主要分为3个方面：第一是舜帝诞辰祭典，于每年阴历八月十二举行，以祭典活动为载体；第二是"打醮"即庙会，村民共同祭祀宗教式的天帝与祖先，祈求祖先的保佑；第三是"做功德"即为过世者超度，而且旨在教育生者多做好事尊老爱少，孝顺父母。2015年，"圣祖祭"被列入第五批市级非物质文化遗产名录。

等　　级：三级
基本类型：060202 地方习俗
是否开发：是
行政位置：韶关市乳源瑶族自治县大桥镇大桥村

乳源传统打铁工艺

资源简介

乳源传统打铁工艺是瑶族农民有关铁器锻造的原始工艺，为满足对铁制农具的需求，瑶族先民不断探寻有关打铁工艺发明、改良、传承与发展的铁器产品及其技艺成果，具有重要的历史及人文价值，也见证了瑶族传统社会农业发展的历程，对于研究乳源瑶汉社会经济发展具有重要的价值。2021年，乳源传统打铁工艺被列入韶关市第八批非物质文化遗产名录。

等　　级：三级
基本类型：060207 传统工艺
是否开发：是
行政位置：韶关市乳源瑶族自治县桂头镇莫家村

传统舞蹈"犁市舞春牛"

等　　级：三级
基本类型：060204 传统演艺
是否开发：是
行政位置：韶关市浈江区犁市镇

资源简介

2006年，"犁市舞春牛"被列入广东省第一批非物质文化遗产名录。舞春牛的基本流程有春牛出栏、春牛上路、春牛吃草、春牛背轭、春牛耕田、春牛擦痒、卧地听歌等。

叶发青故居

等　　级：三级
基本类型：060105 革命与红色文化遗存
是否开发：是
行政位置：韶关市浈江区新韶镇东联村委

资源简介

叶发青故居属于革命与红色文化遗存类型的旅游资源，是红色教育基地，可接待学生及党员干部开展爱国主义教育活动。叶发青是北江地区农民运动的先驱，当时叶发青家的所在地——曲江县东厢乡翻溪桥石安村，是1924年曲江县成立的第一个村农民协会——翻溪桥农会的所在地。

带头古道——带头自卫队活动旧址

等　　级：三级
基本类型：060105 革命与红色文化遗存
是否开发：是
行政位置：韶关市武江区龙归镇后坪村

资源简介

带头古道2021年被认定为市级红色革命遗址。带头古道南与马渡马宗庙古道接驳，北与妙联古道相连。带头古道从六矿往带头路口起，往北途经带头三驳桥、百段石、大坪子坑底、恩哥井、利笛坪、下岭子、头边夫、牛押头、庙背夫山、三斗种、石古丘、罗坪头、牛肚坑、背夫山、雌鸡石、长田子、石山前，在妙联村罗坪口与妙联古道相接。

水口龙舟调

资源简介

水口龙舟调作为流传了千百年的民间习俗，以其"团结宗亲、增进民族凝聚力"的精神内涵对现代人文社会的构建，无疑具有积极的文化传承意义与价值，对推动区域乡村振兴亦有重要价值。尤其在促进重阳镇"脱贫致富"，实现区域发展旅游产业，增强经济发展实力等方面，势必产生积极作用。

等　　级：三级
基本类型：060204 传统演艺
是否开发：否
行政位置：韶关市武江区重阳镇水口村

张氏接骨术

资源简介

张氏接骨术是流传于民间的传统技艺手法，用手之动作，使骨折、脱臼及软组织损伤复原。通过正骨、用药和物理治疗等步骤，使其愈合正常，达到康复目的。2021年1月，张氏接骨术被列为乐昌市非物质文化遗产名录项目。

等　　级：三级
基本类型：060205 传统医药
是否开发：是
行政位置：韶关市乐昌市坪石镇河丰村

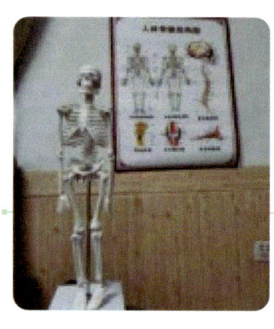
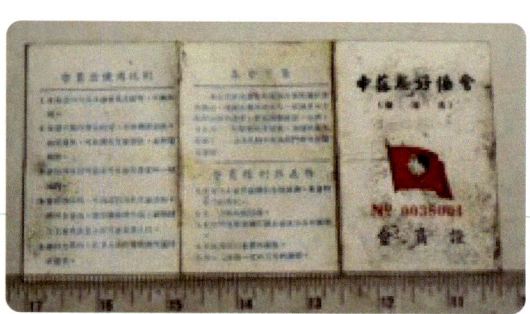

国立中山大学旧址（塘口理学院）

资源简介

国立中山大学旧址（塘口理学院）是抗战时期的办学地址，反映当时人们强烈的求知、求学心理，值得后人学习。其中，朱氏宗祠曾作理学院办学之用。2006年曾作修缮。由于该建筑对研究粤北地区清代宗祠建筑具有较高的价值，2011年5月17日经乐昌市人民政府批准被公布为第四批文物保护单位。

等　　级：三级
基本类型：060101 建筑遗迹
是否开发：是
行政位置：韶关市乐昌市坪石镇塘口村

国立中山大学旧址（武阳司村法学院）

等　　级：三级
基本类型：060101 建筑遗迹
是否开发：是
行政位置：韶关市乐昌市坪石镇武阳司村

资源简介

国立中山大学旧址（武阳司村法学院）是抗战时期的办学旧址，旨在传承学子求知、求学的精神，属于红色革命文化遗存。武阳司除了四大学系，还设民众法律顾问处、政治研究室、经济调查处和中国经济史研究室等机构，后又根据抗战需要增设司法组。

乐昌渔鼓

等　　级：三级
基本类型：060204 传统演艺
是否开发：否
行政位置：韶关市乐昌市三溪镇大坪头村

资源简介

乐昌渔鼓是流传于广东省韶关市乐昌市的传统曲艺，又称"道情"，源于唐代的九真、承天等道曲。起初为民间流浪艺人为养家糊口而演唱，所唱曲子名曰"渔鼓调"，是从传统戏剧"乐昌花鼓戏"唱段里逐级独立出来的，已有300多年的历史。乐昌渔鼓被列入广东省第五批非物质文化遗产之一。

制"砻"技艺

等　　级：三级
基本类型：060207 传统工艺
是否开发：是
行政位置：韶关市南雄市百顺镇东坑村

资源简介

水稻是当地的主要农作物，为砻的出现提供了基础。在没有现代碾米机器的年代，稻谷只能用砻来破壳现米，砻可以减少脱壳的糙碎和糙米麦面损伤的同时保留米皮的存在。砻的制作共有9道工序，概况如下：①破篾；②做砻圈；③钉砻脚；④分离上下砻；⑤将稻草黄泥填入下砻压紧；⑥分卦；⑦钉砻片；⑧在砻片中压紧黄泥；⑨编织砻盘圈。

磨地狮

资源简介

磨地狮被列入南雄市县级非物质文化遗产名录项目,是南雄当地最传统的一项艺术。磨地狮最初的名字叫岩鹰狮,在20世纪80年代,岩鹰狮改名为磨地狮。该舞狮在表演时多采取矮步、蹲步等套路,并穿插了很多亲吻土地的动作以表达人们对土地的膜拜。磨地狮的表演与一般狮子不同的是多矮步、蹲步,给人的印象是淘气、灵巧。表演套路有容狮、行江、杂耍和武术表演四部分。

等　　级:三级
基本类型:060204 传统演艺
是否开发:否
行政位置:韶关市南雄市湖口镇承平村

品丰店——毛泽东在南雄居住旧址

资源简介

1930年4月,毛泽东、朱德率红四军转战粤北,于4月1日占领南雄县城。红军占领南雄县城后,将军部设在上武庙。红军在南雄期间,在县城的下武庙门坪、莫屋空坪、大成殿门坪等处召开群众大会,毛泽东、朱德分别作演讲,动员群众组织起来,打土豪分田地,建立苏维埃政权,号召青年参加红军。毛泽东借住在品丰店里。被公布为县级文物保护单位和南雄市红色革命遗址。

等　　级:三级
基本类型:060105 革命与红色文化遗存
是否开发:否
行政位置:韶关市南雄市雄州街道八一街204号品丰店

南雄县苏维埃政府旧址(坪林村)

资源简介

南雄县苏维埃政府在上朔村成立,其后1928—1930年在坪林办公,曾昭秀、曾昭迟等10多人曾在此办公。革命先辈曾在此写下了较多诗词,如"共进土豪田址,产分贫苦中农"等。旧址为木质结构,面积100多米^2,20世纪80年代,旧址遭到破坏,现全部倒塌,只留有原来的石条。

等　　级:三级
基本类型:060101 建筑遗迹
是否开发:否
行政位置:韶关市南雄市油山镇坪林村

梅岭司马第——水口战役红一军团驻地旧址

等　　级：三级
基本类型：060105 革命与红色文化遗存
是否开发：否
行政位置：韶关市南雄市珠玑镇梅岭村委雉公嵊村

资源简介

梅岭司马第是水口战役红一军团驻地旧址。水口战役是红一方面军1932年7月与入赣粤军进行的一场恶战，是红一方面军取得第三次反"围剿"胜利后，蒋介石部署第四次"围剿"之前，中央红军在1932年6月发动的一场保卫中央苏区的保卫战。

东江纵队粤北指挥部驻地旧址

等　　级：三级
基本类型：060105 革命与红色文化遗存
是否开发：是
行政位置：韶关市始兴县澄江镇四村村

资源简介

东江纵队粤北指挥部驻地旧址建筑占地面积800米^2，为泥砖瓦木结构，由大堂、天井、大门和后门组成。1945年，东江纵队、珠江纵队在粤北指挥部的率领下，抵达始兴。北上五岭，开辟新区，在北上途中遭到了国民党反动派的围追堵截。粤北指挥部负责人在澄江铁寨村召开军事会议，坚持游击斗争。2018年3月，东江纵队粤北指挥部驻地被命名为始兴县爱国主义教育基地。

广东大峡谷高空杂技

等　　级：三级
基本类型：060206 传统体育、游艺与杂技
是否开发：是
行政位置：韶关市乳源瑶族自治县大布镇埕头村

资源简介

广东大峡谷高空杂技位于广东大峡谷景区内，在广东大峡谷谷口瀑布半空，一条长约500米的粗钢索横跨于峡谷两端，下面则是300多米的谷底，这便是大峡谷空中杂技表演的大舞台。几名年轻小伙子、小姑娘身穿艳丽服装，通过步行钢丝、骑行钢丝、悬吊滑行钢丝等方式在峡谷之间的高空进行各式表演，惊、险、奇、美的杂技艺术与峡谷自然生态融合一体，时刻让人目瞪口呆、连声惊叹，成为广东大峡谷景区最精彩、最震撼的人文景观。

西京古道石阶除道

资源简介

西京古道石阶除道是乳源瑶族自治县大桥镇的一项历史悠久的民俗。自古以来，村民把石阶除道视为行善积德，形成了积德乡风。明清之际，先后出现了"饶仁倾家架大桥"和"罗正藩独资建造心韩亭"等典范，被后人传颂。2013—2017年大桥地区举办的"圣祖祭""契娭生日""阿公搓轿"等民间文化活动，均按"石阶除道"习俗组织开展。2016年被公布入选韶关市非物质文化遗产名录。

等　　级：三级
基本类型：060202 地方习俗
是否开发：是
行政位置：韶关市乳源瑶族自治县大桥镇大桥村

传统体育杂技"犁市胡氏蔡家拳"

资源简介

"犁市胡氏蔡家拳"已有200余年历史，为广东南拳五大拳种之一。2018年，犁市胡氏蔡家拳被列入韶关市第七批非物质文化遗产名录。

等　　级：三级
基本类型：060206 传统体育、游艺与杂技
是否开发：是
行政位置：韶关市浈江区犁市镇

传统民俗"犁市猫公狮"

资源简介

猫公狮道具主要有狮子一只、猴子面具两张、四方桌一张及双刀、螺角、书盒、伴奏乐器（锣、鼓、钹等）。2016年，猫公狮被列入韶关市第六批非物质文化遗产名录。

等　　级：三级
基本类型：060204 传统演艺
是否开发：是
行政位置：韶关市浈江区犁市镇梅塘村

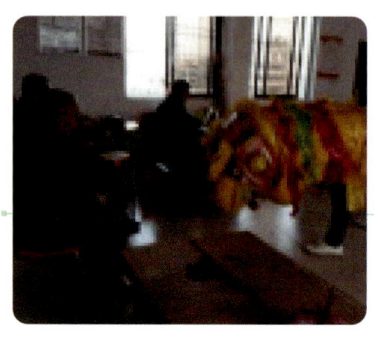 

传统舞蹈"浈江香火龙"

等　　级：三级
基本类型：060204 传统演艺
是否开发：是
行政位置：韶关市浈江区十里亭镇湾头村

资源简介

"浈江香火龙"用稻草扎制而成，启龙时辰一到，村民争先恐后跑上前，在龙头龙身上插满香火，形成"香火龙"，距今已有400多年的历史。2018年，浈江香火龙被列入浈江区第六批非物质文化遗产名录。

江湾胡屋革命烈士纪念碑

等　　级：三级
基本类型：060105 革命与红色文化遗存
是否开发：否
行政位置：韶关市武江区江湾镇胡屋村委往周塘村公路右侧

资源简介

胡屋革命烈士纪念碑建于1972年，为纪念解放战争时期在阻击国民党进剿战斗中牺牲的革命烈士而建。纪念碑占地80米^2，碑穴6米^2，碑身高5.1米，宽0.9米。

十点梅花

等　　级：三级
基本类型：060204 传统演艺
是否开发：是
行政位置：韶关市曲江区沙溪镇东华村圲洋

资源简介

"十点梅花"又称"十番锣鼓"，是韶关市级非物质文化遗产之一，是流传于粤北曲江农村的惊狮锣鼓。它由声音清脆激越的窄面牛皮高腰鼓、声音洪亮的高边厚身大铜锣、声音清脆的小铜锣、声音洪亮的大铙4件打击乐器演奏，由5个慢板和5个快板组成，节奏和谐、鼓点分明。

白沙革命烈士纪念碑

资源简介

白沙革命烈士纪念碑是不可移动文物,建于20世纪80年代,面积168米²,为方尖碑,砖砌,通高3米。碑身正面直行阴刻楷书"革命烈士纪念碑",顶部竖有一颗立体五角星。每年清明节白土各界人士前来拜祭。

等　　级：三级
基本类型：060105 革命与红色文化遗存
是否开发：否
行政位置：韶关市曲江区白土镇横村村委街边自然村

大塘革命烈士纪念碑

资源简介

大塘革命烈士纪念碑是不可移动文物,位于广东省韶关市曲江区大塘镇大塘居委会林业站背的小山岗上。纪念碑是纪念解放初期为建设社会主义新中国而牺牲的江浪原、王玉芳、谭维新、永国四名烈士,底座正面镶嵌四烈士姓名、牺牲原因和立碑时间。每年清明节,大塘各界人士前来拜祭,是缅怀革命烈士、发扬革命传统、进行爱国主义教育理想场所。

等　　级：三级
基本类型：060105 革命与红色文化遗存
是否开发：否
行政位置：韶关市曲江区大塘镇大塘居委大塘大道东45号

避难石遗址

资源简介

避难石遗址为不可移动文物,对研究禅宗史迹有一定的价值。2007年5月29日被韶关市人民政府公布为第四批市级文物保护单位。

等　　级：三级
基本类型：060103 古遗址
是否开发：是
行政位置：韶关市曲江区马坝镇南华村委老黄屋村(乌龟屯)背夫岭

扛阿公

等　　级：三级
基本类型：060202 地方习俗
是否开发：否
行政位置：韶关市曲江区小坑镇曹角湾村

资源简介

"扛阿公"是粤北客家人独特的民俗活动之一，是入选韶关市非物质文化遗产名录的民俗活动。其巡游的表现形式与众不同，既切合实际又有美感。同时，它将千百年来中华先民口耳相传的民间神话传说人物"盘古"，通过这一习俗在一方乡土流传下来，并具有很强的影响力。这一民俗活动为研究和探讨粤北客家民俗文化提供了动感的素材。

小坑镇烈士纪念碑

等　　级：三级
基本类型：060105 革命与红色文化遗存
是否开发：否
行政位置：韶关市曲江区小坑镇居委会

资源简介

小坑烈士纪念碑为不可移动文物。小坑烈士纪念碑是遵照民政部、财政部和省民政厅《关于做好零散烈士纪念设施建设管理保护工作》的要求，由曲江区人民政府、区民政局和小坑镇政府携手共建的永久性纪念碑。

观音山红军长征战斗遗址

等　　级：三级
基本类型：060105 革命与红色文化遗存
是否开发：否
行政位置：韶关市乐昌市九峰镇茶料村委、文洞村委、浆源村委会交界

资源简介

观音山红军长征战斗遗址是利用乐昌市的历史文化资源、红色资源打造的特色公园。公园的建设推进了粤北地区长征遗址遗迹挖掘整理、保护修复和陈列展览，有利于整合乐昌市的长征文化资源与周边自然生态、历史文化、特色村镇等资源，对推动文旅融合发展具有重要意义。

陈有记辣椒酱制作技艺

资源简介

陈有记辣椒酱是乐昌市本土特色食品。其选用上等辣椒、优质花生油和100%纯芝麻油等进行配制，用传统纯手工艺制作，形成上乘品质和独特的味道。由于制作配方独特，味道奇香，色彩醒目，用瑶山竹筒装潢，简朴大方，便于携带，故深得顾客好评。"陈有记"成为名不虚传的"乐昌特产，送礼佳品"。

等　　级：三级
基本类型：060207 传统工艺
是否开发：是
行政位置：韶关市乐昌市坪石镇老街社区

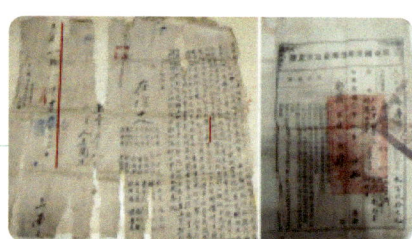

长岗岭战斗遗址——南昌起义军余部"坪石大捷"战斗遗址

资源简介

长岗岭战斗遗址是抗战时期抵御外来敌人、作战之地，属于典型的红色革命文化遗迹。2018年11月30日，经乐昌市人民政府批准被公布为第七批文物保护单位。

等　　级：三级
基本类型：060105 革命与红色文化遗存
是否开发：是
行政位置：韶关市乐昌市坪石镇武阳司村

五山纸马

资源简介

五山纸马舞由10多人组成演出队，分马童、骑手、仙女（挑花篮）、花棍。表现的内容丰富多彩，既有历史故事、神话传说、戏剧折子，也有民间生活中的轶闻、趣事。唱词通俗易懂，曲词与锣鼓节奏基本固定。2016年，传统舞蹈《五山纸马》被列为韶关市第六批非物质文化遗产名录项目。

等　　级：三级
基本类型：060204 传统演艺
是否开发：是
行政位置：韶关市乐昌市五山镇石下村

蓝山坪古道

- 等　　级：三级
- 基本类型：060104 古驿道
- 是否开发：否
- 行政位置：韶关市乐昌市秀水镇大竹山村

资源简介

蓝山坪古道位于乐昌市秀水镇大竹山村委会，是乐昌市保存完好、内容丰富的古道，对研究乐昌市古道交通、湖广两地的经济、文化交融，以及古代的交通网络都有重要的价值。2018年11月30日，经乐昌市人民政府批准被公布为第七批文物保护单位。

赣粤边特委大岭下会议旧址

- 等　　级：三级
- 基本类型：060105 革命与红色文化遗存
- 是否开发：是
- 行政位置：韶关市南雄市油山镇大兰村委会大岭下

资源简介

赣粤边特委大岭下会议旧址是近现代重要史迹及代表性建筑。旧址内的展览有旧址匾牌、木刻楹联、会议主展介绍、红色文化、纪念人物，以及游击区地图、大事时间线等，尊重历史，挖掘史料，内容丰富，具有恢宏的历史厚重感。展览内容丰富真实、全面，可读性、可观性强，是南雄革命传统教育和爱国主义教育又一新的基地。

新田村红军题壁标语

- 等　　级：三级
- 基本类型：060105 革命与红色文化遗存
- 是否开发：否
- 行政位置：韶关市南雄市乌迳镇新田村

资源简介

1934年10月26日，红军长征部队红一军团直属侦察连在乌迳镇新田村天昊岭击溃粤军的阻击后，大部队陆续进驻乌迳墟、新田村一带。红军进入新田村后，向群众进行革命思想宣传，并在一些房屋内外墙壁上写下很多革命标语。新田村红军题壁标语总长5.4米，字70厘米×60厘米。1982年5月，南雄县人民政府将南雄各地红军题壁标语列为南雄县文物保护单位。

乌迳水城

资源简介

乌迳水城，即"延水村"，城外有一条5米多宽的护城河环绕，故称水城。该城用青砖砌成，城门外架一石桥，为唯一通道。城门上镶一块石匾，上书"七星世镇"，落款为"明嘉靖己酉知府周南立"。乌迳水城经历了近千年的沧桑，而今城墙已毁，仅城门保存完好。城内为叶氏民居，古城风貌依稀可见。

等　　级：三级
基本类型：060101 建筑遗迹
是否开发：否
行政位置：韶关市南雄市乌迳镇延水村

铺背窑址

资源简介

铺背窑址是宋代窑址，面积1 200米^2，东西长约30米，南北宽约40米，主要产碗、盘、杯、盅等，是较早发现的古窑址，为南雄作为海陆丝绸之路交会点提供了重要物证。2006年6月，铺背窑址公布为南雄市文物保护单位。

等　　级：三级
基本类型：060101 建筑遗迹
是否开发：否
行政位置：韶关市南雄市雄州街道铺背村

油山革命纪念碑

资源简介

1928年2月，南雄县农民大暴动，成立了县苏维埃政府。同年7月，赤卫队奔赴油山创建了油山革命根据地，为南雄后来成为中央苏区县奠定了基础。为铭记革命先辈和油山人民的英雄事迹，中共南雄市委、市政府决定在油山坪田坳建立"油山革命纪念碑"。后被列为南雄市不可移动文物、韶关市爱国主义教育基地、韶关市党史教育基地。

等　　级：三级
基本类型：060105 革命与红色文化遗存
是否开发：是
行政位置：韶关市南雄市油山镇坪田坳村

安岗思诒堂——中共仁化县委旧址

等　　级：三级
基本类型：060105 革命与红色文化遗存
是否开发：是
行政位置：韶关市仁化县董塘镇安岗村

资源简介

安岗思诒堂为中共仁化第一届县委所在地，大革命时期是仁化农民运动的发源地，安岗乡农民协会常务执行委员会驻地，也是1928年仁化县第一个仁化县委员会、安岗支部干事会、安岗乡苏维埃政府、广东工农革命委员会的诞生地和驻地，是全县进行土地革命斗争的指挥中心。1982年，思诒堂被列入仁化县第一批文物保护单位名录；1995年被列入为仁化县革命旧址保护单位名录，对研究仁化县党史和农运史具有重要革命历史价值。

 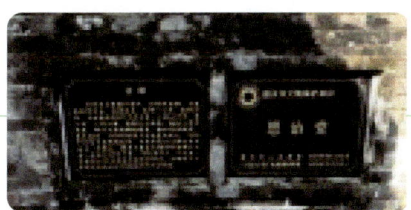

工农革命军独立第四团团部旧址

等　　级：三级
基本类型：060105 革命与红色文化遗存
是否开发：是
行政位置：韶关市仁化县董塘镇董塘社区

资源简介

工农革命军独立第四团团部旧址为大革命时期作为第五区苏维埃政府、朱德指挥部和中共仁化县革命委员会成立的旧址。1982年被列为县级重点文物保护单位；2019年4月被列为广东省文化保护单位；2020年3月被评为韶关市第七批爱国主义教育基地；2020年10月入选广东省社会科学普及基地。现作为董塘镇老人文化活动中心。

杨泰和米饼制作技艺

等　　级：三级
基本类型：060207 传统工艺
是否开发：是
行政位置：韶关市仁化县长江镇沙坪村

资源简介

"长江米饼"通过口传心授数百年来流传粤、赣、湘一带，是一种颇具特色的民间"小吃"和送礼佳品，是纯天然的绿色食品。其制作要经过8道人工制作工序：①洗米；②炒米；③磨粉；④煮糖；⑤和粉；⑥印饼；⑦蒸饼；⑧包装。杨泰和米饼制作技艺在2018年被韶关市人民政府列入韶关市第七批市级非物质文化遗产名录。

风度学校——始兴人民抗日指挥中心

资源简介

风度学校建于1936年,为始兴抗日战争时期的指挥中心,始兴抗日大队风度独立分队练兵临时驻地,风度学校高年级学生练靶场。风度学校被誉为始兴的革命摇篮,先后有100多位党员、盟员和进步师生参加了革命,他们在抗日战争和解放战争中英勇善战,为始兴乃至全民族的解放大业作出了贡献。风度学校被列为爱国主义教育基地、县级重点文物保护单位。

等　　级:三级
基本类型:060105 革命与红色文化遗存
是否开发:是
行政位置:韶关市始兴县隘子镇风度村

中共始兴县委遗址

资源简介

中共始兴县委遗址在一排青砖建筑的屋子内,内有多间房间,建于1936年,占地面积40米^2。此地不仅是中共始兴县委机关,还是英(德)翁(源)始(兴)地下交通站、东江纵队会师地旧址等。中共始兴县委遗址目前作为韶关市中共党史教育基地、始兴县党员教育基地、始兴县爱国主义教育基地。

等　　级:三级
基本类型:060105 革命与红色文化遗存
是否开发:是
行政位置:韶关市始兴县隘子镇风度村

城南钱叉舞

资源简介

钱叉舞出自清道光壬午年(1822年)十一月,是始兴县的一种民间舞蹈。主要是用钱叉为道具,以打钱叉、跳钱叉舞的形式,以优美的舞姿,手持串有铜钱的扎花棍在不同的舞蹈动作中前后不停地挥舞。以简练的动作,多变的队形,表现欢乐的情感。每逢年节或丰收季节都会表演钱叉舞来增添人民的喜悦气氛,庆贺一整年的收获硕果。城南钱叉舞被列入始兴县第五批县级非物质文化遗产项目名录。

等　　级:三级
基本类型:060204 传统演艺
是否开发:是
行政位置:韶关市始兴县城南镇新村

澄江青草狮

等　　级：三级
基本类型：060204 传统演艺
是否开发：是
行政位置：韶关市始兴县澄江镇暖田村

资源简介

澄江青草狮由张氏传人张仲油当年在福建莆田南少林寺习武学艺归来首创，距今已有300多年的历史。张仲油用青草绑住"利是"挂于大门之上，配合南拳等武术，创造出别开生面的青草狮舞。青草狮别具特色，是舞狮的其中一种，它小巧玲珑、天真活泼、模样独特令人喜爱，是融武术、舞蹈、音乐等于一体的文化活动。2018年，澄江青草狮被列入韶关市第七批非物质文化遗产名录。

东江纵队粤北指挥部军事会议旧址

等　　级：三级
基本类型：060105 革命与红色文化遗存
是否开发：是
行政位置：韶关市始兴县澄江镇铁寨村

资源简介

东江纵队粤北指挥部军事会议旧址是始兴一处重要的红色革命遗址。1945年11月，粤北指挥部负责人林锵云、王作尧、杨康华在澄江铁寨村召开军事会议，决定分区坚持游击斗争。在来的10个月里，始兴人民在粤北指挥部的领导下，与东江纵队挺进粤北部队在南、北山区携手战斗，狠狠打击国民党反动派。

八一村革命历史展览馆

等　　级：三级
基本类型：060105 革命与红色文化遗存
是否开发：是
行政位置：韶关市始兴县沈所镇八一村

资源简介

八一村革命历史展览馆主要分为3个展厅：日新小学展厅、战地堡垒英雄赞歌展厅以及革命丰碑光荣之村展厅。战地堡垒英雄赞歌展厅主要对红色指挥所、红色电波、红色交通站等内容进行展示。革命丰碑光荣之村展厅主要对外营村擎起革命旗帜、烽火外营、光荣之村、始兴革命人物、守护始兴历史等内容进行展示。2010年9月，被中共广东省委组织部授予"广东省党员教育基地"。

韶关市

司前舞火龙

资源简介

相传明嘉靖年间清化瘟瘴肆虐，刘屋村村民刘巽峰远赴武当，取回龙头香点燃香火。又束草成把成串，组织青年用香火插满草把，十几人高擎香火把走街串巷，以驱瘟灭菌，赶走瘟神。此举后来传为一种习俗，在当地温屋、刘屋、李屋传承，发扬至今，成为春节期间的一项大型民间宗族传统文化活动。2015年，司前舞火龙被列入韶关市第五批非物质文化遗产项目名录。

等　　级：三级
基本类型：060204 传统演艺
是否开发：是
行政位置：韶关市始兴县司前镇刘屋村

客家织锦制作技艺

资源简介

客家织锦制作技艺是一种织布、织带、编织帽子、毛衣、毛裤等客家衣物和饰品的编织技艺，流行于翁源县各地。翁源县绝大部分为客家人，自古就有客家人利用棉纱、丝绸等纺织材料编织布、织带等各种织物。客家姑娘从小就随母亲学习挑织技术，结婚时必须有自己亲手织成的一件织物做嫁妆，这样的习俗代代相传，沿袭至今。

等　　级：三级
基本类型：060207 传统工艺
是否开发：是
行政位置：韶关市翁源县龙仙镇人民政府

翁城地窖酒制作技艺

资源简介

2018年，翁城地窖酒酿造技艺被列入韶关市七批非物质文化遗产名录。主要的制作工序流程：药材准备——酒坛清洗——大灶煮饭——晾饭冷却——兑酒饼——双蒸炉蒸馏——灌酒入坛封存——入地窖藏。

等　　级：三级
基本类型：060207 传统工艺
是否开发：是
行政位置：韶关市翁源县翁城镇泉岭村十组 35 号

燕子岩战斗旧址

等　　级：三级
基本类型：060105 革命与红色文化遗存
是否开发：是
行政位置：韶关市新丰县回龙镇新村江下水库背扶山上

资源简介

燕子岩洞门朝东南方向，洞中有洞，纵横交错，大如神宫，可容纳约400人。小如通道，壁洞有小洞，左拐右弯，有如迷宫，沿途有钟乳石和石笋，为石灰岩溶洞。1948年，中国共产党领导的江北人民自卫总队北伐队共37人转移燕子岩住宿、休整。旧址于2012年3月被新丰县人民政府公布为新丰县不可移动文物。

大席水路歌

等　　级：三级
基本类型：060201 民间文学艺术
是否开发：否
行政位置：韶关市新丰县马头镇岭头村

资源简介

大席水路歌是一种特色的歌唱形式，是根据大席水口顿黄浪至新丰江的交接处每段水路的40多个滩头、地名编成的生动歌词，配上当地山歌调，船工们一代又一代地传唱，至今已有140多年的历史。于2019年5月17日，成功申报为新丰县五批县级非物质文化遗产。

西京古道传说故事

等　　级：三级
基本类型：060201 民间文学艺术
是否开发：是
行政位置：韶关市乳源瑶族自治县大桥镇大桥村

资源简介

西京古道传说故事是依附于西京古道而产生和较早流传的古道民间文学。2000年来，西京古道宛如一方沃土，孕育出无数传说故事，既诠释了古道民俗、文化与传统技艺，又诠释了这些精品文化的发生、发展、演变的历史进程，是古道丰富的民间文学宝藏。2012年，被列为广东省文物保护单位；2018年，西京古道被评为传说故事最丰富的"中国十大古道"。

西京古道洛阳段

资源简介

西京古道洛阳段位于乳源瑶族自治县洛阳镇半星村委雷屋村，它沟通了岭南与中原，促进了南北方经济、文化的交流与融合，是乳源瑶族自治县境内现存年代最早、保存较为完整的古驿道。是西京古道乳源段的重要组成部分，沿途分布大量的遗址，是南粤古驿道中的重点线路，有着近2 000年的历史，是当时"上通三楚，下达百粤"的交通要道。

等　　级：三级
基本类型：060104 古驿道
是否开发：是
行政位置：韶关市乳源瑶族自治县洛阳镇半星村委会雷屋村

乐夫村农民协会旧址地

资源简介

乐夫村农民协会旧址是一座青砖围楼，又被称为炮楼，始建于明代。民国时期被重新修缮，成为乐夫村农民抵抗地主阶级、敌军的重要据点之一。坐东南朝西北，砖木结构，外墙墙体均由青砖砌筑，部分内墙为泥砖砌筑，墙体四周均设有枪眼，青石边框，内大外小，此炮楼为当时武装战争的重要活动地点之一。2011年，乐富村农民协会旧址被公布为乳源县第六批文物保护单位。

等　　级：三级
基本类型：060101 建筑遗迹
是否开发：是
行政位置：韶关市乳源瑶族自治县一六镇乐群村委会乐夫村

翁源鹰嘴桃

资源简介

鹰嘴桃果似鹰嘴，果柄凹陷，缝合线浅，两半较对称；果皮色泽鲜亮，呈淡青色。果肉白色、近核部分带红色，不离核。果品肉质爽脆、味甜如蜜。李洞村、石背村以及青云村的鹰嘴桃大量上市，走俏省内外，成就百姓脱贫致富，有力促进了翁源的精准扶贫和乡村振兴。

等　　级：三级
基本类型：070101 种植业产品及制品
是否开发：是
行政位置：韶关市翁源县龙仙镇李洞、石背、青云

坪山红薯干

等　　级：三级
基本类型：070101 种植业产品及制品
是否开发：否
行政位置：韶关市新丰县马头镇坪山村

资源简介

红薯干是坪山的传统土特产，坪山君子嶂红薯干因纯天然软糯香甜而备受广大消费者喜爱。坪山村土质松软、酸碱适中、气候适宜，很适合这种红心红薯的生长。这种红薯制作出的红薯干保留着自然的色泽和品质，颜色黄中透红，味道清香甜美，质地松软耐嚼。其特点为：不烘烤、采用自然蒸晒、三蒸三晒、无添加、无防腐剂、保质期短。

李洞椪柑

等　　级：三级
基本类型：070101 种植业产品及制品
是否开发：是
行政位置：韶关市翁源县龙仙镇李洞村

资源简介

李洞椪柑叶片披针形，椭圆形或阔卵形，果扁圆形，或蒂部隆起呈短颈状的阔圆锥形，顶部平而宽，中央凹，有浅放射沟，也有较小或更大的，橙黄至橙红色，油胞大，油量多，皮粗糙，松脆，甚易剥离，种子少或无，子叶淡绿色。李洞椪柑、甜橙、蜜桃等远近驰名。

南雄烟叶

等　　级：三级
基本类型：070101 种植业产品及制品
是否开发：是
行政位置：韶关市南雄市雄州街道荆岗村 101

资源简介

南雄种植烟叶已有300多年历史。南雄烟叶品质优良，以叶色金黄、烟味醇香、易燃灰白三大特性而素负盛名，为当今各大烟厂生产名牌卷烟必需之原料。历来饮誉中外，内销全国28个大中城市，曾一度远销67个国家和地区。1985年，广东省烟草总公司确定南雄为优质生产基地。1992年，原中国烟草总公司总经理李益三到南雄视察时，欣然题词："金叶之乡在南雄"。

石塘堆花米酒

资源简介

　　石塘堆花米酒酒色清、气香、味醇，斟酒入杯，酒色晶莹剔透，表面泛起酒泡，堆积成丘，盈而不溢，满屋醇香。在石塘的传承已有450余年的历史，这数百年的佳酿名酒，为仁化县的旅游文化、饮食文化增添了一道仁美丹霞的风采。"石塘堆花米酒酿造技艺"于2012年被广东省人民政府列入第四批省级非物质文化遗产代表性项目名录。

等　　级：三级
基本类型：070101 种植业产品及制品
是否开发：是
行政位置：韶关市仁化县石塘镇石塘村

周陂韭菜酿豆腐

资源简介

　　周陂韭菜酿豆腐是韶关有名的绿色食品。周陂环境优美，水质优良，土地肥沃且未受污染，这对当地韭菜的生长极其有利。周陂当地种植的韭菜与其他地方种植的韭菜口感大不相同，特别香。当地种植的黄豆生产出来的豆腐皮也特别松、脆。周陂韭菜酿豆腐因此闻名。

等　　级：三级
基本类型：070106 地方饮食
是否开发：是
行政位置：韶关市翁源县周陂镇周陂社区

鹤仔人参红薯

资源简介

　　鹤仔人参红薯是广东省名牌农产品，通过国家绿色食品认证。源用粤北山区腹地的古老品种与昆明小红参杂交，经选育提纯而成，因形状酷似人参，所以取名"鹤仔人参红薯"。特有的沙地种植使红薯口感软糯，粉而不哽，香甜多汁。粤北山区较大的昼夜温差造就了高甜的鹤仔人参红薯，人参红薯普遍甜度在10度，最高甜度达到24度，比一般的水果还甜。

等　　级：三级
基本类型：070101 种植业产品及制品
是否开发：是
行政位置：韶关市翁源县江尾镇鹤仔村

江尾米面

等　　级：三级
基本类型：070101 种植业产品及制品
是否开发：是
行政位置：韶关市翁源县江尾镇连溪村

资源简介

江尾米面是翁源当地特色美食，县级非物质文化遗产。米面其实是米粉，只是当地人把它称为"面"，这是一种非常具有客家文化内涵的称呼。米面外观晶莹透明、线条均匀、晶洁透明、爽滑可口、风味独特、煮炒皆宜、入口软滑清爽、口齿留香、回味无穷。

翁城大肉粽

等　　级：三级
基本类型：070106 地方饮食
是否开发：是
行政位置：韶关市翁源县翁城镇南大街陈香小食店

资源简介

翁城大肉粽是翁城特色美食之一，如其名，个大料足是它最大的特点，外形呈三角形，别具特色。大肉粽用纯正的粽叶包裹，花生、猪肉、香菇、胡椒是其配料，味道可口，香味扑鼻。粽子作为中国历史文化积淀的传统食品，寄托着浓浓的思念，翁城大肉粽作为翁城地方特色美食，也寄托着对翁城在外打拼的人们的深深思念。

南雄酿豆腐

等　　级：三级
基本类型：070106 地方饮食
是否开发：是
行政位置：韶关市南雄市雄州街道

资源简介

南雄酿豆腐是南雄市特有的一种客家美食，是最具代表性的客家菜肴之一，在南雄地域流传了有千年之久，南雄的酿豆腐用油豆腐包来酿，馅料则丰富多样。2016年10月，"南雄酿豆腐制作技艺"被列入韶关市第六批市级非物质文化遗产名录。

灵潭腐竹

资源简介

灵潭腐竹制作至今大约有400年的历史。灵潭村祖祖辈辈、家家户户，不仅把手工制作腐竹当作谋生的手段，也成了代代相传的独门技艺。灵潭腐竹至今仍然保留着纯天然和传统手工制作的特色，在市场上赢得一席之地，也赢得了食客的口碑，传遍粤赣湘三省。灵潭腐竹制作手艺凝聚了南雄客家先民的劳动智慧和勤劳朴实的传统作风，是一项值得代代传承的传统制作工艺。2016年《灵潭腐竹制作技艺》被列入南雄市第四批非物质文化遗产名录。

等　　级：三级
基本类型：070101 种植业产品及制品
是否开发：是
行政位置：韶关市南雄市珠玑镇灵潭村

 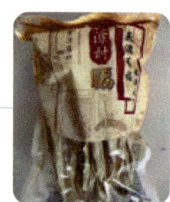

白土月饼

资源简介

白土月饼是韶关市曲江区非物质文化遗产，也是百年传承小吃。白土月饼以广式月饼为主，皮薄馅丰、久放不坏，具有选料考究、做工精细、表皮橙黄、清甜可口等特点。白土月饼名扬韶关地区，是中秋佳节馈赠亲朋的必选礼品。

等　　级：三级
基本类型：070106 地方饮食
是否开发：是
行政位置：韶关市曲江区白土镇市场街一号附近

大塘扣肉

资源简介

大塘扣肉，外表呈铁红色，其肉质酥软、肥而不腻。夹一块在嘴里，会感觉到肥肉入口即化，其间瘦肉芋香缠绵、浑然一体，令人赞不绝口。大塘扣肉是韶关市非物质文化遗产的传统工艺，是广东韶关曲江的汉族传统名菜，属于粤菜系。为当地大塘人所创，在韶关当地出名已久，是韶关客家人节日必备菜。

等　　级：三级
基本类型：070106 地方饮食
是否开发：是
行政位置：韶关市曲江区大塘镇汤溪毛屋新村

周陂大肉

等　　级：三级
基本类型：070106 地方饮食
是否开发：是
行政位置：韶关市翁源县周陂镇周陂社区

资源简介

周陂大肉是韶关十大名菜之一。制作时先将五花肉切片，加入生抽、白糖、油、盐腌制，再将米干炒出香味，磨成粉，腌制好的五花肉裹上磨好的米粉，用大火蒸熟，然后用文火蒸1个小时，这样做出来的周陂大肉既醇香又不腻口。

周陂焖莲藕

等　　级：三级
基本类型：070106 地方饮食
是否开发：是
行政位置：韶关市翁源县周陂镇周陂社区

资源简介

周陂焖莲藕是翁源县的特色美食，传承了百年历史。具体的烹饪过程如下：选上好的莲藕，把莲藕去皮，切成厚厚的一块一块；放在砂煲里，再把肉汤倒进去，加一匙料酒，一匙炒香的肉末儿，少许矿泉水，以及适量食盐；加盖用小火焖上40分钟左右，待汤汁快收干时，淋上少许生抽上色，就可以了。

周陂薯粉炆蛋

等　　级：三级
基本类型：070106 地方饮食
是否开发：是
行政位置：韶关市翁源县周陂镇周陂社区

资源简介

周陂薯粉炆蛋是翁源县的特色美食。具体的烹饪过程如下：薯粉加适量水搅拌成糊状，再加入适量鸡蛋搅拌均匀。把搅拌好的鸡蛋薯粉放入锅内煎干水分，并用锅铲均匀切块，加上水加盖焖煮。最后撒上葱花出锅即可。

周陂鹅肉

资源简介

周陂鹅肉是广东韶关市翁源县的特色美食,是当地的名优特产,又名"外婆菜"。制作方法:先把剖净鹅肉煮熟后沥干水,斩成若干块,用生盐炒3~5次,热过后放入生油、蒜、姜或芹菜煎香再放鹅肉炒或焖。味美香甜、滋补。

等　　级:三级
基本类型:070106 地方饮食
是否开发:是
行政位置:韶关市翁源县周陂镇周陂社区

翁城酿菜包

资源简介

酿菜包是客家人的特色。翁城酿菜包是用大叶菜(猪婆菜)包着做好的糯米饭,炖至熟透,然后蘸酱吃。

等　　级:三级
基本类型:070106 地方饮食
是否开发:是
行政位置:韶关市翁源县翁城镇

周陂酿菜包

资源简介

周陂酿菜包是韶关翁源十大名菜之一。酿菜包是纯手工制作而成的,采用农家金叶菜,馅是用农家韭菜、薯粉、土猪肉混合一起做成的。先把整片的金叶菜用开水煮一下,然后把做好的馅包在用开水烫过的金叶菜里,最后把菜包摆放在锅里加水慢慢熏熟。

等　　级:三级
基本类型:070106 地方饮食
是否开发:是
行政位置:韶关市翁源县周陂镇周陂社区

始兴香菇

等　　级：三级
基本类型：070101 种植业产品及制品
是否开发：是
行政位置：韶关市始兴县隘子镇满堂村

资源简介

始兴县隘子镇拥有广东最大的香菇生产基地，所产香菇香、嫩、滑，素有"北菇"之誉，可作为主菜、配菜制作香菇圆、酿香菇等精美菜肴。香菇是始兴在广东省久负盛名的一个地方特产，为"粤北香菇"的正宗代表。始兴县也是省内香菇贸易出口最多的区域之一。

澄江黄酒

等　　级：三级
基本类型：070101 种植业产品及制品
是否开发：是
行政位置：韶关市始兴县澄江镇澄江村

资源简介

澄江黄酒在客家传统民俗中具有悠久的历史。采用当地优质糯米、新鲜山泉水、自制酒饼以及传统工艺纯手工酿制而成，集色黄、味甜、气香、质优于一体，制作工艺较为繁杂，具有酒色橙黄、富含香气、酒味清甜、度数较低、营养丰富、包装独特等特点，成为粤北知名度很高的独特产品。2021年，澄江黄酒制作技艺被列入韶关市第八批非物质文化遗产项目名录。

新丰佛手瓜

等　　级：三级
基本类型：070101 种植业产品及制品
是否开发：是
行政位置：韶关市新丰县黄磜镇秋峒村

资源简介

佛手瓜属于种植业产品及旅游产品，是一种蔬菜类农产品，是新丰县推进"一村一品、一镇一业"项目建设之一。秋峒村佛手瓜以其鲜嫩、厚大、爽脆的优势占据珠三角等地市场，曾获"广东省名牌产品""广东人民最喜爱的土特产""亚运推荐名优旅游特产""地理标志产品"的称号。

浈江茶油

资源简介

浈江茶油利用全自动标准化生产车间，采用物理冷榨技术生产，提炼于基地里自产的油茶果实，是经除杂、过滤、脱水、脱色、脱臭等物理工艺精炼后的第一道冷榨茶油，充分保留了山茶油的独特风味和营养成分，是一种纯天然高级食用植物油，色泽金黄或浅黄，品质纯净，澄清透明，气味清香，味道纯正，属于低温冷初榨一级精炼纯茶油。

等　　级：三级
基本类型：070101 种植业产品及制品
是否开发：是
行政位置：韶关市浈江区犁市镇梅村

白土腐竹

资源简介

白土腐竹是特色农产品，色泽光亮、豆香浓郁、嫩滑爽口，是由坪村人日常生活中不可缺少的一部分。白土由坪腐竹历史悠久，是粤北群众宴客之上品，并且营养丰富，含有多种矿物质如铁、钙及蛋白质易被人体吸收，是一种理想的健康食品。其制作工艺是中国劳动人民智慧的结晶，被列入曲江区第十批区级非物质文化遗产。

等　　级：三级
基本类型：070106 地方饮食
是否开发：是
行政位置：韶关市曲江区白土镇由坪村

南雄丝苗米

资源简介

南雄丝苗米晶莹洁白，米味浓郁，香甜软糯，爽滑可口，素有"中国米中之王""米中碧玉""饭中佳品"等美誉，是健康营养、风味极佳的绿色无公害的优质产品，曾入选农业农村部农产品质量安全中心公布的2020年第三批全国名特优新农产品名录。南雄市有着"黄烟－水稻""花生－水稻""鸭稻共作"的种植传统，减少了农药和化肥的使用，从而种植出独特优质的南雄丝苗米。

等　　级：三级
基本类型：070101 种植业产品及制品
是否开发：是
行政位置：韶关市南雄市珠玑镇聪辈村

扶溪大米

等　　级：三级
基本类型：070101 种植业产品及制品
是否开发：是
行政位置：韶关市仁化县扶溪镇蛇离村

资源简介

扶溪大米品质优良，外观晶莹剔透，油润饱满，垩白少，气味清香。熟饭绵糯甘甜，细腻软香，米质纯正、质粒完整、晶莹剔透、香味浓郁、口感极佳。扶溪大米具有米质好、油性大、色泽好、淘米水浓、饭香味浓的特点，经检测维生素E含量较一般米偏高。2020年，被农业农村部农产品质量安全中心纳入2020年第三批全国名特优新农产品名录。

平甫奈李

等　　级：三级
基本类型：070101 种植业产品及制品
是否开发：是
行政位置：韶关市仁化县周田镇平甫村

资源简介

仁化奈李以周田镇平甫村黄泥塘最为出名，被誉为"丹霞名果"，是"一镇一业一村一品"特色农产品，为当地致富、乡村振兴提供了新方向，同时也带动了当地旅游业的发展。2021年被评为全国名特优新农产品。

坝仔金鸡茶

等　　级：三级
基本类型：070101 种植业产品及制品
是否开发：是
行政位置：韶关市翁源县坝仔镇金鸡村

资源简介

金鸡茶属于绿茶，始产于明朝嘉靖年间，已有近500年历史。清香提神，耐人寻味，茶叶具有药理作用。主要成分是茶多酚，咖啡碱，酯多糖等，有助于延缓衰老、抑制心血管疾病、预防和抗癌。金鸡茶种植面积约33万米^2。

东鹊村林下灵芝

资源简介

东鹊村林下灵芝选取本地野生灵芝菌种,采用仿野生的纯天然原木种植技术,全过程没有无机物添加、无农药施洒,依托粤北山区昼夜温差大、雨季时间长、光照充足的自然气候条件,孕育出的高品质仿野生灵芝。灵芝具有增强免疫力、抗肿瘤、防治心血管疾病、抗衰老等功能。

等　　级:三级
基本类型:070101 种植业产品及制品
是否开发:是
行政位置:韶关市翁源县江尾镇东鹊村

周陂豆橙

资源简介

周陂豆橙是翁源县非物质文化遗产《周陂冰花饼》中的一个系列食品,古时候人们叫它"猪屎饼"。选用本地优质花生米、黑芝麻、冰片糖等原材料,将炒香的花生米(去衣)、黑芝麻放入盛有熬成黏性很强的"纽扣"糖(白糖、冰片糖)的铁锅中,纯手工搅拌、压印精制而成。

等　　级:三级
基本类型:070106 地方饮食
是否开发:是
行政位置:韶关市翁源县周陂镇周陂社区

赤竹坳农场三华李

资源简介

赤竹坳农场三华李是经过专业化、规模化种植的产品,是在沙田镇政府主导下发展的水果产业。三华李果形白里透红,闻之清雅芬芳,入口无涩且有蜜味,爽脆清甜满口香。三华李是地理标志性农产品。1986年在广东省水果品评会上荣获"名优品种"之誉;1987年三华李被评为广东省十大优稀水果之一。三华李的种植销售带动了区域经济的发展,助力乡村振兴。

等　　级:三级
基本类型:070101 种植业产品及制品
是否开发:是
行政位置:韶关市新丰县沙田镇河洞村

沿溪山茶

等　　级：三级
基本类型：070101 种植业产品及制品
是否开发：是
行政位置：韶关市乐昌市九峰镇九峰路上

资源简介

沿溪山茶至今已有1 200多年历史，以其特有的清香和甘醇闻名遐迩。它含有多种人体必需的微元素，有生津解渴、醒脑提神、清热解毒、舒筋活络的作用，具有重要的历史、文化和养生价值。曾荣获广东省第二届"十大名牌"系列农产品"十大名茶"称号，属于国家绿色认证食品。2015年，传统技艺《乐昌沿溪山茶》被列为韶关市第五批非物质文化遗产名录项目。

花生豆腐（梅花镇）

等　　级：三级
基本类型：070106 地方饮食
是否开发：是
行政位置：韶关市乐昌市梅花镇塘头下村

资源简介

花生豆腐是梅花流传久远的特色美食之一，营养丰富、药用价值高，具有润肺、开胃、滋养等功效，不添加任何防腐剂，是真正的绿色健康食品。代表性传承人王功娣从事花生豆腐生产20多年，一直坚持用本地的原料及本地的山泉水纯手工传统制作，风味20多年一直未变。

南雄酸笋鸭

等　　级：三级
基本类型：070106 地方饮食
是否开发：是
行政位置：韶关市南雄市乌迳镇

资源简介

南雄酸笋鸭是岭南的传统风味客家菜。特别的酸笋味让鲜美的鸭肉更是余味绵长，而鸭肉味入笋，不仅中和、减少了笋原有的酸味，而且让笋既脆又鲜，别有一番风味。2023年6月，"酸笋鸭制作技艺"被列入南雄市第八批县级非物质文化遗产名录。

翁源姜糖

资源简介

姜糖是翁源县一种以姜和糖为主要原料制作而成的翁源客家保健食品。礼岭村地处高山地区，是亚热带湿润气候地区，阳光日照少，非常适合姜的生长，是翁源盛产姜的地方。村民自古就有制作姜糖的习俗，这样的习俗代代相传，沿袭至今。

等　　级：三级
基本类型：070106 地方饮食
是否开发：是
行政位置：韶关市翁源县坝仔镇礼岭村

翁城肉圆

资源简介

翁城肉圆是以猪肉为主要原材料的地方美食，也是以纯手工为特色的闻名佳品，其肉丸的外形圆润饱满，口感爽滑多汁，味道鲜美，色泽浓稠，有健胃功效。

等　　级：三级
基本类型：070106 地方饮食
是否开发：是
行政位置：韶关市翁源县翁城镇

乳源大桥石头猪

资源简介

乳源大桥石头猪属于乳源瑶族自治县大桥镇大桥村特色农业产品，据闻，"石头猪"饲养一年也只有百余斤，属瘦肉型猪，故此而得名。石头猪，肉质细腻，爽劲有度。按当地村民的说法，"石头猪"在当地是"金贵"的代名词。石头猪肉味道清香、甜脆、爽口，营养成分高，肉质鲜美，连肥肉也香脆可口，是当地家喻户晓的绿色产品。

等　　级：三级
基本类型：070103 畜牧业产品及制品
是否开发：是
行政位置：韶关市乳源瑶族自治县大桥镇大桥村

汤盆老谷种生态大米

等　　级：三级
基本类型：070101 种植业产品及制品
是否开发：是
行政位置：韶关市乳源瑶族自治县东坪镇汤盆村

资源简介

汤盆老谷种生态大米属于乳源瑶族自治县东坪镇汤盆村特色农业产品。汤盆老谷种生态大米为天然之美、自然之美和原始之美。汤盆老谷种生态大米"喝"的水是天上的雨水；汤盆老谷种生态大米"吃"的肥是有机肥；其病虫害的防治主要靠轮作、稀植和放养青蛙、杀虫螨等害虫天敌，是不施用农药化肥种植出的高品质水稻。

妙联丝茅姜

等　　级：三级
基本类型：070101 种植业产品及制品
是否开发：否
行政位置：韶关市武江区重阳妙联村

资源简介

妙联丝茅姜，全国名特优新农产品，历史悠久，至今已有400多年种植历史；为当地特色农产品。丝茅姜呈扁平不规则块状，并有指状分支，排列紧密，节间较长；表皮薄、呈淡黄色，肉质鲜嫩，色泽黄；口感辛辣适中，姜香浓郁。

南亩镇茶叶

等　　级：三级
基本类型：070102 种植业产品及制品
是否开发：是
行政位置：韶关市南雄市南亩镇（342县道南50米）

资源简介

南雄市南亩镇属于典型的粤北山区小乡镇，地少山多。该镇有着种植茶叶的悠久历史，一直是传统茶的重要产地。从20世纪70年代开始掀起种茶热潮，近年来，南亩镇按照"一镇一业"农村产业发展规划，将茶叶产业不断发展壮大。目前新建茶园达到130万米^2，改造老茶园33万米^2，涉及200多农户，已形成一定的产业规模。

丹霞铁皮石斛

资源简介

丹霞铁皮石斛素有"药中黄金"之美称，属九大仙草之首，是"韶关三宝"之一。2019年，国家卫生健康委、国家市场监管总局对铁皮石斛等9种按照传统既是食品又是中药材的物质开展管理试点工作。

等　　级：三级
基本类型：070101 种植业产品及制品
是否开发：是
行政位置：韶关市仁化县丹霞街道

铁龙石壁茶

资源简介

铁龙石壁茶色泽碧绿，味道清香，冲泡之后茶味更是甘醇诱人，并兼具有利尿护肝等功效。铁龙大山绵延不断，特别是龙化村常年云雾缭绕，野生石壁茶是生长在石山峭壁的珍稀茶叶，经采摘精炒制作，形成茶味浓郁，香味独特的"铁龙石壁茶"。现经过20多年的精心培育，人工种植的石壁茶亦不逊色。

等　　级：三级
基本类型：070101 种植业产品及制品
是否开发：是
行政位置：韶关市翁源县铁龙镇龙化村

周陂油水鸡

资源简介

周陂油水鸡是翁源县五大名菜之一，历史悠久。周陂油水鸡即把鲜鸡切块，用调料如姜丝、花生油、盐、味精等腌制后，将鸡肉放入开水中炖煮，煮熟后在汤盘里放葱花、生菜等，美味的油水鸡就完成了，油水鸡清中带鲜，原汁原味。

等　　级：三级
基本类型：070106 地方饮食
是否开发：是
行政位置：韶关市翁源县周陂镇周陂社区

沙田鹅醋钵

等　　级：三级
基本类型：070106 地方饮食
是否开发：否
行政位置：韶关市新丰县沙田镇

资源简介

沙田鹅醋钵是新丰"八大菜色"之一，是一道具有沙田特色的地方饮食。鹅醋钵获得首届世界粤菜厨皇精英邀请赛"特等奖"；在"2013韶关美食评比"中，鹅醋钵荣获"韶关十大传统美食"称号。2018年中央电视台原味栏目组在金青村拍摄鹅醋钵制作。2020年被评选为新丰县第六批县级非物质文化遗产。

金山醇白酒

等　　级：三级
基本类型：070101 种植业产品及制品
是否开发：是
行政位置：韶关市新丰县遥田镇金山村老屋小组猪麻窝

资源简介

金山醇白酒又称金山醇纯天然山洞客酒，是遥田镇出产的特色饮品。金山醇白酒属浓香型白酒，酒精度为43%~48%，具有清澈透明、入口甘甜、回味悠长、窖香浓郁、不上头、不口干、空杯留香持久等特点。

特色瑶香簸箕宴

等　　级：三级
基本类型：070106 地方饮食
是否开发：是
行政位置：韶关市乳源瑶族自治县一六镇团结村

资源简介

特色瑶香簸箕宴是山城水都阳光湖餐厅秉承"土菜精做"理念所推出的色、香、味及文化俱全的瑶族特色宴席。簸箕宴是瑶族招待贵宾的宴席菜式之一，簸箕宴的由来，源于旧时当地瑶族人一起外出劳作，中途休息时把各自带的食物拿出来放在芭蕉叶上一起分享。簸箕宴象征的是分享和团圆，逢年过节用簸箕宴来招待亲朋好友。

方武生姜

资源简介

方武村优良的自然环境和成熟的种植技术孕育了特色产品"方武姜",生姜种植已成为方武村的支柱产业。2015年益民种姜专业合作社推出了方便携带的生姜粉,在2017年申请通过"瑶姜绘"注册商标。依托"方武""瑶姜绘"两个品牌,合作社引入100余万元扶贫资金,对原有生姜粉加工生产流水线进行改造升级,与韶关学院合作推出生姜饮品——姜汁红糖饮。

等　　级：三级
基本类型：070101 种植业产品及制品
是否开发：是
行政位置：韶关市乳源瑶族自治县东坪镇方武村

龙溪冰糖橙

资源简介

龙溪冰糖橙属于韶关市乳源瑶族自治县东坪镇龙溪村特色农业产品,是乳源瑶族自治县2022年度"一村一品、一镇一业"项目主体之一。龙溪冰糖橙以品种优良、味浓香甜、果皮薄、不塞牙、肉质脆嫩等而备受市场欢迎。目前龙溪冰糖橙已种植约40万米^2。近年又选出"仁4号""仁5号"优良株系,果实较大,果汁较多,产量较高,可供推广。

等　　级：三级
基本类型：070101 种植业产品及制品
是否开发：是
行政位置：韶关市乳源瑶族自治县东坪镇龙溪村

龙溪橘子

资源简介

龙溪橘子属乳源瑶族自治县东坪镇龙溪村特色农业产品。龙溪村的土壤营养元素丰富,靠近水源,适合种植龙溪橘子。目前柑橘已种植约40万米^2,品种有沃柑、果粒橙、冰糖橙、皇帝柑、红柚。橘子含多种营养成分,维生素C和维生素D的含量尤高,具有补阳益气等作用,能调节人体新陈代谢。橘子中的维生素A还能够增强人体在黑暗环境中的视力和治疗夜盲症。

等　　级：三级
基本类型：070101 种植业产品及制品
是否开发：是
行政位置：韶关市乳源瑶族自治县东坪镇龙溪村

梯下蜜香橙

等　　级：三级
基本类型：070101 种植业产品及制品
是否开发：是
行政位置：韶关市乳源瑶族自治县东坪镇梯下村

资源简介

梯下蜜香橙属于韶关市乳源瑶族自治县东坪镇梯下村特色农业产品，是乳源瑶族自治县2022年度"一村一品、一镇一业"项目主体之一。蜜香橙因具有一种天然的蜂蜜香味，由此得名蜜香橙。富含多种人体所需的微量元素，具有极高的保健营养价值。果皮红色，极美观，口感纯甜似蜜，无酸。蜜香橙果圆球形，果皮橘黄，成熟转橙红，外观非常漂亮。果实稍有着色，吃起来就感觉纯甜无酸味。果实基本着色成熟后，口感更是纯甜化渣，水分足。

均村马蹄

等　　级：三级
基本类型：070101 种植业产品及制品
是否开发：是
行政位置：韶关市乳源瑶族自治县桂头镇均村

资源简介

均村马蹄又名荸荠，是莎草科马蹄属多年生草本植物，是广东省均村代表性农特产品，全国名特优产品。马蹄是桂头镇传统种植的经济作物，尤其是桂头镇杨溪均村历来有种植马蹄的习惯，种植的马蹄个大、嫩、甜、爽。村马蹄种植专业合作社创建于2014年，从成立之初仅有19名社员，发展至今已有107名社员，种植马蹄面积达36.6万米^2，年产值达500万元，带动农户、贫困户增产增收，形成了均村"一村一品"的好态势。

重阳西瓜

等　　级：三级
基本类型：070101 种植业产品及制品
是否开发：是
行政位置：韶关市武江区重阳镇九联村委大沙洲下村

资源简介

重阳西瓜果实呈长椭圆形，瓜较小，果皮深黑绿色，有不明显的条纹。一般较为早熟，果皮薄而坚韧，肉质鲜嫩多汁，现种植贵妃、中保、花豹等品种，西瓜汁甜肉脆、果香可口。

竹藤工艺品

资源简介

　　竹藤工艺品清新淡雅，线条流畅并带有淡淡的泥土的芬芳。竹材光滑细致，见天然纹理，自然朴素；给人一种返璞归真的感受。竹藤编织有一个特点就是绿色环保，选材均是没有任何污染绿色环保材料。竹藤家具，既有竹制品质感自然、手感清新的感觉，又有藤制品自然造型的特点。2021年4月，南雄竹藤工艺编织技艺被列入韶关市第八批市级非物质文化遗产代表性项目名录，为南雄市文化旅游发展增添了旅游吸引力。

等　　级：三级
基本类型：070309 其他手工艺品
是否开发：是
行政位置：韶关市南雄市全安镇

南雄三宝

资源简介

　　南雄客家人的饮食与东江客家菜系略有不同，东江菜系偏向"原汁原味、可口可心"，而南雄菜加了"辣"的元素。在地理上，南雄比邻湖南，故有"湖南人不怕辣，南雄人怕不辣"之说。南雄三宝，其实就是茄子、酸菜和辣椒混炒，可以体现出南雄菜的咸、香、酸、辣，因此备受欢迎。

等　　级：三级
基本类型：070106 地方饮食
是否开发：是
行政位置：韶关市南雄市雄州街道

旋木工艺品

资源简介

　　旋木这项技艺迄今已有数百年历史。相传当时大批宫廷艺人流落民间，有位宫廷旋木名匠在江西与木工周迄巧遇，二人互磋技艺，周迄很快掌握了旋木技术并广收门徒，一时旋木在南雄周边广泛流传。现南雄旋木有完整的设计生产线，依据不同材料，生产不同样式的木具，每一件都独一无二。其技艺入选南雄第六批县级非遗项目和韶关市第八批市级非物质文化遗产代表性项目名录。

等　　级：三级
基本类型：070305 金石雕刻、雕刻制品
是否开发：是
行政位置：韶关市南雄市雄州街道

周陂米饺

等　　级：三级
基本类型：070106 地方饮食
是否开发：是
行政位置：韶关市翁源县周陂镇周陂社区

资源简介

翁源县非物质文化遗产周陂米饺具体的制作过程如下：大米用水充分浸泡（时间视气温而定，气温高，浸泡时间可稍短）后磨浆，把磨好的米浆用铁锅文火熬煮成团，选此糍团压扁用作饺皮，以介兰头、葛薯、韭菜、莲藕等蔬菜与瘦肉混在一起做馅，再用饺皮包严成型后蒸熟便可。

周陂花麦糍

等　　级：三级
基本类型：070106 地方饮食
是否开发：是
行政位置：韶关市翁源县周陂镇周陂社区

资源简介

韶关市非物质文化遗产周陂花麦糍是当地人采用古法将花麦粒磨成极细的粉状，再用清水调成适度的浆状，干锅煎成薄薄的圆饼后直接食用。用适量清水把花麦粉调成浆，再放入适度的食盐、韭菜等；把调好的糍浆放置烧烫的平底锅并涂抹均匀后煎烤至金黄色；将煎烤好的圆饼切成扇状小块后直接食用，香脆可口。

周陂油罩糍

等　　级：三级
基本类型：070106 地方饮食
是否开发：是
行政位置：韶关市翁源县周陂镇周陂社区

资源简介

周陂油罩糍是翁源县的八大特色小吃之一。用生米粉熬浆煎制而成，有的加葱花去煎，也有加一些萝卜丝、南瓜丝、芋头丝或加小鱼。油罩糍看上去是外焦内松，闻上去香气扑鼻，吃起来别有一番滋味。油罩糍起名是因其制作方法，用一个叫油罩的工具，盛上米浆再放入油锅里煎出来的，故得油罩糍。

长桌宴

资源简介

长桌宴是瑶族婚庆、节庆以及狩猎庆功的传统宴席。宴会历史悠久，通常用于狩猎有成、接亲嫁女、举办重大传统传承活动以及村寨联谊宴饮活动。举办宴会时，主客相对，敬酒劝饮并对酒高歌。长桌宴的延续，是瑶族人民传统文化习俗的重要象征，也是瑶族人民保持文化传承和集体记忆的重要方式。

等　　级：三级
基本类型：070106 地方饮食
是否开发：是
行政位置：韶关市乳源瑶族自治县必背镇必背村

必背瑶山茶

资源简介

必背瑶山茶是瑶族特有茶叶、全国名特优产品。瑶山茶芽叶黄绿色，肥壮，茸毛较多，一芽三叶。尤其是茶多酚、氨基酸、儿茶素含量极高，茶味浓厚，香气鲜爽，常饮能强身健体，为高端养生茶品。瑶山茶不仅可以饮用，甚至被瑶族当药用。如小儿皮肤痒，老人家会用茶叶煮水给其洗澡，防治湿疹、止痒等。用干茶叶磨成粉或压榨成块，加以茶油作药用，可用于驳骨疗伤等。

等　　级：三级
基本类型：070101 种植业产品及制品
是否开发：是
行政位置：韶关市乳源瑶族自治县必背镇桂坑村

大桥石鲤

资源简介

大桥石鲤属于乳源瑶族自治县大桥镇中冲村特色农业产品，大桥石鲤生长在水田中，吃稻花长大，是有着"禾花鱼"之称的养殖鱼类，是广东省大桥镇中冲村"一村一品、一镇一业"代表性农特产品，全国名特优产品。在口感上，大桥石鲤最大的特点是骨质柔软，它肉质细嫩、口感爽滑，无土腥味，味道鲜甜，配以乳源地方风味的酸姜、豆腐、芋禾等一起烹制，地域特色极为鲜明。

等　　级：三级
基本类型：070104 水产品及制品
是否开发：是
行政位置：韶关市乳源瑶族自治县大桥镇中冲村

云门柑陈皮

等　　级：三级
基本类型：070101 种植业产品及制品
是否开发：是
行政位置：韶关市乳源瑶族自治县乳城镇前进村

资源简介

云门柑学名茶枝柑，是柑橘的一个品种，在乳源瑶族自治县有悠久的种植历史，属于种植业制品。云门柑陈皮是由云门柑加工而成的乳源特色农产品，入选"全国名特优新农产品"名录。

浈江恒胜品味客家菜

等　　级：三级
基本类型：070106 地方饮食
是否开发：是
行政位置：韶关市浈江区风采街道园前路

资源简介

恒胜品味做的是地地道道的客家美食，把客家人的原汁原味美食带给每一位食客。恒胜土猪汤是原汁原味的土猪汤，汤汁甘甜，味道鲜美。客家煎酿豆腐是一道客家传统美食，豆腐色呈金黄，香气扑鼻。客家烧味拼盘，是当地人记忆深处的美食。

牛郎茶韵茶

等　　级：三级
基本类型：070101 种植业产品及制品
是否开发：是
行政位置：韶关市武江区龙归奇石村

资源简介

牛郎茶韵野生茶系列，传承了韶州茶的基因，通过传统古法与现代工艺的完美融合，创制出独树一帜的茶品。杏香红茶、花香乌红、黄茶、白茶、土瑶茶、崖壁单枞、野橘茶、生熟茶饼、六祖茶等，其味醇香古，鲜爽生甘，饱含花蜜果韵，滋味悠长，是"天然去雕饰"的茶之尚品。

樟市黄豆腐

资源简介

樟市黄豆腐是以黄豆为食材制成的广东韶关传统特色名菜，属于粤菜系，是发展当地特色美食旅游、传承优秀传统技艺的一个重要项目。2017年樟市黄豆腐被列入曲江区第五批非物质文化遗产保护名录，2018年被列入韶关市第七批非物质文化遗产保护名录。

等　　级：三级
基本类型：070106 地方饮食
是否开发：否
行政位置：韶关市曲江区樟市镇樟市街

樟市蒸猪红

资源简介

樟市蒸猪红是樟市镇农村客家人的传统食品，是驰名粤北的主要特色美食。味道滑嫩，是逢年过节、会友待客必备的一道好菜。采用新鲜的猪血作为主原料，辅助材料主要有姜汁、猪肝、猪肠、猪油、猪油渣、葱等，入口非常鲜滑、爽口，还有清肺去尘的功效。曾获2011年广东国际旅游文化节曲江名菜PK大赛名菜奖。

等　　级：三级
基本类型：070106 地方饮食
是否开发：否
行政位置：韶关市曲江区樟市镇樟市街

火山粉葛

资源简介

火山粉葛淀粉含量多，无渣、质鲜、肉嫩。熟化后香味扑鼻，口感具有绵软细嫩，带糯性，味道甘甜，无渣，无异味等特色。特别是以火山粉葛制作的粉葛扣肉，入口松化，甘香浓郁，别有风味，深受客人们的喜爱。2010年，火山粉葛获得地理标志产品保护标志；2017年，获得广东省名特优新农产品证书；2018年获得无公害农产品认证和产地认定；2018年，获得广东省名牌产品证书。

等　　级：三级
基本类型：070101 种植业产品及制品
是否开发：是
行政位置：韶关市曲江区大塘镇火山片、镇区内各市场

青梅酒

等　　级：三级
基本类型：070101 种植业产品及制品
是否开发：是
行政位置：韶关市南雄市珠玑镇梅岭村

资源简介

梅岭青梅酒扬名四海，据说与苏东坡有很大的关系。公元1101年，宋徽宗赵佶即位，大赦天下。次年，被流放儋州的苏东坡终于遇赦内迁北还，到达梅岭时，走进一家客店饮梅岭山茶。店主父亲刘善好客，苏东坡又好酒，于是刘善吩咐店伙计到室内坛里取几颗干梅来煮酒，这便是青梅酒。苏东坡为此作了一首《赠岭上梅》："梅花开尽百花开，过尽行人君不来。不趁青梅尝煮酒，要看细雨熟黄梅。"

马牯塘莲藕

等　　级：三级
基本类型：070101 种植业产品及制品
是否开发：是
行政位置：韶关市翁源县龙仙镇马牯塘

资源简介

马牯塘莲藕为当地特殊土质所出特产。年产吨许，藕小而长，皮呈白带黑点，似冰清玉洁的肌肤，晶莹剔透，弯曲细长，质脆绵、味殊香，有的竟然长达5~6米，煲炒咸宜，远近驰名。

太坪豆腐

等　　级：三级
基本类型：070106 地方饮食
是否开发：是
行政位置：韶关市翁源县新江镇太坪村

资源简介

太坪豆腐，嫩、爽、鲜，与此处的山、水有关，这里没有污染，大豆长得比较好，再加上天然的山泉水，因此做出的豆腐特别鲜、嫩、甜。太坪豆腐蜚声久远，风靡全县；太坪豆腐种类齐全，花样繁多，风味独特。除了原始的"白豆腐"之外，还有"炸豆腐""酿豆腐"等。

 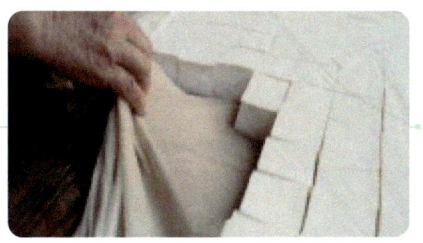

大布腐竹

资源简介

大布腐竹采用传统工艺和精选的优质大豆及富含多种矿物质的山泉水精心制作而成,是最富营养价值的豆制品,是广东省大布镇埕头村"一村一品、一镇一业"代表性农特产品。腐竹外表均匀美观,颜色浅黄油亮,豆香味浓郁,可做汤、炒食等,具有爽、清甜、醇香味美的特点;韧劲有嚼头、煮不糊、煮不碎,是其他地方腐竹不能达到的鲜明品质。

等　　级:三级
基本类型:070101 种植业产品及制品
是否开发:是
行政位置:韶关市乳源瑶族自治县大布镇埕头村

大布番薯干

资源简介

大布番薯干采用传统制作工艺和本地红薯精心制作而成,色泽光润、透明,香酥可口,是旅游、居家、馈赠的佳品,是全国名特优产品。大布镇红薯种植面积达 130 万米^2,产量约 2 000 吨,居于全县首位。其依托大布云雾多、空气湿度大、强烈阳光直射少、昼夜温差大的独特气候和土壤优势,生长出优质的番薯。大布番薯干色泽亮丽,黄中透红,质地柔软细腻耐嚼,味道清香甜糯,经久耐储,且含有丰富的淀粉、膳食纤维、胡萝卜素、维生素等。

等　　级:三级
基本类型:070101 种植业产品及制品
是否开发:是
行政位置:韶关市乳源瑶族自治县大布镇大布社区

金竹峰单丛茶

资源简介

金竹峰单丛茶属于东坪镇茶坪村特色农业产品。单丛茶成品茶既有绿茶的清香,又有红茶的浓厚滋味,是集花香、蜜香、果香、茶香于一体的浓香型茶叶。该茶具有花香浓郁、滋味醇和、回甘力强等特点。金竹峰单丛茶2005年5月获广东省第六届名优茶质量竞赛金奖。

等　　级:三级
基本类型:070101 种植业产品及制品
是否开发:否
行政位置:韶关市乳源瑶族自治县东坪镇茶坪村

乳源三角鲂

等　　级：三级
基本类型：070104 水产品及制品
是否开发：是
行政位置：韶关市乳源瑶族自治县东坪镇南水村

资源简介

乳源三角鲂是广东省乳源县引进驯化的优质鱼类，它具有自行繁育、形成种群生产力和较易捕捞等优点，是中国重点提倡大水面推广养殖的优良品种。三角鲂体长130～367毫米，侧扁而高，略呈长菱形，腹部圆，腹棱存在于腹鳍基与肛门之间，尾柄宽短。2002年，公司产品注册"银源"商标，并被国家有关部门认定为绿色食品A级产品。

一六葡萄

等　　级：三级
基本类型：070101 种植业产品及制品
是否开发：是
行政位置：韶关市乳源瑶族自治县一六镇东粉村

资源简介

一六葡萄是一六镇特产的葡萄科葡萄属高大缠绕藤本浆果，入选"全国名特优新农产品名录"。成熟的葡萄呈簇拥状，个大，产量高，皮薄肉厚，营养丰富，酸甜多汁，富含人体所需元素和物质，不仅有助于维持人体正常生命活动，保持机体活力和正常新陈代谢，还有助于人体抗氧化，保持年轻体态。目前全镇德团家庭农场种植葡萄4万米^2，年产量达到6万斤。

江湾粤引早脆梨

等　　级：三级
基本类型：070101 种植业产品及制品
是否开发：是
行政位置：韶关市武江区江湾胡屋村委田心村小组

资源简介

江湾粤引早脆梨成熟时间比一般的梨早，套袋梨果皮金黄，口感爽脆，果肉鲜甜无渣，水分充足；很适合武江山区种植，很有发展前景。果实生育期100～120天，早熟梨果形似近球形，平均单果重250克，充分成熟时转黄绿色，果肉乳白色，肉质细嫩，汁液多，口感风味清甜脆嫩。

龙归冷水猪肚

资源简介

冷水猪肚是龙归的特色菜,采用猛火煮、冷水浸(用当地冰凉的井水浸)的方法,将猪肚煮得很透,加上上好的佐料,烧成后香郁肉甜,风味独特。成菜色泽洁白,猪肚胀大肥厚,味道鲜美,深受广大食客喜爱。

等　　级:三级
基本类型:070106 地方饮食
是否开发:是
行政位置:韶关市武江区龙归镇

中心坝板栗

资源简介

中心坝板栗是广东省韶关曲江区罗坑镇的传统土特产。中心坝村委大林村村小组已成为罗坑镇的板栗基地。果园里还放养许多跑地鸡,实行生态天然种养,吸引了不少游客带着一家老小到板栗园观光游玩,边游玩边采摘板栗,好不快乐。村中经济发展取得显著成效,"小小板栗大丰收,助农致富奔小康"。

等　　级:三级
基本类型:070102 林业产品与制品
是否开发:是
行政位置:韶关市曲江区罗坑镇

罗坑番薯干

资源简介

罗坑番薯生长在国家级自然保护区内,生态环境一流。罗坑番薯干,拥有软、糯、香、甜等特征,其外观酷似黄金金条,而被人誉为"罗坑金条"。罗坑番薯干是广东省韶关曲江区罗坑镇的传统土特产。

等　　级:三级
基本类型:070101 种植业产品及制品
是否开发:是
行政位置:韶关市曲江区罗坑镇新洞村委

乐昌梅花猪

等　　级：三级
基本类型：070103 畜牧业产品及制品
是否开发：是
行政位置：韶关市乐昌市梅花镇鹿村

资源简介

乐昌梅花猪是粤北特色猪种，是优良地方猪种，有着悠久的饲养历史，是被列入《广东省家畜家禽品种志》的著名的地方品种。"乐昌梅花猪"入选第二批全国名特优新农产品名录。在我国诸多"名猪"里面，梅花猪堪称广东代表。

杏汇系列产品

等　　级：三级
基本类型：070102 林业产品与制品
是否开发：是
行政位置：韶关市南雄市江头镇

资源简介

杏汇系列产品主要包括银杏茶、银杏面、银杏香菇酱、杏汇竹筒酒等。因南雄本地银杏果早熟粒大、壳薄洁白、核肉糯性好、食味香浓、胚芽隐没、无苦无毒，是药食兼优的佳品，杏汇系列产品深受市场欢迎。其中银杏面荣获"韶关市2015年旅游十佳商品奖"；银杏香菇酱荣获"韶关2015年旅游商品优秀奖"。

石塘马蹄

等　　级：三级
基本类型：070101 种植业产品及制品
是否开发：是
行政位置：韶关市仁化县石塘镇石塘村

资源简介

石塘马蹄皮薄、肉厚，削去表皮，就可食用。马蹄生吃以清、嫩、甜、爽口闻名，营养丰富，具有清热降火、生津解渴的功效。熟食马蹄多加工成各种罐头，是男女老少皆宜、招待来客和送礼的上好佳品。

长江板鸭

资源简介

板鸭是长江镇闻名乡里的重要特产，长江板鸭以其传统的制作手法，加上当地独有的气候"孕育"出与众不同的独特风味，历经日晒夜霜冻的板鸭外表金黄油亮，皮脂厚润皮脆肉嫩。每年冬至一到，家家户户晒起板鸭，十里飘香，成为一道可看、可闻、可吃的美丽风景。

等　　级：三级
基本类型：070105 养殖业产品与制品
是否开发：是
行政位置：韶关市仁化县长江镇沙坪村

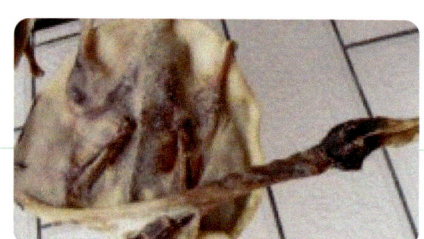

遥田鹅醋钵

资源简介

鹅醋钵属于地方美食，是遥田镇的人们逢年过节不可或缺的一道美味菜肴，是新丰特色菜的代表，更是新丰非物质文化遗产之一。在2013韶关美食评比中，鹅醋钵荣获"韶关十大传统美食"称号。

等　　级：三级
基本类型：070106 地方饮食
是否开发：是
行政位置：韶关市新丰县遥田镇

乳源油茶

资源简介

乳源油茶属于韶关市乳源瑶族自治县大桥镇岐石村特色农业产品，是广东省大桥镇岐石村"一村一品、一镇一业"代表性农特产品。油茶树是一种常绿阔叶树，叶厚革质，且树干光滑能起防火作用，有防火林带之称的优良树种。2021年大桥镇获评省级"一镇一业"油茶专业镇，岐石村成为省级"一村一品"（油茶）专业村。

等　　级：三级
基本类型：070101 种植业产品及制品
是否开发：是
行政位置：韶关市乳源瑶族自治县大桥镇岐石村

大桥黄桃

等　　级：三级
基本类型：070101 种植业产品及制品
是否开发：是
行政位置：韶关市乳源瑶族自治县大桥镇青溪洞村

资源简介

黄桃属于乳源大桥镇青溪洞村特色农业产品，青溪洞村借助高山种植、泉水灌溉优势，种植出绿色和无污染的有机高品质水果，是大桥镇青溪洞村"一村一品、一镇一业"代表性农特产品。2022年在大桥镇政府的大力支持下，大桥黄桃借助抖音平台打响了"一村一品"南岭珍果的名号，一年总产量15万~20万千克，创下了历史新高，净利润达30多万元，同时也带动周边村民的经济收入增长。

南水水库鱼

等　　级：三级
基本类型：070104 水产品及制品
是否开发：是
行政位置：韶关市乳源瑶族自治县东坪镇南水村

资源简介

南水水库鱼属于韶关市乳源瑶族自治县东坪镇南水村特色农业产品。南水水库鱼主要有鲤鱼、草鱼、鲫鱼、鲢鱼、青鱼、白条、黑鱼、鲶鱼等。水库鱼与其他类型鱼从外形上就很容易区分。水库鱼由于在充满竞争的自然环境中，体型比较瘦长结实，颜色也相对淡一些。南水的三角鲂鱼，因其鲜甜嫩滑，被称为粤北的美味佳肴。

江湾石斛

等　　级：三级
基本类型：070101 种植业产品及制品
是否开发：是
行政位置：韶关市武江区江湾湖洋村委菜队村小组

资源简介

江湾石斛种植规模约5.3万米^2，茎直立，圆柱形，不分枝，具多节，常在中部以上互生3~5枚叶；叶二列，长圆状披针形，先端钝并且多个钩转，基部下延为抱茎的鞘，边缘和中肋常带淡紫色；叶鞘常具紫斑，老时其上缘与茎松离而张开，并且与节留下1个环状铁青的间隙。

九峰擦磁粉

资源简介

九峰擦磁粉是具有地方特色和跨地区声望的小吃，存在已久且深受人们喜爱。传统"擦糍粉"以汤粉食法，熬制骨头汤配上炒萝卜丝、豆腐丝和白辣椒可算是纯正香口的美食，这种食法流传至今，仍是食客们赞不绝口的盘中餐。

等　　级：三级
基本类型：070106 地方饮食
是否开发：是
行政位置：韶关市乐昌市九峰镇联安村

钻缸老酒

资源简介

钻缸老酒有米酒的浓烈香味，亦有糯米黄酒的甜美。传统的钻缸酒制法为取糯米洗净，浸泡一两小时捞起，净水滴干装入饭甑，用温火蒸约1小时，把蒸熟的糯米饭凉却后加适量开水，将酒饼与糯米饭拌均匀，随后装入缸里，待七八天后，取米酒倒入糯米酒缸里，"钻"10天后可饮用，其酒味醇香甜美。2016年，钻缸老酒获得了"金牌粤北特色传统食品"奖和"南雄市十佳旅游手信"奖。

等　　级：三级
基本类型：070101 种植业产品及制品
是否开发：是
行政位置：韶关市南雄市全安镇苍石村

农民头辣椒酱

资源简介

农民头辣椒酱特点有三："鲜、爽、辣"，是纯天然植物加工而成的绿色食品、仁化县名优特新农产品，有"粤北维C"之称。2018"农民头"被评为广东省名牌产品。2021年被评为"仁化县十大旅游手信""仁化县十大农副文创企业品牌"。

等　　级：三级
基本类型：070101 种植业产品及制品
是否开发：是
行政位置：韶关市仁化县丹霞街道

大桥水晶梨

等　　级：三级
基本类型：070101 种植业产品及制品
是否开发：是
行政位置：韶关市乳源瑶族自治县大桥镇红星村

资源简介

大桥水晶梨是韶关市乳源瑶族自治县大桥镇红星村一峰生态园的特色农产品，是一个晚熟梨新品种。果实为圆球形或扁圆形，平均单果重385克，最大560克；果皮近成熟时乳黄色，表面晶莹光亮，有透明感，外观诱人；果肉白色，肉质细腻，致密嫩脆，汁液多，可溶性固形物含量14%，石细胞极少，果心小，味蜜甜，香味浓郁，品质特优，适口性好，成为广东省大桥镇红星村"一村一品、一镇一业"代表性农特产品，全国名特优产品。

大桥茶油

等　　级：三级
基本类型：070101 种植业产品及制品
是否开发：是
行政位置：韶关市乳源瑶族自治县大桥镇岐石村

资源简介

大桥茶油属岐石村特色农业产品，是从山茶科山茶属植物的普通油茶成熟种子中提取的纯天然高级食用植物油，色泽金黄或浅黄，品质纯净，澄清透明，气味清香，味道纯正。2022年，位于大桥镇大坪村的亚彩油茶有限公司正式竣工，油茶产业发展进入新阶段。

大桥花生油

等　　级：三级
基本类型：070101 种植业产品及制品
是否开发：是
行政位置：韶关市乳源瑶族自治县大桥镇石角塘村

资源简介

大桥花生油属于乳源瑶族自治县大桥镇石角塘村特色农业产品，色泽清亮，气味芬芳，是大桥镇石角塘村"一村一品、一镇一业"代表性农特产品。近年来，大桥镇大力发展花生油产业，打造种植、加工、销售一体的产业链，壮大农业产业发展规模，培育了农业产业品牌，提升了当地农业市场化水平。

阳陂香芋

资源简介

阳陂香芋是阳陂村特产的天南星科植物香芋的块茎，是广东省阳陂村"一村一品、一镇一业"代表性农特产品，全国名特优产品。桂头镇阳陂村所产的香芋个头较大、芋肉带紫红色槟榔斑纹、肉质细嫩、松酥可口、香味浓郁、淀粉含量高、口感粉糯且保存时间长、味美独特，是广受市场欢迎的优质食材。

等　　级：三级
基本类型：070101 种植业产品及制品
是否开发：是
行政位置：韶关市乳源瑶族自治县桂头镇阳陂村

江背香芋

资源简介

江背香芋不仅淀粉含量高，香味浓，而且个头大、味道独特，食用沙又香、味美可口。在当地最常见食用方法为煮、蒸、炸，或者做成香芋扣肉。在当地享有盛誉，已成为游溪镇"一村一品、一镇一业"代表性农特产品。经江背香芋生产合作社多年来的苦钻研、学先进、扩规模，江背村香芋品种、品质越种越好，不仅打出了江背香芋的品牌，还在2020年成为全国名特优产品。

等　　级：三级
基本类型：070101 种植业产品及制品
是否开发：否
行政位置：韶关市乳源瑶族自治县游溪镇江背村

游溪兰花

资源简介

游溪兰花种植地由于昼夜温差大，年平均温度适中，湿润干净等原因，种植的兰花品类众多，品质高，有中国红、香兰、台北快车、东方美人等42个品种。游溪兰花以其优美的姿态和香气而著名，是游溪镇"一村一品、一镇一业"代表性农特产品。村民们利用当地资源和优势，创新出一种独特的兰花制作工艺。这些制品不仅美观大方，且具有实用性，深受消费者喜爱。

等　　级：三级
基本类型：070101 种植业产品及制品
是否开发：是
行政位置：韶关市乳源瑶族自治县游溪镇烈村

黄金柰李（两江镇）

等　　级：三级
基本类型：070101 种植业产品及制品
是否开发：是
行政位置：韶关市乐昌市两江镇凰落村

资源简介

黄金柰李属柰李分支，外观圆润饱满，剔透玲珑，口感甘甜，是深受消费者喜爱的绿色水果，被冠为"绿色水果之王"的雅称。全镇水果种植面积达4 300万米^2，年产量达10万吨，素有"粤北水果之乡"的美誉。

南雄白果

等　　级：三级
基本类型：070101 种植业产品及制品
是否开发：是
行政位置：韶关市南雄市坪田镇

资源简介

南雄白果具有产量高，壳薄洁白，肉质芳香爽口，核肉无芯等特点，在国内外享有很高的声誉。尤其在港澳和东南亚一带，店家往往挂起"南雄白果"招牌，以示白果产品的正宗。南雄市坪田镇不少农民因种白果树而脱贫致富。

龙华古灶酒

等　　级：三级
基本类型：070101 种植业产品及制品
是否开发：是
行政位置：韶关市南雄市全安镇苍石村

资源简介

龙华古灶酒洁白晶莹、无色透明；香气宜人，五种系列的酒各有特色，香气馥郁、纯净、溢香好，余香不尽；口味醇厚柔绵，甘润清冽，酒体谐调，回味悠久。

饺俚糍

资源简介

饺俚糍主要由酸菜作馅,后来发展到茄子酸笋辣椒馅,也可加入各种肉类,为逢年过节的必备供品,千年来经久不衰。据说南雄城郊遭到六畜瘟疫时,一位异人装扮成乞丐到各家各户讨饭,而且说若要六畜平安,可制作一种油角的酸菜米糍叫饺俚糍的去祭祀姜太公,确保六畜平安。从此以后,逢年过节人们都以饺俚糍拜姜太公。饺俚糍制作技艺被列入南雄市县级第三批非物质文化遗产项目。

等　　级:三级
基本类型:070106 地方饮食
是否开发:是
行政位置:韶关市南雄市雄州街道

丹霞山茶油

资源简介

丹霞山茶油是食用油中的极品,是"广东省著名商标""广东省名特优新农产品"。丹霞山茶油选用丹霞山境内野生红花山茶籽为原料,低温压制,经多道工序精炼而成,全方位保留茶籽内的各种营养成分,保持了茶油独有的原香,并确保安全有益无污染。

等　　级:三级
基本类型:070101 种植业产品及制品
是否开发:是
行政位置:韶关市仁化县丹霞街道

顿岗宝溪面

资源简介

顿岗宝溪面是当地传统手艺与现代科技的结合生产的具有地方特色的种植业产品及制品。宝溪面具有色彩丰富、口感劲道的特点,色白味美、入锅久煮而不烂,细嚼绵软有劲,食之柔滑,易消化并含有丰富的维生素、微量元素和膳食纤维,有较高的营养价值。宝溪面有炒、煮、拌等多种食用方法,保留了当地的传统手艺,结合现代科学配方,呈现出"有机、天然、绿色、健康"的发展趋势。

等　　级:三级
基本类型:070101 种植业产品及制品
是否开发:是
行政位置:韶关市始兴县顿岗镇宝溪村

顿岗牛皮鼓

等　　级：三级
基本类型：070309 其他手工艺品
是否开发：是
行政位置：韶关市始兴县顿岗镇高留村

资源简介

牛皮鼓制作技艺入选始兴县第六批县级非物质文化遗产项目。牛皮大鼓由鼓身、鼓皮、鼓圈、鼓卡和鼓槌等部分组成。鼓的材料多样，鼓身初期有金（金属）、玉、木、石等多种材质。牛皮大鼓属于双面膜鸣乐器，无固定音高，但可控制发音的强弱变化。用鼓槌敲击发音，随用力的变化来表现不同的音乐情绪。其音色低沉响亮，雄壮有力，用于模仿雷声和炮声时恰如其分。

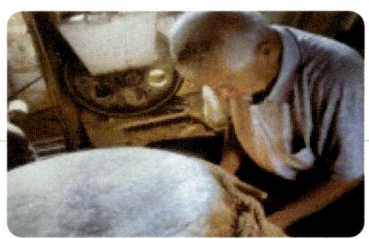 

顿岗马蹄

等　　级：三级
基本类型：070101 种植业产品及制品
是否开发：是
行政位置：韶关市始兴县顿岗镇贤丰村

资源简介

据《始兴县志》记载，顿岗镇种植马蹄已有300多年的历史。顿岗马蹄个大皮薄、肉厚，色泽鲜美，爽、脆、嫩、甜、无渣、口感好，具有清热降火、生津润胃等功效，是理想的绿色食品，产品可保质一年，是顿岗镇与贤丰村"一村一品、一镇一业"的产品。20世纪90年代起，顿岗镇着力打造"顿岗马蹄"品牌，马蹄产业不断壮大。如今，顿岗马蹄已成为粤北山区名优土特产品，享誉省内外。

始兴瑶族油浸肉

等　　级：三级
基本类型：070106 地方饮食
是否开发：是
行政位置：韶关市始兴县深渡水瑶族乡横岭村

资源简介

瑶族油浸肉是由本地土猪熬煮后制作而成的一道菜。此道菜入口即化，咸香味厚，营养丰富，可长期储存。瑶族油浸肉肥而不腻，有一种胶质的口感，一块块油浸肉就像布丁一样"Q"弹。2022年9月25日，深渡水瑶族乡美味佳"瑶"瑶乡特色美食烹饪大赛中，灵月队"瑶族油浸肉"获得了菜品银奖。

始兴石斛

资源简介

　　始兴石斛为始兴县特产。2015年，始兴石斛被确认为国家地理标志产品。始兴石斛质地坚实，茎干光泽，咀嚼黏稠，能鲜榨，清香味甘，具有滋阴益气，补五脏虚劳，提高人体免疫力的保健功效，为"药中上品"。据著名药学著作《神农本草经集注》记载："今用石斛出始兴，生石上，细实。以桑灰汤沃之，色如金，形如蚱蜢髀者佳……"当时所谓"始兴"，就是今广东韶关地区，是行政区域名称，叫"始兴郡"。

等　　级：三级
基本类型：070101 种植业产品及制品
是否开发：否
行政位置：韶关市始兴县司前镇社区

翁城地窖酒

资源简介

　　翁城地窖酒是流行于翁源客家民俗的一种土酿米酒，酿制技艺形成于清代，《翁源县志》记载，翁源翁城客家人，古有酿酒习俗。为使土酿酒更加醇厚，翁城镇民间利用酿造米糟创制酒饼，改良土酒酿造术，将生产出的米酒放到地下窖存多年，最后形成酒香甘醇的成品米酒，该酒具有香醇回甘、好喝不上头、强身健体等优点。

等　　级：三级
基本类型：070101 种植业产品及制品
是否开发：是
行政位置：韶关市翁源县翁城镇泉岭村十组35号

周陂蒸杂鱼

资源简介

　　周陂蒸杂鱼是翁源县的特色美食，是当地人采用古法做成的菜肴，其做法与众不同。具体的烹饪过程如下：将河里打捞起来的各种新鲜小鱼清洗干净，加姜丝入锅用大火蒸，最后撒上葱花即可。鲜香美味，保持了各种鱼的原汁原味，肉质也鲜嫩无比。

等　　级：三级
基本类型：070106 地方饮食
是否开发：是
行政位置：韶关市翁源县周陂镇周陂社区

新丰艾糍

等　　级：三级
基本类型：070106 地方饮食
是否开发：是
行政位置：韶关市新丰县回龙镇蒲昌村

资源简介

新丰艾糍属于新丰县传统小吃之一。蒲昌艾糍在做新丰艾糍的基础上添加一种用耳环柴烧成灰，制成灰水的原料，加上鲜嫩的艾草，做出的艾糍通体透亮、软绵细腻、碧翠欲滴、爽滑诱人。于2020年被新丰县列入第六批非物质文化遗产项目名录。

南岭金汤茶叶

等　　级：三级
基本类型：070101 种植业产品及制品
是否开发：是
行政位置：韶关市乳源瑶族自治县东坪镇汤盆村

资源简介

南岭金汤茶叶是一种名贵的绿茶品种，具有重要的历史、文化和生态价值。该茶叶被称为"南岭红玉"，因其色泽翠绿，滋味清香而闻名于世。但是岭金汤茶叶的规模较小，主要集中在南岭山脉中海拔较高的区域。由于其极佳的品质和珍稀性，南岭金汤茶叶也成为了当地特产，备受消费者青睐。茶叶中富含茶酚、儿茶素、维生素E、黄酮类等物质，经常喝茶有益健康。南岭金汤茶叶的种植历史可以追溯到唐代，至今已有千年以上的历史。

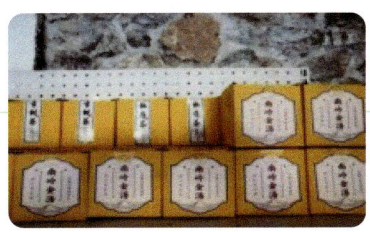 

九节茶

等　　级：三级
基本类型：070101 种植业产品及制品
是否开发：是
行政位置：韶关市乳源瑶族自治县洛阳镇坪溪村

资源简介

九节茶学名草珊瑚，又名肿节风、接骨莲、满山香等，为金粟兰科草珊瑚属多年生常绿草本或亚灌木。目前乳源九节茶种植面积400多万米^2，其中洛阳镇约200万米^2。九节茶具有极高的药用、食用及观赏价值，能清热解毒、祛风活血、消肿止痛、抗菌消炎。对跌打损伤、风湿关节痛、闭经、创口感染、菌痢等有较好的疗效，是省级"一村一品、一镇一业"代表性农特产品。

邵谒

资源简介

邵谒，晚唐诗人，是唐代"岭南五才子"之一。邵谒有诗32首选入《全唐诗》。温庭筠称其诗"识略精微，堪裨教化，声词激切，曲备风谣，标题命篇，时所难著"。明代进士黄佐赞邵谒曰："五岭以南，当开元盛时，以诗文鸣者，独谒与曲江公（张九龄）巍然并存。"

等　　级：三级
基本类型：080101 地方人物
是否开发：是
行政位置：韶关市翁源县龙仙镇三华村

云髻山枫叶节

资源简介

云髻山枫叶节系列活动以枫叶为引，结合文化、旅游、越野、新丰特色手信等多种元素，展示"越野新丰·避暑胜地"的品牌特色。枫叶节强化新丰越野名片，推动新丰文旅体育事业共同发展。

等　　级：三级
基本类型：080203 现代节庆
是否开发：是
行政位置：韶关市新丰县丰城街道

云门寺水陆法会

资源简介

云门寺水陆法会全称"法界圣凡水陆普度大斋胜会"，简称水陆或名水陆道场、悲济会等，是汉传佛教中一种隆重而盛大的佛事仪则；是为了传承佛教文化和提高信徒修行境界而举办的法会，是云门寺极为隆重的大型佛事。云门寺水陆法会有着悠久的历史，历经数百年不衰。据传说，这一法会始于唐代，历代仪式规模越来越大，已成为华南一带有影响力的法会。在历史上，云门寺水陆法会名扬海内外，是佛教和禅宗文化的宝库之一。

等　　级：三级
基本类型：080201 宗教活动与庙会
是否开发：是
行政位置：韶关市乳源瑶族自治县乳城镇云门村

梁展如

- 等　　级：三级
- 基本类型：080101 地方人物
- 是否开发：是
- 行政位置：韶关市曲江区乌石镇展如村

资源简介

1925年12月，梁展如加入中国共产党，并与欧日章、叶凤章建立中共曲江支部，任党支部书记，在抗日战争及解放战争中作出了突出贡献。1949年4月28日在官渡英勇就义，时年48岁。中华人民共和国成立后，民政部门追认梁展如为革命烈士。当地已将梁展如故居建设成为曲江区红色旅游承载区、爱国主义教育基地，并建有展如文化公园。

虚云

- 等　　级：三级
- 基本类型：080101 地方人物
- 是否开发：否
- 行政位置：韶关市曲江区马坝镇

资源简介

虚云一生习禅苦行，为整顿佛教丛林、兴修寺庙、弘扬传播佛教作出重大贡献。不仅在国内和东南亚诸国蜚声佛坛，在北美大陆也有一定影响。皈依弟子达10万余人，被誉为近代禅宗第一人。

汤显祖

- 等　　级：三级
- 基本类型：080101 地方人物
- 是否开发：是
- 行政位置：韶关市南雄市珠玑镇梅关古道

资源简介

汤显祖（1550—1616年），江西临川人，字义仍，号海若、若士、清远道人，明代戏曲家、文学家。明万历十九年（1591年），汤显祖时年41岁，因上书抨击朝政而触怒皇帝，被贬为徐闻典史，赴任途中经过大庾岭而作《秋发庾岭》，并种下与岭南的情缘。万历二十六年（1598年）汤显祖创作了《牡丹亭》。从现存古文献看，《牡丹亭》的故事原型在"广东南雄府"，剧中杜丽娘、柳梦梅的人物形象更是与韶关、南雄有着深厚的渊源。

十月朝

资源简介

"十月朝"是乳源过山瑶的传统民俗节日，于每年阴历十月初一进行，是广东省第七批非物质文化遗产代表性项目。它被瑶族人视作一年劳作的收成之日，也是瑶民们的还愿感恩节。节日上，瑶族男女老少都穿上自己民族的节日盛装，脸上绽放着灿烂的笑容，用吟唱、祭酒、舞蹈、上香等形式来祭祀盘王和先祖、追溯历史，现发展为一种庆祝丰收的联谊活动，年轻男女借此歌唱爱情，寻找配偶。

等　　级：三级
基本类型：080202 农时节日
是否开发：是
行政位置：韶关市乳源瑶族自治县必背镇必背村

二月朝

资源简介

瑶族"二月朝"又叫封鸟咀节，在瑶族传统民俗中占据着十分重要的位置。为了庆祝"二月朝"，乳源瑶族每年都会提前举办各种活动。在"二月朝"当天，瑶民会准备好油炸糍粑，以此来祭祀祖先、大自然，祈求风调雨顺，也寓意用糍粑来封住鸟嘴，不让鸟类祸害农作物。它不仅汇集了瑶族对祖先崇拜和自然崇拜等诸多文化元素，也反映了瑶族人对传统民俗的珍惜和尊重。

等　　级：三级
基本类型：080202 农时节日
是否开发：是
行政位置：韶关市乳源瑶族自治县必背镇必背村

麦铁杖

资源简介

资源简介：麦铁杖，南雄百顺人，生活于距今1 400多年前的陈朝和隋朝期间。陈朝太建年间，麦铁杖曾结伙为盗，被广州刺史捕获，罚为官府奴隶，为皇帝执掌御伞。隋灭陈后，徙居清流县，后被杨素罗致麾下，征战立功，彰为铁骑尉，屡迁至武候领将军，升上柱国右武卫大将军、光禄大夫等职，隋炀帝征战时，麦铁杖战死于辽东战役，朝廷追赠光禄大夫、宿国公，谥"武烈"，其子扶柩故里安葬。

等　　级：三级
基本类型：080101 地方人物
是否开发：否
行政位置：韶关市南雄市百顺镇朱安村

银杏文化旅游节

等　　级：三级
基本类型：080203 现代节庆
是否开发：是
行政位置：韶关市南雄市帽子峰旅游景区

资源简介

作为"中国银杏之乡"，南雄是"全国9个最美银杏观赏地"之一，"银杏染秋"更被评为广东省最具影响力旅游品牌。银杏文化旅游节内容丰富，充分结合山地自行车体验赛、摄影大赛、旗袍歌舞等丰富多彩赛事活动，激活南雄银杏内涵文化。

欧日章

等　　级：三级
基本类型：080101 地方人物
是否开发：是
行政位置：韶关市武江区重阳镇暖水村

资源简介

欧日章（1892—1929年），1925年12月加入中国共产党，1927年10月，欧日章参加了在香港召开的中共中央南方局和广东省委的联席会议，被选为广东省委委员，1929年3月牺牲。中华人民共和国成立后，欧日章被追认为革命烈士，他的名字也铭刻在重阳革命烈士纪念碑上。

张尚琼

等　　级：三级
基本类型：080101 地方人物
是否开发：是
行政位置：韶关市南雄市湖口镇湖口村张屋村

资源简介

张尚琼（1914—1978年），原名张英莹，出生于南雄市湖口镇湖口村张屋村。1930年上半年至1931年考入广州中山大学附属高中；后来以优异成绩进入中山大学社会系。1938年5月毕业离校，被党组织任命为巡视员。历任中共连阳特别支部组织委员、中共曲江县委宣传部部长、组织部部长，中共翁源县委书记、特派员。

邱萃藻

资源简介

邱萃藻（1914—1940年），又名郁文，曾用名麦蒲费、柏舒，南雄市全安镇全安村郭公岭村人，革命烈士。青年时期先后就读于广州市市立第一中学、国立广东法科学院、中山大学法学院政治系。1936年7月，加入中国共产党。入党后，历任中国青年同盟广州分盟领导成员、中共广东工作委员会成员、中共广州市委成员、中共广东省青委书记、中共南雄中心县委委员。

等　　级：三级
基本类型：080101 地方人物
是否开发：否
行政位置：韶关市南雄市全安镇全安村（全安镇人民政府后面）

钟蛟蟠

资源简介

抗日英烈钟蛟蟠（1899—1939年），原名蛟磐，又名蛟盘，号子安，出生于广东省南雄县珠玑镇灵潭村。1926年，在南雄县农民协会筹备处任宣传委员兼秘书，1928年被选为县苏维埃政府委员。1938年，钟蛟蟠参加晋察冀军区组织的平绥、平汉、正太三线总攻击战斗。1939年9月，他奉命到延安报告工作时，遭到日寇飞机轰炸，壮烈牺牲。2015年8月，钟蛟蟠被列入民政部公布的第二批600名著名抗日英烈和英雄群体名录。

等　　级：三级
基本类型：080101 地方人物
是否开发：是
行政位置：韶关市南雄市珠玑镇灵潭村

彭显伦

资源简介

彭显伦（1895—1958年），1926年6月加入中国共产党，同年8月任南雄县第六区农会委员，1928年参加南雄农民暴动，1930年2月加入红军，1934年10月参加长征，中华人民共和国成立后任山东军区后勤部政治委员。1955年9月被授予中国人民解放军少将军衔，是授衔少将中10位19世纪的老人之一，荣获二级八一勋章、一级独立自由勋章、一级解放勋章，是南雄市唯一的开国将军。

等　　级：三级
基本类型：080101 地方人物
是否开发：是
行政位置：韶关市南雄市油山镇上朔村

广东仁化文化旅游节

等　　级：三级
基本类型：080203 现代节庆
是否开发：是
行政位置：韶关市仁化县丹霞街道

资源简介

广东仁化文化旅游节是仁化县举办的文化、旅游、农业、体育多项融合促进的品牌节庆活动。2017年以来，仁化县围绕"唱响红色主旋律、打造绚美大丹霞"主题，连续多年举办文化旅游节，吸引了大量客流、有力提升了知名度、美誉度，推动仁化成为粤港澳大湾区人们休闲度假心怡的目的地。

阮啸仙

等　　级：三级
基本类型：080101 地方人物
是否开发：是
行政位置：韶关市仁化县董塘镇安岗村

资源简介

阮啸仙是广东青年运动的先驱，大革命时期著名的农民运动领袖，第一任中央审计委员会主任，人民审计制度的创建者和奠基人。中华人民共和国成立后，为永远铭记阮啸仙烈士的英勇事迹，中央及省市各大媒体，从不同角度和侧面，全方位宣传这位英模——阮啸仙。2009年被评为"100位为新中国成立作出突出贡献的英雄模范人物"。

红山镇茶叶文化节

等　　级：三级
基本类型：080202 农时节日
是否开发：是
行政位置：韶关市仁化县红山镇新山村

资源简介

红山镇茶叶文化节传播和打造了红山茶文化品牌，吸引众多的外商来红山投资，帮助当地茶产业做强做大，增加当地农民的收入。文化节以茶艺活动和当地民间特产美食为载体，让人们可以很好地领略仁化茶文化之乡的风土人情和文化底蕴，打响了红山红茶、红山茶乡等品牌，做大红山茶叶产业。

南粤古驿道定向大赛（韶关乳源）

资源简介

南粤古驿道定向大赛是为了宣传南粤古驿道而在韶关市乳源瑶族自治县大桥镇大桥村举办的一场与文旅相融合发展的赛事项目。2001年，南粤古驿道定向大赛第一次在南粤举办。在南粤古驿道定向大赛中，参赛者能够亲身体验古道文化和风景，了解和学习更多有关南粤古道的历史和文化。同时，这项比赛也能够促进南粤地区旅游和文化产业的发展，使更多人了解和认识这个地区的独特风光和文化背景。

等　　级：三级
基本类型：080203 现代节庆
是否开发：是
行政位置：韶关市乳源瑶族自治县大桥镇大桥村

犁市"中国农民丰收节"

资源简介

浈江区犁市"中国农民丰收节"秉承"庆祝丰收、弘扬文化、振兴乡村"宗旨，坚持"农民主体、因地制宜、开放创新、节俭热烈"原则，以农民为主体、以企业为依托，以惠农为目的，举办品牌农产品展销会，利用丰收节这个载体和平台，结合农耕文化、聚焦农时农事，充分展示浈江区民俗文化、产业发展特色和农业农村现代化成效。

等　　级：三级
基本类型：080202 农时节日
是否开发：否
行政位置：韶关市浈江区犁市镇

环南水湖自行车公开赛

资源简介

环南水湖自行车公开赛是在南水湖国家湿地公园内举办的一项赛事。2013年开始，至今已连续举办了7届。每一届环南水湖自行车公开赛开展主题不同，其比赛路线也不尽相同。来自全国各地和国外的自行车爱好者同场竞技，促进交流，掀起全民健身热潮。

等　　级：三级
基本类型：080203 现代节庆
是否开发：是
行政位置：韶关市乳源瑶族自治县东坪镇南水村

新丰农民丰收节

等　　级：三级
基本类型：080203 现代节庆
是否开发：是
行政位置：韶关市新丰县丰城街道

资源简介

新丰农民丰收节是当地为庆祝丰收而举办的节庆。"庆丰收、赢小康",丰收时节,新丰县城与各乡镇都相继开展丰富多彩的特色活动,通过民俗表演、农民运动会、农耕农具展、农事体验特色、农夫集市、扶贫消费直播带货、"三农"工作成果展、庆丰收游园活动、丰收农事体验、乡村旅游线路推介等活动等现场活动,晒出丰收喜悦、庆贺丰收年景、展示脱贫成果。

新丰樱花节

等　　级：三级
基本类型：080203 现代节庆
是否开发：是
行政位置：韶关市新丰县黄磜镇营盘村樱花峪

资源简介

樱花节是新丰县传统节庆活动之一,至今已连续举办 16 届,活动以"樱花"为主题,致力于打造新丰樱花旅游文化形象,展示新丰"中国岭南避暑胜地"的生态环境和人文魅力,推广新丰旅游文化资源。同时也带旺周边农民土特产销售。

侯安都

等　　级：三级
基本类型：080101 地方人物
是否开发：否
行政位置：韶关市乳源瑶族自治县桂头镇阳陂村

资源简介

侯安都(519—563年),字成师,今乳源桂头(古曲江)人。出身官宦世家,善诗能琴,懂略擅骑,文武俱全,有众夫难匹之勇,有活用兵法之谋,是南北朝时期著名将领,韶关"三风四杰"人物之一。侯安都文韬武略,屡建奇功,辅佐陈霸先建立陈朝,成为陈朝的开国元勋,先后被授予"猛烈将军""仁威将军""平南将军""征北大将军""征西大将军"等称号,德高望重。

谭甫仁

资源简介

谭甫仁是仁化人民开展革命斗争以来资历最深、军衔最高的一位领导人。1927年,他参加"八一"南昌起义后,上井冈山一直跟随毛泽东同志干革命,英勇善战,屡立战功。1955年被授予中将军衔。曾任中共中央委员、中央军委委员、云南省革委会主任等职务。

等　　级:三级
基本类型:080101 地方人物
是否开发:是
行政位置:韶关市仁化县城口镇城群村

长坝金柚节

资源简介

金秋十月,又是一年金柚飘香时。每年的收获季是展示一年来果农们辛苦成果的最佳时期,在每年的这个时候长坝都会举行一场庆丰收的"金柚节"。2018年,仁化县在"中华名果""国家地理标志保护产品"——长坝沙田柚的主产区大桥镇长坝村,举办首届"中国农民丰收节"暨生态农业博览会之长坝金柚节活动,精彩的金柚丰收歌舞、柚美食、柚展销、金柚开园采摘等活动,吸引了各地市民游客前来品尝体验、与果农分享丰收喜悦。

等　　级:三级
基本类型:080203 现代节庆
是否开发:是
行政位置:韶关市仁化县大桥镇长坝村

ABrC 爱好者手冲咖啡大赛

资源简介

ABrC爱好者全国手冲咖啡大赛是一个致力于全民手冲咖啡推广的活动,是国内咖啡界超级火热且接地气的手冲咖啡比赛。赛事的国内覆盖率和受众面巨大,参与活动人群涉及各行各业,比赛互动性强、参与度高,支持者多,是一个全民欢乐的手冲咖啡Party,是全国手冲咖啡爱好者交流技能与学习的盛会,同时也促进了韶关市全民手冲咖啡的推广,带动当地咖啡行业的蓬勃发展。

等　　级:三级
基本类型:080203 现代节庆
是否开发:是
行政位置:韶关市仁化县丹霞街道黄屋村

双峰寨保卫战

等　　级：三级
基本类型：080102 地方事件
是否开发：是
行政位置：韶关市仁化县石塘镇石塘村

资源简介

1928年11月底，在广东省委第二次扩大会议通过的《纪念死难诸先烈》中，称仁化起义是"广东农民暴动中最伟大的战斗"。1928年6—7月，中共第六次全国代表大会在莫斯科召开，阮啸仙在大会上向共产国际介绍了仁化暴动经验教训，被译成俄文，存于莫斯科档案馆内。

南雄旅游美食购物节

等　　级：三级
基本类型：080203 现代节庆
是否开发：是
行政位置：韶关市南雄市雄州街道新城区林荫西路6号（时代广场）

资源简介

南雄的菜色有咸、辣、香、酸四大味，多用炒、焖使肉入味，善用辣椒、酸笋、蒜叶来调味，味感丰富。满桌的菜色香俱佳，用来下饭下酒都各有一番风味。南雄美食小吃节现场异常火爆，俨然重现了一个繁华的商业古街，成为"吃货"们的乐园，小吃品种达40多种，为广大市民和游客打造一套高品位文化美食大餐，同时进一步展示南雄旅游的崭新风貌，提升南雄旅游形象。

罗贵

等　　级：三级
基本类型：080101 地方人物
是否开发：是
行政位置：韶关市南雄市珠玑古巷

资源简介

罗贵（1086—1147年），字以达，别字天爵，号琴轩。其先祖罗彦瓌为北宋开国功臣、节度使，宋初为避猜忌之祸徙居南雄珠玑巷。罗贵为其第七代裔孙，生于宋哲宗元祐元年（1086年），南雄州学廪贡，赠吏部尚书，兼授世袭锦衣卫之职。绍兴元年（1131年）朝廷奸臣当道，北方战乱导致民不聊生。罗贵领头率36姓共97家从江南地区南迁。1997年，罗贵后裔集资在珠玑巷兴建罗贵纪念馆。

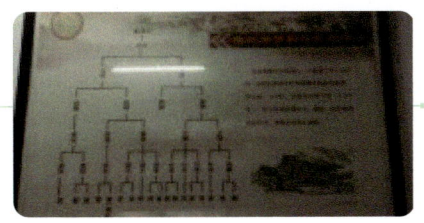

梅岭梅花节

资源简介

梅花是南雄旅游的名片。梅岭自古便以"梅开庾岭为香国"之称而闻名，千百年来，其壮丽的梅花景致吸引了张九龄、文天祥、苏轼等文人墨客前来赏梅咏梅，赋诗抒情，可谓"一路梅花一路诗"。梅岭梅花开放时间共3个月左右，白梅先开，红梅次之，还有蜡梅、绿梅、珍珠梅等交相竞放，花开时间会持续至翌年1月底。从2011年起，南雄市每年会在梅岭梅花盛开之际举办梅花节，且节日内容丰富多彩，有赏梅游园、民间艺术表演、品青梅酒等一系列活动。

等　　级：三级
基本类型：080203 现代节庆
是否开发：是
行政位置：韶关市南雄市珠玑镇

红军长征突破第二道封锁线城口袭击战

资源简介

城口袭击战，红军俘敌100多人，缴获枪械数百支、子弹1万多发及粮食、煤油等物资。奇袭城口的胜利，使红军能在城口进行短暂的休整，为红军经乐昌挺进湘南继续北上创造了有利条件。标志着红军突破了国民党军第二道封锁线。2019年9月，城口——红军长征突破第二道封锁线旧址，被列入城口红色革命遗址群，被中共广东省党史研究室公布为广东省中共党史教育基地。

等　　级：三级
基本类型：080102 地方事件
是否开发：是
行政位置：韶关市仁化县城口镇城群村

杜丽娘

资源简介

《牡丹亭》是明代大曲家汤显祖的代表作，也是临川四梦之一，明代话本小说《杜丽娘慕色还魂》为《牡丹亭》提供了基本情节。根据相关学者近年来的考证，明代汤显祖的岭南之行直接促成了戏剧《牡丹亭》的创作，从现存古代文献看，《牡丹亭》的故事原型发生于"广东南雄府"，而柳梦梅、杜丽娘的人物形象与韶关、南雄和梅关渊源深厚，南雄堪称这部名著的"故事现场"之一。

等　　级：三级
基本类型：080101 地方人物
是否开发：否
行政位置：韶关市南雄市雄州街道南雄大会堂

彭显模

等　　级：三级
基本类型：080101 地方人物
是否开发：是
行政位置：韶关市南雄市油山镇上朔村

资源简介

彭显模（1903—1932年），南雄县大塘镇上朔村人。彭显模青少年时就读于广东省立第六中学（今南雄中学前身）和广州中学。1929年11月，彭显模任中共南雄县委书记兼油山游击大队政委，转战粤赣边区。1930年10月根据中央苏区指示组建北江红军独立营，配合中央红军反"围剿"。1932年2月，上级要求改编南雄游击队，因彭显模持有不同意见，被诬为"AB团"，2月13日，被杀害于上犹县营前墟。中华人民共和国成立后，彭显模平反昭雪，被追认为革命烈士。

广东省自行车绿道联赛

等　　级：三级
基本类型：080203 现代节庆
是否开发：是
行政位置：韶关市仁化县丹霞街道

资源简介

自行车绿道联赛吸引了众多游客和当地群众前来观赏并为选手们加油鼓劲，为丹霞山的美丽自然风光增加了一道靓丽风景线。赛事将绿色骑行、地域文化和全民健身完美融合，有力助推韶关市打造"户外运动天堂"、丹霞山户外名山、休闲名山品牌建设和仁化全域旅游发展。同时也带动阅丹公路沿线的旅游经济，促进景区旅游的发展，对旅游市场产生推动作用。

铜鼓岭阻击战

等　　级：三级
基本类型：080102 地方事件
是否开发：否
行政位置：韶关市仁化县丹霞街道高联村

资源简介

铜鼓岭阻击战中，红军血战铜鼓岭，消灭敌人80余人，以牺牲100多位红军战士的惨重代价，粉碎了国民党妄图在城口消灭红军的阴谋，掩护主力红军胜利过境，为确保主力部队在城口短暂休整和顺利西进创造了条件。铜鼓岭阻击战是红军长征历史的光辉一页。

韶关市

始兴杨梅节

资源简介

始兴杨梅品质优良，品牌省内驰名。2010年始兴县荣获"中国杨梅之乡"称号。同年10月，始兴县杨梅优质高产高效生产被列为广东省"一乡一品"项目。同年12月，始兴县杨梅生产被列为省级农业标准化专项。经过多年的理念创新和精心运作，始兴杨梅节已开发形成了始兴"节庆旅游"的一大特色品牌，影响力在珠三角地区扩大，知名度日益提高，成为带动当地旅游发展和乡村振兴的新引擎。

等　　级：三级
基本类型：080202 农时节日
是否开发：是
行政位置：韶关市始兴县城南镇东南村

李乐天

资源简介

李乐天（1905—1936年），原名李清操，又名李励冰，为革命烈士。中央红军主力长征后，项英、陈毅率部突围来到油山，于1935年3月与赣粤边军分区司令员李乐天在油山镇大兰廖地村会合。李乐天在项英、陈毅的领导下开展工作。1936年1月底，李乐天根据陈毅的指示，到三南游击队去检查指导工作，在信丰县小河乡小住休息时，他被国民党粤军包围，壮烈牺牲，时年31岁。

等　　级：三级
基本类型：080101 地方人物
是否开发：是
行政位置：韶关市南雄市湖口镇新迳村

大布腐竹节

资源简介

大布腐竹节是大布镇以"大布腐竹"为IP所打造的全民参与的集民俗文化展示、乡村旅游推介、重点景区宣传和农特产品展销于一体的文农旅盛事。腐竹文化旅游节亮点纷呈，开幕式有新颖时尚的瑶族服饰走秀、欢快动感的瑶族长鼓舞、高亢悠扬的瑶族民歌等；节日当天可以漫游峡谷风情集市，可以亲自体验腐竹手工制作，品尝大布特色美食；晚上还有篝火晚会、趣味民俗演出等。

等　　级：三级
基本类型：080203 现代节庆
是否开发：是
行政位置：韶关市乳源瑶族自治县大布镇大布社区

经律论体育文化旅游节

等　　级：三级
基本类型：080203 现代节庆
是否开发：是
行政位置：韶关市曲江区小坑镇汤湖村委

资源简介

经律论体育文化旅游节是该地区根据社会和民众的需要设立的以开展体育活动为主题的现代节庆。旅游节主要活动内容有环龙湖森林徒步、沿途欣赏美景、体验特色温泉、千人晚宴、篝火音乐晚会等项目。其秉承"亲近自然、禅意人生、快乐生活"的理念，启发人们关注健康、释放生活压力，在感受自然禅意生活的同时，体验体育休闲的乐趣。每届举办的体育文化节都吸引了大批韶关本地、珠三角地区以及外地的户外运动爱好者。

广东始兴（宝溪）赏花节

等　　级：三级
基本类型：080202 农时节日
是否开发：是
行政位置：韶关市始兴县顿岗镇宝溪村

资源简介

广东始兴（宝溪）赏花节为韶关市始兴县顿岗镇当地的特色赏花节。漫山遍野的李花肆意绽放，白皙纯洁的李花如北国雪景一般，成为春天里最耀眼的风景。广东始兴（宝溪）赏花节目前已在顿岗镇宝溪村举行了3届，吸引大量外地游客前来参观旅游，成为当地旅游行业的驱动力。

始兴枇杷节

等　　级：三级
基本类型：080202 农时节日
是否开发：是
行政位置：韶关市始兴县太平镇水南村

资源简介

始兴素有"枇杷之乡"的美誉。作为始兴枇杷的主产区，太平镇枇杷栽培历史悠久，拥有万亩枇杷种植基地。党的十九大以来，太平镇抢抓实施乡村振兴战略机遇，大力发展枇杷、杨梅等特色水果种植，培育了以湘南枇杷园等为代表的一批种植龙头企业，特色水果产业朝着规模化、产业化、品牌化发展路子迈进，并形成了始兴"节庆旅游"的一大特色品牌，影响力在珠三角地区迅速扩大。

韶关市 优良级旅游资源图鉴

龙归稻田艺术节

资源简介

龙归镇结合乡村振兴发展规划，因地制宜开展稻田艺术项目建设，以群众喜闻乐见的形式，精心布局，打造集观光、休闲、游玩、农旅功能的稻田艺术景观，着力提升群众的"幸福感"。稻田艺术项目包含艺术观景装置7个，玻璃栈道100米。以山水田园的秀美景色为背景设计了众多富有创意又兼具艺术美观的景观装置。

等　　级：三级
基本类型：080203 现代节庆
是否开发：是
行政位置：韶关市武江区龙归镇冲下驿站栈道旁

端午龙舟文化旅游节

资源简介

水口端午龙舟文化旅游节主要节目为"扒龙船"。"扒龙船"分为采青、游龙、竞赛、收龙等环节，而采青仪式是龙舟节中重要的一环，其他环节包括参观龙舟馆、龙舟采青仪式、大榕树许愿、包粽子比赛、民俗文化展演、龙舟活动乐园、农特产品展销、网红点打卡等。

等　　级：三级
基本类型：080203 现代节庆
是否开发：是
行政位置：韶关市武江区重阳镇水口村

罗坑镇茶文化节

资源简介

罗坑镇茶文化节活动内容丰富多彩，包括风筝表演、帐篷露营及扎营比赛、自行车特技表演、罗坑红花莲藕美食宴、环罗坑湖徒步活动、罗坑特色乡村文艺汇演、罗坑土特产展销、随手拍美图大赛等系列活动，全方位、多角度地展示了罗坑自然风光及人文环境，吸引了来自全国各地的众多游客。近年来，成功举办了7届"罗坑镇茶文化节"活动，吸引了许多茶友相聚于此，进一步促进了罗坑旅游业和茶产业的发展和宣传。

等　　级：三级
基本类型：080203 现代节庆
是否开发：是
行政位置：韶关市曲江区罗坑镇中心坝村委

徐尚同

等　　级：三级
基本类型：080101 地方人物
是否开发：是
行政位置：韶关市翁源县翁城镇五一村

资源简介

徐尚同，名兴业。民国二十八（1939年）4月加入中国共产党。民国三十二年（1943年）任翁源县立第二初级中学校长。民国三十四年（1945年）7月通过地下党组织的安排，在国民党翁源县党部任书记长，同时兼任二中校长，为革命做了大量工作。

龙皇宫出行

等　　级：三级
基本类型：080201 宗教活动与庙会
是否开发：是
行政位置：韶关市新丰县梅坑镇梅东村

资源简介

龙皇宫出行是新丰梅坑镇龙皇庙的一项民俗活动，独具地方特色，对客家文化、休闲娱乐及旅游业开发等具有重要研究和参考价值。2011年，龙皇宫出行被列入韶关市第三批市级非物质文化遗产。

后 记

本书是在完成韶关市旅游资源普查工作取得成果的基础上进行编写的，在编写过程中得到了韶关市政府各级领导的大力支持，及时解决了编写过程中出现的问题。

旅游资源普查是一项多学科工作，韶关市旅游资源普查技术团队严格按照《旅游资源分类、调查与评价》（GB/T 18972—2017）、《广东省旅游资源分类、调查与评价（试行）》和《广东省旅游资源普查技术规程（试行）》等标准，带领各县（市、区）、各乡镇（街道）甚至村委干部等800余名旅游资源普查工作人员克服疫情、山高路险、时间紧任务重等不利影响，抓紧一切时间，牺牲公休日和法定节假日，行程50余万千米，到旅游资源现场进行考察，采集照片、视频、坐标等信息，系统地收集、整理、形成了大量有关韶关旅游资源的第一手资料，为本书的编写奠定了坚实的基础。

旅游资源普查过程中，得到了部分景区的积极配合，他们提供了部分高质量的景区照片和影像，在此深表感谢！同时，对于普查工作人员的辛勤付出深表感谢！在编写成书过程中，得到了韶关市及各县（市、区）有关单位和专家、学者的大力支持与帮助，在此表示衷心的感谢！最后感谢韶关学院重点学科（旅游管理）经费的支持！

《韶关市优良级旅游资源图鉴》的编辑是一项新的工作，很多事项都在摸索和尝试之中，在学术上还有待深入研究和探讨。书中不足之处请读者多多指正！

编 者

2024年6月